Neurologische Untersuchungsmethoden

2. Auflage

D1931642

Eduard Schenck

Neurologische Untersuchungsmethoden

2., überarbeitete und erweiterte Auflage

96 Abbildungen, 25 Tabellen, 6 Tafeln

Georg Thieme Verlag Stuttgart 1975

Prof. Dr. med. Eduard Schenck
Psychiatrische und Nervenklinik der Universität Freiburg i. Br.

CIP-Kurztitelaufnahme der Deutschen Bibliothek
Schenck, Eduard
Neurologische Untersuchungsmethoden.
ISBN 3-13-470502-8

1. Auflage 1971

Geschützte Warennamen (Warenzeichen) werden *nicht* besonders kenntlich gemacht. Aus dem Fehlen eines solchen Hinweises kann also nicht geschlossen werden, daß es sich um einen freien Warennamen handele.

Alle Rechte, insbesondere das Recht der Vervielfältigung und Verbreitung sowie der Übersetzung, vorbehalten. Kein Teil des Werkes darf in irgendeiner Form (durch Photokopie, Mikrofilm oder ein anderes Verfahren) ohne schriftliche Genehmigung des Verlages reproduziert oder unter Verwendung elektronischer Systeme verarbeitet, vervielfältigt oder verbreitet werden.

© 1971. 1975. Georg Thieme Verlag, D-7000 Stuttgart 1, Herdweg 63, Postfach 732 –
Printed in Germany – Satz und Druck: W. Kohlhammer GmbH, Stuttgart

ISBN 3-13-470502-8

Vorwort zur 2. Auflage

Das Taschenbuch hat eine überwiegend günstige Aufnahme gefunden. In der vorliegenden Neuauflage wurde sein Aufbau daher beibehalten. Änderungen und Ergänzungen findet der Leser vor allem in den Kapiteln über die Muskelkraft, bei den Reflexen, den Pupillen, im Kapitel über neuropsychologische Untersuchungen und Hirnleistungen, bei der Untersuchung von Kleinkindern und von Bewußtlosen, bei der Neuroradiologie, dem EchoEG, dem ENG und beim Literaturverzeichnis. Eine Abbildung wurde ausgetauscht, eine Tabelle hinzugefügt, mehrere Abbildungen ergänzt.

Allen Kollegen, die mir in Rezensionen, Briefen oder mündlich Hinweise und Informationen gegeben haben, möchte ich aufrichtig danken. Mein besonderer Dank gilt den Herren Doz. Dr. Th. Brandt, Dr. U. Eickhoff, Prof. Dr. Cl. Faust, Doz. Dr. F. Manz und Prof. Dr. G. Rabending, die sich der Mühe unterzogen, bestimmte Kapitel selbst durchzusehen und in längeren Gesprächen oder ausführlichen Briefen Ratschläge zu geben.
Die oft mühevollen Schreibarbeiten wurden von Fräulein M. Hettich ausgeführt, der ich ebenfalls an dieser Stelle danken möchte, ebenso wie den Mitarbeitern des Verlags, besonders für die bei der Vorbereitung der Neuauflage bewiesene Geduld.

Freiburg im Breisgau,
Im Sommer 1975

E. Schenck

Vorwort zur 1. Auflage

Vorliegendes Taschenbuch will Studenten und Ärzten helfen, neurologische Untersuchungen zu erlernen und durchzuführen und dabei das Pathologische vom Normalen zu unterscheiden. Vollständigkeit wurde nicht angestrebt, dagegen habe ich versucht, die aufgeführten Tests, Zeichen und Methoden ausführlich darzustellen. Bei den technischen Hilfsuntersuchungen wurden nur die Punktion der Liquorräume und die elektrische Untersuchung genauer beschrieben. Bei den übrigen lag die Betonung auf einer Darstellung des Prinzips, der Indikationen und Grenzen der Methode.

Für Informationen, Ratschläge und mannigfache wertvolle Hilfe danke ich den Damen und Herren Doz. Dr. R. Bergleiter, Dr. U. Eickhoff, Prof. Dr. Cl. Faust, Dr. H. Klein, Dipl.-Psychol. H. Lötzsch, Prof. Dr. F. Mundinger, cand. med. H. Richter, Dr. W. Schenck und Dr. G. Stark.

Die Zeichnungen wurden von Fräulein B. Kramer, anat. Zeichnerin, angefertigt, der größte Teil der Fotoarbeiten von Fräulein K. Jünkering, die Schreibarbeiten von Fräulein Ch. Oswald. Ihnen und den Mitarbeitern des Verlags gilt mein aufrichtiger Dank für reibungslose und liebenswürdige Zusammenarbeit.

Freiburg im Breisgau,
Dezember 1970

E. Schenck

Inhaltsverzeichnis

1. Einleitung. Handwerkszeug. Untersuchungsgang. Psychischer Befund

Eine komplette neurologische Untersuchung, die alle Tests anwendet, auf alle Zeichen achtet, nach allen Symptomen sucht, würde viele Stunden dauern. Aber nur selten ist ein so ausführliches Vorgehen nötig. Das Ziel der Untersuchung ist die Stellung der Diagnose, und zwar so weit, daß eine angemessene Behandlung möglich ist. Dieses Ziel wird meistens schon früher, manchmal aber auch viel später, nach Anwendung apparativer Hilfsmethoden und nach Verlaufsbeobachtung, erreicht. Wieviel an Untersuchung in einem bestimmten Krankheitsfall zu einem gegebenen Zeitpunkt nötig ist, läßt sich in der Untersuchungslehre nicht darstellen. Es gibt aber häufigere und seltenere Symptome, häufiger und seltener anzuwendende Tests. Einige der seltenen sind trotzdem wichtig, weil sie nicht durch etwas anderes ersetzt werden können. Die übrigen dienen mehr der Bestätigung eines Befundes. Auch eine solche ist oft erwünscht. Selbst für einen Neurologen dürfte es schwierig sein, alle Methoden zu kennen. In diesem Buch wurde nicht Vollständigkeit angestrebt, sondern eine ausreichende Beschreibung der Methoden mit Hinweisen auf ihre Indikation, ihre Grenzen und ihre anatomisch-physiologischen Grundlagen.

Handwerkszeug. Zur neurologischen Untersuchung braucht man einen Reflexhammer, eine Taschenlampe, einen Augenspiegel, eine Frenzel-Brille, Nahvisustafeln (z. B. Birkhäuser), eine neurologische Stimmgabel (64 oder 128/sec), einen Wattebausch, eine Nadel, ein Nadelrad, zwei Reagenzgläser für kaltes und warmes Wasser, einen Mundspatel, ein stumpfes Holzstäbchen (wie z. B. ein Streichholz), ein Stethoskop und einen Blutdruckapparat. Andere, seltener gebrauchte Instrumente werden bei der Beschreibung der betreffenden Methoden genannt.
Der Reflexhammer soll einen relativ schweren Kopf haben, der Kopf darf nicht zu hart und nicht zu klein, der Stiel soll nicht zu kurz sein. Man braucht ein Untersuchungsbett, auf dem sich der Patient ausstrecken kann. Eine gute Beleuchtung ist erforderlich, der Raum soll aber auch verdunkelt werden können. Selbstverständlich wird man hinsichtlich Raum und äußerer Umstände im Einzelfall oft improvisieren müssen.

Untersuchungsgang. Man soll sich den Untersuchungsgang möglichst schematisieren. Im allgemeinen gibt es zwei Möglichkeiten:

a) Untersuchung nach Funktionssystemen, entsprechend dem Inhaltsverzeichnis. Nach diesem Schema ist das Buch aufgebaut. Die Darstellung kann so mit einfachen und grundlegenden Dingen wie Muskelkraft, Reflexe usw. anfangen und zu komplexeren Gegenständen fortschreiten.

b) Untersuchung nach Körperregionen, indem man am Kopf anfängt und an den Beinen aufhört. Dieses Schema bietet sich aus praktischen und psychologischen Gründen an. Tab. 1 macht hierfür einen Vorschlag. Jeder Patient bietet aber andere Probleme, an denen sich das Vorgehen im Einzelfall orientiert. Übrigens enthalten die meisten Neurologiebücher Untersuchungsschemata, und in vielen Kliniken gibt es Vordrucke, in die man die Befunde einträgt.

Psychischer Befund. Tab. 1 enthält Hinweise auf den psychischen Befund. Hier sind die wichtigsten psychischen „Teilgebiete" aufgezählt, über die sich auch ein Neurologe bei jedem Patienten einigermaßen Rechenschaft geben soll. Das Material dazu erhält er im Gespräch, bei Erhebung der Vorgeschichte und während der Untersuchung, die viel Mitarbeit vom Patienten fordert. Störungen des Bewußtseins, der Orientierung, der Affektbeherrschung, der Merkfähigkeit und der Intelligenz deuten oft auf eine allgemeine zerebrale Funktionsstörung. Methoden zu ihrer Untersuchung sind daher getrennt zusammengestellt (Seitenzahlen auf Tab. 1) (Näheres zum psychischen Befund s. KIND 1973).

Tabelle 1. Neurologische Untersuchung

Kopf und Hals:	Äußere Merkmale (Form, Verletzungen etc.) Kopfumfang Palpation u. Auskultation
Wirbelsäule:	Form (Krümmungen) Beweglichkeit (Nackensteife, KERNIG etc.)
Hirnnerven:	Ophthalmoneurologie Otoneurologie Sensibilität } des Gesichts, Motorik } einschl. Spontanmimik Reflexe im Bereich des Kopfes Sensibilität } von Mundhöhle, Zunge, Rachen, Motorik } einschl. Sprechen u. Schlucken
Schultergürtel und Arme:	Muskelkraft und Muskelmasse Muskeltonus Reflexe Sensibilität und Hauttrophik Koordination, einschl. Feinmotorik, Zielbewegungen und Diadochokinese
Rumpf:	Muskelkraft Reflexe Sensibilität

Beckengürtel und Beine:	Muskelkraft u. Muskelmasse Muskeltonus Reflexe Sensibilität u. Hauttrophik Koordination, einschl. Zielbewegungen und Diadochokinese
Stehen, einschl. ROMBERG u. Stoßtest	
Gehen, einschl. Mitbewegungen. Erschwertes Gehen	
Abnorme Haltungen?	Rumpf u. Gliedergürtel Extremitätenenden
Hyperkinesen?	Untersuchung in Ruhe Untersuchung im Stehtest
Neuropsychologische Leistungen:	Aphasische, apraktische, agnostische Störungen?
Allgemeinbefunde (Inspektion, Palpation, Auskultation):	Atmung. Herz u. Kreislauf. Pulse. Vegetative Zeichen. Innere Organe. Blasen-Darmfunktion. Dysrhaphische Zeichen. Gelenke. Endokrine Symptome
Psychischer Befund:	Ansprechbarkeit (Bewußtseinslage) (S. 179 ff, 189 f) Orientiertheit (S. 158) Affektbeherrschung (S. 157) Merkfähigkeit (S. 158) Intelligenz u. Denkablauf (S. 159 f) Stimmung Antrieb (Apathie — Tätigkeitsdrang) (S. 157 f) Selbstwahrnehmung, Kritikfähigkeit Aktuelle Inhalte (Wünsche, Ängste, Hoffnungen, Enttäuschungen, etc.)

2. Anamnese. Allgemeinbefunde

Anamnese

Die Krankheitsvorgeschichte ist in allen Fächern der Medizin von größter Bedeutung. Nach einer bekannten Schätzung aus dem Gebiet der Inneren Medizin wird in über 50 % der Fälle die Diagnose allein auf Grund der Vorgeschichte gestellt. In der Neurologie ist der Anteil eher noch höher. Die allen Fächern gemeinsamen Grundregeln für Erhebung und Einteilung der Vorgeschichte werden hier weggelassen. Dafür wird speziell Neurologisches ausführlicher dargestellt.

Man wird den Kontakt mit dem Patienten nicht über Fragen zur Familienanamnese aufnehmen, sondern ihn zuerst zu spontanen Äußerungen über aktuelle Beschwerden oder Probleme ermutigen und dabei frei schildern lassen, ehe man ihm überhaupt Fragen stellt. Sonst begibt man sich der aufschlußreichen eigenen Darstellung, Bewertung und Deutung von Beschwerden, Symptomen, Ängsten und Wünschen und der mit dem Aufsuchen des Arztes verfolgten Absichten. Nur so wird es möglich, etwaige Beschwerden richtig einzuordnen. Angaben über Schmerzen sind bei einem ängstlichen und hypochondrischen Menschen anders zu bewerten als bei einem indolenten. Der Anlaß der Konsultation sollte frühzeitig bekannt werden. Eine Person, die wegen ihrer Fahrtauglichkeit begutachtet werden muß, schildert etwaige Beschwerden ganz anders, als ein vom gleichen Symptom alarmierter Patient, der eine ernste Erkrankung befürchtet.
Erst in zweiter Linie wird das Gespräch mehr vom Untersucher gelenkt, indem er bestimmte Fragen stellt. Auch diese sollten sich zunächst auf das gegenwärtige Leiden beziehen, dann erst auf frühere Krankheiten, noch später auf die persönlichen Verhältnisse, die biographischen, beruflichen, wirtschaftlichen und familiären Umstände. Ganz zuletzt sollten familiäre Krankheitsdispositionen oder Erbkrankheiten zur Sprache kommen. Ein Patient kann sich sonst allzuleicht als bereits „etikettiert" fühlen. Auch ist die Zeit noch nicht vergessen, wo Erbkranke, oder die man dafür hielt, diskriminiert und zwangsweise sterilisiert wurden. Andererseits sind solche Fragen für die Diagnose (und evtl. spätere eugenische Beratung) oft nicht zu entbehren.
Es wird immer betont, man solle keine Suggestivfragen stellen. Andererseits ist der Arzt gezwungen, ganz konkret nach bestimmten Dingen zu fragen. Dabei muß man Haltung, Stimme usw. so einrichten, daß der Patient nicht das Gefühl bekommt, dem Untersucher einen Gefallen zu tun, wenn er eine bestimmte Frage so oder anders beantwortet.

Folgt man diesem Rat, verfällt man leicht in das andere Extrem und zeigt zu große Kühle und Distanz. Der Patient muß trotz der Neutralität spüren, daß der Untersucher an seinen Antworten interessiert ist. Ungeduld ist auf jeden Fall schädlich. Zeitgewinn kann man durch eine gewisse Standardisierung der gezielten Fragen erreichen, die sich mit wachsender Erfahrung von selbst einstellt.
Es ist eine gute Regel, alles ernst zu nehmen, was der Patient sagt. Nicht selten kommen Beschwerden, Empfindungen oder Symptome vor, die in ein vorgestelltes Bild nicht hineinpassen oder die auf Grund gegenwärtiger Kenntnisse nicht erklärt werden können. Sie einfach auszuscheiden und wegzulassen, kann nicht nur den Fortschritt unseres Wissens behindern, sondern auch zu groben Fehldeutungen im Einzelfall führen.

Motilitäts- und Sensibilitätsstörungen. Einige Punkte sind für die neurologische Anamnese besonders typisch. Hier gibt es oft Verständigungsschwierigkeiten. Ein Beispiel sind Beschwerden bei Motilitäts- oder Sensibilitätsstörungen. Sie lassen sich im subjektiven Erleben manchmal nicht unterscheiden, so daß der Untersucher zunächst in die Irre geführt wird. Hinter der Angabe, ein Arm sei „taub" oder „eingeschlafen", kann sich eine Lähmung oder Parese verbergen, obwohl die Bezeichnung auf eine Empfindungsstörung hindeutet. Oder der Angabe „gelähmt" oder „schwach" kann umgekehrt eine Sensibilitätsstörung zugrunde liegen.

Schwindel. Verständigungsschwierigkeiten gibt es auch häufig beim Schwindel. Man muß in jedem Fall versuchen, in Erfahrung zu bringen, was der Patient darunter versteht. Als Schwindel werden z. B. folgende Symptome bezeichnet: Drehschwindelanfälle bei Menière-Krankheit; präkollaptische Zustände bei Gefäßlabilität mit Schwarzwerden vor den Augen; Gangstörungen bei Ataxie infolge Tabes; Gleichgewichtsstörungen bei Kleinhirnaffektionen; Absencen bei Epilepsie; dumpfer Kopf bei Zerebralsklerose; Höhenangst (man sagt, jemand sei schwindelfrei); Angst, eine Straße zu überqueren, bei Agoraphobie; und noch vieles andere. Eigentlicher Dreh- oder Schwankschwindel ist eher selten.

Kopfschmerzen. Ein weiterer Punkt ist die Analyse von Kopfschmerzen. Sie sind wie der Schwindel ein häufiges Symptom. Wie haben die Kopfschmerzen begonnen? Im zeitlichen Zusammenhang mit Krankheiten (Trauma, Infekt, Intoxikation o. a.)? Oder mit einer Änderung der Beschäftigung oder der Lebensweise? Halten die Kopfschmerzen ständig an? Nehmen sie zu? Oder treten sie episodisch oder attackenweise mit freien Intervallen auf? Besteht ein Zusammenhang mit Tageszeiten? (Beispiele: Bei Nebenhöhlenaffektion lassen sie gegen Mittag nach, bei Refraktionsanomalien der Augen nehmen sie im Lauf des Tages zu, bei Hochdruck treten sie oft in den frühen Morgenstunden auf, Histaminkopfschmerzen sind meistens nachts.) Oder mit

Jahreszeiten? Oder mit affektiven oder anderen Belastungen? Kopfschmerzen in der Familie? Vorboten oder Begleiterscheinungen (z. B. Verstimmung, Skotome, Erbrechen, Schwitzen und Blässe oder Röte, Tränen der Augen, verstopfte Nase, Lichtscheu u. a.)? Ort der Kopfschmerzen (halbseitig oder sich ausbreitend bis in Gesicht, Nacken oder Schultern)? Art der Kopfschmerzen (z. B. bohrend, klopfend, pulssynchron)? Druck- oder Spannungsgefühl? Bandförmig oder reifenartig um den Kopf? Was bringt die Kopfschmerzen hervor oder verstärkt sie (z. B. ungewöhnliche Anstrengung, seelische Erregung, sich bücken, bestimmte Nahrungsmittel, Alkohol, Wetterfronten, Tiefschlaf, Zimmerwärme, Sonnenbestrahlung, mechanische Erschütterung)? Was hilft gegen die Kopfschmerzen (wie z. B. Bohnenkaffee, bestimmte Medikamente, Ruhe, Abschirmung von Sinnesreizen oder im Gegenteil Herumwandern, bestimmte Kopfhaltungen, horizontale oder aufrechte Körperhaltung)?

Bei Kopfschmerzen taucht oft die Frage auf, ob sie organisch oder psychogen sind. Dies muß zwar im Einzelfall durch neurologische und psychiatrische Untersuchung abgeklärt werden, aber es gibt auch einige anamnestische Hinweise. Organische Kopfschmerzen sind im allgemeinen nicht ständig vorhanden, sind eher isolierte Vorkommnisse mit umschriebenem Beginn und Ende, sind oft abhängig von äußeren Bedingungen und gehen nicht selten mit anderen Symptomen einher. Psychogene Kopfschmerzen sind meist chronisch, dauern Wochen, Monate, Jahre unverändert, werden vage geschildert, sind völlig unbeeinflußbar (auch durch Schmerzmittel), sind oft isoliert und ohne Begleitsymptome.

Fremdanamnese. Oft kommt man nicht ohne fremdanamnestische Angaben aus. Bewußtseinsstörungen, Erinnerungslücken (Amnesien), Merkschwäche, Konfabulationen, sind bei neurologischen Patienten häufig. Sie können daher viele wichtige Dinge nicht aus eigener Erfahrung mitteilen. Man muß dann Angehörige, Bekannte, Arbeitskollegen, Sanitäter, Polizeibeamte oder zufällige Zeugen bitten, eine Ohnmacht oder ein auffälliges Verhalten zu schildern. Bei Anfallszuständen erkundigt man sich nach Initialschrei, Hinfallen, tonischen Krämpfen, klonischen Zuckungen, anderen motorischen Phänomenen und deren Lokalisation, Gesichtsfarbe, Atmung, Stöhnen, Schaum vor dem Mund, Dauer des Zustandes, anschließende Erweckbarkeit. Der Patient selbst kann nach Aura, Zungenbiß, Einnässen gefragt werden. Oder: Unterbricht sich der Patient plötzlich in einem Gespräch oder einer Tätigkeit? Geht der Blick dabei ins Leere? Treten unscheinbare Mund-, Augen- oder Armbewegungen auf? (Damit hätte man nach den typischen Zügen einer Absence gefragt.) Bei Angehörigen erkundigt man sich nach schleichenden Verhaltens- oder Wesensänderungen, die dem Patienten oft nicht zum Bewußtsein kommen, der Umgebung aber auffallen. Es ist überhaupt ratsam, so viele Fremdangaben und Vorbefunde wie möglich beizuziehen, selbstverständlich ohne die Schweigepflicht in Gefahr zu bringen, den Takt zu verletzen oder das Vertrauensverhältnis aufs Spiel zu setzen. Bei einem akuten Notfall sucht man das unmittelbar Wichtige zu erfahren und verschiebt alles andere auf später. (Anamnese bei Kopfverletzten S. 177 f, bei Bewußtlosen S. 187 f.)

Symptom-Zeit-Diagramm. Das Material, unsystematisch erhoben, muß schließlich geordnet werden. Der neurologische Befund soll zur Lokaldiagnose, die Vorgeschichte zur Artdiagnose, d. h. zur Ätiologie hinführen. Dabei spielt die Zeitstruktur der Beschwerden, Symptome und Befunde eine Hauptrolle. Ob sie allmählich oder akut auftreten, chronisch, chronisch-progredient, phasisch oder schubförmig ablaufen und in welchen Zeitschritten (Sekunden bis Jahren) sie beschrieben werden können. Ferner ist das Erkrankungsalter von größter Bedeutung; eine ganze Reihe von Krankheiten sind in bestimmten Lebensaltern unwahrscheinlich. Man kann sich Erkrankungsbeginn und Verlauf als Symptom-Zeit-Diagramm vergegenwärtigen (Abb. 1).

Allgemeinbefunde

Sie werden bei der allgemeinen körperlichen und einer orientierenden Untersuchung der inneren Organe durch Inspektion, Palpation, Perkussion und Auskultation erhoben. Es folgen die neurologisch wichtigsten Untersuchungen in Stichworten.

Atmung. Beachtet werden Frequenz, Tiefe, Regelmäßigkeit, Periodenbildung, Begleitgeräusche (Stridor, Seufzen, Rasseln), Einsatz der Atemhilfsmuskulatur. Man kann die Vitalkapazität messen, den Exspirationsstoß beurteilen oder einen Zähltest durchführen: Der Patient soll nach tiefer Einatmung rasch laut zählen, ohne erneut einzuatmen; er kommt dabei normalerweise auf die Ziffern 20 oder mehr; bei beginnender Atemlähmung geht die Zahl zurück; der Test eignet sich nur als Verlaufskontrolle, da Dyspnoe jeder Ursache die Endzahl herabsetzt. Bei beginnender Ateminsuffizienz zunächst Kompensation durch Zunahme der Atem- und Pulsfrequenz und des Blutdrucks; Zyanose und Blutgasveränderungen treten erst später auf. Einseitige Phrenikuslähmung ist nur röntgenologisch nachweisbar. Paradoxe Atmung: Inspiratorische Einziehung des Thorax durch Lähmung der Rumpf- und Thoraxmuskulatur bei intakter Zwerchfelltätigkeit (z. B. durch Landry-Paralyse bei Polyneuritis oder Poliomyelitis, Myasthenie, Querschnittslähmungen durch Läsion des unteren Zervikal- bis oberen Thorakalmarks). Periodische Atmung mit apnoischen Pausen verschiedener Dauer bei Herzinsuffizienz oder bei intrakranieller Drucksteigerung. Kussmaul-Atmung (abnorm tiefe Atemzüge, regelmäßig, meist verlangsamt) bei Azidose (z. B. im urämischen oder diabetischen Koma).

Kreislauf und Sauerstofftransport. Man untersucht Blutdruck, Pulsfrequenz, Farbe der Lippen und Akren (Zyanose), Herzgröße und -töne und tastet beide Radialispulse und die Fußpulse. Belastungsab-

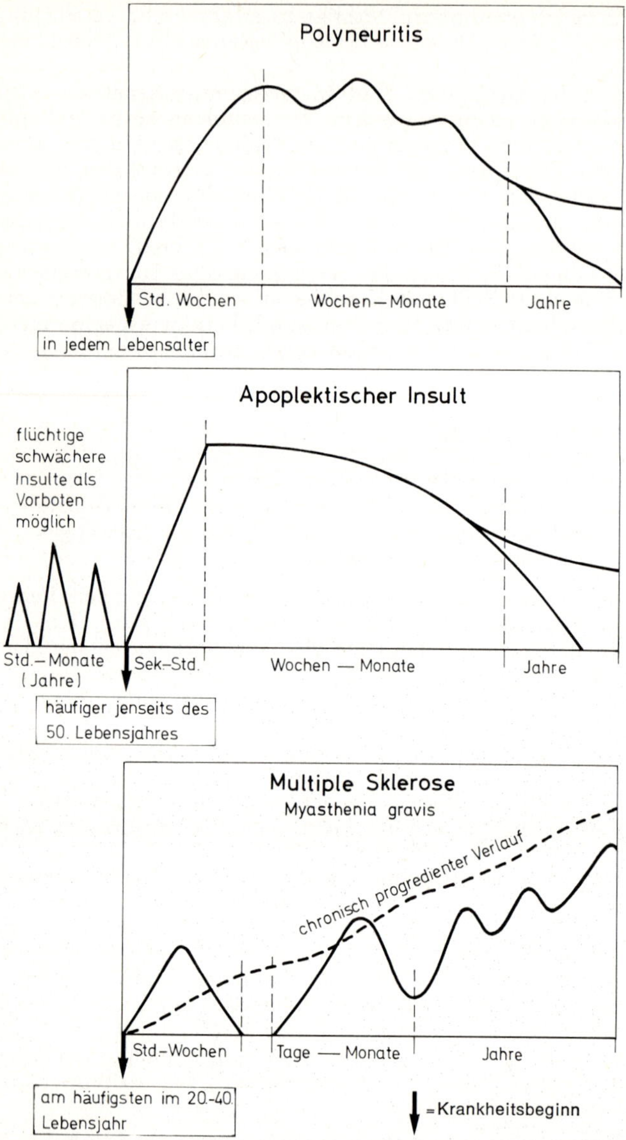

Abb. 1. Symptom-Zeit-Diagramme von drei verschiedenen Krankheiten (nach S. RENFREW). Sie zeigen die Bedeutung der Zeitstruktur von Symptomen für die Diagnose. Bei der multiplen Sklerose kommt selten auch der gestrichelte Verlauf vor. Myasthenia gravis hat einen ähnlichen Verlauf wie multiple Sklerose.

hängigkeit von Symptomen (z. B. Claudicatio intermittens) ist ein wichtiger Hinweis auf ihre vaskuläre Genese. Prallgefüllte Venen mit Schwellungen und Schmerzen finden sich distal einer Venenthrombose. Raynaud-Phänomen: Anfallsweise arterielle Durchblutungsstörung der Hände oder Füße mit Blässe, anschließend Rötung bis Zyanose der Finger oder Zehen mit Schmerzen und Parästhesien.

Schellong-Test = Schellong-Stehversuch: Nach 10 Minuten ruhigen Liegens steht der Patient für 10 Minuten. Messung der Pulsfrequenz und des Blutdrucks in Ein- bis Zweiminutenabständen vor, während und nach dem Stehen.

Extrakranielle Gefäßstenosen oder -verschlüsse der oberen Körperhälfte. Einseitige *Amaurosis fugax* bei flüchtigen Halbseitenstörungen in der Vorgeschichte und ein *positives Externazeichen* (einseitige Erweiterung der Temporalarterie oder stark vorspringende A. angularis am inneren Augenwinkel) erwecken Verdacht auf Stenose bzw. Verschluß der A. carotis interna. Untersuchung der Pulse und Suche nach mittel- bis spätsystolischen oder kontinuierlichen Strömungsgeräuschen der folgenden Arterien: Brachialis an der Vorder-Innenseite des proximalen Oberarms; Subklavia unterhalb des Schlüsselbeins mehr lateral, oberhalb mehr medial; Vertebrales im Nacken; Karotis am Hals neben der Trachea und unter dem Kieferwinkel (die Karotisbifurkation liegt etwa in Höhe des oberen Randes des Schildknorpels); Temporalis (Ast der A. carotis externa) an der Schläfe (Abb. 2). Eine isolierte Untersuchung der A. carotis interna ist allenfalls durch Pulspalpation im Rachen retrotonsillär möglich. Auskultation am besten ohne Membran. Stethoskop nicht unter zu großem Druck aufsetzen, um nicht dadurch Strömungsgeräusche hervorzurufen. Fortgeleitete Herzgeräusche durch Herzauskultation ausschlie-

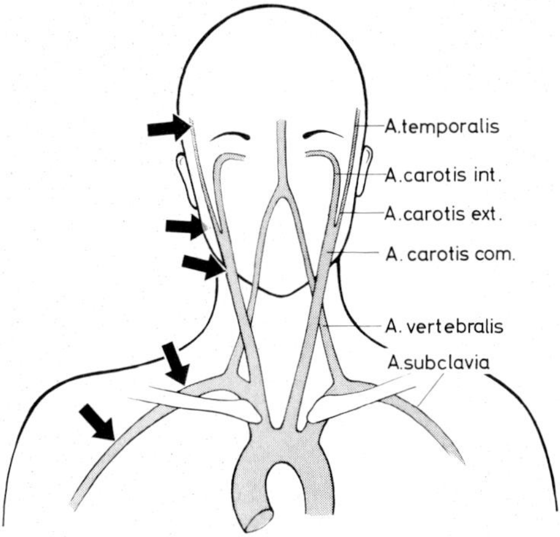

Abb. 2. Schematische Darstellung der extrakraniellen Gefäße, die dem Gehirn Blut zuführen, und der günstigsten Punkte zur Palpation und Auskultation.

ßen. Blutdruckmessung am Oberarm im Seitenvergleich (Unterschied von mehr als 20 mm Hg systolisch ist schon verdächtig); vergleichende Oszillographie der Arme. Bei A. subclavia- bzw. Truncus brachiocephalicus-Verschluß oder -Stenose (subclavian steal-Syndrom) kann aktive motorische Belastung des betroffenen Armes (z. B. durch fünfzigmaliges Stemmen von einigen Kilogramm) manchmal Nackenkopfschmerzen, Schwindel und Hirnstammsymptome auslösen. Die einfachen Methoden erlauben nur eine Verdachtsdiagnose und keinen Ausschluß einer Gefäßkrankheit.
Ein Verschluß der A. carotis interna im extrakraniellen Abschnitt kann in etwa drei Vierteln der Fälle mit Hilfe der *Ophthalmodynamometrie* oder *-graphie* wahrscheinlich gemacht werden. Dabei wird der Blutdruck der A. ophthalmica, die vom Karotissiphon abgeht, gemessen und mit dem Brachialisblutdruck am Oberarm verglichen. Im Falle der Ophthalmodynamographie wird das Oszillogramm der A. ophthalmica aufgezeichnet und mit dem Brachialisoszillogramm verglichen. Es handelt sich um eine unblutige und einfache Methode mit geringem apparativem Aufwand.
Gefäßgeräusche am Mastoid oder der Temporalschuppe kommen gelegentlich bei intrakraniellen Aneurysmen vor. Pulsierender Exophthalmus mit Gefäßgeräuschen über Auge oder Stirn spricht für eine arteriovenöse Fistel des Sinus cavernosus.

Neurovaskuläre Syndrome der oberen Thoraxapertur. Skalenus-S.: Verschwinden des Radialispulses und/oder supraklavikuläres Stenosegeräusch beim Adson-Manöver. Dazu muß der Patient das Kinn heben, zur kranken Seite drehen und tief einatmen.
Kostoklavikuläres S.: Schultern des Patienten aktiv oder passiv stark nach hinten und unten drücken.
Hyperabduktions-S.: Der maximal nach oben ausgestreckte Arm wird gleichzeitig nach hinten gedrückt.
Die Ergebnisse müssen vorsichtig und nur im Zusammenhang mit neurologischen Ausfallserscheinungen interpretiert werden, da Pulsabschwächung auch bei Gesunden vorkommt.

Innere Organe. Größe und Konsistenz der Leber, Ikterus, Milztumor, gastrointestinale Symptome, Schleimhautveränderungen des Mundes und der Zunge.
Allgemeine vegetative Symptome wie Körpertemperatur (Hyperthermie), Schweißanomalien (Anhidrose, Hyperhidrose), Speichelfluß, Talgsekretion (Salbengesicht), Erbrechen, Singultus. Für Exsikkose sprechen trockene Haut (abgehobene Falten bleiben stehen) und Schleimhäute (zuerst sichtbar am Trockenwerden der Zungenmitte), Oligurie mit Urin von hohem spezifischem Gewicht.

Blasen- und Mastdarmfunktion. Bei Sphinkterstörungen versucht man folgende Fragen zu klären: Kann Wasserlassen willkürlich in Gang gesetzt werden? Kann bei Harndrang (Stuhldrang) der Urin (Stuhl) gehalten werden? Dauert es ungewöhnlich lange, bis die Miktion in Gang kommt? Leichtere Grade von Inkontinenz äußern sich als imperativer oder zwingender Harndrang. Bei Retention läßt sich Restharn nachweisen; in schweren Fällen wird die Blase oberhalb der Symphyse tastbar (hochstehende Blase). Dabei kann es zu Harnträufeln kommen (Ischuria paradoxa oder Überlaufblase). Retention auch bei Tabes oder Diabetes infolge viszeraler Analgesie. Manche Personen können im Liegen kaum Wasser lassen, ohne daß eine Blasenlähmung vorliegt. Einnässen kommt auch bei Bewußtseinsstörungen und bei schwerer Demenz vor. Blaseninkontinenz und -entleerungsstörung können auch urologische oder gynäkologische Ursachen haben. Ein gelähmter Sphinkter ani ist bei der rektalen Untersuchung schlaff. Erschwerte Stuhlentleerung auch bei Bauchmuskellähmung.

Haut und Unterhaut. Feststellung von Café-au-lait-Flecken (Naevi pigmentosi), flächenhaften Naevi vasculosi (Naevus flammeus) vor allem im Gesicht, ausgedehnten Teleangiektasien oder Angiomen, Melanomen, Adenoma sebaceum (Naevus Pringle), lokalem Riesenwuchs: Vor allem bei Phakomatosen = neurokutanes Syndrom wie Recklinghausen- und Sturge-Weber-Krankheit, Louis-Bar-Syndrom, tuberöse Sklerose u. a. Weinrotes Erythem mit Ödemen (vorwiegend um die Augenlider und Fingernägel) bei Dermatomyositis.
Knötchen, blaurote Verfärbungen, Haemorrhagien, flüchtige Exantheme bei Periarteriitis nodosa.
Trophische Störungen: Glanzhaut, Hyperkeratosen, Nagel- und Nagelbettveränderungen, Verschmächtigung von Fingerspitzen, schlechte Heilungstendenz von Wunden, gehäufte Brandblasen und -narben, trophische Ulzera, Dekubitalgeschwüre, Zyanose. Diese Symptome sind unspezifisch und treten nicht nur bei Läsion peripherer Nerven, Syringomyelie, Myelodysplasie u. a., sondern auch bei Ruhigstellung, Sklerodermie u. a. auf. Hemiatrophia faciei idiopathisch oder bei Sklerodermie ohne sensible oder motorische Störungen des Gesichts, symptomatisch bei Syringobulbie, Tumoren des Trigeminus, Läsionen des Halssympathikus oder des Ganglion cervicothoracicum.

Skelettsystem. Dysrhaphische Zeichen: Spina bifida occulta (lokale Hypertrichose, Knötchen oder Einziehung über dem Kreuzbein); Fußdeformitäten (Pes equinovarus, Pes valgus, Hohlfuß); Wirbelmißbildungen mit sekundärer Kyphoskoliose; Überlänge der Arme (wenn die Spannweite der Arme größer als die Körperlänge ist); Tatzenhände und Stummelfinger; überzählige oder fehlende Mamillen; Mammaasymmetrie; vegetativ-vasomotorische Störungen an den Extremitäten. Nicht selten bei Friedreich-Ataxie, obligatorisch bei Syringomyelie. Aus geringgradigen Veränderungen wie z. B. einer Wirbelbogenspalte o. ä. darf aber nicht automatisch auf eine zugeordnete Mißbildung oder Entwicklungsstörung des Rückenmarks geschlossen werden.

Gelenkveränderungen. Neurogene Arthropathie (ausgeprägte Schwellungen, groteske Deformierungen oder Dislokationen, schwere Zerstörung von Knochen im Röntgenbild, besonders in den Knie- und

Fußgelenken) bei Erkrankung peripherer Nerven, Syringomyelie und Tabes. Meistens schmerzlos; Funktionsausfall daher zunächst relativ gering.
Gelenke beachten bei der Aufklärung von Schmerzzuständen, Bewegungseinschränkungen und unklaren Muskelatrophien. Spondylarthrose kann Bewegungseinschränkung der Wirbelsäule mit Schmerzen verursachen, auch ohne Wurzelreizung oder -kompression. Ruhigstellung oder Schonen der Schulter kann zum Bild der Schultersteife mit Kontrakturen, Muskelatrophien, manchmal trophischen Störungen und Ödem der Hand (Schulter-Hand-Syndrom) führen. Periarthritis humeroscapularis mit Schmerzen und Bewegungseinschränkung. Epicondylitis mit umschriebenem Druckschmerz eines Epicondylus am Ellenbogen. Sudeck-Syndrom an der Hand mit Schmerzen, Bewegungseinschränkung der Finger, Glanzhaut, Ödem, Rötung oder Zyanose ist oft nicht primär neurogen, sondern durch Frakturen, Quetschungen, Arthritis, arterielle Durchblutungsstörungen oder hartnäckige Ruhigstellung bedingt.
Zur Untersuchung aktive und passive Bewegungen (Knarren sagt wenig aus) und Prüfung der Druckempfindlichkeit von Gelenkspalten. Schultergelenk: Hand auf den Rücken legen oder mit der Hand über die Schulter nach hinten greifen. Hüfte: Knie in Außenrotationsstellung drücken, während die Füße zusammenbleiben. Wirbelsäule: Finger-Boden-Abstand; im Sitzen bei gestreckten Knien die Zehen berühren.

Augensymptome. Kayser-Fleischer-Ring bei hepatolentikulärer Degeneration: Gelbgrünliche oder dunkelbraune Pigmentierung am Limbus der Cornea, oft erst unter der Spaltlampe sicher zu erkennen.
Exophthalmus einseitig oder doppelseitig bei Thyreotoxikose, Sinusthrombose; einseitig bei infraorbitalem Tumor, Keilbeinmeningeom.
Mongoloide Schrägstellung der Lidspalten mit Epikanthus (Mongolenfalte) beim Down-Syndrom (= Mongolismus, schwere Schwachsinnsform), oft kombiniert mit Makroglossie und klaffender Mundspalte, Muskelhypotonie, Kurzfingrigkeit (Brachydaktylie) und Kleinfingerverkrümmung (Klinodaktylie) und manchmal noch weiteren angeborenen Mißbildungen.
Weitere Augensymptome von möglicher neurologischer Bedeutung: Choreoretinitis, Iridocyclitis, Katarakte, Kolobome, Mikrophthalmie, Strabismus.

Endokrine Krankheiten und Symptome. Bei Hypophysentumoren oder Zwischenhirnläsionen kommen vor: Wachstumsstörungen (darunter Akromegalie), Adipositas, Kachexie, Diabetes insipidus, Hypogenitalismus (wenn schon vor der Pubertät aufgetreten, sind die sekundären Geschlechtsmerkmale mangelhaft ausgebildet), Adynamie, infantiler Habitus, zarte, gefältelte Haut (greisenhafter Ausdruck), Fehlen von Bartwuchs und übriger Sekundärbehaarung, generalisierter Haarausfall, Schweißanomalien.
Myxödem (kann zu zahlreichen neurologischen Symptomen Anlaß

geben): Trockene schuppige Haut, grobe Gesichtszüge mit breiten Nasenflügeln und Lippen, heisere Stimme, Gewichtszunahme, trokkenes struppiges Haar und Haarausfall, lethargisches Verhalten, verlangsamte Sehnenreflexe.

Symptomatische Myopathie. Bei einigen seltenen Krankheiten kann sich frühzeitig eine Myopathie entwickeln, so daß die Patienten manchmal zuerst zum Neurologen kommen: Sarkoidose (Boeck-Sarkoid), Kollagenkrankheiten (Erythematodes, Periarteriitis nodosa, Sklerodermie u. a.), Hyperparathyreoidismus oder Osteomalazie. Hier treten noch zahlreiche andere neurologische Symptome auf, aber erst in späteren Stadien des Leidens.

Zungenbiß. Frischer Zungenbiß oder Narben deuten auf epileptischen Anfall. Sie finden sich vorwiegend am Zungenrand, häufig an der Zungenunterseite.

Hirndruckzeichen können sein: Kopfschmerzen (u. U. im Liegen stärker), Erbrechen, Apathie oder Benommenheit, Druckpuls (Bradykardie bei arterieller Hypertonie und großer Blutdruckamplitude), Stauungspapille, passagere Augenmuskelparesen mit Doppelbildern, anfallsweiser Opisthotonus mit Streckkrämpfen und Atemstörungen (= „cerebellar fits", d. h. „Einklemmungssymptome" des Hirnstamms und Kleinhirns), auf Schädelröntgenaufnahmen weite Sella turcica und Usuren des Dorsum sellae (S. 199).

3. Schädel. Wirbelsäule

Schädel

Bei der Inspektion und Palpation des Schädels achtet man auf äußere Verletzungen, Schwellungen oder Beulen, Narben, auf Impressionsfrakturen und alte Knochenlücken; nach diesen Zeichen muß auch in der behaarten Kopfhaut gesucht werden.

Knochenlücke. Normalerweise ist über einer alten Knochenlücke die Haut eingesunken; man kann die Pulsation des Gehirns fühlen. Nur wenn eine intrakranielle Raumforderung (z. B. ein Spätabszeß im Bereich von Stecksplittern) oder ein Tumorrezidiv vorliegt, verschwindet die tastbare Pulsation, und es kann sogar eine Vorwölbung in der Knochenlücke auftreten. Die normale Hirnpulsation ist manchmal nicht festzustellen, wenn die Bedeckung der Knochenlücke straff ist. Um sicher zu gehen, kann man den Patienten bitten, sich zu bücken; in dieser Stellung ist die Hirnpulsation praktisch immer zu tasten.

Schädeldeformitäten. Man achtet ferner auf Schädeldeformitäten wie Mikrokranie, Schädelasymmetrien, Turmschädel (= Turricephalus), Hydrozephalus. Turmschädel und andere sichtbare Mißbildungen des knöchernen Schädels wie Dysostosis craniofacialis, Kielschädel u. a. gehen nicht selten mit Exophthalmus einher. Hypertelorismus (vergrößerte Augendistanz, breite Nasenwurzel, tiefe Augenhöhlen, Kurzschädel) kommt durch gesteigertes Wachstum umschriebener Schädelpartien zustande. Es handelt sich dabei um Anlage- oder Entwicklungsstörungen, die über das Gehirn an sich nichts aussagen, wenn sie auch manchmal mit primären oder sekundären Hirnschäden einhergehen.

Sekundäre Wachstumsstörungen. Andere Schädeldeformitäten können Folge zerebraler Entwicklungsstörungen sein oder auf prä-, peri- oder postnatalen Hirnschädigungen beruhen. Derartige zerebrale Mißbildungen oder Defekte können auch zu Wachstumsstörungen des Gesichts oder einzelner Gliedmaßen oder zu halbseitigen Wachstumsstörungen, von leichter Hypoplasie bis zu schwerer Mikromelie, führen. Umschriebenes Riesenwachstum ist ebenfalls möglich, aber viel seltener. Diese sekundären Wachstumsstörungen stellen sich nur dann ein, wenn die Hirndefekte schon vor dem 7. Lebensjahr vorhanden waren. (Hemihypoplasien kommen auch ohne Hirnläsionen vor. Nicht alle frühen Hirnschäden führen zu sekundären Wachstumsstörungen.) Ist die Hemihypoplasie mit Hemiparese oder anderen neurologischen Herdsymptomen (infantile Zerebralparese) verbunden, spricht dies mehr für eine früh erworbene Hirnschädigung als eine Mißbildung. Letztere geht eher mit Schädel- und Skelettdysplasien sowie zerebralen Funktionsstörungen wie Oligophrenie und Epilepsie einher.

Einen Hydrozephalus (S. 172 f) erkennt man an der Vergrößerung des Kopfumfangs. Dieser wird mit einem Bandmaß zwischen Stirn und Hinterhaupt (Inion) gemessen. Mit 3 Jahren soll der Kopfumfang nicht mehr als 52 cm betragen, bei Erwachsenen nicht mehr als 58 cm. Kurve des Schädelwachstums in den ersten Lebensjahren (S. 173).

Asymmetrische Verformungen des Schädels können dazu führen, daß seine Längsachse nicht mehr in der Mitte, sondern vom Stirnhöcker einer Seite zum vorspringenden Hinterhauptshöcker der anderen Seite verläuft. Sie beruhen auf einer einseitigen basilären Impression (S. 199 f). Der angeborene Schiefhals (Caput obstipum) geht auf eine unsymmetrische knöcherne Verbindung zwischen Hinterhaupt und Atlas (Atlasassimilation) zurück. Sie kann früher oder später neurologische Symptome hervorrufen. Andere Fehlbildungen im okzipitozervikalen Bereich (z. T. mit schweren neurologischen Störungen) lassen sich nur im Röntgenbild erkennen.

Nervendruckpunkte am Kopf. a) N. frontalis, Ast des Trigeminus I. Austritt durch die Fissura orbitalis superior. Versorgt Oberlid und Stirn. b) N. infraorbitalis, Ast des Trigeminus II. Austritt durch die Fissura orbitalis inferior paranasal unterhalb der Orbita. Versorgt Unterlid, Nase und Oberlippe. c) N. mentalis, Ast des Trigeminus III. Austritt seitlich des Kinns meist in Höhe des 1.–2. Prämolaren durch das Foramen mentale. Versorgt Kinn und Unterlippe. d) N. occipitalis major am Hinterkopf zwischen Warzenfortsatz und oberer HWS in der Gegend des Ansatzes der Nackenmuskulatur. e) N. occipitalis minor am Warzenfortsatz selbst oder zwischen dem Ansatz der Mm. sternocleidomastoideus und trapezius. Eine Druckschmerzhaftigkeit ist nur dann zu verwerten, wenn sie an umschriebener, typischer Stelle angegeben wird. Einseitige Druckempfindlichkeit der Trigeminusaustrittspunkte kann bei einem supratentoriellen Prozeß auf der Herdseite zu finden sein.

Wirbelsäule

Man achtet auf Kurzhalsigkeit und Schulterblatthochstand der Klippel-Feil-Krankheit, auf Gibbus, auf Verbiegung (Kyphose, Lordose, Skoliose).

Haltung und Beweglichkeit der Wirbelsäule. Die Haltung der Lendenwirbelsäule (LWS) und ihre Beweglichkeit hat große Bedeutung für die Diagnose von Wurzelkompressionen. In Ruhe findet sich meistens eine zur kranken Seite konvexe Skoliose; bei älteren Fällen kann sie gelegentlich konkav zur kranken Seite sein. Die LWS ist dabei gestreckt, die normale Lordose aufgehoben. Während die Beweglichkeit für die Seitwärtsbeugung relativ gut sein kann, ist die Vorwärtsbeugung und Wiederaufrichtung erheblich gehemmt. Haltung und Beweglichkeit der Halswirbelsäule (HWS) für Beugung, Streckung und Drehbewegungen des Kopfes werden ebenfalls geprüft.

Nackensteife, Brudzinski, Kernig, Lasègue. a) Die Nackensteife: Man beugt den Kopf des Patienten nach vorn und schätzt den entgegenstehenden muskulären Widerstand. Normalerweise läßt sich das Kinn bis auf die Brust senken (Abb. 3). Natürlich darf der Patient den Kopf

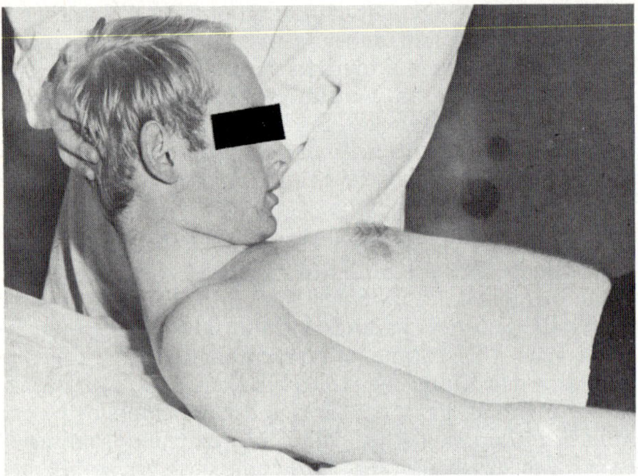

Abb. 3. Untersuchung auf Nackensteife und Brudzinski-Zeichen. Kinn geht leicht auf die Brust. Normal.

nicht aktiv strecken. Er wird daher gebeten, locker zu lassen oder, wenn das nicht gelingt, den Kopf aktiv zu beugen oder das Kinn aktiv bis auf die Brust zu senken. Wenn ihm dies möglich ist, liegt keine Nackensteife vor. Eine dauernde Rückwärtsstreckung des Kopfes bei schwerer Nackensteife wird *Opisthotonus* genannt. Geringere Grade von reproduzierbarem muskulärem Widerstand werden als *Meningismus* bezeichnet. Degenerative, entzündliche oder traumatische Veränderungen an Halswirbeln, Wirbelgelenken oder Bändern bewirken ebenfalls eine Einschränkung der Beweglichkeit der HWS mit Schmerzen. Sie treten in diesem Fall auch bei Seitwärtsbeugen und Drehbewegungen auf. Im Fall von Wurzelkompression kommt eine umschriebene Schmerzprojektion in das Versorgungsgebiet der betroffenen Wurzel vor.

b) Das *Brudzinski-Nackenzeichen:* Wenn der Kopf des Patienten gebeugt oder wenn der Patient aufgesetzt wird, tritt eine automatische

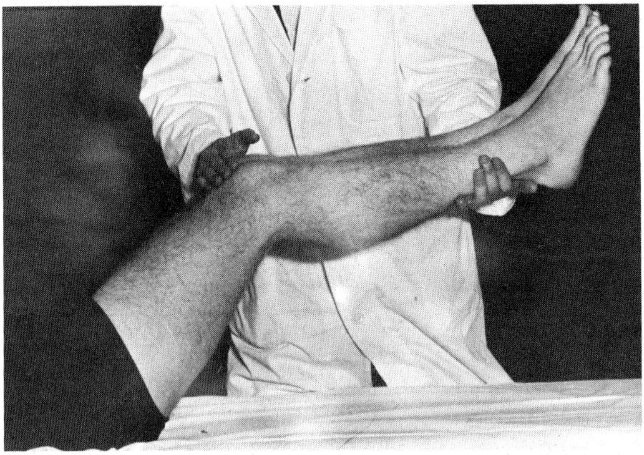

Abb. 4. Untersuchung auf das Kernig-Zeichen. Hier positiv: Passive Beugung der gestreckten Beine führt zu aktiver Beugung im Kniegelenk. Pathologisch.

Beugung der Beine im Hüft- und Kniegelenk ein. Das ist pathologisch. Zur Gegenprobe versucht man, die Beine des sitzenden Patienten durch Druck auf die Knie zu strecken.

c) Das *Kernig-Zeichen:* Die gestreckten Beine des liegenden Patienten werden im Hüftgelenk gebeugt. Gelingt dies nicht, ohne daß der Patient automatisch im Kniegelenk beugt (Abb. 4), ist das Kernig-Zeichen positiv (pathologisch).

d) Das *Lasègue-Zeichen:* Die Untersuchung wird wie für das Kernig-Zeichen ausgeführt. Das Lasègue-Zeichen ist positiv, wenn dabei Schmerzen im Kreuz, Gesäß oder Bein auftreten, die eine weitere Beugung des gestreckten Beins unmöglich machen. Der minimale Hüftgelenkswinkel wird angegeben. Bei gebeugtem Knie müssen die Bewegungen im Hüftgelenk dagegen frei sein. Zur Kontrolle wiederholt man den Test später im Sitzen. Der Befund kann durch den *Bragard-Handgriff* gesichert werden: Bei Erreichen der Schmerzgrenze nach Lasègue muß eine rasche Dorsalflexion des Fußes den Schmerz verstärken.

Bei diesen Zeichen handelt es sich nicht um Reflexe, sondern um Abwehrbewegungen oder das Einnehmen einer Schonhaltung. Durch beide Handgriffe werden Rückenmark, Meningen und bestimmte Nervenwurzeln gedehnt. Beugung des Kopfes bewirkt eine Verschiebung des Rückenmarks im Spinalkanal, die in der Lumbalgegend 1 cm ausmachen kann; bei gleichzeitiger Beugung des Rumpfes oder der im Kniegelenk gestreckten Beine ist die Verschiebung noch größer. Sind Wurzeln oder Meningen pathologisch

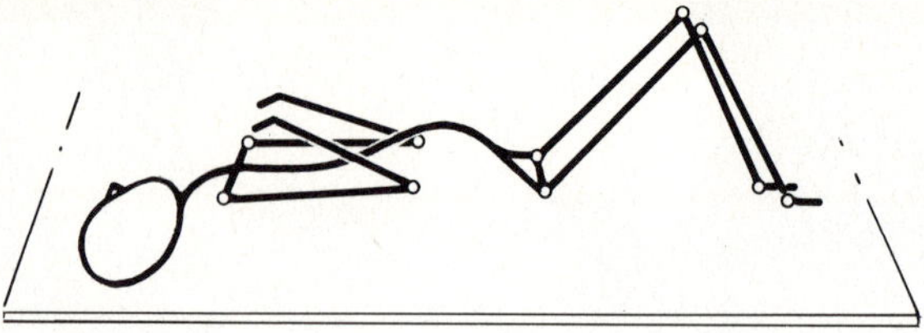

Abb. 5. Typische Haltung bei akuter Meningitis: Opisthotonus, Beugung der Extremitäten, Hyperlordose der Lendenwirbelsäule.

verändert, komprimiert oder adhärent, dann löst eine solche Verschiebung Schmerzen aus. Die Abwehrbewegungen bzw. die Schonhaltung entlasten die Wurzeln und Rückenmarkshäute.
Man kann sich diese vier Zeichen anhand der typischen Haltung eines Patienten mit akuter Meningitis leicht merken (Abb. 5). Sie ist in allen Einzelheiten das Gegenteil der Stellung, die durch Beugung des Kopfes oder der gestreckten Beine angestrebt wird.

Umgekehrtes Lasègue-Zeichen. Das Lasègue-Zeichen beruht bei der Ischias (infolge Nucleus-pulposus-Prolaps) auf einer Dehnung der Rückenmarkswurzeln L4–S1, die den N. ischiadicus bilden. Bei Kompression höherliegender Wurzeln kann der umgekehrte Lasègue-Handgriff angewendet werden, indem man im Stehen oder in Bauchlage eine passive Überstreckung des Beines im Hüftgelenk durchführt und dadurch über den N. femoralis einen Zug auf seine Wurzeln (L2 bis L4) ausübt.

Nackenbeugezeichen. Kommt es zu Parästhesien (Kribbeln, Ameisenlaufen oder Elektrisieren) an Rumpf oder Gliedmaßen, sobald der Kopf des Patienten nach vorn gebeugt wird, spricht man von Nackenbeugezeichen. Eine Nackensteife oder ein Meningismus bestehen dabei nicht. Das Nackenbeugezeichen kann nicht nur bei meningealen arachnitischen oder raumfordernden Prozessen, sondern auch bei Rückenmarksherden (z. B. bei Multipler Sklerose) auftreten.
Es beruht wahrscheinlich auf mechanischer Reizung der Hinterstränge.

4. Motorik I: Muskelkraft, Muskelmasse, Muskeltonus

Muskelkraft

Das auffallendste pathologische Zeichen auf dem Gebiet der Motorik ist die Herabsetzung der Muskelkraft, also Schwäche (Parese) bis zur totalen Lähmung (Paralyse). Paresen sind das häufigste und augenfälligste Symptom neurologischer Krankheiten. Aus Abb. 6 geht hervor, wie Lähmungen zustande kommen. Danach unterscheidet man:

a) Periphere Paresen: 1. Myogene P. 2. Peripher-neurogene P. (Spezialfall: nukleäre P.).

b) Zentrale oder supranukleäre Paresen: Der Hauptstrom von Erregungen, dessen Ausfall zum Symptom Lähmung führt, erreicht die spinalen (bulbären) Motoneurone über die Tractus corticospinales (corticobulbares).

c) Neuromuskuläre Überleitungsstörungen: Muskelschwäche ist hier kein konstantes Symptom, sondern tritt nur unter gewissen Bedingungen ein.

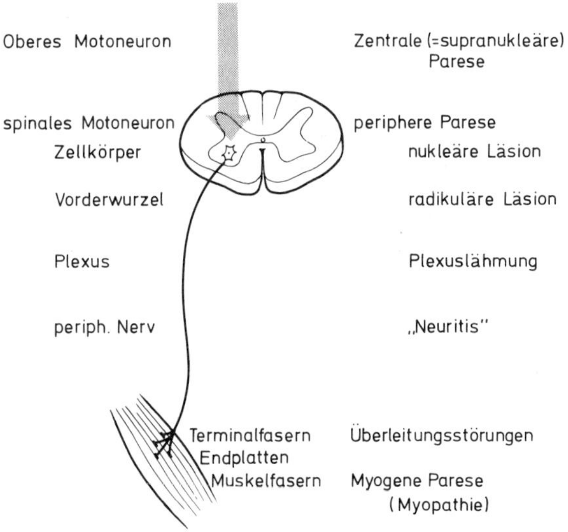

Abb. 6. **Zentrales und spinales Motoneuron, Muskel. Zugeordnet Läsionen,** die zum Symptom Parese führen.

Verteilung von Lähmungen

Der wichtigste Schritt zur Lokaldiagnose einer zugrundeliegenden Läsion ist die Unterscheidung, ob es sich um eine periphere oder eine zentrale Parese handelt oder ob eine Störung der neuromuskulären Überleitung vorliegt. Eine erste Analyse ist anhand der Verteilung etwaiger Lähmungen möglich. Halbseitenlähmung von Gesicht, Arm und/oder Bein nennt man *Hemiparese;* wenn sie total ist, spricht man von *Hemiplegie* (Abb. 7). Es müssen nicht alle drei Regionen zugleich

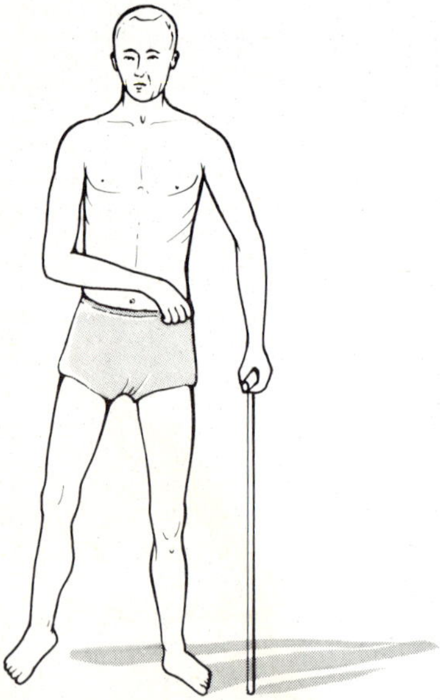

Abb. 7. Wernicke-Mann-Haltung eines Hemiplegikers mit spastischer Kontraktion der Antischwerkraft-Muskeln. Im einzelnen: adduzierter, im Ellenbogengelenk gebeugter Arm; pronierte und gebeugte Hand; gebeugte Finger, eingeschlagener Daumen; in Hüft-, Knie- und Fußgelenk gestrecktes Bein mit Spitzfuß, dadurch Zirkumduktion erforderlich.

befallen sein. Dieser Verteilungstyp spricht für eine zentrale Parese. Lähmung beider Beine nennt man *Paraparese (Paraplegie),* aller vier Extremitäten *Tetraparese (Tetraplegie* oder *Diplegie)* (Abb. 8). Diese Verteilung kommt sowohl bei zentralen (z. B. Rückenmarksschädigungen) als auch bei peripheren Läsionen (z. B. Caudakompression, Polyneuritis, progressive Muskeldystrophie) vor.
Auch die Verteilung von Paresen innerhalb der einzelnen Körperregionen kann zur Lokaldiagnose beitragen. Gemeinsamer Ausfall der von einem bestimmten Nerven, Nervenplexus oder benachbarter Wurzeln versorgten Muskeln spricht selbstverständlich für eine periphere Läsion. Beispiele sind die *periphere Fazialisparese* (Abb. 67, S. 109), bei der alle Muskeln einer Gesichtshälfte gelähmt sind, die obere Armplexuslähmung, wo der Arm nicht nach der Seite gehoben und nicht

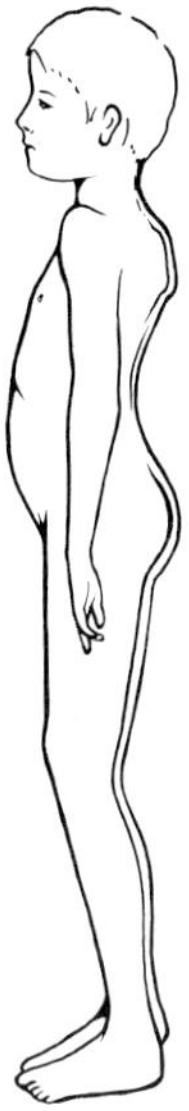

Abb. 8. Tetraparese der Schulter-, Beckengürtel- und Rumpfmuskulatur bei progressiver Muskeldystrophie: lose Schultern, vorstehende Schulterblätter, übermäßige Lendenlordose, schwache Hüft- und Oberschenkelmuskulatur.

nach außen rotiert werden kann, oder die kombinierte Lähmung der Beugung im Hüft- und der Streckung im Kniegelenk bei der Femoralisparese.
Einseitige Schwäche der Mundwinkelhebung beim Zähnezeigen bei gut erhaltener Kraft der übrigen mimischen Muskeln beruht dagegen auf einer *zentralen Fazialisparese* (Abb. 68, S. 110). Am Arm sind Schwäche der Dorsalflexion im Handgelenk und der Streckung im Ellenbogengelenk, am Bein Parese der Hüftbeugung und der Dorsalflexion des Fußes typische zentrale Lähmungskombinationen. Man kann sich das leicht merken, wenn man sich die *Wernicke-Mann-Haltung* eines Hemiplegikers vergegenwärtigt (Abb. 7). Sie ist in jedem Abschnitt, Gesicht, Arm und Bein, das Spiegelbild der jeweils vorherrschenden Paresen.

Auffällige Symptome

Hinweise auf Lähmungen geben zunächst bestimmte Angaben des Patienten. Auf dabei mögliche Mißverständnisse wurde auf S. 5 schon hingewiesen. Ein Patient kann angeben, daß er Mühe hat, seinen Kopf zu halten; daß dieser ihm entweder auf die Brust fällt oder daß er ihn nicht vom Kissen heben kann. Beim Aufstehen vom Sitzen muß er sich mit den Armen hochstützen. Oder eine Fußspitze schleift am Boden. Er kann das eine Bein nicht über das andere schlagen oder ein Bein nicht über den Rand der Badewanne heben, ohne mit der Hand nachzuhelfen. Beim Treppensteigen hat er Mühe, den Fuß auf die nächste Stufe zu heben, oder er muß sich mit der Hand am Geländer hochziehen. Beim Treppenabwärtsgehen knickt er im Knie ein. Er hat Mühe, die Arme über den Kopf zu heben, z. B. beim Kämmen oder wenn er etwas vom Schrank holen will. Er kann Schlüssel nicht mehr herumdrehen oder Wäsche nicht auswringen. Beim Anziehen der Schuhe schlägt sich die große Zehe nach hinten um. Die Augenlider sinken herab oder er sieht doppelt. Er kann nicht mehr pfeifen oder durch einen Strohhalm trinken. Seine Sprache ist verwaschen oder heiser. Beim Kauen ermüdet er rasch. Speisen sammeln sich auf der Seite einer gelähmten Wange und müssen mit der Hand von außen zurückgedrückt werden. Beim Trinken kommt Flüssigkeit aus der Nase. Er verschluckt sich leicht.

Untersuchung

Man fordert den Patienten zu einer bestimmten Bewegung auf, schätzt durch Gegenhalten die entwickelte Kraft und beobachtet und palpiert wenn immer möglich den betreffenden Muskel oder die Sehne. Man benutzt immer beide Hände. Mit der einen Hand wird gegengehalten, die andere palpiert den sich kontrahierenden Muskel, eine sich anspannende Sehne oder stützt ab. Man untersucht immer im Seitenvergleich. Schmerzen in der Nachbarschaft, besonders solche, welche durch die gewünschte Bewegung oder Muskelkontraktion induziert oder verstärkt werden, beeinträchtigen die Kraftentwicklung. Auch Gelenkversteifungen, muskuläre oder bindegewebige Kontrakturen u. ä. müssen bei der Beurteilung berücksichtigt werden.

Die Quantifizierung der Muskelkraft hat man auf verschiedene Weise versucht. Eine ideale Methode gibt es nicht. Sie ist auch nicht bei allen Paresen nötig. Bei akuten oder subakuten Lähmungen wird eine Zunahme leicht festgestellt. Bei chronischen Verläufen dagegen sind Änderungen schwerer zu erkennen; außerdem wechseln die Untersucher im Laufe der Zeit. Für die Verlaufsbeurteilung ist daher ein System zur semiquantitativen Bestimmung der Muskelkraft erforderlich wie die folgende Skala:

0 = Abwesenheit von Muskelkontraktionen = völlige Lähmung,
1 = eben sicht- oder fühlbare Muskelkontraktion,
2 = aktive Bewegung nach Ausgleich der Schwerkraft durch Unterstützung,
3 = aktive Bewegung oder Haltung eben gegen Schwerkraft ohne Unterstützung,
4 = aktive Bewegung oder Haltung gegen Schwerkraft und (leichten) Widerstand,
5 = regelrechte Muskelkraft.

Durch die Benutzung von Zwischenstufen (z. B. 2/3) läßt sich noch weiter unterteilen. Nicht alle Muskeln können gegen die Schwerkraft untersucht werden (z. B. die kleinen Hand- und Fußmuskeln). In diesem Fall soll Grad 3 einer mittleren Lähmung (etwa 50 %) gegeben werden.

Ein Buch über Muskelfunktionsprüfungen für Krankengymnasten (Daniels u. Mitarb. 1974) verzeichnet nicht weniger als 233 Einzeltests zur Untersuchung der Muskelkraft. Auch dabei sind noch nicht alle Methoden erfaßt. Für die neurologische Untersuchung genügt zunächst ein Überblick, indem man die folgenden Bewegungsaufgaben oder Muskelkontraktionen untersucht (indirekte Methoden wurden mit einem ● gekennzeichnet, weil sie besonders praktisch sind).

Im Sitzen oder Stehen

Stirn hochziehen. Vielen Menschen ist dies auf einfache Aufforderung nicht möglich.

● Zwei indirekte Methoden:

a) Nach oben blicken. Der Untersucher hält den Finger vor und bittet den Patienten, diesen anzuschauen (Abb. 9).

Abb. 9. Kontraktion des M. frontalis bds. als Mitbewegung beim Blick nach oben.

b) Geschlossene Augen gegen Widerstand öffnen. Der Untersucher hält die geschlossenen Lider des Patienten vorsichtig fest (Abb. 10). In beiden Fällen Kontraktion der Mm. frontales als Mitbewegung. *M. frontalis*

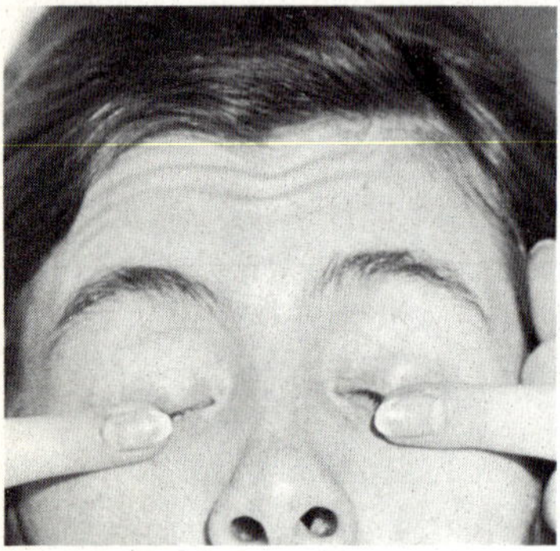

Abb. 10. Kontraktion des M. frontalis bds. als Mitbewegung beim Augenöffnen gegen Widerstand.

- Augen mit Kraft schließen. Der Untersucher versucht gegen aktiven Augenschluß die Lider hochzuheben (Abb. 11). *M. orbicularis oculi*

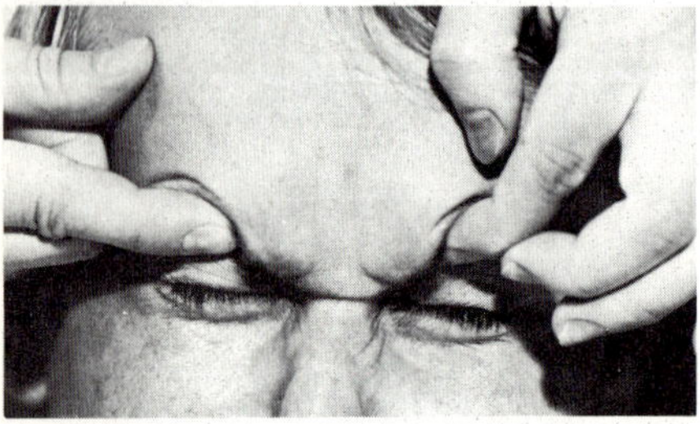

Abb. 11. Aktives Zudrücken der Augen gegen Widerstand (M. orbicularis oculi bds.).

- Mund spitzen, pfeifen. *M. orbicularis oris*

- Zähne zeigen (Abb. 12). Die meisten Menschen haben asymmetrische Gesichtszüge. Im Zweifelsfall kann man sich nach dem Abstand von Unter- und Oberlippe im Seitenvergleich richten. Wichtig für die Erkennung einer zentralen Fazialisparese (S. 110).

Mm. zygomatici
M. risorius
M. triangularis

Bei symmetrischer Teilparese der mimischen Muskulatur werden die Gesichtszüge verwaschen (Facies myopathica).

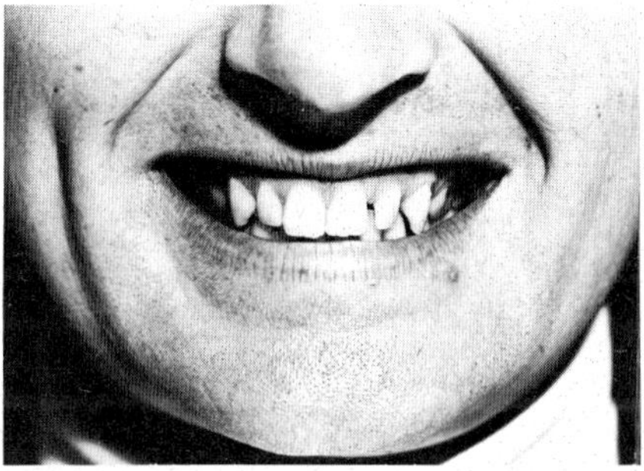

Abb. 12. Zähne zeigen (Mm. zygomatici u. a. bds.). Auf Symmetrie achten (Abstand der Ober- von der Unterlippe unter dem rechten und linken Nasenflügel).

- Zähne zusammenbeißen. Dabei mit beiden Händen die Kontraktion der Masseteren und der Mm. temporales im Seitenvergleich tasten. Nur bei doppelseitiger Masseterparese ist eine fühlbare Herabsetzung des Widerstandes gegen passives Herabdrücken des Kinns zu erwarten.

  M. masseter
  M. temporalis

- Mund öffnen. Gegenhalten, indem man von unten gegen das Kinn drückt. Einseitige Kontraktion des entsprechenden Muskels führt zur Verschiebung des Unterkiefers nach der Gegenseite (Mahlbewegung). Seitlich am Kiefer gegenhalten (Abb. 13).

  Mm. pterygoidei

- Schultern hochheben. „Kopf zwischen die Schultern ziehen." Auf den Schultern des Patienten gegenhalten.

  M. trapezius (oberer Anteil)

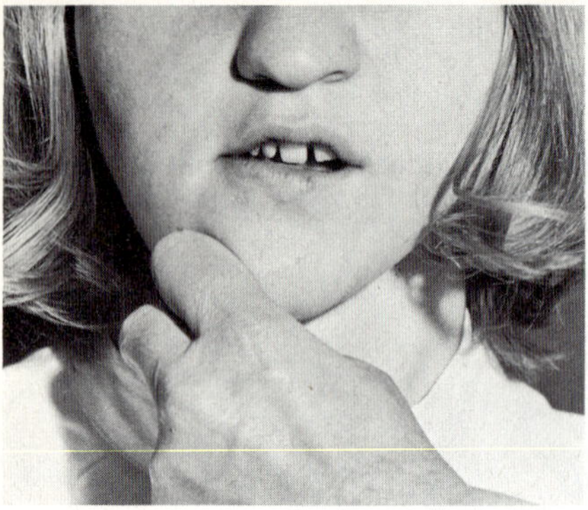

Abb. 13. Kinn nach der Seite drücken (Mahlbewegung, Mm. pterygoidei).

Oberarm-Abduktion. Für die ersten 20 Grad durch M. supraspinatus. Widerstand Oberarmaußenseite in Ellenbogenhöhe. Mit der anderen Hand Muskel tasten (Abb. 14). *M. supraspinatus*

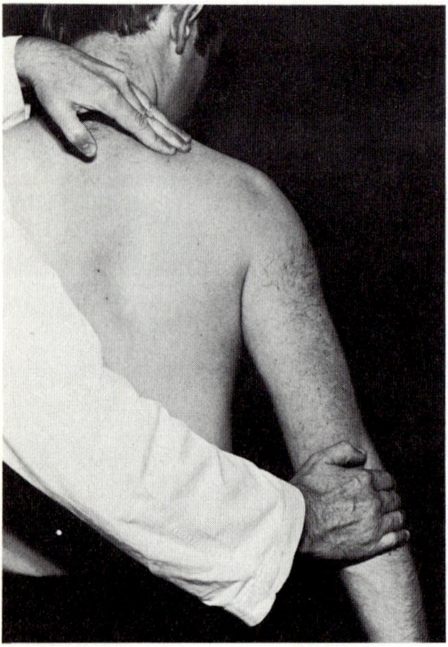

Abb. 14. Armabduktion in den ersten 20 Grad. M. supraspinatus wird palpiert.

Weitere Abduktion durch Deltoideus. Patient streckt die Arme waagrecht zur Seite. Mit beiden Händen zwischen Schultergelenk und Ellenbogen nach unten drücken *M. deltoideus* (Abb. 15).

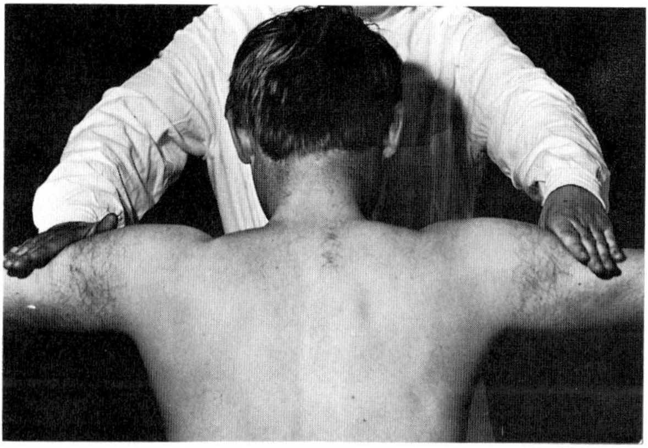

Abb. 15. Armabduktion im Seitenvergleich (M. deltoideus bds.).

Oberarm-Außenrotation. Unterarm 90 Grad gebeugt. Hand wird nach außen geführt, während Ellenbogen lateral am Körper gehalten wird. Widerstand am Handrücken ansetzen. Entweder im Seitenvergleich, oder mit der anderen Hand Kontraktion des M. infraspinatus tasten (Abb. 16). *M. infraspinatus*
M. teres minor

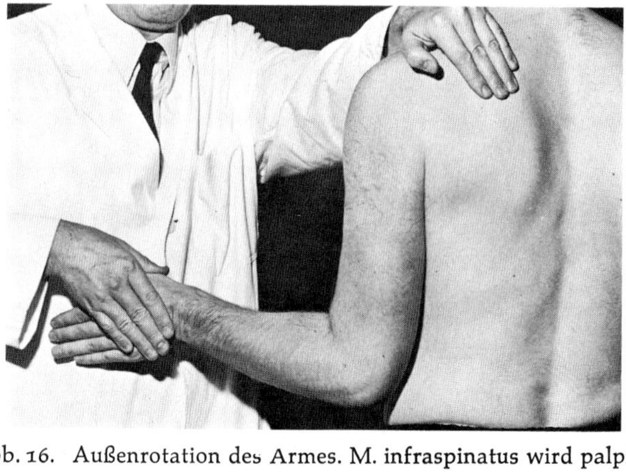

Abb. 16. Außenrotation des Armes. M. infraspinatus wird palpiert.

● Oberarm-Innenrotation. Ausgangsstellung wie Außenrotation. Der Patient soll versuchen die Hände auf den Bauch zu legen, während er die Ellenbogen seitlich am Körper hält. Widerstand an der Beugeseite des Handgelenks ansetzen (Abb. 17). *M. teres major* *M. subscapularis*

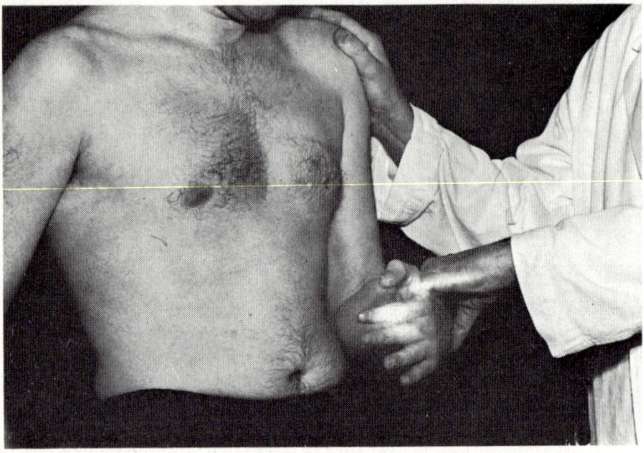

Abb. 17. Innenrotation des Armes (Mm. teres major und subscapularis).

Oberarm-Adduktion. Hand auf den Hinterkopf legen, Ellenbogen nach vorn führen. Widerstand am Ellenbogen ansetzen. Muskel an der vorderen Axillarlinie tasten (Abb. 18).

● Oder Handflächen in „Betstellung" zusammenpressen. *M. pectoralis major*

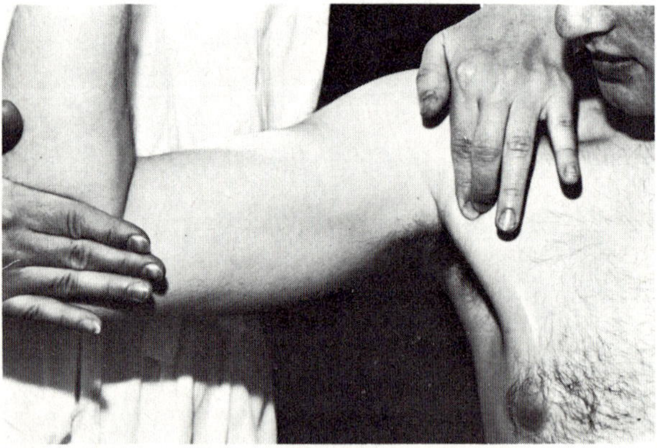

Abb. 18. Armadduktion. M. pectoralis major wird palpiert.

Aus derselben Stellung Ellenbogen nach unten drücken. Widerstand am Ellenbogen. Muskel am unteren Schulterblattwinkel tasten. *M. latissimus dorsi*

● Schulterblatt-Abduktion. Patient stützt sich mit den nach vorn gestreckten Armen gegen die Wand. Untersucher drückt zwischen den Schulterblättern gegen den Rücken des Patienten (Abb. 19). Oder ein nach vorn erhobener, im Ellenbogengelenk gebeugter Arm wird mit der ganzen Schulter nach vorn geschoben gegen Widerstand am Ellenbogen. *M. serratus anterior*

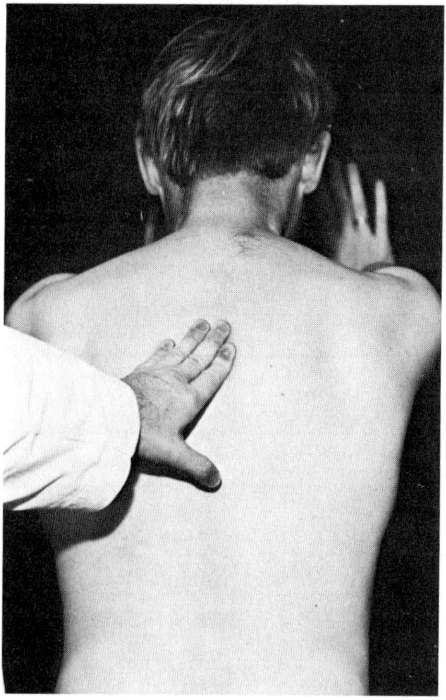

Abb. 19. Nach vorne Stoßen der Arme (M. serratus anterior bds.).

Schulterblatt-Adduktion. Beide Ellenbogen gegen Widerstand hinter dem Rücken zusammenbringen (Abb. 20). *Mm. rhomboidei*

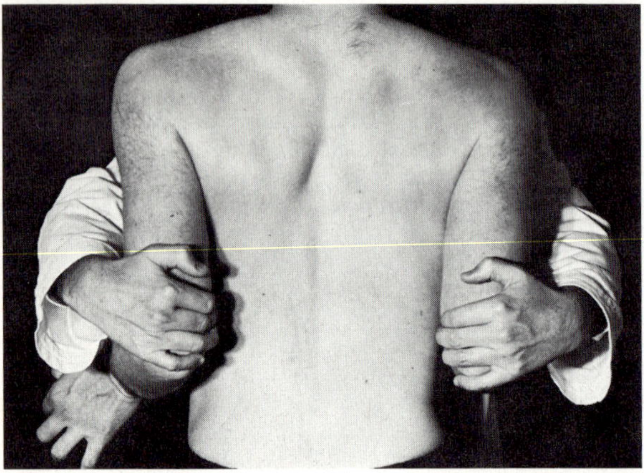

Abb. 20. Zusammenbringen der Ellenbogen hinter dem Rücken (Mm. rhomboidei bds.).

Abstehen der Schulterblätter (Scapula alata) kann durch Paresen der *Mm. rhomboidei, trapezius* (unterer Anteil) oder *serratus anterior* bedingt sein. Es gibt eine einfache Methode, um zu unterscheiden, welcher Muskel dafür verantwortlich ist. Dazu wird in drei Stellungen untersucht: In Ruhe bei herabhängenden Armen, bei seitwärts ausgestreckten Armen, bei nach vorn ausgestreckten Armen. Das Ergebnis zeigt Tab. 2. Natürlich können auch zwei oder alle drei Muskeln paretisch sein.

Tabelle 2. Scapula alata

	Stellung der Arme während der Untersuchung		
Scapula alata infolge Lähmung des (der)	Arme hängen herab	Arme seitwärts gehoben	Arme vorwärts gehoben
M. trapezius (unterer Anteil)	+	++ Margo medialis	Ø
M. serratus anterior	(+)	(+)	++ ganze Skapula
Mm. rhomboidei	++ Angulus inferior	Ø	

Ø Scapula alata nicht vorhanden
(+) Scapula alata angedeutet vorhanden
\+ Scapula alata mäßig ausgeprägt
++ Scapula alata stark ausgeprägt

Streckung im Ellenbogengelenk. Der Untersucher kann den aktiv gestreckten Arm des Patienten im Ellenbogengelenk zu beugen versuchen. Oder es wird nur mit einer Hand gegengehalten, mit der anderen der M. triceps brachii getastet (Abb. 21), wobei sich Caput laterale und Caput longum getrennt
beurteilen lassen. *M. triceps brachii*

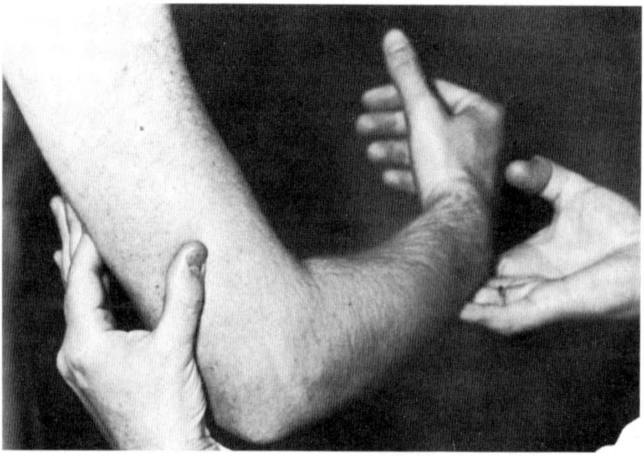

Abb. 21. Unterarmstreckung. M. triceps brachii wird palpiert.

Beugung im Ellenbogengelenk. Widerstand am Handgelenk ansetzen. Findet die Beugung aus Supinationsstellung heraus statt, kontrahiert sich vor allem der M. biceps brachii. Bei Beugung aus Mittelstellung (Daumen nach oben) kontrahiert sich vorwiegend der M. brachioradialis (Abb. 22). Die Muskeln
können beobachtet *M. biceps brachii*
und getastet werden. *M. brachioradialis*

Streckung im Handgelenk. Ausführung mit gestreckten Fingern. Widerstand am Handrücken.

● Indirekte Methode durch starken Faustschluß, bei dem es als Mitbewegung zu einer kraftvollen Dorsalflexion im Handgelenk kommt.
Bei Lähmung Fallhand. *Mm. extensor carpi radialis longus und brevis*
M. extensor carpi ulnaris

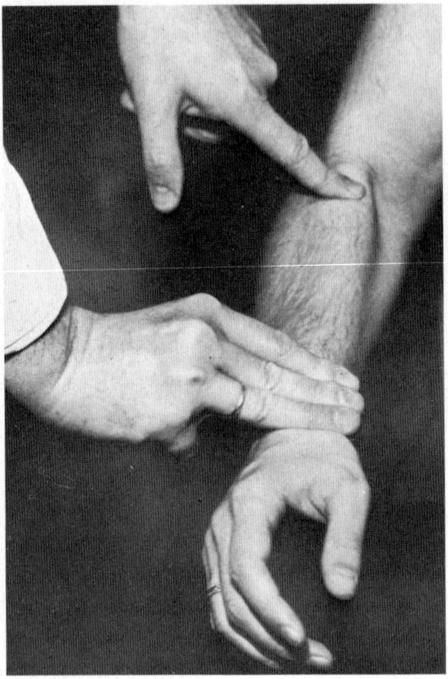

Abb. 22. Unterarmbeugung aus Mittelstellung. M. brachioradialis wird palpiert.

Volarflexion der Hand. Bei gestreckten Fingern Widerstand an der Handfläche.
M. flexor carpi ulnaris
M. flexor carpi radialis

Fingerspreizung und Fingeradduktion. Widerstand an der Außenseite des 1. und 5. Fingers ansetzen (Abb. 23). Bei der Adduktion Finger paarweise auseinanderzuziehen suchen. Daumenadduktion durch festes Anpressen des gestreckten Daumens an die Volarseite des gestreckten Zeigefingers (Abb. 24). Untersucher kann seinen eigenen Daumen dazwischenlegen und Druck abschätzen. Hypothenar und Muskelbauch des Interosseus dorsalis I können getastet werden (Abb. 25).
Mm. interossei
M. abductor digiti V
M. adductor pollicis

● Ein Stück Karton oder einen Spatel beidseits zwischen Daumen und Zeigefinger halten und kräftig auseinanderziehen. Wenn Daumenadduktion paretisch, tritt eine kompensatorische Beugung des Daumenendgliedes auf (Froment-Zeichen).

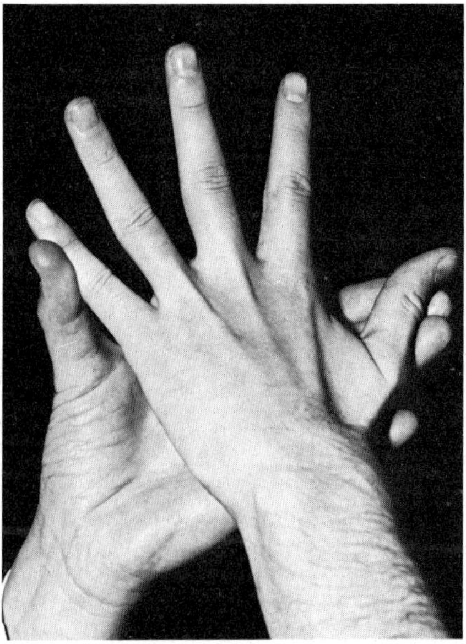

Abb. 23. Fingerspreizung gegen Widerstand (Mm. interossei dorsales und abductor digiti V).

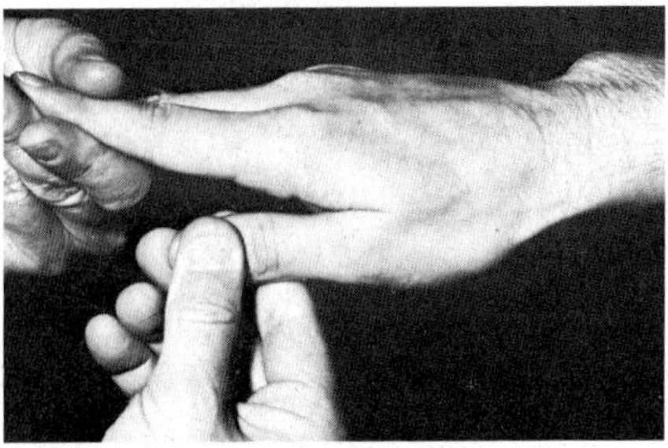

Abb. 24. Daumenadduktion gegen Widerstand (M. adductor pollicis).

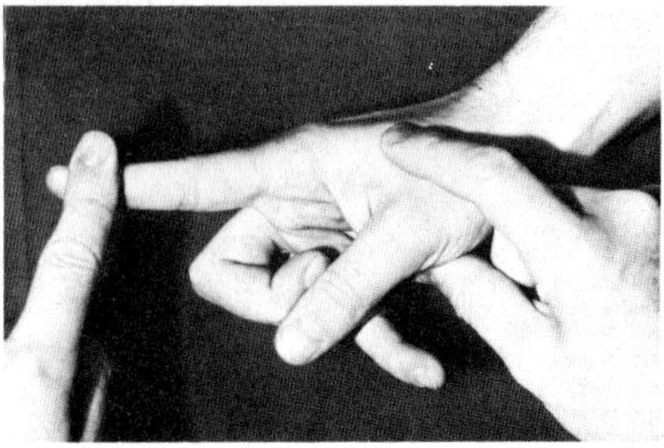

Abb. 25. Abduktion des 2. Fingers gegen Widerstand. M. interosseus dorsalis I wird palpiert.

Daumen-Abduktion und -Opposition. Zur Abduktion wird der gestreckte Daumen senkrecht von der Handfläche weggeführt. Widerstand an der Radialseite des Daumens ansetzen (Abb. 26).

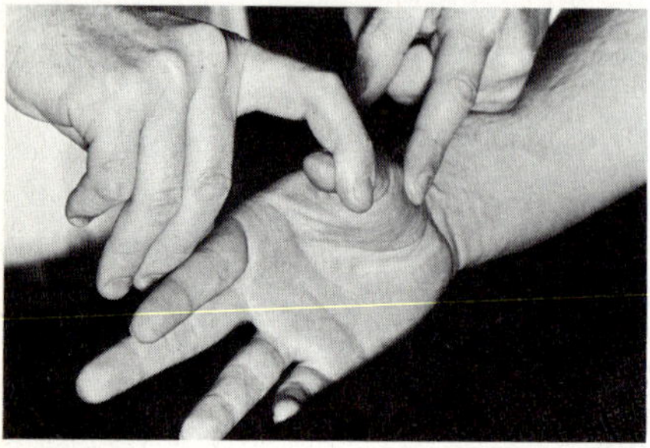

Abb. 26. Daumenabduktion. M. abductor pollicis brevis wird palpiert.

● Opposition durch Aufeinanderlegen der Fingerballen von Daumen und Kleinfinger. Bei fehlerhafter Opposition kommt der Daumen auf die radiale Seitenfläche des Kleinfingers. Palpation des Thenar. *Mm. extensor pollicis longus und brevis* *M. opponens*

Allein mit Hilfe des Daumens lassen sich Läsionen der drei großen Armnerven in erster Annäherung feststellen (nach MUMENTHALER):
Schwäche der Daumenstreckung deutet auf den N. radialis *Mm. extensor pollicis longus und brevis*

Schwäche der Daumenbeugung im Endgelenk deutet auf den N. medianus proximal *M. flexor pollicis longus*

Schwäche der Daumenabduktion deutet auf den N. medianus distal *M. abductor pollicis brevis*

Schwäche der Daumenadduktion deutet auf den N. ulnaris *M. adductor pollicis.*

In Rückenlage

Kopfbeugung nach vorn. Widerstand an der Stirn. Einseitige Anspannung führt zu Kopfdrehung nach der Gegenseite; Widerstand am Unterkiefer (Abb. 27). Palpation und Inspektion des Muskels am Hals. *M. sternocleidomastoideus*

Streckung im Kniegelenk („Knie durchdrücken"). Untersucher hält einen Unterarm unter das Kniegelenk des Patienten, mit der andern Hand in Höhe des Fußgelenkes gegenhalten bzw. zu beugen suchen. *M. quadriceps femoris*

Dorsalflexion im Fußgelenk. Widerstand am Fußrücken ansetzen. Sehne des M. tibialis anterior beobachten und tasten. *M. tibialis anterior*

Plantarflexion des Fußes. Widerstand an der vorderen Fußsohle ansetzen (Abb. 28). *M. triceps surae*

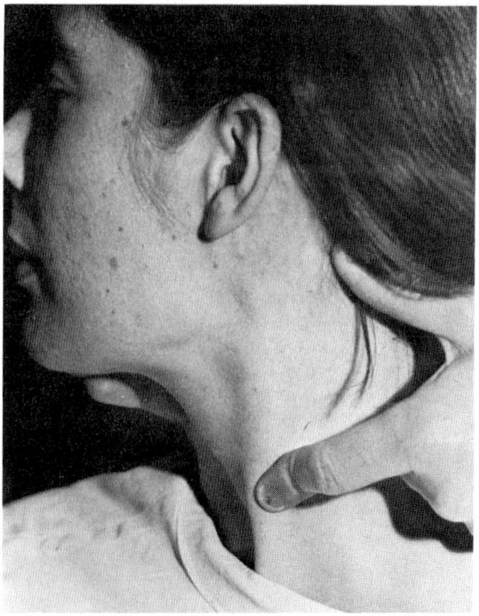

Abb. 27. Kopfdrehung nach rechts gegen Widerstand. Linker M. sternocleidomastoideus wird palpiert.

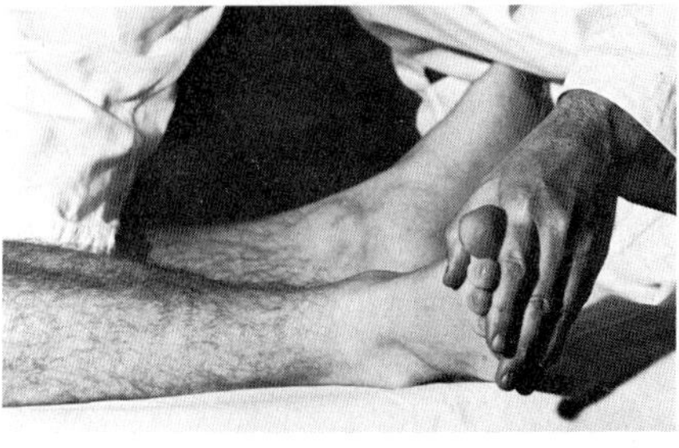

Abb. 28. Plantarflexion des Fußes gegen Widerstand (M. triceps surae).

Dorsalflexion der Zehen. Widerstand für Großzehe und übrige Zehen getrennt prüfen. Sehne des M. extensor digitorum longus und extensor pollicis longus tasten. Widerstand an Zehenrücken ansetzen (Abb. 29). Muskelbauch des M. extensor digitorum brevis tasten.

M. extensor digitorum longus
M. extensor hallucis longus
M. extensor digitorum brevis

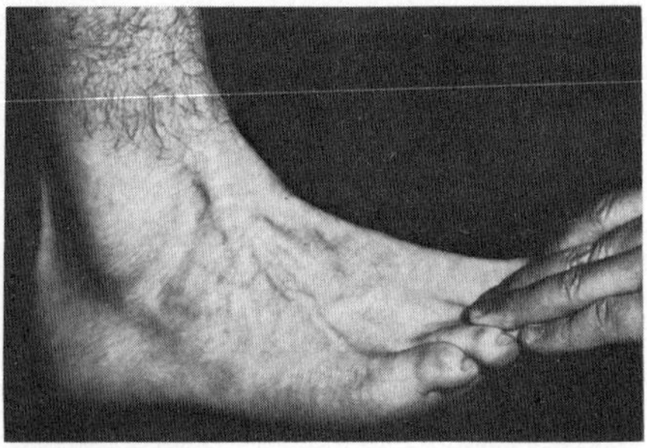

Abb. 29. Dorsalflexion der Zehen gegen Widerstand. Vor dem lateralen Knöchel Muskelbauch des M. extensor digitorum brevis, daneben Sehnen der Mm. extensor digitorum und hallucis longus.

Plantarflexion der Zehen. „Kralle mit den Zehen machen." Wenn möglich Zehen spreizen. Widerstand an den Zehenballen ansetzen. Charakteristisches Runzeln der Fußsohle beobachten (Abb. 30).

Kleine Muskeln des Fußgewölbes
Lange Zehenplantarflexoren

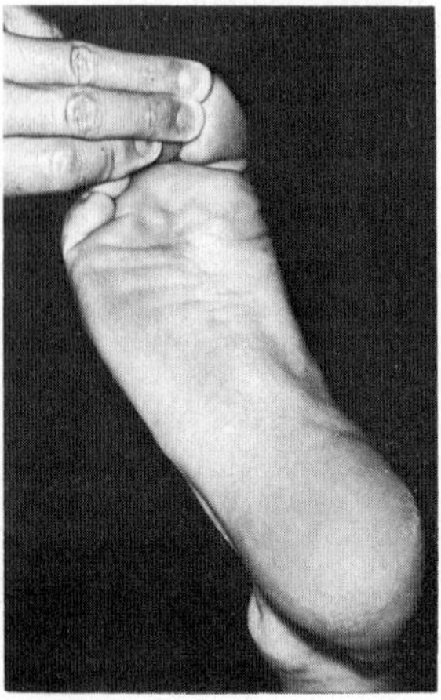

Abb. 30. Plantarflexion der Zehen gegen Widerstand (lange Plantarflexoren der Zehen, kleine Fußmuskeln mit Runzeln der Fußsohle).

In Seitenlage

Abduktion des gestreckten Beins im Hüftgelenk. Widerstand in Höhe des Knies ansetzen. *Mm. glutaeus medius und minimus*

In Bauchlage

Kopfstreckung nach hinten. Widerstand am Hinterhaupt. Palpation der Nackenmuskulatur. Bei Kopfdrehung während gleichzeitiger Streckung wird die gleichseitige Nackenmuskulatur angespannt und kann palpiert werden. *Mm. splenii*
M. trapezius (oberer Anteil)

Hebung der gestreckten Arme nach hinten im Seitenvergleich. Widerstand am Ellenbogen ansetzen.

● Indirekte Anspannung beim Husten. Palpation des Muskels am lateralen Unterende der Scapula (Abb. 31). *M. latissimus dorsi*

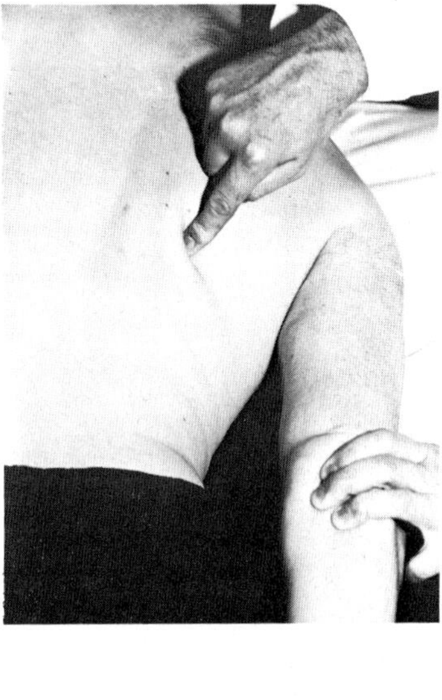

Abb. 31. Nachhintendrücken des Oberarms gegen Widerstand. Palpiert wird M. latissimus dorsi.

Streckung im Hüftgelenk. Ausgangsstellung: Unterschenkel senkrecht nach oben (im Kniegelenk um 90 Grad gebeugt). Hebung des Oberschenkels von der Unterlage. Widerstand proximal des Kniegelenks ansetzen. Muskel im oberen äußeren Gesäßquadranten tasten (Abb. 32). *M. glutaeus maximus*

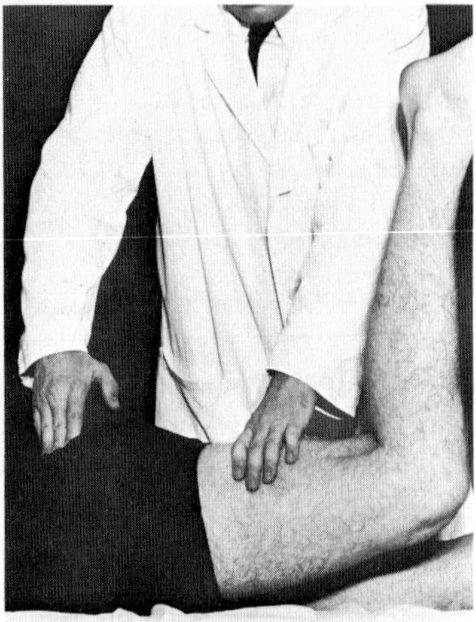

Abb. 32. Streckung im Hüftgelenk gegen Widerstand. Palpiert wird M. glutaeus maximus.

Beugung im Kniegelenk. Widerstand an der Achillessehne ansetzen. Muskeln und Sehnen in der Gegend der Kniekehle und an der Hinterseite des Oberschenkels tasten.

M. biceps femoris
M. semitendinosus
M. semimembranosus

- Nach hinten Aufrichten. Hände auf den Hinterkopf legen. Es kommt zu einer kraftvollen Kontraktion zahlreicher Muskeln, die im Seitenvergleich beobachtet werden kann.

Kopfstrecker
Mm. rhomboidei und andere Muskeln des Schultergürtels
M. erector trunci
M. glutaeus maximus

In Rückenlage

● Aufrichten aus Rückenlage ohne Zuhilfenahme der Arme. Hände auf dem Kopf oder über der Brust gekreuzt. Untersucher kann Beine auf der Unterlage festhalten. Bauchmuskeln tasten. Nabel beobachten. Falls untere Bauchmuskeln paretisch, obere noch intakt, wird der Nabel nach oben gezogen. Bei einseitiger Bauchmuskelparese wird der Nabel nach der intakten Seite gezogen. Bei beidseitiger Lähmung fehlende Bauchpresse. Bei beidseitiger Lähmung des M. iliopsoas ist Aufrichten aus dem Liegen auch bei intakter Bauchmuskulatur nicht möglich.

Bauchmuskeln
M. iliopsoas (beiderseits)

● Zusammenpressen der Knie, zwischen die der Untersucher die Faust hält. Oder getrennte Untersuchung jedes Beines mit Gegenhalten in Kniehöhe und Palpation der Adduktoren an der Innenseite des Oberschenkels.

Mm. adductor magnus, longus und brevis

Im Sitzen

Beugung im Hüftgelenk. Hier ist getrennte Prüfung beider Seiten möglich. Hebung des Oberschenkels von der Unterlage bei gebeugtem Knie. Widerstand an der distalen Oberschenkelvorderseite ansetzen (Abb. 33). M. *iliopsoas* (einseitig)

● Aufstehen aus dem Sitzen ohne Zuhilfenahme der Arme. Arme über der Brust gekreuzt oder auf den Kopf gelegt. Widerstand mit beiden Händen an den Schultern ansetzen. M. *quadriceps femoris* M. *glutaeus maximus* (beiderseits)

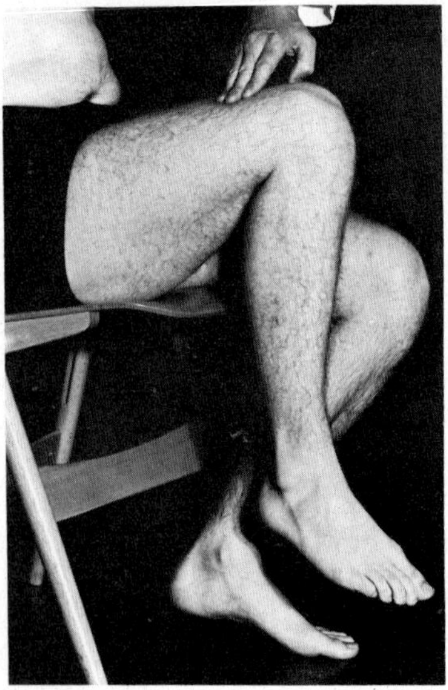

Abb. 33. Beugung im Hüftgelenk gegen Widerstand (M. iliopsoas).

Im Stehen

● Auf Treppenstufe oder auf Stuhl steigen. Wie beim Vorhergehenden, aber Seitenvergleich möglich. Je höher die Stufe, um so größer ist die erforderliche Kraft. *M. quadriceps femoris*
M. glutaeus maximus (einseitig)

● Einbeinstand. Ein Bein anheben. Bleiben die Beckenkämme in gleicher Höhe? Bei Parese auf der Seite des Standbeins, sinkt das Becken auf der anderen Seite herab (Trendelenburg-Zeichen), Abb. 34. Es ist dasselbe Zeichen wie bei Hüftluxation, kommt dort aber durch Annäherung der Ansatz- und Ursprungspunkte der betreffenden Muskeln infolge der Luxation zustande. Bei doppelseitiger Lähmung Watschelgang. *Mm. glutaeus medius und minimus*

a 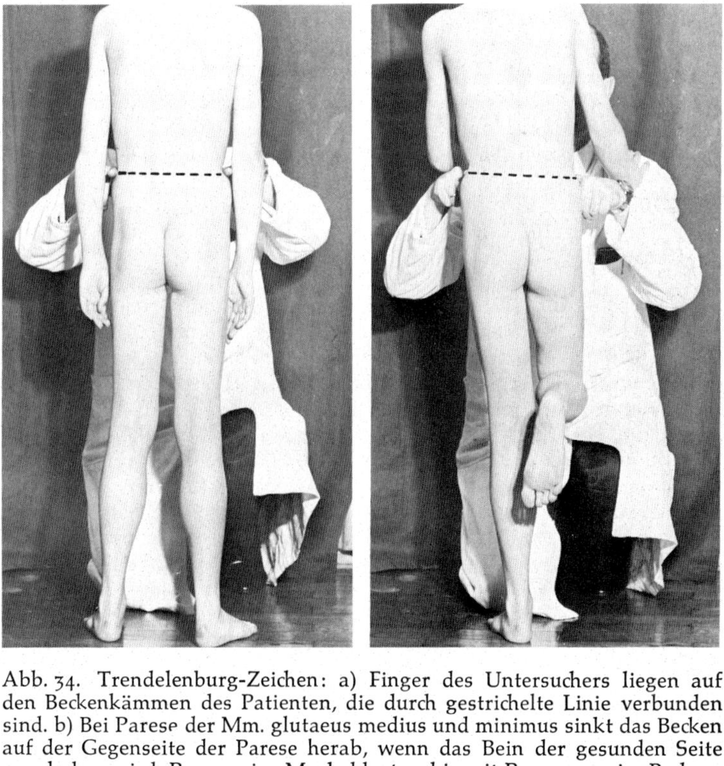 b

Abb. 34. Trendelenburg-Zeichen: a) Finger des Untersuchers liegen auf den Beckenkämmen des Patienten, die durch gestrichelte Linie verbunden sind. b) Bei Parese der Mm. glutaeus medius und minimus sinkt das Becken auf der Gegenseite der Parese herab, wenn das Bein der gesunden Seite angehoben wird. Progressive Muskeldystrophie mit Paraparese im Beckengürtel (beachte dünne Oberschenkel mit relativ dicken Waden).

● Aufrichten aus der Hocke, eventuell gegen Widerstand an den Schultern. Dasselbe wie Aufstehen aus dem Sitzen, aber noch erschwert. *M. quadriceps femoris*
M. glutaeus maximus (beiderseits)

● Aufrichten aus gebückter Haltung, eventuell erschwert durch Gegendruck am Rücken. *M. glutaeus maximus*
M. erector trunci (beiderseits)

● Zehenstand. Beachten, ob die Ferse vom Boden kommt. Auch einbeinig durchführen. Wenn dies gelingt, ist die Funktion des M. triceps surae einwandfrei. Ferner einige Schritte im Zehengang oder Einbeinhüpfen auf der Stelle. *M. triceps surae*

● Fersenstand, auch einbeinig. Widerstand für Tibialis anterior im Bereich der Zehengrundgelenke ansetzen. Sehnen und Muskeln im Seitenvergleich beobachten und betasten. Für Zehenhebung Widerstand an den Zehenrücken getrennt für Großzehe und übrige Zehen ansetzen. Kontraktion des M. extensor digitorum brevis und Anspannung der Sehnen beobachten und palpieren. Ferner einige Schritte im Fersengang. Bei Lähmung
Fallfuß und Steppergang. *Dorsalflexoren der Füße und Zehen*

Untersuchungsmethoden für die Muskeln im Bereich von Zunge, Gaumen, Rachen und Kehlkopf finden sich auf S. 117 ff, für die Atemmuskulatur auf S. 7.

● **Halteversuche.** Mit den folgenden zwei Methoden kann man nach einer leichten zentralen Parese suchen, die dem Kranken selbst nicht aufgefallen ist (latente Parese): Für den *Armhalteversuch* (AHV) läßt man beide Arme nach vorne horizontal ausstrecken und mit nach oben gewendeten Handflächen und bei geschlossenen Augen halten. Man achtet auf einseitige Unsicherheit, ein etwaiges Absinken oder eine Pronationstendenz. Der *Beinhalteversuch* (BHV) kann auf zwei verschiedene Arten ausgeführt werden. Entweder läßt man in Rückenlage die im Kniegelenk gestreckten Beine frei nebeneinander hochhalten, so daß sich die Fersen in der Luft befinden. Auch dieser Test wird bei geschlossenen Augen ausgeführt. Bei der anderen Methode läßt man in Bauchlage beide Unterschenkel in etwa 45 Grad Beugung im Kniegelenk frei nebeneinander halten. Man achtet auf einseitiges und reproduzierbares Absinken. Beine oder Arme dürfen einander nicht berühren.

Die beschriebenen Untersuchungen erfassen einen großen Teil der Muskulatur, an der zentrale oder periphere Paresen auftreten. Wenn man diese Methoden beherrscht, dauern sie nicht länger als 20–30 Minuten. Allerdings muß der Patient in der Lage sein, voll mitzuarbeiten. Ist er besonders umständlich, begriffsstutzig, verlangsamt, motorisch behindert oder gar bewußtseinsgetrübt, dauert es länger. In diesem Fall sind die mit einem Punkt markierten indirekten Methoden besonders wertvoll. Wie man sich bei Kindern einen Eindruck von der Muskelkraft verschafft, ist auf S. 174 f angegeben, für Bewußtlose auf S. 193.

Deuten die Angaben des Patienten selbst auf Lähmungen hin oder ergeben sich bei dem beschriebenen Überblick Hinweise auf Paresen, so muß die betreffende Körperregion genauer untersucht werden, vor allem zur Lokaldiagnose im Bereich peripherer Nerven und Wurzeln. In diesem Fall zieht man ein Buch über periphere Neurologie zu Rate. Für die Muskeln, deren Untersuchung hier beschrieben wurde, enthält Tab. 3 eine einfache Nerven- und Segment-(Wurzel)zuordnung.

Nicht bei allen Patienten ist die beschriebene Grunduntersuchung der Muskelkraft erforderlich. Für den, der die Untersuchungsmethoden erlernt, ist es ratsam, sie trotzdem bei jedem Patienten anzuwenden. Man bekommt dadurch Erfahrung, wie groß die Kraft verschiedener Muskeln normalerweise ist, welche Unterschiede vorkommen, und man weiß schließlich auswendig, wo man gegenhalten, palpieren und beobachten kann.

Tabelle 3. Muskel-Nerv-Segment-Zuordnung

Muskel	Nerv	
M. masseter	N. trigeminus (3)	Hirnnerv V/3
M. temporalis	N. trigeminus (3)	Hirnnerv V/3
Mm. pterygoidei	N. trigeminus (3)	Hirnnerv V/3
M. frontalis	N. facialis	Hirnnerv VII
M. orbicularis oculi	N. facialis	Hirnnerv VII
M. orbicularis oris	N. facialis	Hirnnerv VII
Mm. zygomatici	N. facialis	Hirnnerv VII
M. risorius	N. facialis	Hirnnerv VII
M. triangularis	N. facialis	Hirnnerv VII
Gaumensegel	N. vagus	Hirnnerv X
Pharynx	N. glossopharyngeus N. vagus	Hirnnerven IX, X
Larynx	N. vagus N. accessorius (bulbärer Anteil)	Hirnnerven X, XI
Zunge	N. hypoglossus	Hirnnerv XII

Muskel	Nerv	Segment (Wurzel) C	Th	L	S
M. sternocleidomastoideus	N. accessorius (spinaler Anteil)	1–3			
M. trapezius	N. accessorius (spinaler Anteil)	2–4			

Muskel	Nerv	Segment (Wurzel) C	Th	L	S
Zwerchfell	N. phrenicus	3–5			
Mm. splenii capitis	Rami dorsales der Spinalnerven	3–8			
Mm. rhomboidei	N. dorsalis scapulae	4–6			
M. supraspinatus	N. suprascapularis	4–6			
M. infraspinatus	N. suprascapularis	4–6			
M. teres minor	N. axillaris	5–6			
M. deltoideus	N. axillaris	5–6			
M. teres major	Nn. subscapulares	5–6			
M. subscapularis	Nn. subscapulares	5–7			
M. serratus anterior	N. thoracicus longus	5–7			
M. pectoralis major	Nn. thoracici ventrales	5–	1		
M. latissimus dorsi	N. thoracodorsalis	6–8			
M. biceps brachii	N. musculocutaneus	5–6			
M. brachioradialis	N. radialis	5–6			
M. abductor pollicis longus	N. radialis	7–8			
Mm. extensor carpi radialis longus u. brevis	N. radialis	6–8			
M. flexor carpi radialis	N. medianus	7–8			
M. extensor carpi ulnaris	N. radialis	7–8			
M. opponens	N. medianus	7–8			
M. abductor pollicis brevis	N. medianus	7–8			
M. triceps brachii	N. radialis	7–8			
Mm. extensor pollicis longus, brevis	N. radialis	7–8			
M. flexor pollicis longus	N. medianus	8–	1		
M. flexor carpi ulnaris	N. ulnaris	8–	1		
Mm. interossei	N. ulnaris	8–	1		
M. abductor digiti V	N. ulnaris	8–	1		
M. adductor pollicis	N. ulnaris	8–	1		
Bauchmuskeln	Rami ventrales der Spinalnerven		5–	1	
Erector trunci	Rami dorsales der Spinalnerven	1–		2	
M. iliopsoas	N. femoralis			1–3	
M. quadriceps femoris	N. femoralis			2–4	
Mm. adductores femoris	N. obturatorius			2–4	
M. tibialis anterior	N. peronaeus			4–5	
M. glutaeus medius u. minimus	N. glutaeus superior			4–	1
M. extensor digitorum longus	N. peronaeus			5–	1
M. extensor hallucis longus	N. peronaeus			5–	1
M. extensor digitorum brevis	N. peronaeus			5–	1
M. glutaeus maximus	N. glutaeus inferior			5–	2
M. biceps femoris	N. tibialis			5–	2
M. semitendinosus	N. tibialis			5–	2
M. semimenbranosus	N. tibialis			5–	2
M. triceps surae	N. tibialis			5–	2
Lange Zehenplantarflexoren	N. tibialis				1–2
Kleine Muskeln der Fußsohle	N. tibialis				1–3

Myasthenie

Aus einem negativen Ergebnis der Muskeltests darf man nicht schließen, daß Klagen über rasche Ermüdbarkeit gegenstandslos seien. Bei Myasthenie beispielsweise kann die Kraft zu Beginn einer Muskeltätigkeit ganz normal sein oder anfangs sogar besser werden (Potenzierung nach Aktivität), dann rasch nachlassen und sich in einer Ruhepause wieder ganz oder teilweise erholen. Die häufigsten Initialsymptome sind Ptose (oft einseitig oder unsymmetrisch) und Doppelsehen. Andere auffällige Symptome sind Dysarthrie, Kau- und Schluckstörungen. Charakteristischerweise treten sie dann auf oder verstärken sich, wenn die Funktion der beteiligten Muskeln einige Zeit beansprucht wird. Ptose und Diplopie werden also nachmittags oder abends stärker und können morgens nach dem Erwachen zunächst fehlen. Zur Untersuchung kann man den Patienten eine Minute nach oben blicken lassen und die langsam zunehmende Ptose beobachten (Simpson-Test). Wenn der Patient eine Weile gesprochen hat, wird die Stimme zunehmend nasal, verwaschen und schließlich unverständlich. Um dies zu demonstrieren, kann man ihn z. B. vorlesen lassen. Falls er schlecht sieht, bittet man ihn, etwas auswendig aufzusagen, z. B. ein Gedicht. Komplette Aphonie tritt bei der Myasthenie allerdings nie ein; ein aphonisches, aber klar artikuliertes Flüstern kommt bei dieser Art Muskelschwäche nicht vor. Beim Essen kann der erste Schluck normal sein, während sich dann Verschlucken oder Austreten von Flüssigkeit aus der Nase im Lauf der Mahlzeiten einstellen. Ebenso ist es mit dem Kauen. Schließlich hängt der Unterkiefer herab und muß mit der Hand hochgehalten werden. An den Extremitäten tritt vorzeitige Ermüdung ein beim Kämmen, Rasieren, Schreiben, Nähen oder Stricken, Treppensteigen, Gehen. Zur Untersuchung kann man ein schweres Buch fortgesetzt aus der Schulter heben lassen. Man kann im 1-Sekunden-Rhythmus ein Dynamometer drücken lassen und eine Ermüdungskurve aufzeichnen. Paradoxerweise wird die Ermüdung zunächst deutlicher, wenn man nach z. B. 20 maximalen Dynamometerdrücken im Sekundenabstand eine Pause von 1 bis 3 Minuten einschaltet (Über die elektrische und elektromyographische Untersuchung bei Myasthenie S. 238, 242).

Tensilon-Test. Eine wichtige, manchmal entscheidende Untersuchung auf Myasthenia gravis ist der Tensilon (= Edrophonium)-Test: Man zieht 1 ml (= 10 mg) Tensilon in einer Tuberkulinspritze auf und gibt 0,2 ml i.v. Wenn nach einer Minute keine Reaktion erfolgt, injiziert man die restlichen 0,8 ml. Dabei können muskarinähnliche Nebenwirkungen (Schwitzen, Speichel- und Tränenfluß, Druck im Oberbauch) auftreten, ferner kommt es fast immer zu flüchtigem Faszikulieren im Gesicht. Wenn eine Myasthenie vorliegt, tritt innerhalb einer Minute eine deutliche Besserung der Muskelkraft in Erscheinung. Es ist charakteristisch, daß die normalen Nebenwirkungen dabei auffallend gering sind. Nach 5 Minuten ist die Wirkung im allgemeinen wieder vorbei. Etwa 1,5 % der Menschen sind jedoch überempfindlich gegen das Mittel und bekommen schon bei der kleinen Dosis von 0,2 ml eine starke cholinergische Reaktion. Der Test wird in diesem Fall abgebrochen und man spritzt 1 mg Atropinsulfat. Nach einer halben Stunde kann der Test wiederholt werden. Er wird dann mit 0,01 bis 0,02 ml durchgeführt. Bei Kindern mit einem Körpergewicht bis zu 34 kg (etwa 11 Jahre) spritzt man 0,2 ml i. m., bei schwereren Kindern 0,5 ml i. m. Es treten dieselben Effekte auf mit einer Verzögerung von 2 bis 10 Minuten. Steht der Patient gleichzeitig unter cholinesterasehemmender Medikation, dürfen nur 0,2 ml gegeben werden. Bei älteren Patienten mit Herzinsuffizienz oder bei ausgeprägten Herzrhythmusstörungen und bei Bronchialasthma soll Tensilon nicht gegeben werden.

Myotonie

Bei der Myotonie kommt es zu einer Verzögerung der Muskelerschlaffung im Anschluß an willkürliche, mechanische oder elektrische Kontraktion. Der Patient soll einen Muskel oder eine Muskelgruppe maximal kontrahieren, z. B. einen maximalen Faustschluß ausführen oder die Augen intensiv zukneifen. Nach ca. 5 Sekunden fordert man ihn auf, rasch loszulassen oder die Augen zu öffnen. Man bemerkt dann eine erhebliche Verzögerung der Dekontraktion und kann die Bemühungen des Patienten beobachten, durch Einsatz von Antagonisten die Faust zu öffnen oder die Augenlider zu heben (im letzteren Falle aktives Hochziehen der Stirn). Dieser Überdauerungseffekt *(Postaktivierungsmyotonie)* läßt bei mehrfachen Wiederholungen in der Regel nach. Ein scharfer Schlag auf einen Muskelbauch führt zu einer Einziehung, die viele Sekunden lang stehenbleibt. Sehr eindrucksvoll läßt sich die *Perkussionsmyotonie* am Daumenballen und an der Zunge darstellen. Man benutzt die kleinere Spitze des Reflexhammers. Unter die herausgestreckte Zunge wird ein Spatel gelegt. Eine Kontraktion auf mechanische Reizung durch einen scharfen Schlag kommt auch bei gesunden Muskeln vor (idiomuskulärer Wulst); sie hält aber wesentlich kürzere Zeit an und sieht auch anders aus. Ruhe und Kälte verstärken die Muskelsteife der Myotonie. Von Paramyotonie spricht man, wenn das Symptom nur in der Kälte auftritt (Über elektrische und elektromyographische Untersuchung bei Myotonie S. 238, 242).

Symptomatische Myotonie. Einige seltene Syndrome müssen von der echten Myotonie unterschieden werden. Beim *McArdle-Syndrom* führt fortgesetzte Aktivität zu zunehmender schmerzhafter Kontraktur der beteiligten Muskeln. Es handelt sich um eine sehr seltene Stoffwechselerkrankung. Die *Neuromyotonie* besteht in einer permanenten, nicht schmerzhaften Steifigkeit der Muskulatur, vorwiegend der distalen. Dies kann zu einer vornübergebeugten Rumpfhaltung und vor allem Haltungsanomalien an Fingern und Zehen führen. Man beobachtet eine Postaktivationsmyotonie mit verlangsamter Dekontraktion, die sich durch Wiederholungen nicht bessert.

Perkussionsmyotonie fehlt. Die hauptsächlich betroffenen Muskelgebiete zeigen ein feines Undulieren ihrer Oberfläche (Myokymie). Die Muskelsteife bleibt im Schlaf erhalten, bessert sich aber regelmäßig auf Diphenylhydantoin oder Carbamazepin. Das *Stiffman-Syndrom* sieht ähnlich aus: Es besteht eine permanente Muskelsteife, hier hauptsächlich proximal an Rumpf, Nacken, Schultern und Beckengürtel mit entsprechenden Haltungsstörungen. Sie verschwinden in Schlaf und Narkose. Manchmal verstärkt sich die Steifigkeit attackenweise nach Reizen oder mit Willkürkontraktion. Man findet eine Dekontraktionserschwerung, aber keine typische Perkussionsmyotonie. Ausgezeichnete Unterdrückung durch Diazepam. Beim *Myxödem* schließlich kommt nicht selten eine abnorm lange Muskelkontraktion und Wiedererschlaffung vor. Sie lassen durch wiederholte Bewegungen nicht nach. Auch eine Art Perkussionsmyotonie kommt dabei vor.

Muskelatrophien

Ein wichtiges Symptom im Zusammenhang mit der Beurteilung der Muskelkraft sind Muskelatrophien. Sie sind ein Zeichen dafür, daß eine Parese peripher (neurogen oder myogen) ist, und gehören nicht zum Bild der zentralen Paresen. Die Feststellung von Muskelatrophien gibt demnach wichtige Hinweise für die Lokaldiagnose. Man soll daher nach ihnen suchen. Tab. 4 gibt an, wo man Muskelatrophien am besten sehen oder tasten kann. Sehr nützlich ist der Seitenvergleich. Zur Verlaufsbeobachtung notiert man Umfangsmaße. Nicht wenige Muskel-

Tabelle 4. Regionen, in denen man Muskelatrophien am besten feststellen kann

Schläfe	M. temporalis	
Kieferwinkel bis Jochbogen	M. masseter	
Zunge		(s. Abb. 72, S. 119)
Oberhalb mediale Klavikula	M. sternocleidomastoideus	
Schulterkontur	M. trapezius, oberer Anteil	
Schultergelenk	M. deltoideus	
Spina scapulae	Mm. supraspinatus et infraspinatus	
Oberarm	M. biceps brachii	
Unterarm	M. brachioradialis	
Handrücken – Zwischenräume der Mittelhandknochen	Mm. interossei dorsales	
Thenar	Mm. abductor pollicis brevis et opponens pollicis	
Hypothenar	M. abductor digiti V	
Oberschenkelvorderseite	M. quadriceps femoris	
Unterschenkel-Tibialisloge	M. tibialis anterior u. a.	
Fußrücken	M. extensor digitorum brevis	(s. Abb. 29, S. 36)

atrophien entziehen sich aber dieser Methode. Der Ort der Messung muß genau bestimmbar sein und festgelegt werden, sonst sind die Zahlen wertlos. Ein Unterschenkel und ein Oberarm haben definierte Stellen größten Umfangs, was für einen Fuß oder einen Oberschenkel nicht zutrifft. Hier muß man den Abstand des Orts der Umfangmessung von gut sicht- oder tastbaren Knochenvorsprüngen angeben, z. B. „Umfang des Oberschenkels 12 cm proximal der Patellaoberkante".

Arthrogene und vaskuläre Muskelatrophien. Nicht alle Muskelatrophien sind Zeichen für eine neurologische Krankheit. Häufig kommen arthrogene Muskelatrophien in der Nachbarschaft eines erkrankten Gelenks vor, vor allem im Schultergürtel (Schultergelenk), Oberarm (Ellenbogengelenk), Oberschenkel (Hüft- und Kniegelenk) und an den kleinen Handmuskeln (Hand- und Fingergelenke). Besonders nach einem Gelenktrauma (auch ohne Fraktur) mit oder ohne Ruhigstellung können Muskeln in der Umgebung rasch atrophisch werden. Auch nach Arterienverschlüssen kommt es vor, daß ein Glied oder ein Gliedabschnitt dünner wird. Verschluß von Beckenarterien kann zu Muskelatrophien an Gesäß und Oberschenkel führen. Schließlich finden sich *angeborene Muskeldefekte,* welche am häufigsten den M. pectoralis major und minor, aber auch die Rhomboidei, den Serratus, die langen Rückenmuskeln, oder die Masseteren betreffen.

Faszikulieren

Bei der Suche nach Muskelatrophien achtet man auch auf Faszikulieren. Dabei handelt es sich um spontane kleine Zuckungen von Muskelfaserbündeln, die unregelmäßig da oder dort auftauchen und so fein sind, daß sie nicht zu Gelenkbewegungen führen, außer an den Fingern, wo nur eine sehr kleine Masse bewegt werden muß. Faszikuläre Zuckungen sind in Ausprägung und Häufigkeit sehr verschieden, von ganz vereinzelten huschenden Bewegungen, die man nur bei großer Aufmerksamkeit und oft nur im peripheren Gesichtsfeld wahrnimmt, bis zu einem fortgesetzten, ausgedehnten Wogen und Flimmern; in diesem Fall spricht man von *Myokymie.* Faszikuläre Zuckungen können prinzipiell überall auftreten. Sie sind nur in Verbindung mit Muskelatrophie pathologisch, dann aber von großer Bedeutung. Sie kommen nämlich nur bei neurogenen Paresen bzw. Muskelatrophien vor. Wenn Muskelatrophien vorliegen, muß man also sorgfältig nach Faszikulieren suchen, am besten in schräg auffallendem Licht und bei angefeuchteter Haut, um Lichtreflexionen einfangen zu können. Gelegentlich kann man Faszikulationen auch mit dem Stethoskop hören. Leichte Perkussion des Muskels (z. B. mit dem Finger) regt sie an. Naturgemäß können sie in tiefliegenden Muskeln oder bei adipösen Patienten kaum nachgewiesen werden. Die Untersuchung muß im warmen Zimmer erfolgen, um eine Verwechslung mit Kältezittern auszuschließen.

Faszikulieren ohne Muskelatrophien hat keine pathologische Bedeutung und wird daher als *benignes Faszikulieren* bezeichnet. Es ist wesentlich häufiger als malignes. Auch die Myokymie ist im allgemeinen eine benigne Form spontaner Muskeltätigkeit.

Die seltene, Wochen bis Monate anhaltende *Myokymie einer Gesichtsseite (faziale Myokymie)* spricht dagegen für einen Hirnstammtumor oder eine Multiple Sklerose. Es handelt sich um ein ganz feines, aber sehr lebhaftes Flimmern und Wogen, das nur bei genauer Betrachtung aus der Nähe auffällt. Das *„Wetterleuchten"* im Gesicht des Paralytikers ist gröber, doppelseitig und vorwiegend perioral (mimisches Beben). Beim *hemifazialen Spasmus* treten unregelmäßige Klonismen, kurze tonische Verkrampfungen und intrafaziale Mitbewegungen (S. 70, 111) einer Gesichtsseite auf, ohne daß eine periphere Fazialisparese vorausgegangen ist.

Muskeltonus

Der Begriff Muskeltonus bedeutet in der Neurologie den *Dehnungswiderstand willkürlich entspannter Muskeln.* Man untersucht dabei also nichts anderes als die tonischen Dehnungsreflexe (static reaction of the myotatic reflex). Der Muskeltonus hat daher nichts mit Turgor oder ähnlichem zu tun und wird nicht in erster Linie durch Palpieren untersucht. Man führt vielmehr passive Bewegungen in verschiedenen Gelenken aus und achtet auf den muskulären Widerstand. Die Untersuchung findet in der Regel im Liegen statt. Der Patient wird aufgefordert, seine Muskulatur völlig entspannt zu lassen. Viele Menschen sind dazu nicht auf Anhieb in der Lage. Durch Vormachen, wiederholtes Auffordern und Umschreiben (z. B. „bitte alle Glieder schwer machen") kommt es in den meisten Fällen schließlich doch zu der erforderlichen Relaxation. Im Prinzip ist die Abschätzung des Muskeltonus nur in solchen Gliedmaßen ganz exakt möglich, die vollkommen gelähmt sind, so daß aktive Innervation sicher ausscheidet.
Bei der Untersuchung des Muskeltonus beschränkt man sich im wesentlichen auf folgende Gelenke bzw. Gliedmaßen: Man prüft den Muskeltonus der Nacken- und Halsmuskulatur durch passives Hochheben und vorsichtiges Hin- und Herdrehen des Kopfes sowie den *Kopffalltest.* Dazu hebt man den Kopf des Patienten mit der Hand unter seinem Hinterkopf wenige Zentimeter hoch, nimmt dann die Hand rasch und unerwartet nach unten weg und beobachtet und fühlt, ob der Kopf wie ein Stein herabfällt (normal) oder nur langsam herabsinkt. Am Arm werden passive Bewegungen im Ellenbogen- und Schultergelenk ausgeführt. Man kann den Unterarm erfassen und die Hände des Patienten „ausschütteln", um abzuschätzen, wie locker das Handgelenk und die Fingergelenke sind. An den Beinen führt man passive Bewegungen in Hüft- und Kniegelenk aus. Es genügt nicht eine einzige Bewegung in jedem Abschnitt, sondern es müssen immer mehrere verschieden rasch ausgeführt werden. Plötzliche Veränderungen der Bewegungsgeschwindigkeit oder -richtung helfen, ein aktives Mitgehen des Pa-

tienten zu erkennen und auszuschalten. Auch hier ist der Seitenvergleich wichtig.
Der Begriff Muskeltonus wird aber auch auf die unwillkürliche und unbewußte *Basisspannung von Muskeln* verwendet, wie sie als Ergebnis der Tätigkeit zahlreicher Neuronensysteme des ZNS über die motorischen Einheiten (als die gemeinsame Endstrecke somatischer Efferenz) zustande kommt. Sie ist ferner durch den Funktionszustand der peripheren Nerven, des neuromuskulären Übergangs und der Muskelfasern selbst mitbestimmt. Völlige Muskelerschlaffung ist nur im Liegen möglich. Sonst ist, wenigstens in den Antischwerkraftmuskeln, ständige Stütz- und Halteaktivität vorhanden, bei deren Regelung tonische Dehnungsreflexe (s. oben) mit Erregungen aus dem Vestibularissystem, den Propriozeptoren, dem visuellen System, dem Zerebellum und den Basalganglien zusammenwirken. Alle diese Quellen beeinflussen daher den Muskeltonus.

Der Tonus von Muskeln, die auf ein schmerzhaftes oder bewegungseingeschränktes Gelenk wirken, ist oft erhöht, soweit er sich überhaupt untersuchen läßt. Dann sind die entsprechenden *aktiven* Bewegungen ebenfalls behindert.

Spastik. Im pathologischen Fall kommt Erhöhung oder Verminderung des Muskeltonus vor. Spastische Hypertonie (Spastizität, Spastik) zeichnet sich durch einen federnden Dehnungswiderstand aus, der mit steigender Dehnung zunächst zunimmt, bei weiterer Dehnung aber rasch verschwinden kann, so daß die Extremität plötzlich nachgibt. Das ist das *Taschenmesserphänomen* (wenn man ein offenes Taschenmesser schließt, muß zuerst ein großer Widerstand überwunden werden, der dann plötzlich verschwindet). Diese Art Muskeltonussteigerung ist für Pyramidenbahnläsionen typisch. Man spricht daher von spastischer Parese im Gegensatz zu schlaffen Paresen bei Läsion im Bereich des unteren motorischen Neurons. Spastische Paresen sind also immer zentral. Man kann diesen Satz aber nicht umdrehen. Akute, schwere supranukleäre Paresen, z. B. bei einer Hirnblutung oder einem Rückenmarkstrauma, sind zunächst schlaff. In diesem Fall ist die unilaterale Verteilung der Lähmungen für die richtige Einordnung als zentrale Parese wichtiger als der Befund des Muskeltonus. Handelt es sich jedoch um eine frische schlaffe Paraplegie, kann die Unterscheidung supranukleär-peripherneurogen sehr schwierig sein; jedenfalls läßt sie sich auf Grund der Merkmale „Verteilung" und „Tonus" nicht treffen, sondern es müssen in diesem Fall andere Kriterien herangezogen werden (s. Tab. 6, S. 75).

Rigor. Eine andere Art von erhöhtem Muskeltonus ist der Rigor bei extrapyramidal-motorischen Störungen, vor allem beim Parkinson-Syndrom (S. 133 f). Hier ist der Dehnungswiderstand in allen Winkelstellungen der untersuchten Gelenke etwa gleichmäßig erhöht, das Glied verharrt eine Weile in einer ihm erteilten Stellung, der Dehnungswiderstand wird als teigig, wächsern, wie beim Biegen eines Bleirohrs empfunden. Es tritt auch kein Taschenmesserphänomen auf. Allerdings sind die beiden Idealtypen der Muskeltonussteigerung, Spastizität und Rigor, oft nicht in reiner Form vorhanden.

Hypotonie. Bei der Hypotonie sind die passiven Gelenkbewegungen besonders leicht möglich, Gliedmaßen liegen schwer in der Hand, die Muskeln sind schlaff. Manche Gesunde können so gut entspannen, daß ihr Muskeltonus bei der Untersuchung als herabgesetzt erscheint. Allerdings findet sich dann noch nicht das wichtige Symptom der Überstreckbarkeit der Gelenke. Nach ihm muß man bewußt fahnden, wenn man Verdacht auf Hypotonie hat. Man kann die Finger unnatürlich weit dorsalflektieren, ein Bein passiv ohne übermäßige Kraftanstrengung so zusammenfalten, daß das Knie auf die Brust und die Ferse auf das Gesäß zu liegen kommen. Man kann den Patienten auffordern und ihm dabei helfen, seine Hände auf dem Rücken so weit wie möglich aufeinanderzulegen, wenn die eine Hand über die gleichseitige Schulter, die andere von unten her auf den Rücken gebracht werden. Jüngere Personen können dabei die Fingerendglieder zusammenbringen, während bei einer Hypotonie die Hände oder die halben Unterarme zur Deckung gebracht werden.

Pendeltests. Zur Feststellung von Tonusunterschieden im Seitenvergleich eignen sich besonders gut die Pendeltests. Man faßt den stehenden Patienten an den Schultern, dreht ihn sachte hin und her und beobachtet das Schwingen der frei herabhängenden Arme, sowohl während der dem Rumpf erteilten Bewegung als auch nach ihrem Ende. Der Arm mit dem niedrigeren Muskeltonus wird mit größerer Amplitude und nach Ende der passiven Rumpfdrehung etwas länger schwingen als der andere Arm. Für die Untersuchung der Beine läßt man den Patienten auf den Rand des Untersuchungsbettes sitzen mit herabhängenden Unterschenkeln und ohne daß die Füße auf dem Boden aufstehen. Man hebt die Unterschenkel etwas nach vorne an, läßt sie gleichzeitig los und beobachtet Amplitude und Dauer des Hin- und Herschwingens im Seitenvergleich.

Schlußbemerkung: Ein wichtiger Teil der Motorik wird mit den Methoden dieses Kapitels erfaßt. Es ist derjenige, dessen Störung zur Parese und Lähmung führt. In den Kapiteln 8 und 9 werden weitere Methoden zur Untersuchung der Motorik besprochen. Dabei geht es dann nicht mehr um die Schätzung der Kraft, sondern um die Analyse von Störungen des Zusammenspiels von Muskeln und der Begleit- und Halteaktivität, d. h. der sichernden, abstützenden Infrastruktur unserer Motorik.

5. Reflexe. Mitbewegungen. Automatismen, motorische Schablonen

Reflexe

Auch die Reflexe gehören zur Motorik, gleichzeitig aber zur Sensibilität. Das Schema der Abb. 6 (S. 19) wird in Abb. 35 durch einen afferenten Schenkel ergänzt, wodurch ein Reflexbogen entsteht. Es läßt erkennen, daß supranukleäre und periphere Läsionen die Reflexe in verschiedener Weise verändern.

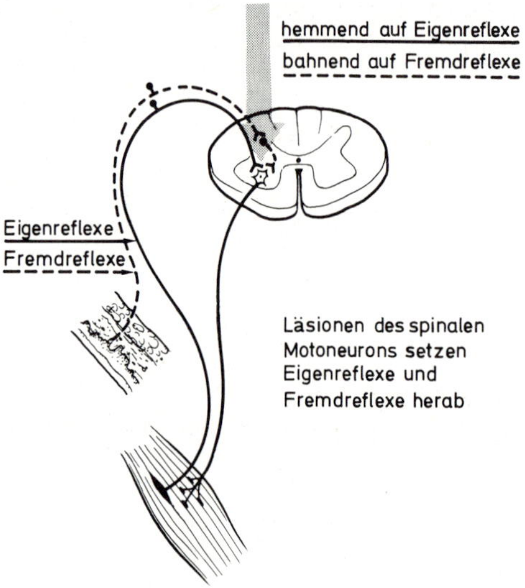

Abb. 35. Eigen- und Fremdreflexbogen. Einfluß des zentralen Motoneurons sowie von Läsionen des spinalen Motoneurons auf Eigen- und Fremdreflexe.

Eigenreflexe und Fremdreflexe. Man unterscheidet zwei Gruppen, die Eigenreflexe und die Fremdreflexe. Bei den Eigenreflexen liegt der Ursprung der reflexogenen Erregung im Erfolgsorgan selbst, bei den Fremdreflexen sind Ursprung und Erfolgsorgan getrennt. Eigenreflexe durchlaufen nur zwei Neurone, sie haben einen monosynaptischen Reflexbogen. Fremdreflexe durchlaufen zwischen dem efferenten und dem afferenten Schenkel eine größere oder kleinere Zahl von Interneuronen (pluri- oder polysynaptische Reflexe).

Auslösungsmodus. Eigenreflexe sind phasische Dehnungsreflexe (phasic reaction of the myotatic reflex). Sie werden durch kurze, brüske Dehnung eines Muskels erzeugt, wie sie der Schlag des Reflexhammers auf eine Sehne (daher das Synonym *Sehnenreflexe*) oder auf einen bestimmten Extremitätenabschnitt hervorruft. Der Reflexerfolg besteht in einer Einzelzuckung des gezerrten Muskels, die genauso kurz ist, wie wenn man ihn mit einem elektrischen Stromstoß gereizt hätte. Fremdreflexe werden durch kürzere oder längere, gewöhnlich an Haut oder Schleimhaut applizierte Reize ausgelöst. Der Reflexerfolg kann in kurzen zuckungsartigen oder in mehr tonischen Kontraktionen der Erfolgsmuskeln bestehen.

Tab. 5 enthält eine Aufstellung der wichtigsten Eigen- und Fremdreflexe, die bei der neurologischen Untersuchung gebraucht werden (prinzipiell haben alle Muskeln Eigenreflexe). Dahinter ist die Höhe der jeweiligen Umschaltstelle im Rückenmark oder Hirnstamm (das „Reflexzentrum") an-

Tabelle 5. Reflexe

Reflex	Segment	Nerv
A. Eigenreflexe		
Masseter und Temporalis	Pons Mesenzephalon	Trigeminus
Biceps brachii	C 5–6	Muskulokutaneus
Brachioradialis	C 5–6	Radialis
Triceps brachii	C 6–8	Radialis
Pronatoren	C 6	Medianus
Fingerbeuger	C 7–Th 1	Medianus (Ulnaris)
PSR	L 2–4	Femoralis
Tibialis posterior	L 5	Tibialis
ASR	S 1–2	Tibialis
Adduktoren	L 2–4	Obturatorius
Zehenplantarflexoren	L 5–S 2	Tibialis
B. Fremdreflexe		
Orbicularis oculi	Pons Medulla oblongata	Trigeminus Fazialis
Kornealreflex	Pons Medulla oblongata	Trigeminus Fazialis
Pupillenreflexe auf Licht	Regio praetectalis Mittelhirn	Optikus Okulomotorius
Rachenreflex	Medulla oblongata	Glossopharyngeus Vagus
BHR oberer	Th 6–9	
mittlerer	Th 9–11	
unterer	Th 11–L 1	
Kremasterreflex	L 1–2	Genitofemoralis
Analreflex	S 3–5	Pudendus
Plantarhautreflex	L 5–S 2	Tibialis

gegeben. Trifft eine Läsion das Reflexzentrum selbst, kommt es zu einer Abschwächung oder Aufhebung, liegt sie weiter kranial, dann werden die Eigenreflexe gesteigert, die Fremdreflexe abgeschwächt. Bei den Eigenreflexen ist der Muskel (oder die Muskelgruppe) angegeben, an dem sie jeweils ausgelöst werden. Man spricht also von Masseterreflex, Biceps brachii-Reflex usw. Beim Quadrizeps-Reflex steht Patellarsehnenreflex (PSR) dabei, weil dies eine noch allgemein gebräuchliche Bezeichnung ist. Dasselbe gilt für den Achillessehnenreflex (ASR). Einige wenige Reflexe sind unter bestimmten Eigennamen so allgemein bekannt, daß man diese weiter benutzt.

Untersuchung

Die Reflexe sollen möglichst in Rückenlage untersucht werden (Ausnahmen siehe bei den einzelnen Reflexen). Der Patient wird aufgefordert, seine Muskeln locker zu lassen, und wird auch weiterhin immer wieder zur Passivität angehalten. Der gesetzte Reiz muß ausreichen und soll so wenig unangenehm wie möglich sein. Der Reflexerfolg wird durch Beobachtung und wenn möglich durch das Tastgefühl beurteilt. Die Untersuchung jedes Reflexes wird im folgenden beschrieben. Für viele gibt es mehrere Methoden, die sich meistens dadurch unterscheiden, daß der Reiz bei der einen schwächer ist als bei der anderen. Bei der Beschreibung verschiedener Auslösungsmodi wird immer mit dem stärkeren Reiz begonnen und mit schwächeren fortgefahren. Jeder Reflex muß wiederholt in unregelmäßigen Abständen und im Seitenvergleich untersucht werden („*ein* Reflex ist *kein* Reflex"). Den Reflexhammer umfaßt man nicht mit der ganzen Hand, sondern hält ihn locker zwischen Daumen und Mittelphalange des Zeigefingers.

Eigenreflexe

Masseter- und Temporalisreflex: a) Der Untersucher legt einen Finger auf das Kinn des Patienten und schlägt mit dem Reflexhammer von vorne oben her auf den Finger. Der Patient soll den Unterkiefer hängen lassen, so daß der Mund etwas offen steht (Abb. 36). Man fühlt den Reflexerfolg am Kinn. b) Man legt einen Spatel auf Zunge und untere Zahnreihe des leicht geöffneten Mundes und klopft mit dem Reflexhammer nahe vor dem Mund auf den Spatel. Beide Methoden sind etwa gleich stark. Ein Seitenvergleich ist bei diesem Reflex nicht möglich.

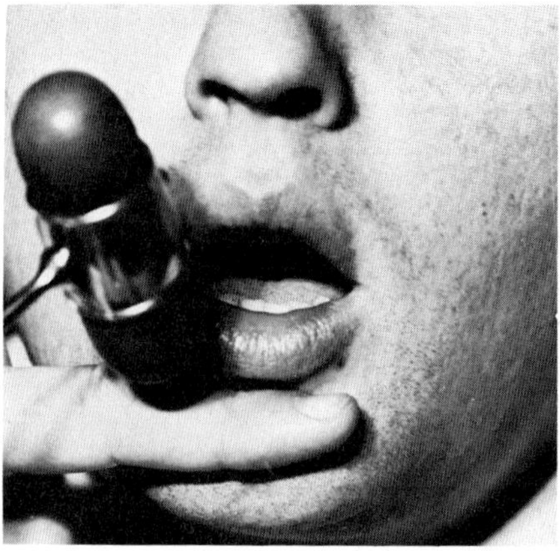

Abb. 36. Masseterreflex.

Biceps brachii-Reflex: a) Die Hände des Patienten liegen auf dem Bauch oder den Oberschenkeln. Man legt einen Finger in die Ellenbeuge auf die Sehne und klopft mit dem Reflexhammer auf den Finger (Abb. 37). Man spürt, wie die Sehne unter dem Finger hüpft. b) Der distale Unterarm oder die Hand des Patienten liegt locker in einer Hand des Untersuchers. Der Unterarm des Patienten ist dabei in Mittelstellung zwischen Pronation und Supination, d. h. der Daumen steht nach oben. Mit dem Hammer klopft man vorsichtig, damit es nicht weh tut, auf die Radiuskante in Nähe des Handgelenks.

Brachioradialis-Reflex: Der distale Unterarm oder die Hand des Patienten liegt locker in einer Hand des Untersuchers. Der Unterarm ist diesmal in Supinationsstellung. Man schlägt auf die radiale Beugeseite in der Nähe des Handgelenks (Abb. 38). Der Reflexerfolg besteht außer in einer Beugung im Ellenbogengelenk auch in einer leichten Pronationszuckung. Man beobachtet die Zuckung des M. brachioradialis.

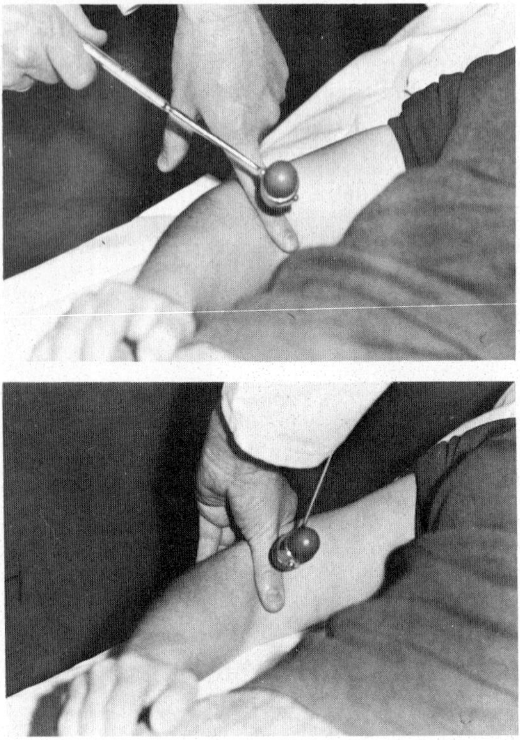

a

b

Abb. 37. Biceps brachii-Reflex. a) Untersucher steht auf der gleichen, b) auf der Gegenseite.

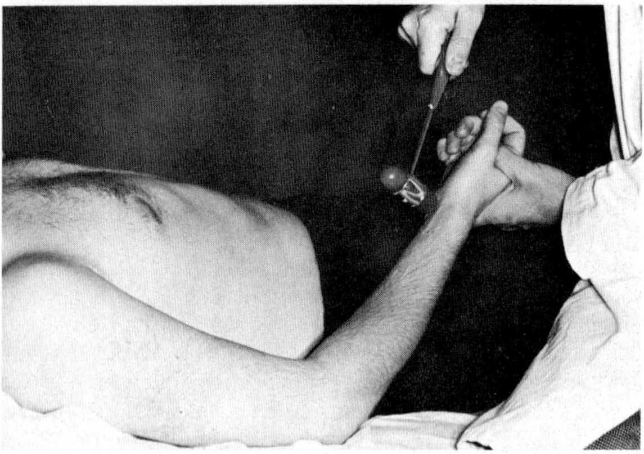

Abb. 38. Brachioradialis-Reflex.

Triceps brachii-Reflex: a) Der Patient legt die Hände etwa in Nabelhöhe auf den Bauch. Der Untersucher hebt den Ellenbogen des Patienten etwas an und klopft mit dem Hammer auf die Sehne an der distalen Streckseite des Oberarms knapp proximal des Olekranon (Abb. 39 a). Dann faßt er die andere Hand und zieht diesen Unterarm zu sich heran, bis die Ellenbogengegend für den Hammerschlag bequem zugänglich ist (Abb. 39 b). Für eine Untersuchung im Seitenvergleich stützt der stehende oder sitzende Patient die Arme in die Hüften. Der Untersucher steht hinter ihm und klopft abwechselnd auf die bequem zugänglichen Trizepssehnen am Ellenbogen. b) Eine schwächere Auslösung des Triceps-brachii-Reflexes ist dadurch möglich, daß der Hammerschlag auf die ulnare Kante des distalen Unterarms geführt wird, während man den Ellenbogen mit der anderen Hand unterstützt.

Pronatoren-Reflex: Der Untersucher faßt die Hand des Patienten und bringt den Unterarm etwa in Mittelstellung. Das ist der Unterschied zur Auslösung des Brachioradialis-Reflexes, der in Supinationsstellung untersucht wird. Der Untersucher klopft auf die radiale Beugeseite des Unterarms in der Nähe des Handgelenks, so daß dem Unterarm eine leichte Drehbewegung in Richtung Supination erteilt wird. Die Pronationszuckung kann man fühlen und sehen. Die Pronatorenreflexe können beidseits fehlen, ohne daß eine Krankheit vorliegt.

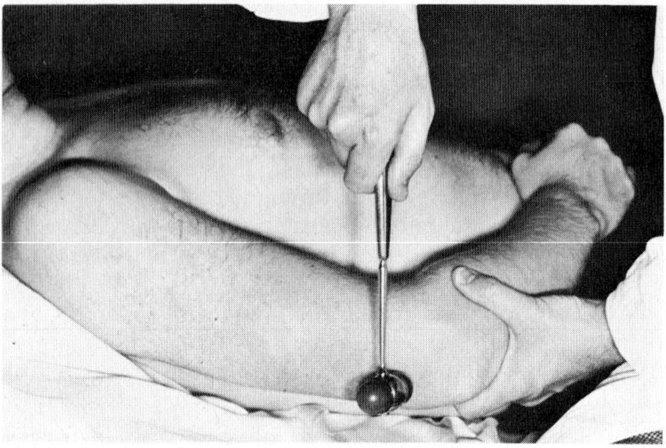

a

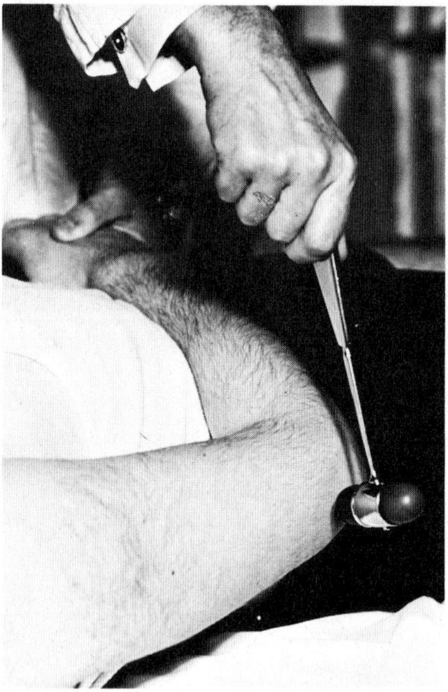

b

Abb. 39. Triceps brachii-Reflex. a) Untersuchung auf der gleichen, b) auf der Gegenseite.

Fingerbeuger-Reflexe, Trömner-Reflex: Man erfaßt eine Hand des Patienten vom Handrücken her, hält sie lose hoch und schlägt mit den Fingerballen der anderen Hand rasch und kräftig auf die Ballen der leicht gebeugten Finger des Patienten (Abb. 40). Dieser Schlag kann auch mit dem Hammer ausgeführt werden. Der Reflexerfolg besteht in einer Beugezuckung der Finger. Ist der Reflex lebhaft, kann auch der Daumen an der Beugezuckung teilnehmen.

Fingerbeuger-Reflexe, Knipsreflex: Der Untersucher nimmt ein Fingerendglied (gewöhnlich des Mittelfingers) des Patienten zwischen Daumen und Zeige- oder Mittelfinger, bringt es in Beugestellung, drückt kräftig gegen den Fingerballen des Patienten und zieht dann seinen Daumen plötzlich von der Streckseite des Endgliedes ab, so daß dieses eine schnellende Dorsalflexion ausführt (Abb. 41). Die rasche Dorsalflexion führt zu dem erforderlichen Ruck an den Fingerbeugesehnen. Gleicher Reflexerfolg wie beim Trömner-Reflex.
Beide Fingerbeuger-Reflexe oder nur der Knipsreflex können normalerweise bilateral fehlen. Einseitige Auslösbarkeit ist gewöhnlich Ausdruck einer Reflexsteigerung auf dieser Seite. Der Trömner-Reflex ist leichter auszulösen als der Knipsreflex, weil der Grad der Dehnung und die Anzahl der gedehnten Fingersehnen größer ist. Eine kräftige Beugezuckung aller Finger, einschließlich des Daumens beim Knipsreflex ist auch dann mit großer Wahrscheinlichkeit pathologisch, wenn sie bilateral auftritt.

Quadrizeps-Reflex (Patellarsehnenreflex, PSR): a) Man legt einen Unterarm unter beide Knie des Patienten, hebt sie etwas hoch, so daß die Unterschenkel in leichter Beugestellung stehen, und klopft auf die Sehne zwischen Patella und Tuberositas tibiae (Abb. 42). Wenn ein Patient trotz Aufforderung zur Entspannung die Unterschenkel hochhält, bittet man ihn, die Fersen auf den Boden zu stellen. Ist der Reflex gut auslösbar, setzt man jeden folgenden Schlag etwas weiter distal auf die Schienbeinkante. Damit nimmt bei gleicher Schlagstärke der Reiz allmählich ab, weil der Hebelarm länger wird. Auf diese Weise läßt sich der Reflex semiquantitativ schätzen. b) Ist der Reflex lebhaft, läßt er sich auch auf folgende Weise auslösen: Man legt einen Finger auf die Patellaoberkante und klopft von proximal her auf den Finger. Man fühlt das Hüpfen der Patella bei der Quadrizepszuckung. c) Der PSR kann auch gut im Sitzen bei herabhängenden Beinen untersucht werden. In dieser Stellung können die Amplitude der Streckbewegung des Unterschenkels, ihre Geschwindigkeit und damit eine Seitendifferenz manchmal besser beurteilt werden.

Außerdem kann in dieser Stellung ein *Gordon-Kniephänomen* besser festgestellt werden: Es besteht in einem kurzen Verharren des durch die Quadrizepszuckung erhobenen Unterschenkels. Voraussetzung ist allerdings völlige Passivität des Patienten. Es handelt sich bei dem Phänomen nicht

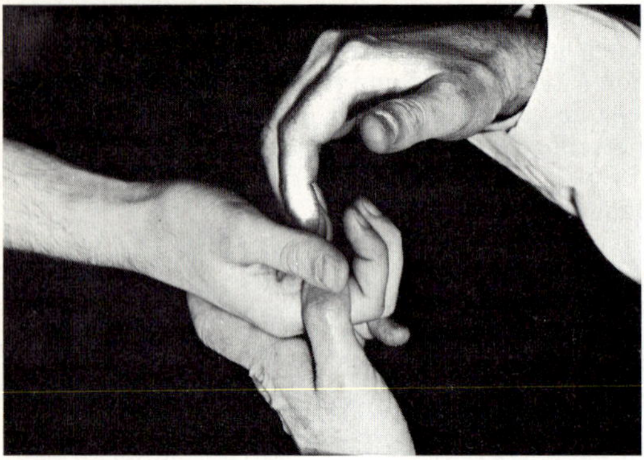

Abb. 40. Trömner-Reflex.

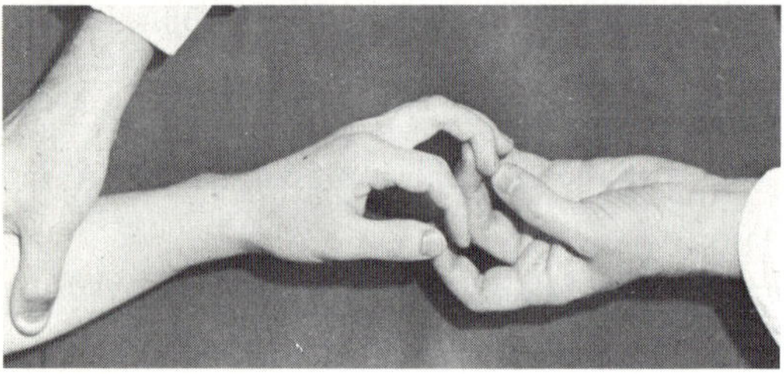

Abb. 41. Knipsreflex.

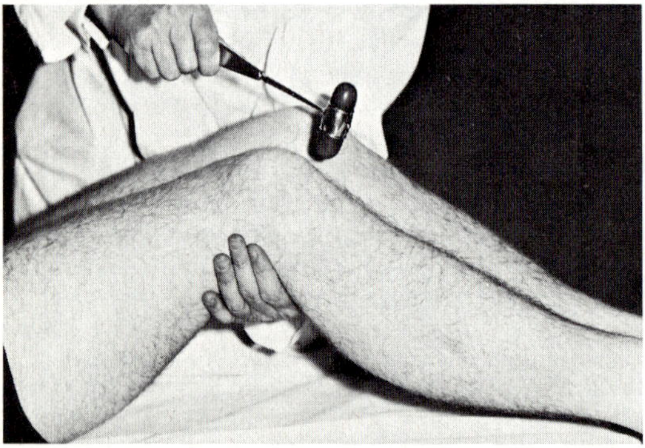

Abb. 42. Quadrizeps-Reflex (Patellarsehnenreflex, PSR).

um den Ausdruck einer Reflexsteigerung (S. 63), sondern um ein extrapyramidales Zeichen bei Chorea (S. 135, 138).

Tibialis posterior-Reflex (TPR): Auslösung durch Schlag auf die Sehne des Muskels etwas hinter und oberhalb oder knapp distal des medialen Fußknöchels. Der Reflexerfolg besteht in einer schwachen Supinationszuckung des Fußes oder in einer sicht- oder tastbaren Zuckung der Sehne. Der Reflex kann normalerweise fehlen. Daher ist seine Aufhebung nur einseitig als pathologisch zu verwerten.

Triceps surae-Reflex (Achillessehnenreflex, ASR): a) Der Untersucher legt eine Hand auf die Fußsohle des Patienten, drückt kranialwärts, so daß der Unterschenkel in leichte Beugung, der Fuß in eine mäßige Dorsalflexion kommt, während das ganze Bein in eine leichte Außenrotation fällt, und beklopft die dann gut dargestellte Achillessehne (Abb. 43). b) Man hält den Unterschenkel des Patienten in die Luft (Bein im Hüft- und Kniegelenk etwa rechtwinklig gebeugt), während man gegen seine Fußsohle drückt. Die Achillessehne kann dann von unten beklopft werden. c) Sind die Reflexe lebhaft, lassen sie sich auch durch einen Reflexhammerschlag auf den Fußballen auslösen. d) Eine bequeme Untersuchung im Seitenvergleich (unter gleichseitiger Reflexbahnung) ist möglich, wenn der Patient auf einem Stuhl oder dem Untersuchungsbett so kniet, daß die Füße über den Rand herabhängen. In dieser Stellung lassen sich auch stark abgeschwächte Reflexe oft noch gut darstellen.

Adduktoren-Reflex: Die Beine werden etwas abduziert, so daß der Reflexhammerschlag von medial her auf die Adductor-magnus-Sehne knapp proximal des Epicondylus medialis femoris geführt werden kann. Man sieht die Muskelzuckung der Adduktoren und die ruckartige Anspannung ihrer Sehnen.

Zehenplantarflexoren-Reflexe, Rossolimo-Reflex: Der Untersucher führt mit Reflexhammer oder Fingerkuppen einen raschen schnellenden Schlag von unten her auf die Zehenballen (Abb. 44). Der Reflex besteht in einer kurzen Plantarflexion der Zehen. Zur Bahnung und besseren Darstellung bringt man mit der anderen Hand den Fuß des Patienten in eine leichte Dorsalflexion. Sind die Reflexe lebhaft, kommen sie auch beim Beklopfen des Fußballens zustande. Eine Plantarflexionszuckung des Fußes wäre aber nicht der gesuchte Reflex, sondern ein Triceps surae-Reflex.

Zehenplantarflexoren-Reflexe, Mendel-Bechterew-Reflex: Der Untersucher klopft mit dem Reflexhammer auf den lateralen Fußrücken in der Gegend vor dem Knöchel (Abb. 45). Der Reflexerfolg ist derselbe wie beim Rossolimo-Reflex. Der Reiz führt zu einer Erschütterung des Fußgewölbes. Die Eigenreflexe der Zehenplantarflexoren müssen also sehr lebhaft sein, wenn sie durch diesen Reiz, der die entsprechenden Muskeln nur minimal dehnt, ausgelöst werden können. Bei dieser

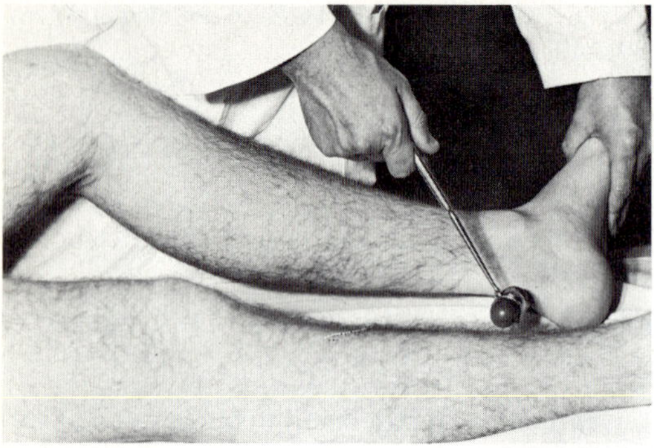

Abb. 43. Triceps surae-Reflex (Achillessehnenreflex, ASR).

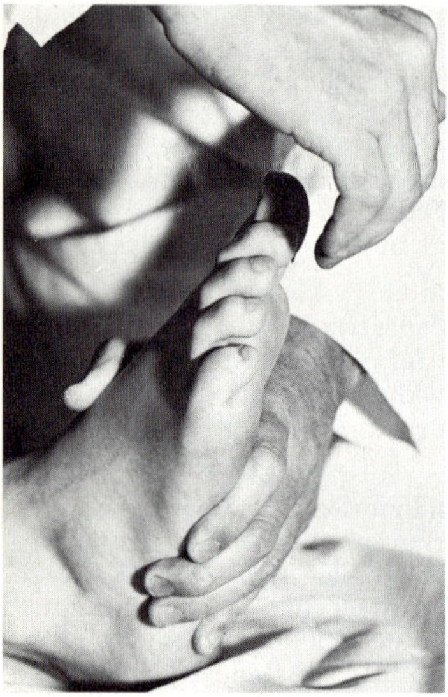

Abb. 44. Rossolimo-Reflex.

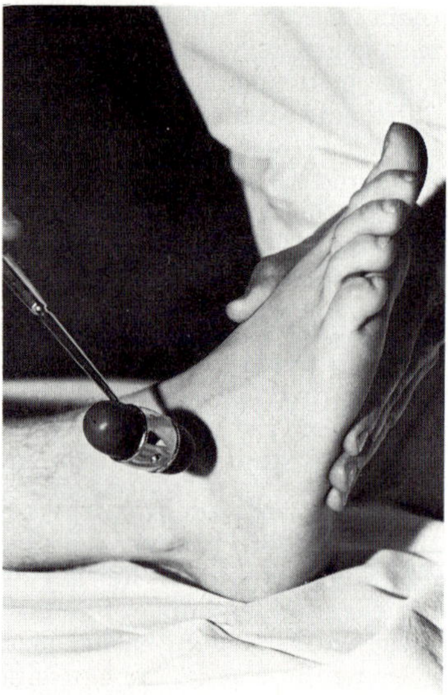

Abb. 45. Mendel-Bechterew-Reflex.

Methode kann man häufig eine Dorsalflexionsbewegung mehrerer Zehen beobachten. Das ist nicht der angestrebte Reflexerfolg. Sie kommt rein passiv durch den Hammerschlag auf die Sehne der Zehenextensoren zustande.

Beide Zehenplantarflexoren-Reflexe oder nur der Mendel-Bechterew-Reflex fehlen bilateral bei den meisten Gesunden. Wenn sie einseitig auslösbar sind, ist das gewöhnlich Ausdruck einer Reflexsteigerung auf dieser Seite. Eine deutliche konstante Beugezuckung aller Zehen beim Mendel-Bechterew-Reflex ist auch dann pathologisch, wenn sie bilateral auftritt.

Steigerung der Eigenreflexe gilt als Pyramidenbahnzeichen. Am einfachsten läßt sie sich anhand der Seitendifferenz erkennen, wenn die Reflexe nur einseitig gesteigert sind. Aber auch ohne Seitendifferenz gibt es dafür Hinweise. Man variiert die Stärke der Hammerschläge und verschafft sich einen Eindruck von der Reizschwelle. Wenn schon ganz leichte Schläge mit dem Reflexhammer oder sogar nur mit dem Finger genügen, spricht das für eine Reflexsteigerung, ebenso wenn bei einem Schlag mehrere oder sogar kontralaterale Eigenreflexe anspringen (Reflexausbreitung). Ferner bedient man sich der verschiedenen Auslösungsmodi.

Abschwächung oder Aufhebung der Eigenreflexe spricht gewöhnlich für eine Läsion im unteren motorischen Neuron. Aber auch bei schlaffen zentralen Paresen, wie sie im akuten Stadium schwerer zerebraler Insulte oder traumatischer Querschnittslähmungen mit spinalem Schock vorkommen (S. 50), findet man vorübergehend eine Abschwächung oder Aufhebung der Eigenreflexe. Daß ein Sehnenreflex wirklich aufgehoben ist, darf man erst annehmen, wenn man ihn unter optimalen Bedingungen untersucht hat. Dazu gehört nicht nur die Methode mit dem größtmöglichen Dehnungseffekt, sondern auch die Anwendung von Reflexbahnung.

Reflexbahnung. Alle Eigenreflexe werden im Prinzip durch aktive Innervation ihres Muskels gebahnt. In der klinischen Untersuchung läßt sich dafür aber nur eine ganz schwache Anspannung nutzbar machen; bei einer stärkeren kann man den Reflexerfolg nicht mehr deutlich erkennen. Beim Masseter- und Temporalis-Reflex kann man den Mund schließen, beim Biceps brachii-Reflex den Unterarm gegen die Schwere halten lassen. Die Methode ist aber nicht sehr zuverlässig, da die Patienten meist zu stark kontrahieren. Eine bessere Methode ist der *Jendrassik-Handgriff*. Man bittet den Patienten, die Finger

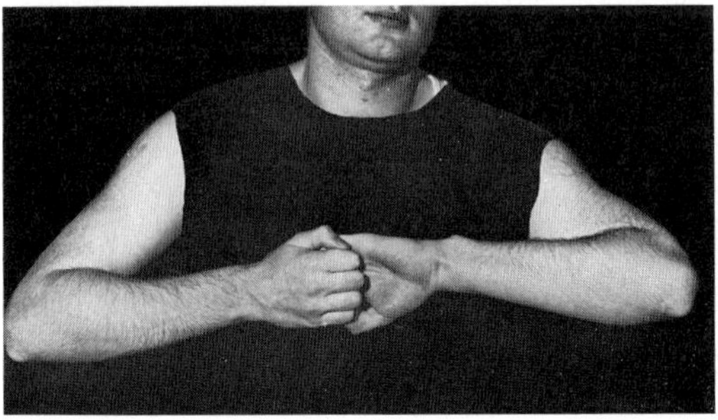

Abb. 46. Jendrassik-Handgriff zur Verstärkung von Sehnenreflexen.

beider Hände über der Brust ineinanderzuhaken und dann mit aller Kraft auseinanderzuziehen (Abb. 46). Nach etwa fünf Sekunden nimmt man die Aufforderung jeweils wieder zurück. Vor, während und nach der Kontraktion untersucht man fortlaufend den Reflex, der sich ohne Verstärkung nicht dargestellt hatte. Der wirksame Faktor liegt in der maximalen aktiven Anspannung einer am Reflex nicht beteiligten Muskelgruppe. Will man die Eigenreflexe am Arm untersuchen, kann man die gestreckten Beine hochheben oder die Zähne zusammenbeißen lassen.

Protokollierung. Nur wenn man sicher ist, daß eine Reflexerhöhung pathologische Bedeutung hat, nennt man das eine Steigerung dieses Reflexes. Sonst spricht man lieber von lebhaften Reflexen oder einer halbseitigen Reflexbetonung. Bei Seitendifferenzen kann man gelegentlich im Zweifel sein, ob eine Reflexbetonung auf der einen oder eine Abschwächung auf der anderen Seite vorliegt. In diesem Fall vergleicht man, wenn immer möglich, mit den Reflexen in einer anderen Körperregion, vor allem mit dem Masseter-Reflex. Fehlen die Eigenreflexe in einer ganzen Region überhaupt, spricht man von einer *Areflexie* (z. B. der Beine). Totale Areflexie gibt es gelegentlich als angeborene Anomalie, ohne daß eine Krankheit vorliegt.

Klonus. Beim Klonus handelt es sich um fortgesetzte phasische Eigenreflexe, die so lange weiterlaufen, wie eine Muskeldehnung anhält. Masseter-Klonus und Hand- oder Finger-Klonus sind sehr selten. Zur Auslösung des *Patellarklonus* erfaßt man beim liegenden Patienten die Patella von oben mit Daumen und Zeigefinger, schiebt sie ruckartig nach distal und hält sie in dieser Stellung fest (Abb. 47). Man dehnt

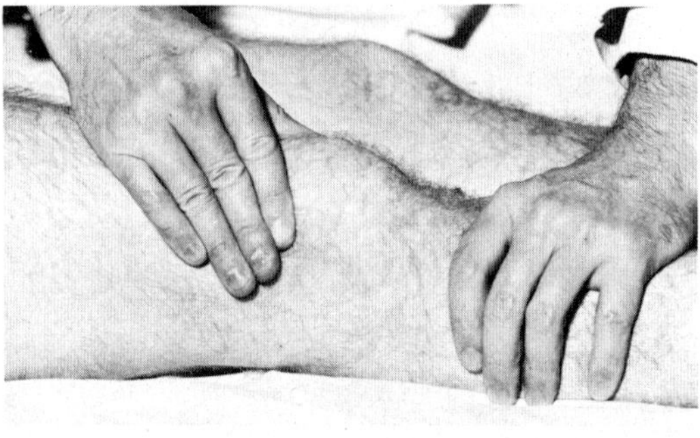

Abb. 47. Patellarklonus: Die Patella wird ruckartig nach distal geschoben und in dieser Stellung festgehalten.

dadurch den Quadrizeps und löst eine Kette von Quadrizepsreflexen aus, die sich so lange fortsetzt, wie man die Patella herabdrückt. Zur Auslösung des *Fußklonus* führt man eine brüske passive Dorsalflexion des Fußes aus, indem man mit der einen Hand den Unterschenkel

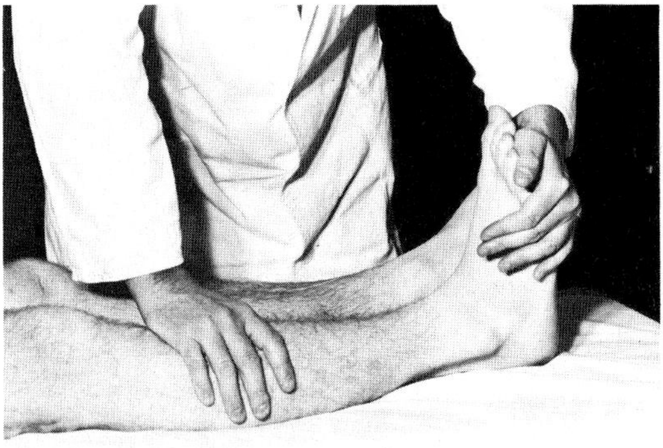

Abb. 48. Fußklonus: Der Fuß wird ruckartig dorsalflektiert und in dieser Stellung festgehalten.

oberhalb des Sprunggelenks festhält und mit der anderen Hand den Fuß des Patienten rasch dorsalflektiert (Abb. 48). Dadurch wird über die Achillessehne der Triceps surae ruckartig gedehnt, und es kommt zu einer Kette von ASR, solange die passive Dorsalflexion des Fußes anhält. Ist die Reizschwelle sehr niedrig, kann gelegentlich ein „Spontanklonus" auftreten. Ein unerschöpflicher Klonus ist in den allermeisten Fällen ein Pyramidenbahnzeichen. Ein erschöpflicher Klonus ist nicht pathologisch, außer wenn er nur einseitig auftritt. Der Untersucher muß die Gegenkraft richtig dosieren. Zu starke Dehnung eines Muskels kann den Klonus hemmen.

Im Prinzip kommt ein unerschöpflicher Klonus auch beim Gesunden vor, wenn er bewußt daraufhin arbeitet, indem er eine leichte aktive Anspannung des betreffenden Muskels einhält. Das gelingt am besten durch Aufstützen der Fußspitze am Boden mit geschickter Einstellung der Willkürinnervation. Diese prinzipielle Möglichkeit ändert nichts an der klinischen Brauchbarkeit des Zeichens.

Fremdreflexe

Von den Fremdreflexen sind die Orbicularis oculi-Reflexe auf S. 111, der Kornealreflex auf S. 108, die Pupillenreflexe auf S. 99 f und der Rachenreflex auf S. 117 ff beschrieben.

Bauchhautreflexe (BHR): Man streicht mit einem Holzstäbchen (z. B. einem Streichholz) oder dem Reflexhammerstiel von lateral nach medial rasch über die Haut des Abdomens, und zwar oberhalb des Nabels, in Nabelhöhe und am Unterbauch. Der Strich darf kräftig, soll aber nicht schmerzhaft sein. Vom Gebrauch einer Nadel ist abzuraten; er führt nur zu unschönen Kratzern auf der Haut. Der Reflexerfolg besteht in einer relativ raschen Bauchmuskelkontraktion auf der Seite und im Bereich der Reizung. Wenn BHR sich mit dieser Methode nicht auslösen lassen, versucht man es mit dem Nadelrad, das ebenso wie

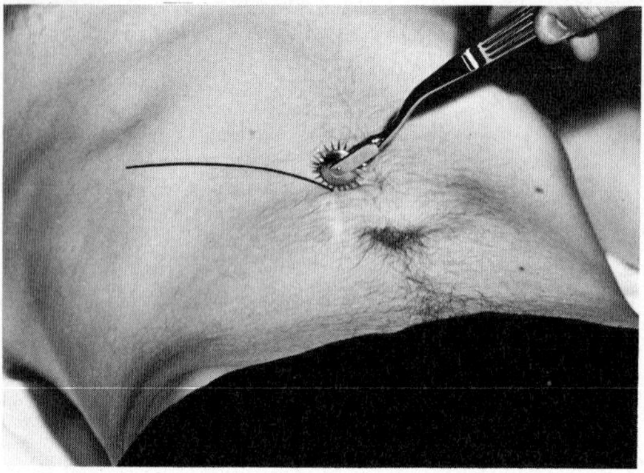

Abb. 49. Bauchhautreflex im rechten oberen Quadranten. Holzstäbchen oder Nadelrad werden gemäß dem eingezeichneten Strich geführt.

das Streichholz einmal rasch von lateral nach medial über die Haut geführt wird (Abb. 49). Das Nadelrad liegt dabei mit seiner eigenen Schwere auf, ein zusätzlicher Druck ist nicht nötig. Nur dann, wenn die Auslösung auch mit dem Nadelrad nicht gelingt, sind die BHR negativ.

Normalerweise sind sie in allen drei Etagen etwa seitengleich vorhanden. Wechselnde Seitendifferenzen sind bedeutungslos. Die BHR können beiderseits fehlen, ohne daß eine Krankheit vorliegt: Bei schlaffen Bauchdecken nach Geburten oder Bauchoperationen, bei älteren Menschen, bei sehr adipösen Bauchdecken. Sehr selten können sie von Geburt an fehlen. Sonst gilt Abschwächung oder Fehlen der BHR als Pyramidenbahnzeichen. Bei Seitendifferenz ist die Seite mit den schwächeren BHR also die pathologische. Sie verhalten sich demnach gerade umgekehrt wie die Sehnenreflexe. Bei Sensibilitätsstörungen am Bauch oder bei Bauchmuskellähmungen können die BHR fehlen, ohne daß eine supranukleäre Läsion vorliegt. Bei der üblichen wiederholten Auslösung im Seitenvergleich mit Reizen wechselnder Stärke in unregelmäßigen Abständen können die BHR in ihrer Ausprägung unsystematisch schwanken. Bei gleichmäßiger, rhythmischer, nicht unangenehmer oder gar schmerzhafter Reizung dagegen nehmen sie sukzessive ab. Diese *Habituation* teilen sie mit den meisten Fremdreflexen. Gelegentlich beobachtet man eine Aufhebung der Habituation, z. B. beim Parkinson-Syndrom: Die BHR sind dann sehr konstant ausgeprägt.

Kremasterreflex: Man streicht über die Haut an der Innenseite des Oberschenkels. Der Reflex besteht in einer kurzen tonischen Kontraktion des Hodensacks auf der gleichen Seite. Wenn er einseitig fehlt, kann dies als Pyramidenzeichen gelten, wenn nicht etwa eine Läsion der Nn. genitofemoralis oder ilioinguinalis vorliegt, welche die reflexogene Zone sensibel versorgen. Gelegentlich kann der Kremasterreflex vom ganzen Bein bis herab zum Fuß ausgelöst werden; das ist neurologisch aber belanglos. Seitenunterschiede lassen sich kaum verwerten, da sie auch normalerweise häufig vorkommen.

Analreflex: Bestreichen oder vorsichtiges Stechen der Haut perianal mit einem Holzstäbchen oder einer Nadel führt zu einer Kontraktion des M. sphincter ani externus, die beobachtet oder durch einen in den Anus eingeführten Finger (Handschuh) getastet werden kann. Die Untersuchung wird in Seitenlage ausgeführt. Bei einer schlaffen Parese des Sphincter externus ist der Analreflex aufgehoben.

Extrapyramidalmotorische pathologische Fremdreflexe (Duensing): Auslösung durch schnelles Streichen der Haut mit Finger oder Holzstäbchen am Hinterkopf oder am Rücken im Bereich des Schulter- oder Beckengürtels. Der Reflexerfolg besteht in einer Zuckung (wie bei den Sehnenreflexen) regionaler Muskeln des Schultergürtels, des Rumpfes oder des Beckengürtels. Diese Reflexe fehlen bei Gesunden und kommen vor allem bei Athetose vor (S. 136, 138).

Plantarhautreflex (Fußsohlenhautreflex): Er wird durch Bestreichen des lateralen Fußrandes von der Ferse zum Fußballen in Höhe der 5. Zehe und von dort nach medial quer über den Fußballen hinweg ausgelöst (Abb. 50). Mit der anderen Hand hält der Untersucher das Bein am Fußgelenk fest. Man streicht mit gleichmäßiger Geschwindigkeit, während man das Holzstäbchen oder den Reflexhammerstiel fest andrückt. Der normale Reflexerfolg besteht in einer tonischen (oder auch klonischen) Plantarflexion (und manchmal Adduktion) der Zehen (flexor plantar response). Auch dieser Reflex muß, wie alle anderen, wiederholt im Seitenvergleich untersucht werden, damit man den richtigen Eindruck bekommt. Es lohnt sich nicht, eine Nadel zu benützen;

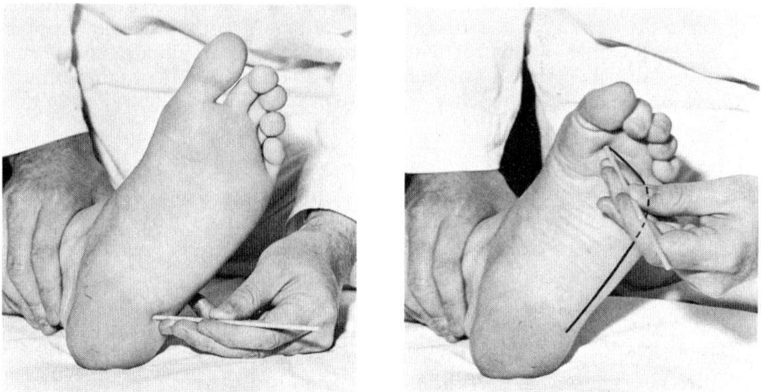

a b

Abb. 50. Plantarhautreflex. a) Ausgangspunkt, b) Weg und Endpunkt des Holzstäbchens auf der Haut der Fußsohle. Normaler Reflexerfolg mit Plantarflexion der Zehen.

es tut nur unnötig weh und führt leicht dazu, daß der Patient das Bein wegreißt („Fluchtreflex"), was die Untersuchung vereitelt.
Wie bei den BHR ist auch hier die Abschwächung oder gar Aufhebung ein Pyramidenbahnzeichen, aber nur wenn sie einseitig ist. Eine bilaterale „stumme Sohle" ist für sich allein nicht pathologisch; sie kommt als Anomalie bei Gesunden vor. Bei einer peripheren Sensibilitätsstörung an der Fußsohle kann der Reflex natürlich ebenfalls fehlen.

Babinski-Reflex: Er wird genauso wie der normale Fußsohlenhautreflex ausgelöst. Der Reflexerfolg besteht in einer meist tonischen (oder auch klonisch-sakkadierenden) Dorsalflexion der Großzehe (extensor plantar response), manchmal zusammen mit einem Spreizen der übrigen Zehen, dem Fächerphänomen. Rhythmisch alternierende Plantar- und Dorsalflexionen der Großzehe werden nicht als positiver Babinski-Reflex gewertet. Manchmal kommen kleinere aber konstante Seitendifferenzen beim Fußsohlenreflex vor, die zu Zweifeln Anlaß geben. In diesem Fall mag es gerechtfertigt sein, von Babinski-Reflex-Verdacht zu sprechen, jedoch sollte diese Bezeichnung nur ausnahmsweise verwendet werden. Die Stärke des Babinski-Reflexes wird im allgemeinen nicht notiert oder nur dann, wenn die reflexogene Zone deutlich ausgeweitet ist, so daß er nicht nur von der Fußsohle, sondern auch vom Fußrücken, vom Unterschenkel oder sogar vom ganzen Bein her ausgelöst werden kann. Eine weitere Steigerung ist der sogenannte „spontane Babinski-Reflex", der beim Gehen oder in Abhängigkeit von der Blasenfüllung oder anderen viszeralen Reizen auftritt. Eine Reizung des Großzehenballens führt auch bei Gesunden zur Dorsalflexion der Großzehe.

Beim normalen Fußsohlenhautreflex, wie auch beim Babinski-Reflex, nehmen sowohl Plantar- als auch Dorsalflexoren der Zehen teil; lediglich der Schwerpunkt der Kontraktion der beiden antagonistischen Muskelgruppen ist anders. Daher kann bei Patienten mit einer N. tibialis-Parese ein „Pseudo-Babinski-Reflex" auftreten; ebenso wie man damit rechnen muß, daß ein Babinski-Reflex negativ wird, wenn eine N. peronaeus-Parese auftritt.

Oppenheim-Reflex und Gordon-Reflex: Der Reflexerfolg ist derselbe wie beim Babinski-Reflex; es sind lediglich zwei Varianten der Auslösung. Beim Oppenheim-Reflex streicht man unter stärkerem Druck mit den Knöcheln von Zeigefinger und Mittelfinger oder mit dem Daumenballen, die Schienbeinkante entlang langsam distalwärts (Abb. 51). Der Gordon-Reflex wird durch Kneten der Wade ausgelöst (Abb. 52). Beide Phänomene haben im Prinzip dieselbe Bedeutung wie der Babinski-Reflex, so daß manchmal von allen dreien zusammen als der „Babinski-Gruppe" gesprochen wird. Sie sind aber als pathologische Zeichen nicht ganz so beweiskräftig. Bilateral symmetrische Gordon- oder Oppenheim-Reflexe sind nicht sicher pathologisch, während der bilaterale Babinski-Reflex auf jeden Fall pathologisch ist.

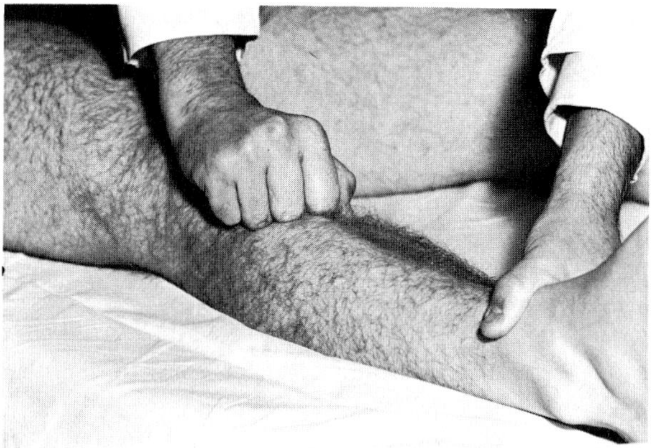

Abb. 51. Oppenheim-Reflex.

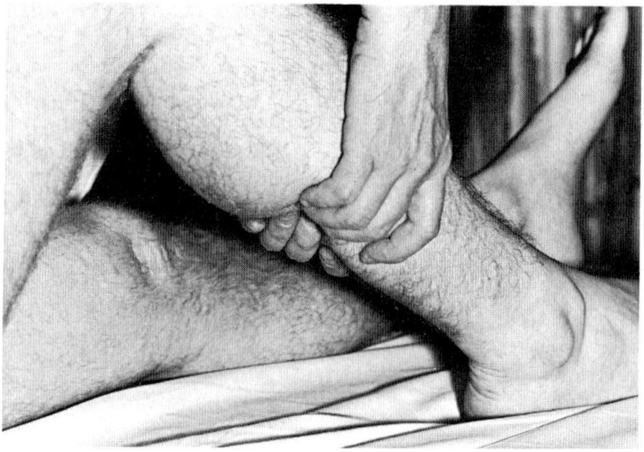

Abb. 52. Gordon-Reflex.

Der Babinski-Reflex ist Bestandteil einer *Beugesynergie*, eines Massenreflexes mit einer dreifachen Beugung im Sprung-, Knie- und Hüftgelenk (triple retrait oder triple flexion), wie sie z. B. durch den *Marie-Foix-Handgriff* (kräftige passive Plantarflexion der Zehen) auch bei schwerster spastischer Streckstellung eines Beines ausgelöst werden kann. Dabei werden gerade diejenigen Muskeln aktiviert, die im Rahmen einer supranukleären Parese für die Willkürkontraktion gelähmt sind. Ein pathologischer Beugereflex darf nicht mit dem normalen „Fluchtreflex" verwechselt werden, der darin besteht, daß ein Mensch das Bein hochreißt, wenn er z. B. in einen Nagel tritt. Der Unterschied wird klar, wenn man sich einen Patienten mit einer totalen Querschnittslähmung vorstellt, der zu keiner willkürlichen Bewegung der Beine fähig ist, auf Reizung der Fußsohle jedoch eine koordinierte reflektorische Beugebewegung des Beines ausführt. Diese ist durch ihren starren schablonenhaften Ablauf gekennzeichnet. Beugereflexsynergien werden auch durch andere exterozeptive (z. B. Dekubitus) oder viszerale Reize (z. B. Blasenfüllung) ausgelöst. Eine starke Neigung zu Beugereflexen kann schließlich in eine Beugekontraktur übergehen (Paraplégie en flexion). Die Beine sind dann dauernd stark gebeugt. Durch neue Behandlungsmethoden kommt ein solcher Zustand nur noch selten vor.

Mitbewegungen

Eine Gruppe wertvoller Tests und Zeichen beruht auf dem Verschwinden normaler und dem Auftreten pathologischer Mitbewegungen.

Normale Mitbewegungen

Einige normale Mitbewegungen sind die folgenden: Dorsalflexion der Hand bei Faustschluß, Kokontraktion der Lidheber und Frontalmuskeln beim Augenöffnen und beim Blick nach oben, Schwingen der Arme beim Gehen, Dorsalflexion des Fußes zusammen mit der Beugung im Knie- und Hüftgelenk beim Treppensteigen. Diese und andere normale Mitbewegungen können im Rahmen einer zentralen Parese herabgesetzt oder aufgehoben sein. Das trifft vor allem für das Pendeln der Arme beim Gehen zu. Einseitige Aufhebung kommt bei leichten zerebralen Paresen vor, ebenso wie beim Parkinson-Syndrom (kontralateral zum Herd), und bei zerebellären Läsionen (homolateral zum Herd). Sie ist also als Symptom vieldeutig, bei der klinischen Untersuchung aber nützlich, weil einfach zu erkennen (S. 131 f). Normale Mitbewegungen kann man ferner benützen, um die Kraft bestimmter Muskelgruppen indirekt zu untersuchen. Dies trifft z. B. für die Mitbewegung der Lidheber und Stirnmuskeln beim Blick nach oben und für die Dorsalflexion der Hand beim Faustschluß zu (S. 31).

Pathologische Mitbewegungen

Die eine Gruppe pathologischer Mitbewegungen deutet auf vergangene, teilweise zurückgebildete Läsionen peripherer Nerven.

Intrafaziale Mitbewegungen: Etwa ein Fünftel der peripheren Fazialisparesen geht in Defektheilung mit intrafazialen Mitbewegungen über. Die Muskeln der vorher gelähmten Gesichtsseite können sich nicht mehr isoliert, sondern nur noch gemeinsam kontrahieren (Abb. 69, S. 111). Wenn der Patient die Augen schließt, sieht man eine unwillkürliche, stereotyp reproduzierbare Hebung des Mundwinkels auf der Seite der früheren Lähmung. Wenn er den Mund spitzt, wird die entsprechende Lidspalte enger. Diese intrafazialen Mitbewegungen deuten, selbst wenn sie noch so gering vorhanden sind, auf eine durchgemachte periphere Fazialisparese.

Intraokulomotorische Mitbewegungen nach einer peripheren, z. B. traumatischen Okulomotoriusparase, führen zu einigen bizarren Phänomenen, die sich genau wie die intrafazialen Mitbewegungen durch abnorme Teilung aussprossender Nervenfasern erklären, bei der Zweige der gleichen motorischen Nervenfasern in verschiedene Muskeln gelangen. Okulomotoriusinnervierte Augenmuskeln und Lidheber kontrahieren sich gemeinsam. Dies führt z. B. zu dem Paradox, daß beim Blick nach unten automatisch Lid*hebung* an dem betroffenen Auge auftritt. Andere Mitbewegungen können anzeigen, daß eine vorhandene Ptose kongenital ist: So z. B. das Verschwinden der Ptose, wenn der Patient seinen Mund öffnet oder den Unterkiefer nach der Seite bewegt (Gunn-Zeichen).

Die andere Gruppe pathologischer Mitbewegungen kommt bei supranukleären Läsionen vor.

Wartenberg-Zeichen: Der Untersucher hakt die Finger seiner Hand in die Finger einer Hand des Patienten. Wenn beide kräftig ziehen, tritt zusammen mit der maximalen Fingerbeugung konstant eine ausgeprägte Adduktion, Opposition und Grundgelenkbeugung des Daumens auf (Abb. 53).

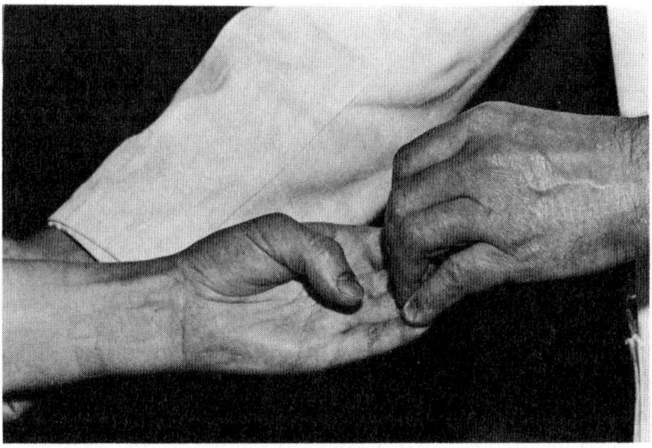

Abb. 53. Positives Wartenberg-Zeichen (pathologisch). Patient versucht, die Finger 2–5 gegen Widerstand zu beugen.

Spiegelbildliche oder identische Mitbewegungen (= mirror movements): Wenn ein hemiparetischer Patient mit seiner gesunden Hand einen kräftigen Faustschluß ausführt, kommt es nicht selten zu einer schwächeren, unwillkürlichen Beugung der Finger auf der kranken Seite. Bei aktiver Streckung der Finger der gesunden Seite gegen Widerstand tritt wiederum eine ähnliche Bewegung auf der paretischen Seite auf. Der Wert dieses Tests liegt darin, daß er auch bei leichten Resthemiparesen, die sonst schwer nachzuweisen sind, positiv sein kann.

Strümpell-Zeichen: Der Untersucher drückt ein Knie des Patienten gegen die Unterlage. Der Patient soll gegen diesen Widerstand sein Bein mit aller Kraft beugen. Dabei kommt es zu einer unwillkürlichen Dorsalflexion der Großzehe und des Fußes, manchmal zusammen mit einer Hebung des inneren Fußrandes (Abb. 54). Eine ähnliche Mitbewegung kann gelegentlich bei Gesunden vorkommen, von diesen aber leicht unterdrückt werden, wenn man sie dazu auffordert.

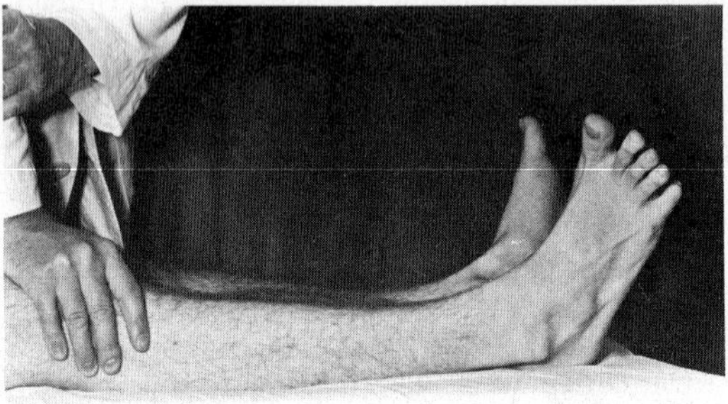

Abb. 54. Positives Strümpell-Zeichen (pathologisch). Patient versucht, das Bein gegen Widerstand anzuziehen.

Automatismen. Motorische Schablonen

Spinale Automatismen

Als spinale Automatismen bezeichnet man spontane Dorsalflexionszuckungen der Füße und gelegentliche Beugezuckungen im Knie- und Hüftgelenk, die gewöhnlich attackenweise, nicht selten vor dem Einschlafen, auftreten. Sie kommen auch bei leichteren Paraparesen vor und sprechen für einen spinalen Sitz der zugrundeliegenden Läsion.

Orale Automatismen

So nennt man Serien rhythmischer Kau-, Lippen- und manchmal Zungenbewegungen, die teils spontan auftreten, teils durch wiederholte passive Beugung und Streckung der Arme ausgelöst werden können. Sie kommen bei Dezerebrationszuständen vor (S. 180).

Orale Greifreflexe

a) Optisch ausgelöst: Der Untersucher bringt einen passenden Gegenstand, z. B. einen Mundspatel in das Gesichtsfeld des Patienten. Darauf wird der Mund aufgesperrt und zum Gegenstand hingewendet. Wenn man das Objekt wegzieht, kann es sein, daß der Patient ihm mit aufgesperrtem Mund folgt. Gelangt der Gegenstand in den Mund, schließen sich die Lippen, und es kommt zum Saugen oder Beißen. Versucht man, das Objekt zurückzuziehen, wird es kraftvoll mit Zähnen und Lippen festgehalten.

b) Taktil ausgelöst: Dieselben Phänomene können auftreten, wenn man die Gegend um den Mund herum mit einem Spatel berührt. Auch bei zugehaltenen Augen dreht sich der Kopf suchend nach dem Gegenstand hin und ergreift ihn mit dem Mund. Nach Nahrungsaufnahme sind diese Phänomene schwächer ausgeprägt.

Bei den seltenen oralen Greifreflexen handelt es sich (wie beim reflektorischen Handgreifen) um Enthemmungsphänomene angeborener Verhaltensweisen, die beim Neugeborenen noch regelmäßig nachweisbar sind. Sie kommen bei Läsionen des Temporallappens oder bei diffusen Hirnschädigungen vor. In der Bewußtseinstrübung verschwinden sie.

c) Von *Bulimie* wird gesprochen, wenn wahllos auch Ungenießbares in den Mund gesteckt, gekaut und gelegentlich geschluckt wird. Man betrachtet dieses Verhalten als exzessives orales Greifen, bei dem die Hand als Hilfsmittel benutzt wird.

d) Hierher gehört vielleicht auch der *Palmomentalreflex:* Ein rasches kräftiges Bestreichen des Daumenballens vom Handgelenk nach distal führt zu einer Kontraktion der ipsilateralen Kinnmuskulatur. Der Reflex ist pathologisch (jedoch bedeutungslos, wenn er bei einem sonst Unauffälligen als isoliertes Phänomen auftritt).

Der Palmomentalreflex kommt bei fortgeschrittener diffuser Hirnschädigung vor.

Handgreifreflexe

a) Optisch ausgelöst (Nachgreifen): Nähert man ein Objekt im Sehbereich des Patienten, kann man beobachten, wie er unwillkürlich danach greift. Wenn man ihm den Gegenstand entzieht, bevor er ihn erreicht hat, kann eine Nachfolgebewegung auftreten, an der, wie auch beim oralen Greifen, der ganze Körper teilnimmt.

b) Taktil ausgelöst: Bringt man das Objekt in Kontakt mit einer Handfläche des Patienten, schließt sich die Hand um den Gegenstand (exterozeptive Komponente) und hält ihn um so mehr fest, je stärker man versucht, ihn wegzuziehen (tonisch propriozeptive Komponente, „Hakeln"). Manchmal kann man einen Patienten dadurch zum Sitzen hochziehen. Der zwanghafte Charakter der Phänomene zeigt sich daran, daß sie trotz gleichzeitiger Ablenkung durch ein Gespräch immer wieder in gleicher Weise induziert werden können. Nur in leichteren Fällen läßt der Patient nach Aufforderung vorübergehend los.

Die enthemmten Greifreflexe der Hand kommen bei diffusen Hirnschädigungen und bei Läsionen des Frontallappens vor. Falls sie einseitig auftreten, sprechen sie für eine kontralaterale Schädigung. Wenn die Hand zentral paretisch wird, erlischt das Zwangsgreifen; lediglich die propriozeptive Komponente (d. h. eine spastische Tonussteigerung der Fingerbeuger) bleibt erhalten. Mit zunehmender Bewußtseinstrübung verschwinden die Greifreflexe.

Schlußbemerkung: Die bisher besprochenen Untersuchungsmethoden erlauben die Unterscheidung zwischen einer peripheren und einer zentralen Parese. Die Methoden und Kriterien sind in Tab. 6 noch einmal zusammengestellt. Hier ist das Ergebnis der elektrischen Untersuchung mit aufgenommen, die auf S. 233 ff besprochen wird. Man muß mehrere Methoden kennen, da oft das eine oder andere Symptom fehlt.

Die Unterscheidung zwischen myogener und neurogener Parese (innerhalb des peripheren Syndroms) läßt sich oft nicht ohne zusätzliche Hilfsmittel (z. B. EMG, S. 238 ff, und Muskelbiopsie, S. 245 ff) treffen. Die wesentlichen klinischen Kriterien der myogenen Läsion sind: bilaterale, meist symmetrische Verteilung, kein Faszikulieren, keine Entartungsreaktion bei der elektrischen Untersuchung, Sehnenreflexe im Vergleich zum Grad der Muskelatrophie besser erhalten.

Tabelle 6. Paresen

	Peripheres Syndrom	Zentrales (= supranukleäres) Syndrom
Verteilung	*peripherer Nerv, Plexus, Wurzeln* oder beidseitig	*Hemi-* oder *Para*paresen Gesicht: Mundpartie, Arm: Strecker, Bein: Beuger – am meisten betroffen
Feinbewegungen	nur im Rahmen der Parese gestört	speziell gestört, Massenbewegungen
Muskelatrophie	vorhanden (Faszikulieren)	in der Regel keine Muskelatrophien
Elektrische Reizung	Entartungsreaktion	normal
Muskeltonus	unverändert oder vermindert	erhöht: Spastik
Sehnenreflexe	herabgesetzt oder aufgehoben	gesteigert, Klonus
Normale Fremdreflexe	nur im Rahmen der Parese gestört	herabgesetzt oder aufgehoben (z. B. Bauchhautreflexe)
Pathologische Fremdreflexe	keine	vorhanden (z. B. Babinski-Reflex)
Normale Mitbewegungen	nur im Rahmen der Parese gestört	herabgesetzt oder aufgehoben (z. B. Pendeln der Arme beim Gehen)
Pathologische Mitbewegungen	kommen als Residualsymptom vor (am häufigsten: Intrafaziale Mitbewegungen)	kommen vor (am Arm: Wartenberg-Zeichen, am Bein: Strümpell-Zeichen)

6. Sensibilität. Vegetative Funktionen der Haut

Sensibilität

Diejenigen bewußten Wahrnehmungen, die von Haut, Unterhaut, Gelenken und bestimmten Eingeweiden ausgehen und über den ganzen Körper diffus verteilt sind, nennt man *Sensibilität.* Die anderen Sinnesempfindungen, die umschriebene Eingangskanäle benützen (wie Sehen, Hören, Geruch und Geschmack), werden unter dem Begriff *Sensorik* (Adj. sensorisch) zusammengefaßt.

Anleitung zu einer orientierenden Sensibilitätsuntersuchung in Tab. 8 (S. 90).

Modalitäten

Bei der Sensibilitätsprüfung müssen mehrere Modalitäten untersucht werden, da gewöhnlich nicht alle in gleicher Weise gestört sind:

1. die Berührungsempfindung,
2. das räumliche Auflösungsvermögen,
3. die Schmerzempfindung,
4. die Temperaturempfindung,
5. die Bewegungsempfindung,
6. die Vibrationsempfindung.

Allgemeingültige Einteilungsprinzipien gibt es noch nicht. Die anatomisch-physiologischen Grundlagen der Sensibilität sind trotz vieler Einzelkenntnisse noch nicht erschöpfend abgeklärt. Bei den Modalitäten der klinischen Untersuchung ist deshalb eine strenge begriffliche Klarheit nicht möglich. In der Aufzählung sind vier verschiedene Modalbezirke (Hensel) vertreten: die Tast-, die Temperatur-, die Schmerzmodalität und der propriozeptive Modalbezirk. Das räumliche Auflösungsvermögen und die Vibrationsempfindung sind lediglich besondere Aspekte der Tastmodalität. Nur aus praktischen Gründen stehen sie gleichberechtigt neben den andern.

Allgemeine Untersuchungsregeln. Subjektive Schilderungen von Sensibilitätsstörungen sind sehr verschieden und muten oft merkwürdig an, weil man es mit außerhalb der alltäglichen Erfahrung liegenden Empfindungen zu tun hat. Die Sensibilitätsprüfung beruht immer auf subjektiven Empfindungen des Patienten und auf seiner Fähigkeit, sie bewußt wahrzunehmen und mitzuteilen (die Angabe „objektive Sensibilitätsstörungen waren nicht nachweisbar" ist unsinnig). Bei bewußtseinsgetrübten, depressiven, erregten, debilen oder dementen

Patienten kann man daher im besten Fall nur grobe Feststellungen machen. Bei der Untersuchung vergleiche man immer mit Stellen normaler Sensibilität, wenn möglich an symmetrischen Punkten, da die sensible Versorgung nicht in allen Körperregionen die gleiche ist. Grundsätzlich soll zuerst die Normalempfindung bei offenen Augen vermittelt werden, damit keine Mißverständnisse zwischen Patient und Untersucher auftreten. Bei übermäßig kalten Akren (Durchblutungsstörungen) ist ein warmes Hand- oder Fußbad ratsam, wenn eine genauere Sensibilitätsuntersuchung erforderlich ist.

1. **Die Berührungsempfindung** prüft man mit einem feinen Pinsel oder Wattebausch oder mit dem Finger. Im letzteren Fall kann man die Reizstärke dosieren. So läßt sich eine feine Berührungsempfindung auslösen. Bei stärkeren Reizen entsteht eine Druckempfindung. Die Unterscheidung zwischen Berührung und Druck ist klinisch nicht von Bedeutung (physiologisch unterscheiden sie sich im wesentlichen durch verschieden schnell adaptierende Rezeptoren). Der Patient wird gefragt, ob er die Berührung homologer oder benachbarter Hautstellen als gleich oder verschieden empfindet. Gestörte Empfindung kann als schwächer oder als andersartig angegeben werden. Bei „anders" versucht man, die Art der Empfindung zu erfahren. Man kann fragen, ob es sich um Kribbeln bzw. Elektrisieren handelt. Herabgesetzte Berührungsempfindung wird als taktile *Hypästhesie* oder *Anästhesie* bezeichnet, veränderte Berührungsempfindung als *Parästhesie* (S. 88).
Wenn man sich über eine Hypästhesie oder eine Begrenzung nicht sicher ist, versucht man eine Art Schwellenbestimmung. Der Patient soll bei geschlossenen Augen durch „jetzt" angeben, wenn er eine Berührung spürt. Vorher muß man verabreden, in welcher Region man untersuchen will, weil die Aufmerksamkeit für feine Reize nicht auf die ganze Körperoberfläche gerichtet werden kann. Anschließend macht man feine Berührungen mit einem Wattebausch. Bei normaler Sensibilität genügt es, ein Haar zu bewegen, um eine Empfindung auszulösen. Die Berührungen sollen nicht in einem regelmäßigen Rhythmus erfolgen. Von Zeit zu Zeit kann man den Patienten zeigen lassen, wo er die letzte Berührung gespürt hat.

2. **Das räumliche Unterscheidungsvermögen** kann unabhängig von der Berührungsempfindung gestört sein, besonders bei zerebralen Herden. Der Grundversuch besteht darin, daß man die zwei stumpfen Enden eines Tastzirkels (Abb. 55) gleichzeitig auf die Haut setzt. Der

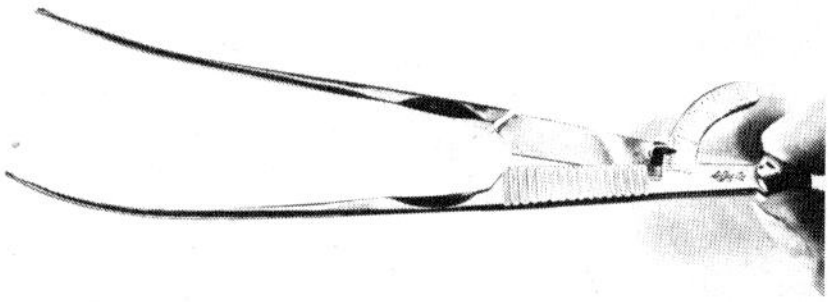

Abb. 55. Weber-Tastzirkel.

Patient muß angeben, ob er eine oder zwei Berührungen spürt. Man untersucht dann, bei welchem Mindestabstand der Zirkelenden zwei räumlich getrennte Berührungen wahrgenommen werden. Die Distanz wird am Tastzirkel abgelesen. Man bestimmt so die simultane Raumschwelle. Sie ist je nach der Hautstelle sehr unterschiedlich. Das beste Auflösungsvermögen ist mit 1 mm an der Zungenspitze, es folgen die Fingerspitzen mit 2 mm, die Lippen mit 4 mm, der Unterarm mit 40 mm, und der Rücken mit 60–70 mm (Optimalwerte). Für praktische Zwecke gelten als pathologisch: an den Fingerspitzen über 1 cm, an Handflächen und Fußsohlen über 2 cm, an Hand- und Fußrücken über 3 cm.

Gewöhnlich wird das räumliche Auflösungsvermögen mit einer noch einfacheren Methode, nämlich mit Hilfe des *Zahlenschrifterkennens* untersucht. Der Patient soll bei geschlossenen Augen auf die Haut geschriebene einzelne Ziffern lesen. Man schreibt mit einem Streichholz, Nadelkopf o. ä. Normalerweise kann jeder eine kleine Ziffer auf einer Fingerspitze lesen. Am Hand- und Fußrücken müssen die Ziffern größer sein (man richtet sich einfach nach dem vorhandenen Platz), am Rumpf noch größer. Die Empfindlichkeit korreliert also mit der Zweipunktdiskrimination. Eine Grenzbestimmung ist mit dieser Methode nicht möglich.

3. **Die Schmerzempfindung** wird untersucht, indem man einzelne Stiche setzt oder eine Hautfalte leicht kneift. Zur Grenzbestimmung soll man nicht mit der Nadel über die Haut kratzen. Da die Schmerzempfindung leicht summiert, nimmt ein Nadelstrich an subjektiver Intensität zu. Es ist richtiger, hintereinander einzelne Stichreize zu setzen. Man kann sie aber kaum immer gleich stark machen. Außerdem kommt es vor, daß ein Stichreiz entfernt von einem Schmerzpunkt liegt und deshalb nicht als Schmerz empfunden wird. Für die Grenzbestimmung ist ein Nadelrad daher besser. Die Reizstärke bleibt durch den Auflagedruck einigermaßen konstant, wenn man das Nadelrad lose zwischen zwei Fingern hält. Herabgesetzte Schmerzempfindung heißt *Hyalgesie* bzw. *Analgesie.*

Die Untersuchung der Schmerzempfindung über die Unterscheidung von „spitz" und „stumpf" genügt nicht immer. Bei gut erhaltener Berührungsempfindung ist die Unterscheidung anhand der verschieden großen Fläche von Nadelspitze und Nadelkopf sogar in einem analgetischen Hautbezirk möglich. An Stellen mit Verdacht auf Hypalgesie muß man sich daher erkundigen, ob Nadelstich oder Kneifen wirklich weh tut. Der Patient lernt dann bald, die Modalität Schmerz auch bei leichteren Reizen zu erkennen, so daß eine anschließende Grenzbestimmung möglich ist.

Die Schmerzempfindung ist regional sehr verschieden und hängt auch von der Hautbeschaffenheit ab. Wo die Haut dünn ist, etwa an der Beugeseite der Arme oder an der Innenseite der Oberschenkel, ist die Schmerzempfindung bei gleichbleibendem Auflagedruck größer, auf

verschwielter Haut, an verarbeiteten Handflächen dagegen schwächer. Eine Beugesynergie des Beines bei Stichreizen am Fuß ist nicht Ausdruck einer Schmerzempfindung.
Verzögerte Schmerzempfindung, die sich erst 1—4 Sekunden nach einer durch den Stichreiz sofort ausgelösten Berührungs- oder Druckempfindung einstellt, kommt bei Polyneuropathie oder Tabes dorsalis vor. Man muß sich danach erkundigen, da manche Patienten es nicht von selbst erwähnen.
Der „tiefe Schmerz" wird durch Druck auf den Hoden, durch tiefe Palpation des Bauches, am bequemsten aber durch Quetschen der Achillessehne ausgelöst. *Viszerale Analgesie* tritt vor allem bei Tabes dorsalis auf. Sie kann mit Verlust des Harndrangs einhergehen und zu abnormer Blasenfüllung Anlaß geben.

4. **Die Temperaturempfindung.** Zur Untersuchung füllt man ein Reagenzglas mit warmem, ein anderes mit kaltem Wasser aus dem Hahn, trocknet sie gut ab und fordert, nach einer Demonstration, den Patienten auf, bei geschlossenen Augen „warm" oder „kalt" anzugeben, wenn er mit einem der beiden Gefäße berührt wird. Die Reizstärke wird durch die Dauer der jeweiligen Applikation dosiert. Eine Benützung von Metallgefäßen ist wegen der besseren Wärmeleitfähigkeit eigentlich günstiger, andererseits müssen sie relativ groß sein, weil Gefäß und Wasser sonst zu schnell die Umgebungstemperatur annehmen. Bei der Warmprüfung darf man nicht zu kleinflächig reizen (z. B. nur die Kuppe des Reagenzglases benützen), weil die Warmpunkte an manchen Stellen so selten auftreten, daß bis zu mehrere Quadratzentimeter große Hautflächen normalerweise warmunempfindlich sind. An den Fingern und im Gesicht ist die Temperaturempfindlichkeit größer, am größten an Nasenflügeln, Lippen und Augenlidern. Störungen der Temperaturempfindung werden mit *Thermhypästhesie* oder *-anästhesie* bezeichnet. Bei Tabes dorsalis kommt eine Überempfindlichkeit gegenüber Kältereizen am Rumpf vor *(Kältehyperpathie)*, bei Thalamus-Syndrom gelegentlich auf der Herdgegenseite.

5. **Die Bewegungsempfindung.** Der Patient soll die Richtung einer passiven Bewegung der Finger oder Zehen in der Sagittalebene erkennen. Es ist entscheidend, die Untersuchung so durchzuführen, daß Informationen aus der Tastmodalität möglichst wenig dazu beitragen. Man faßt deshalb den Daumen oder die Großzehe unter kräftigem Druck seitlich (nicht von oben und unten) an und drückt mit der anderen Hand die benachbarten Finger zur Seite, damit man nicht an ihnen streift (Abb. 56). Nach der üblichen Demonstration wird der Patient gebeten, die Augen zu schließen und nach jeder Bewegung anzugeben, ob sie nach oben oder nach unten erfolgt ist. Manche Patienten halten Zehen oder Finger zunächst steif; doch gelingt es fast immer durch entsprechende Aufforderung und einige rasche Auf- und Abbewegungen

eine genügende Passivität zu erreichen. Die Bewegungen werden nicht besonders langsam, aber auch nicht ruckartig ausgeführt. Man beginnt zweckmäßigerweise mit großen Bewegungsausschlägen und geht dann allmählich zu kleineren über. Normalerweise läßt sich die Richtung erstaunlich kleiner Ausschläge korrekt angeben. Die Bewegungsempfindung kann auch im Fuß- oder Handgelenk untersucht werden. Hier zeigen sich Störungen aber erst bei hochgradigen Läsionen, so daß eine entsprechende Untersuchung nur dann sinnvoll ist, wenn die Bewegungsempfindung an den Fingern oder Zehen erloschen ist.

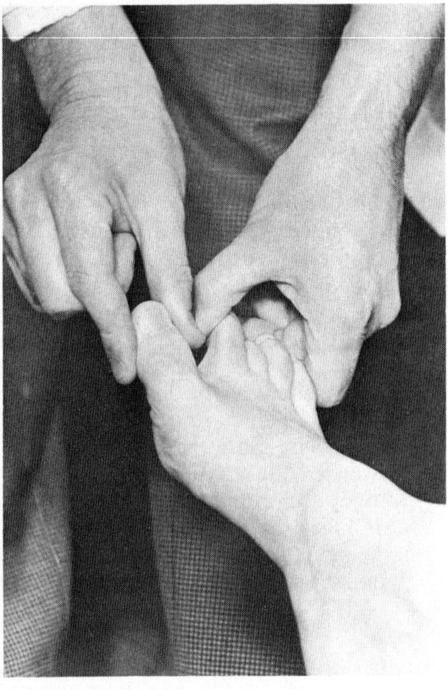

Abb. 56. Untersuchung der Bewegungsempfindung: Zehen seitlich anfassen, Streifen am Nachbarzeh vermeiden.

6. **Die Vibrationsempfindung** (*Pallästhesie*) ist sehr einfach zu untersuchen. Man benützt eine „neurologische" Stimmgabel von 64 oder 128 Hz, stößt sie an und setzt sie auf die Haut auf. Der Patient soll bei geschlossenen Augen angeben, ob er das typische Vibrieren oder Schwirren spürt. Es ist ratsam, gelegentlich Leerversuche mit nicht schwingender Stimmgabel einzuschalten, um zu kontrollieren, ob die Angaben korrekt sind. Manche Patienten haben ein dauerndes Kribbeln in den Extremitäten, das sie mit der Vibration der Stimmgabel verwechseln können. Die Vibrationsempfindung wird auf Knochen-

vorsprüngen untersucht, vor allem an Zehenrücken, Fußknöcheln, Schienbein, Patella, Beckenkamm, an den Fingergelenken und am Olekranon. Besonders wichtig ist die Prüfung an den Beinen. An den Armen kommt eine isolierte Störung der Vibrationsempfindung kaum vor. Empfehlenswert ist eine Stimmgabel, die eine ungefähre Schätzung der Schwingungsamplitude erlaubt (Abb. 57). Die „Eichung“ kann man bei sich selbst oder einigen gesunden Personen durchführen, indem man die Zahl auf der Skala bestimmt, bei der das typische Schwirren gerade noch wahrgenommen wird. Der Selbstversuch zeigt die enorm niedrige Schwelle der normalen Vibrationsempfindung. Bei älteren Menschen ist sie an den Zehen häufig etwas herabgesetzt. Findet sich ein deutlicher Gradient der *Pallhypästhesie* mit markanter Besserung proximal, dann spricht dies mehr für eine Läsion im Bereich der peripheren Nerven (z. B. Polyneuritis). Ist die Störung am Beckenkamm dagegen ähnlich schwer wie distal, dann ist eine Rückenmarksläsion wahrscheinlicher.

a  b

Abb. 57. Neurologische Stimmgabel mit Einrichtung zur Schätzung der Schwingungsamplitude in willkürlichen Einheiten. a) In Ruhe, b) schwingend. Die beiden Bewegungsfiguren zeigen eine Kreuzung bei etwa 3,5. Mit abnehmender Amplitude wandert der Kreuzungspunkt nach oben.

Topographische Verteilung auf der Haut

Zur Unterscheidung einer peripheren von einer zentralen Sensibilitätsstörung kommt es auf ihre topographische Verteilung an.

Periphere Sensibilitätsstörungen sind solche, die durch Läsion peripherer Nerven, Plexus, Hinterwurzeln oder Rückenmarkssegmente zustande kommen, ohne daß eine der beiden langen aufsteigenden Bahnen im Rückenmark (Hinterstränge und Tractus spinothalamicus, Abb. 60) berührt ist.

Je nachdem welcher periphere Nerv ausgefallen ist, nimmt die Sensibilitätsstörung ein bestimmtes inselförmiges Hautareal ein (Abb. 58a, b, e). Zur Zuordnung benutzt man entsprechende Tafeln (Abb. 59). Sie geben die Autonom- und Intermediärbezirke der sensiblen Versorgung durch die jeweiligen Nerven an. Als *Autonombezirk* wird die-

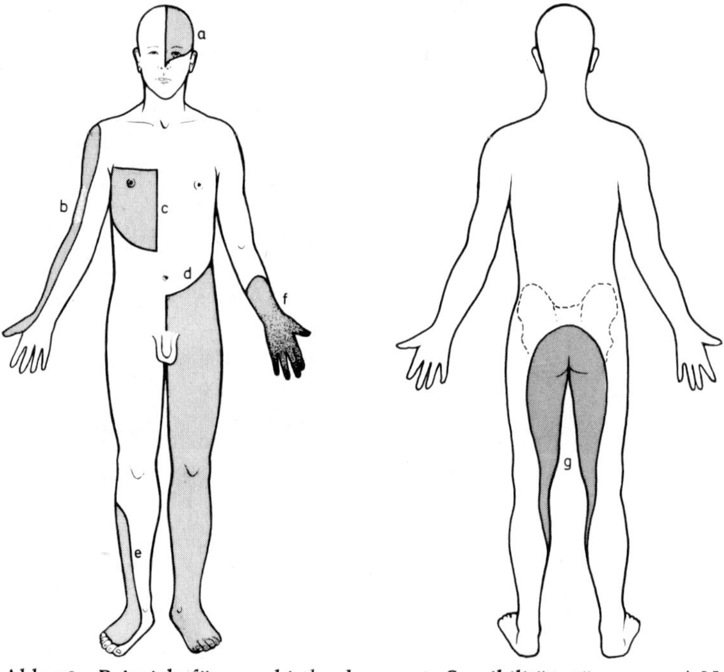

Abb. 58. Beispiele für verschieden begrenzte Sensibilitätsstörungen: a) N. trigeminus I, peripher. b) Armplexus, peripher. c) Radikulär oder intramedullär, peripher mit oberer und unterer segmentaler Begrenzung. d) Lange Bahn im Rückenmark, zentral mit einer oberen segmentalen Grenze. e) N. peronaeus, peripher. f) Handschuhförmig, nach distal zunehmend, peripher. g) Reithosenanästhesie, Konus oder Kauda, zentral oder peripher.

jenige Hautfläche bezeichnet, die nach totaler Unterbrechung eines bestimmten Nerven völlig anästhetisch ist. Sie wird ausschließlich von Fasern dieses Nerven sensibel versorgt. In der *Intermediärzone* überlappt sich die Versorgung durch verschiedene Nerven. Hier ist die Schmerzempfindung intakt, es besteht aber noch eine deutliche Herabsetzung der Berührungs- und der Temperaturempfindung. Daher lassen sich Sensibilitätsstörungen bei Läsion peripherer Nerven mit Hilfe der Berührungs- oder der Temperaturempfindung besser untersuchen als mit Hilfe der Schmerzempfindung.

Bei einer Läsion von Hinterwurzeln oder Rückenmark (ohne daß eine lange sensible Bahn betroffen ist) findet sich eine segmentale Vertei-

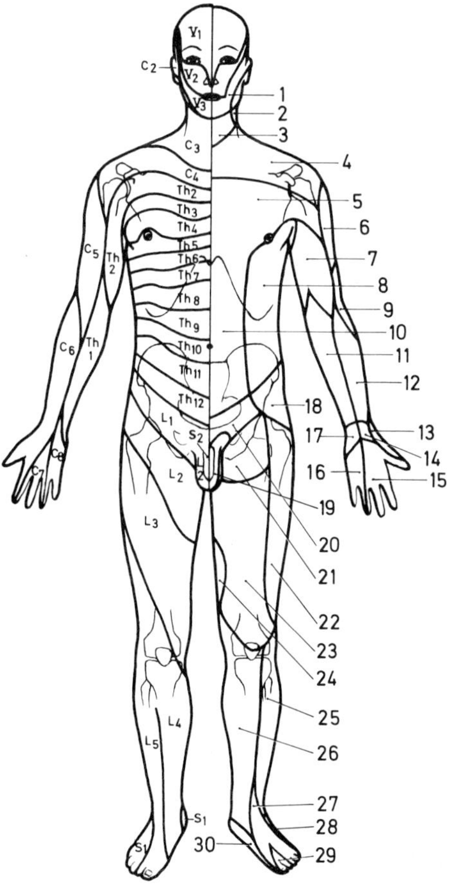

Abb. 59a. Sensibilitätsgrenzen der Dermatome auf der einen, der peripheren Nerven auf der anderen Körperseite. Die Zahlen bedeuten: 1 = N. trigeminus, 2 = N. auricularis magnus, 3 = N. transversus colli, 4 = Nn. supraclaviculares, 5 = Rami ventrales nervor. intercost., 6 = N. cutaneus brachii lat., 7 = N. cutaneus brachii med., 8 = Rami cutanei laterales nervor. intercost., 9 = N. cutaneus antebrachii post., 10 = Rami ventr. nervor. intercost., 11 = N. cutaneus antebrachii med., 12 = N. cutaneus antebrachii lat., 13 = R. superfic. n. rad., 14 = R. palm. n. med., 15 = N. med., 16 = R. vol. manus n. uln., 17 = R. palm. n. uln., 18 = N. iliohypogastricus, 19 = N. ilioinguinalis, 20 = N. iliohypogastricus, 21 = N. genitofemoralis, 22 = N. cutaneus femor. lat., 23 = N. femoralis, 24 = N. obturatorius, 25 = N. cutaneus surae lat., 26 = N. saphenus, 27 = N. peronaeus superfic., 28 = N. suralis, 29 = N. peronaeus prof., 30 = N. tibialis.

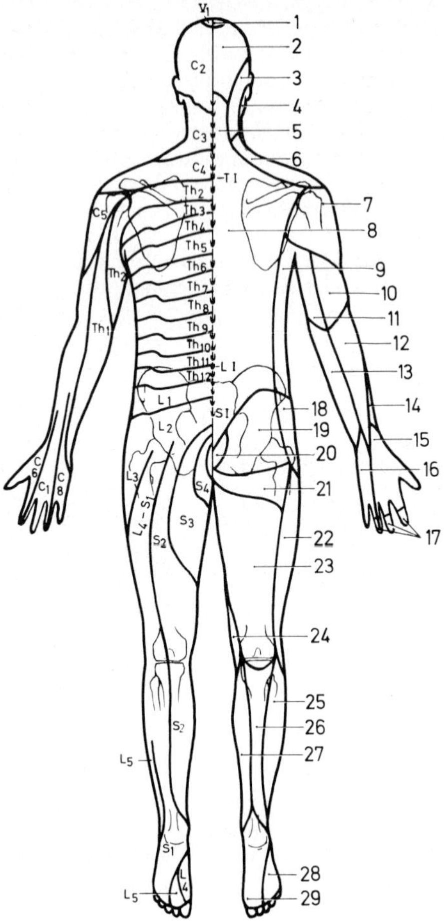

Abb. 59 b. Dornfortsätze T 1, L 1 und S 1 sind angeschrieben. 1 = N. frontalis (V_1) 2 = N. occipitalis major, 3 = N. occipitalis minor, 4 = N. auricularis magnus, 5 = Rami dorsales nervor. spinal. cervic., 6 = Nn. supraclaviculares, 7 = N. cutaneus brachii lat., 8 = Rami dors. nervor. spin. cervic., thorac., lumb., 9 = Rami lat. nervor. intercost., 10 = N. cut. brachii post., 11 = N. cut. brachii med., 12 = N. cut. antebrachii post., 13 = N. cut. antebrachii med., 14 = N. cut. antebrachii lat., 15 = R. superfic. n. rad., 16 = R. dors. manus n. uln., 17 = N. medianus, 18 = N. iliohypogastricus, 19 = Nn. clunium sup., 20 = Nn. clunium med., 21 = Nn. clunium inf., 22 = N. cutaneus femoris lat., 23 = N. cutaneus femoris post., 24 = N. obturatorius, 25 = N. cutaneus surae lat., 26 = N. suralis, 27 = N. saphenus, 28 = N. plantaris lateralis, 29 = N. plantaris medialis. (Aus: M. Mumenthaler u. H. Schliack: Läsionen peripherer Nerven, Thieme, Stuttgart 1965.)

lung von Sensibilitätsstörungen. Sie sind von bandförmiger Gestalt mit einer oberen und einer unteren Grenze (Abb. 58 c). Aus Abb. 59 geht die Zuordnung der sensiblen Rückenmarkswurzeln zu ihren jeweiligen *Dermatomen* hervor. Sie überlappen sich für Berührungsreize so ausgiebig, daß monoradikuläre Läsionen praktisch keine taktile Hypästhesie aufweisen. Die Schmerzdermatome dagegen überschneiden sich wenig oder gar nicht, so daß die Untersuchung auf segmentale Sensibilitätsausfälle mit der Schmerzempfindung ergiebiger ist als mit der Berührungsempfindung. Segmentale Sensibilitätsstörungen sind oft nicht in der ganzen Ausdehnung der bandförmigen Dermatome nachweisbar, sondern vorwiegend distal.

Zentrale Sensibilitätsstörungen bei Unterbrechung langer aufsteigender Bahnen im Rückenmark oder Hirnstamm haben nur eine obere segmentale Grenze (Abb. 58d). Halbseitige Sensibilitätsstörungen sprechen für Läsionen im Thalamus, der inneren Kapsel oder dem Kortex.
Reithosenanästhesie. So nennt man eine Sensibilitätsstörung der unteren lumbalen und der sakralen Dermatome (Abb. 58 g). Dieser Verteilung sieht man es nicht an, ob die Läsion den untersten Rückenmarksabschnitt (Conus medullaris) oder die Cauda equina betrifft.
Handschuhförmige und strumpfförmige Sensibilitätsstörungen, die proximal unscharf begrenzt sind und nach distal zunehmen (Abb. 58 f), sind meistens peripher. Sie kommen nicht selten bei Polyneuritiden vor, wenn die längsten Nervenfasern am meisten geschädigt sind.

Dissoziierte Sensibilitätsausfälle

Sie sind für die topische Diagnose im ZNS besonders wertvoll. In Tab. 7 sind die sechs Modalitäten der neurologischen Untersuchung zu Gruppen zusammengestellt und bestimmten Fasersystemen oder Bahnen zugeordnet. Abb. 60 a zeigt den Verlauf der beiden großen aufsteigenden Bahnen (Hinterstränge und die beiden Anteile des Tractus spinothalamicus) bis zum Thalamus.

Tabelle 7. Modalitäten der Sensibilität

Oberflächen-sensibilität	Berührungsempfindung Zweipunktdiskrimination (Zahlenschrifterkennen)	Hinterstränge (ungekreuzt) und Tractus spinothalamicus ventralis (gekreuzt)
	Schmerzempfindung Temperaturempfindung	Tractus spinothalamicus lateralis (gekreuzt) und multineuronale Ketten (ungekreuzt)
„Tiefen-sensibilität"	Bewegungsempfindung Vibrationsempfindung	Hinterstränge

Eine Läsion im Bereich der vorderen Kommissur des Rückenmarks führt demnach zu einer Störung der Schmerz- und Temperaturempfindung (= *dissoziierte Empfindungsstörung*) segmentaler Verteilung mit oberer und unterer Grenze (Beispiel: Syringomyelie), eine Unterbrechung des Tractus spinothalamicus lateralis zu einer dissoziierten Empfindungsstörung zentraler Verteilung (*eine* obere Grenze) auf der Gegenseite. Wenn die Hinterstränge unterbrochen werden, tritt eine

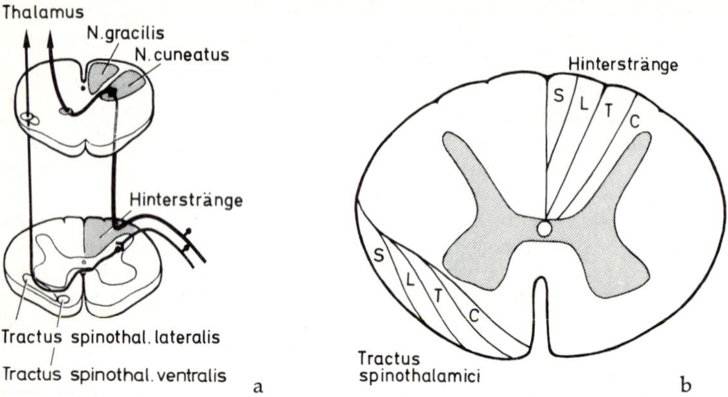

Abb. 60. Große aufsteigende Bahnen: Hinterstränge und Tractus spinothalamicus lateralis und ventralis. a) Umschaltung und Kreuzungsverhältnisse. b) Somatotopische Gliederung im Rückenmark (nach A. E. Walker). Die Buchstaben bezeichnen die Lage der Fasern aus den Sakral (S)-, Lumbal (L)-, Thorakal (T)- und Zervikalwurzeln (C).

gleichseitige zentrale *Störung der Tiefensensibilität* auf. Erst bei Läsionen im Hirnstamm, oberhalb der Lemniskuskreuzung, sind beide Gruppen von Modalitäten auf der Seite kontralateral zum Herd betroffen.

Innerhalb der beiden großen afferenten Bahnen im Rückenmark besteht eine gewisse topische Gliederung (Abb. 60 b). In den Hintersträngen liegen die Fasern aus dem Bein medial (Fasciculus gracilis), die aus dem Arm lateral (Fasciculus cuneatus). Im Tractus spinothalamicus ist es umgekehrt. So erklärt es sich, daß Tumoren im zervikalen Spinalkanal, wenn sie auf die Vorderseitenstränge drücken, zunächst nur „sakrale" Sensibilitätsstörungen hervorrufen.

Eine Dissoziation kommt auch innerhalb der Tiefensensibilität vor. Während bei Hinterstrangläsionen zunächst die Vibrationsempfindung und dann erst die Bewegungsempfindung nachläßt, kann man bei kortikalen Läsionen eine Störung der Bewegungsempfindung bei erhaltener Vibration finden.

Die folgenden beiden Begriffe werden noch häufig, aber nicht selten unscharf oder mißverständlich benützt: Die *protopathische Sensibilität* umfaßt diejenigen Empfindungen, die sich bei Reinnervation eines denervierten Hautgebiets als erste wieder einstellen. Es sind: grobe Druckempfindung, die Fähigkeit zur Unterscheidung grober Temperaturdifferenzen und grobe Schmerzempfindung. Die *epikritische Sensibilität* kehrt in einem solchen Fall erst später oder überhaupt nicht zurück. Bei ihr handelt es sich um feine Berührungsempfindungen, die Fähigkeit zur Unterscheidung feiner Temperaturunterschiede, feine Schmerzempfindung, das Zahlenschrifterkennen und die Bewegungsempfindung (die Vibrationsempfindung gehört nicht dazu). Die epikritische Sensibilität kann auch bei kortikalen Herden gestört sein. Ihre Modalitäten ermöglichen im Zusammenspiel das Unterscheiden von Formen, Größen, Oberflächenbeschaffenheit usw.

Stereognosie

Sie ist die Fähigkeit, Dinge durch Betasten zu erkennen. Man gibt dem Patienten bei geschlossenen Augen kleine Gegenstände des täglichen Lebens in die Hand mit der Aufforderung, sie zu benennen. Es eignen sich z. B. Schlüssel, Bleistifte, Büroklammern und vor allem Münzen. Man muß darauf achten, daß nicht Begleitgeräusche wie Schlüsselklirren o. ä. einen Hinweis geben. Falls eine Störung der Handmotorik vorliegt, kann man die Finger des Patienten passiv um den Gegenstand schließen und ihn in seiner Hand hin und her bewegen. Eine Störung im Erkennen der Gegenstände bei weitgehend erhaltener Oberflächen- und Tiefensensibilität heißt *Astereognosie*. Sie gehört zu den kortikalen Sensibilitätsstörungen (Läsion unmittelbar hinter der Postzentralregion der Gegenseite).

Extinktion

Sie ist manchmal die einzige nachweisbare Sensibilitätsstörung bei kortikalen Herden. Zur Untersuchung benützt man die simultane Doppelreizung. Der Untersucher nimmt in jede Hand eine Nadel. An zwei bilateral symmetrischen Stellen setzt er gleichzeitig schwache Stichreize. Der Patient muß bei geschlossenen Augen angeben, was er spürt. Wenn er nur *eine* Empfindung angibt, erkundigt man sich, ob noch eine zweite da war. Wenn zwei Empfindungen angegeben werden, soll der Patient die Stellen zeigen. Die Doppelreize müssen möglichst synchron und von ähnlicher Stärke sein. Zur Kontrolle werden auch Einzelreize eingestreut. Extinktion liegt vor, wenn der Reiz auf der einen Seite regelmäßig nicht gespürt oder hochgradig falsch lokalisiert wird.

Schwellenlabilität

Ein pathologisches Phänomen, das bei allen Modalitäten vorkommen kann, ist die Schwellenlabilität. Reize, die man fortgesetzt an der gleichen Hautstelle appliziert, werden zunehmend schlechter oder ungenauer empfunden. Mit wachsender Zahl oder mit steigender Frequenz der Applikation werden die Fehler häufiger. Die Störung kann sich in ausgeprägten Fällen bis zur scheinbaren Anästhesie steigern. Nach einer Pause restituiert sich die Empfindlichkeit wieder. Bei sukzessiver Reizung verschiedener Hautstellen oder bei längeren Pausen zwischen den einzelnen Reizen an der gleichen Hautstelle ändert sich die Schwelle dagegen nicht. Das Phänomen ist demnach an Stellen interessant, die bei einmaliger Reizung normale Empfindung aufweisen. Es kommt bei zentralen Sensibilitätsstörungen vor, vor allem bei Hinterstrang- und kortikalen Läsionen.

Sensible Reizerscheinungen

Sensible Reizerscheinungen werden durch Befragung des Patienten festgestellt. Sie sind durch ihre Art, Lokalisation, Bedingungen des Auftretens und Zeitstruktur charakterisiert.

Parästhesien. Darunter versteht man Kribbeln, Ameisenlaufen, Elektrisieren oder Brennen, die spontan auftreten. Als Parästhesien werden ferner „falsche" Empfindungen bezeichnet, die nicht dem applizierten Reiz entsprechen, wie z. B. Kaltempfindungen auf taktile Reize (Kälteparästhesien), etwa bei Herden im Tractus spinothalamicus.

Bei **Schmerzen** muß der Schmerzcharakter so gut wie möglich erforscht werden. Man kann einen dumpfen, schlecht lokalisierbaren Schmerz (wie z. B. bei Krankheiten innerer Organe) von einem hellen, stechenden Schmerz unterscheiden. Radikuläre Schmerzen verstärken sich bei Husten, Niesen oder Pressen infolge der damit verbundenen Liquordrucksteigerung.

Neuralgien sind blitzartig einschießende, in Sekundenschnelle ablaufende, heftige, stechende oder elektrisierende oder auch bis zu Minuten anhaltende, brennende und reißende Schmerzen. Das wesentliche Merkmal ist der zeitlich abgegrenzte, anfallsartige Charakter der Schmerzen, die sich in kurzen Zeitabständen wiederholen können. Diese Zeitstruktur haben sie mit den *lanzinierenden*, bohrenden oder stechenden, oft unerträglich starken Schmerzen bei Tabes dorsalis gemeinsam.

Als **Kausalgie** wird ein dumpf brennender Schmerz bezeichnet, der ebenfalls zeitlich abgegrenzt ist. Er tritt aber nicht blitzartig ein, sondern schwillt an und verebbt wellenförmig. Kausalgische Schmerzen können durch sensible Reize ausgelöst, durch sensorische Reize und affektive Erregung verstärkt werden. Manchmal löst die Berührung einer trockenen Hand, aber nicht die mit einer nassen Hand den kausalgischen Schmerz aus. Ähnliche Züge können die *Phantomschmerzen* in amputierten Gliedmaßen haben. Von *Anaesthesia dolorosa* wird gesprochen, wenn heftige kausalgiforme Schmerzen in einem nach Durchtrennung eines peripheren Nervs anästhetisch gewordenen Hautbezirk auftreten.

Unter **Hyperpathie** werden unangenehme, oft brennende Schmerzen verstanden, die nach leichten Berührungsreizen (etwa Bestreichen der Haut) mit Latenz von einigen Sekunden einsetzen und den auslösenden Reiz überdauern. Sie geht in der Regel mit Ausfallserscheinungen (Hypästhesie) im betroffenen Hautgebiet einher und muß von der *Hyperalgesie* unterschieden werden, bei der eine Schmerzreizung quantitativ stärker empfunden wird (nur geringe klinische Bedeutung).

Bei Parästhesien und Schmerzen erkundigt man sich nach ihrer Lokalisation. Hyperpathie und Kausalgie neigen zur Ausbreitung und sind meist nur nach Gliedmaßen oder Körperregionen lokalisierbar. Kausalgie entsteht bei partieller Läsion peripherer Nerven, die viele vegetative Fasern enthalten (vor allem N. medianus und N. tibialis), Hyperpathie bei manchen Polyneuropathien, bei Hinterstrangläsionen oder Thalamusherden. Bei den Parästhesien und Neuralgien kann die Lokalisation Hinweise auf die beteiligten Nerven oder Wurzeln geben. Umschriebene Mißempfindungen und Schmerzen kommen aber auch bei Teilläsion zentripetaler Bahnen (vor allem der Hinterstränge) oder zentraler Integrationsorte (Thalamus, Kortex) vor.

Palpation der Nervenstämme

Einige wichtige Nerven können an folgenden Stellen palpiert werden: der N. ulnaris im Sulkus des Ellenbogens; der N. peronaeus hinter dem Fibulaköpfchen; der N. radialis am lateralen distalen Oberarm; der N. medianus an der Handwurzel. Man sucht nach Verdickungen, lokalen Auftreibungen oder Nervenluxationen (N. ulnaris am Ellenbogen) und nach abnormer mechanischer Erregbarkeit von Nervenstämmen mit Kribbelparästhesien im Ausbreitungsgebiet.

Hoffmann-Tinel-Zeichen. Bei traumatischen Nervenläsionen sucht man nach dem Hoffmann-Tinel-Zeichen, indem man den Nervenverlauf von der mutmaßlichen Verletzungsstelle aus nach distal mit dem Finger abklopft. Im positiven Fall tritt ein Kribbeln im Ausbreitungsgebiet des verletzten Nerven auf. Bei tieferliegenden Nerven kann stärkere Perkussion erforderlich sein. Kribbeln nur an der beklopften Stelle ist nicht positiv. Das Zeichen kommt frühestens 4–6 Wochen nach Nervenverletzung oder Nervennaht. Es weist auf regenerierende, noch marklose, sensible Axone hin und erlaubt, das Voranschreiten der Regeneration zu kontrollieren bzw. ihren Stillstand festzustellen, falls die Fasern auf Hindernisse wie Narben, Neurome oder Adhäsionen stoßen. Die am weitesten distal gelegene Stelle, wo das Zeichen noch positiv ist, stellt das Ende der regenerierten Strecke dar. Die Geschwindigkeit des Vorrückens hängt von mehreren Faktoren ab, darunter der Natur der Läsion und ihrem Ort am Nerven. Rascheres Vorrücken (2–3 mm/Tag) ist ein günstiges Zeichen für eine spätere Wiederherstellung der Funktion, während weniger als 1–2 mm/Tag prognostisch ungünstig ist.

Orientierende Sensibilitätsprüfung

Die Untersuchung der Sensibilität ist anstrengend für Patienten und Untersucher. Tab. 8 ist die Anleitung für eine orientierende Sensibilitätsprüfung. Dabei bestimmt das Ergebnis eines Schrittes im Untersuchungsgang die Entscheidung über den nächsten Schritt. In den meisten Fällen genügt der obere Teil der Untersuchung. Wenn im einen oder anderen Fall eine genauere Sensibilitätsprüfung nötig ist, verteilt man sie auf mehrere Sitzungen. Für die einzelne Untersuchung sind 15 Minuten die oberste Grenze, weil die Konzentration des Patienten rasch nachläßt.

Tabelle 8. Orientierende Sensibilitätsprüfung (nach RENFREW)

Zahlenschrift Schmerz	Stirn Handrücken Fußrücken	im Seitenvergleich
Vibrationsempfindung	Unterschenkel und Fuß	im Seitenvergleich

Wenn normal, Sensibilitätsprüfung beenden, außer wenn

a) Patient in der Vorgeschichte Angaben über Gefühlsstörungen, oder was man dafür halten könnte, gemacht hat, und/oder

b) Untersuchung der Motorik irgendwo periphere motorische Störungen (also z. B. schlaffe Paresen peripherer Verteilung mit oder ohne Muskelatrophie) aufgedeckt hat.

In diesen beiden Fällen muß das betreffende Gebiet auf Berührungsempfindung und Schmerzempfindung genauer untersucht werden

Wenn pathologisch, muß versucht werden, Grenzen festzustellen, sowohl mit Hilfe von Berührungs- als auch mit Hilfe von Schmerzreizen. Wenn Störungen der Schmerzempfindung bei erhaltener Berührungsempfindung gefunden werden, prüft man ferner die Temperaturempfindung, um eine evtl. dissoziierte Empfindungsstörung und deren Begrenzung festzustellen. Wenn die Vibrationsempfindung gestört ist, muß auch die Bewegungsempfindung untersucht werden. Bei Verdacht auf Hemisphärenläsion muß die Bewegungsempfindung untersucht werden, auch wenn die Vibrationsempfindung intakt ist.

Vegetative Funktionen der Haut

Sie werden im Anschluß an die Sensibilität besprochen, weil sich entsprechende Ausfallserscheinungen entweder mit sensibel gestörten Hautbezirken decken und diese objektivieren oder in bezeichnender Weise von ihnen abweichen bzw. fehlen. Es handelt sich um die Untersuchung der Schweißsekretion, der Piloarrektion, des Reflexerythems und der Reaktion auf intrakutan appliziertes Histamin.

Schweißsekretion

Über die Schweißsekretion kann man sich manchmal schon durch Betrachten und Befühlen eines Hautbezirks (z. B. der Finger oder Zehen) orientieren. Ein genaueres, auch photographisch fixierbares Bild gibt der *Ninhydrintest*. Die mit Seife gewaschenen und gut getrockneten Finger werden einzeln auf einen Streifen Schreibmaschinenpapier gedrückt, und die Stelle durch Umfahren mit einem Bleistift markiert. Eine Schwitzprovokation ist nicht erforderlich. Der Untersucher darf die Streifen nicht berühren, um nicht selbst Fingerabdrücke zu hinterlassen (man benützt Klammer oder Gummihandschuhe). Die Streifen werden in eine Ninhydrinlösung* getaucht. Anschließend werden sie bei Zimmertemperatur für 3 Tage zum Trocknen aufgehängt. Wenn die übliche Schweißreaktion vorhanden ist, färben sich die Abdrücke blau. Bei fehlender Schweißsekretion tritt keine Färbung auf. Der Ninhydrintest kann allerdings nur an Fingern oder Zehen verwendet werden. Für die Untersuchung anderer Hautgebiete oder die Unterscheidung zwischen zentralen und peripheren Schweißstörungen muß der umständlichere *Jod-Stärke-Versuch nach Minor* mit den entsprechenden Schwitzprovokationen gemacht werden.

Bei Läsion peripherer Nerven und Plexus stimmen die anhidrotischen Bezirke recht genau mit den Grenzen der Sensibilitätsstörung überein. Der Ninhydrintest ist bei Totalläsion peripherer Nerven und Plexus (mit Anästhesie im Autonombezirk) zuverlässig pathologisch. In diesem Fall objektiviert er eine Sensibilitätsstörung infolge peripherer Nervenläsion, das normale Ergebnis schließt nur eine Totaldurchtrennung aus. Bei partiellen Nervenläsionen ist das Ergebnis schwankend; hier kann es sogar zu Hyperhidrosis kommen. Sehr nützlich ist die Untersuchung der Schweißsekretion auch bei der Unterscheidung zwischen radikulären und Plexusläsionen im Zervikal- und Lumbosakralbereich. Da nur die Vorderwurzeln der Segmente Th 1 bis L 3 Schweißfasern (und pilomotorische Fasern) enthalten, müssen alle Dermatome oberhalb des 1. Thorakal- und unterhalb des 3. Lumbalsegments aus den genannten Vorderwurzeln versorgt werden. Ist der Ninhydrintest an einem anästhetischen Finger oder einer Zehe normal, muß sich die Schädigung daher proximal des Treffpunkts der postganglionären Sympathikusfasern mit den Spinalnerven, d. h. in den Wurzeln befinden.

Piloarrektion

Durch mehrmaliges Kneifen der Nacken- oder Schulterhaut oder durch Kältereize am Thorax oder Rücken wird normalerweise eine generalisierte Piloarrektion auf behaarten Stellen der Haut der Extremitäten und des Rumpfes ausgelöst: *Zentraler Pilomotorreflex*. In peripher

* Stammlösung: 10 g Ninhydrin in 1000 ml Azeton gelöst. Kurz vor der Benutzung werden 10 ml mit 5 Tropfen Eisessig versetzt. Die angesäuerte Lösung ist nur kurze Zeit haltbar.

denervierten Hautgebieten findet überhaupt keine Piloarrektion mehr statt. Der *lokale Pilomotorreflex*, ausgelöst durch Hautreize (z. B. Elektrisieren), wird allerdings erst dann negativ, wenn die unterbrochenen postganglionären Fasern auch vollständig bis zu den Piloarrektoren herab degeneriert sind. Nach raschem Kneifen der Schulter beobachtet man also die Haut im Bereich einer Sensibilitätsstörung und an homologen Stellen der Gegenseite, ob eine „Gänsehaut" auftritt oder nicht. Man muß rasch beobachten, da das Phänomen manchmal recht flüchtig ist (in seltenen Fällen fehlt es überhaupt).

Falls die Sensibilitätsstörung radikulär bedingt ist, bleibt die Piloarrektion auch in total anästhetischen Gebieten erhalten (s. unter Schweißsekretion). Das gleiche gilt für Kaudaläsionen. Diese Tatsache hilft bei der Unterscheidung zwischen Läsionen des Armplexus (bzw. Lumbosakralplexus) und der zervikalen Wurzeln (bzw. der Cauda equina). Umgekehrt können Wurzelläsionen der Thorakal- oder oberen Lumbalsegmente zu einer Aufhebung des zentralen Pilomotorreflexes im Versorgungsgebiet des Plexus brachialis oder des Plexus lumbosacralis führen, ohne daß die motorischen und sensiblen Funktionen gestört sind (nur bei Totalläsion von mehr als einer Wurzel).

Reflexerythem

Wenn man mit einer Nadel einen Strich auf die Haut kratzt, treten nach etwa 1–2 Minuten unregelmäßig begrenzte, fleckförmige Rötungen außerhalb der lokalen Hautschrift auf. Das ist das normale Reflexerythem. Es fehlt bei Armplexusläsionen im sensibel gestörten Gebiet, bleibt aber bei Wurzelausrissen erhalten.

Während die Schweißsekretion und die Piloarrektion von sympathischen Efferenzen vermittelt werden, die über Vorderwurzeln und Grenzstrang laufen, setzt das Reflexerythem „Axonreflexe" voraus. Nach Läsion distal des Spinalganglions fällt diese normale vasomotorische Antwort auf lokale Hautreize aus, wenn die dünnen afferenten Fasern bis herab zur Haut degeneriert sind.

Histamintest

Die gleichen Voraussetzungen gelten für den Histamintest. Nach intrakutaner Injektion von 0,1 ml einer $1^0/_{00}$igen Histaminlösung entsteht um die Quaddel herum rasch ein 2–3 cm großer roter Hof mit wolkigen Rändern.

Auch diese Reaktion bleibt von Läsionen proximal des Spinalganglions unberührt, verschwindet aber nach völliger Degeneration der dünnen afferenten Fasern von der Haut.

7. Hirnnerven

Die 12 Hirnnerven sind Träger der segmentalen Funktionen im Bereich des Hirnstamms; sie sind auf- und absteigend mit dem Großhirn verbunden. Auch hier gilt es, Motorik, Sensibilität und Reflexe zu untersuchen und periphere von zentralen Ausfällen zu unterscheiden. Als etwas Neues treten die sensorischen Funktionen (das Sehen, Hören, Riechen und Schmecken) hinzu. Zu den Hirnnerven gehören die Effektoren des sprachlichen und mimischen Ausdrucks. Im Hirnstamm drängen sich motorische, sensible und vegetative Kerne auf sehr engem Raum zusammen, so daß bei Läsionen meistens mehr als ein Hirnnerv betroffen ist. Die Hirnnerven III und IV entspringen aus dem Mittelhirn, V bis VIII aus der Brücke, IX bis XII aus der Medulla ablongata. Auch in ihrem weiteren Verlauf, intra- und extrakraniell, sind sie zahlreichen Schädigungsmöglichkeiten ausgesetzt.

N. olfactorius (I)

Riechstörungen werden spontan oft nicht bemerkt, vor allem, wenn sie einseitig sind. Oder sie werden als Geschmacksstörung empfunden. Mancherorts, so in Baden, wird riechen auch mit dem Wort „schmekken" bezeichnet.
Bei der Untersuchung wird ein Nasenloch zugehalten und vor das andere ein Fläschchen mit einer Riechsubstanz gehalten. Der Patient soll schnüffeln und angeben, was er riecht. Wenn er es nicht weiß, wird er gefragt, ob ihn der Geruch an etwas erinnert. Wachs, Vanille, Kölnisch Wasser, Teer, Gummi sind als Riechstoffe geeignet. Essigsäure, Salmiakgeist und andere schleimhautreizende Substanzen führen auch bei totaler Anosmie zu heftigem Brennen in der Nase. Sie wenden sich nicht an den I. Hirnnerven, sondern an den N. trigeminus (V/1), der die Nasenschleimhaut sensibel versorgt. Andere gasförmige Stoffe, wie z. B. Chloroformdämpfe, werden zwar durch die Nase aufgenommen, aber über die Geschmacksrezeptoren auf der Zunge wahrgenommen. Man kann sie also ebensowenig wie die Reizstoffe zur Geruchsprüfung verwenden.

Hyposmie oder Anosmie kommt bei Schädigung frontobasaler Hirnteile vor, ebenso wie bei einer Verletzung der Fila olfactoria durch Schädelbasisfraktur. Periphere und zentrale Läsion lassen sich durch Prüfung des Riechens allein nicht unterscheiden. Wenn eine doppelseitige Riechstörung mit einer Geschmacksstörung kombiniert ist, macht dies eine zentrale Läsion sehr wahrscheinlich.

Geschmack

Wegen der engen funktionellen Verbindung wird hier die Untersuchung des Schmeckens angeschlossen, obwohl die entsprechenden Fasern der Geschmacksrezeptoren zunächst mit einem Ast des N. mandibularis (V/3), dann mit der Chorda tympani und schließlich mit dem N. facialis (VII) laufen. Man prüft die vier Geschmacksqualitäten „süß", „sauer", „salzig" und „bitter". Abb. 61 zeigt, wie sie sich ungefähr auf der Zunge verteilen. Als Schmeckstoffe sind Zuckerlösung

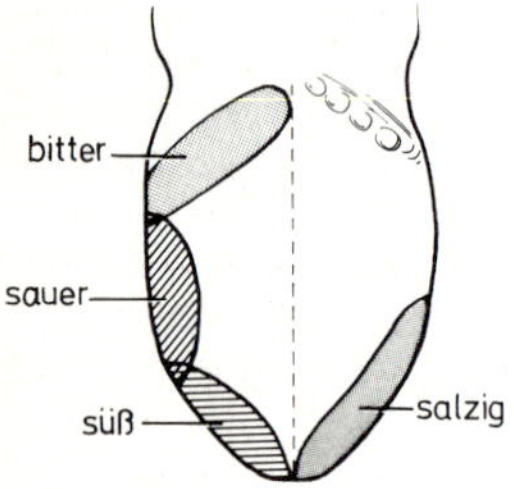

Abb. 61. Verteilung der Geschmacksqualitäten auf der Zungenoberfläche.

10 %, Kochsalzlösung 2,5 %, Zitronensäure 7,5 %, Chininlösung 0,75 % gebräuchlich. Der Patient setzt sich vor ein Waschbecken. Auf die herausgestreckte Zunge wird ein Schmeckstoff streng einseitig aufgetragen, z. B. mit einem Wattestäbchen. Der Patient muß informiert sein, daß er die Zunge nicht einziehen und nicht sprechen darf. Man hält ihm ein Papier vor, auf dem die vier Qualitäten deutlich zu lesen sind, damit er durch Hindeuten angeben kann, was er schmeckt. Danach spült er mit einem Schluck Wasser den Mund aus, und es folgt der nächste Untersuchungsgang. Die Qualität „bitter" soll, wenn überhaupt, als letzte geprüft werden.

Eine elektrische Untersuchung des Schmeckens wird als *Elektrogustometrie* bezeichnet. Zu diesem Zweck wird eine Gleichstromreizung der Zunge mit der Anode durchgeführt. Der Patient muß angeben, wenn er den sauren oder metallischen Geschmack spürt, der bei Gesunden schon mit Stromstärken bis zu 30 μA erzielt werden kann. Auf beiden Seiten der Zunge wird die Schwellenstromstärke festgestellt.

Nn. opticus (II), oculomotorius (III), trochlearis (IV), abducens (VI) = Ophthalmoneurologie

Augenhintergrund (Fundus)

Die Untersuchung des Augenhintergrunds mit dem Ophthalmoskop wird im Augenspiegelkurs erlernt. Bei der Untersuchung im aufrechten Bild aus der Nähe ist der Ausschnitt des Fundus kleiner, die Vergrößerung dafür stärker. Der Untersucher darf nicht akkomodieren, sondern muß in die Ferne blicken. Bei der Spiegelung im umgekehrten Bild mit Lupe ist die Vergrößerung schwächer, der sichtbare Ausschnitt aber größer. Technisch sehr einfach ist die Untersuchung im umgekehrten Bild mit Hilfe eines Augenspiegels nach Thorner. Das Gerät ist für eine genauere Untersuchung des ganzen Fundus ungeeignet, reicht aber für neurologische Zwecke (Betrachtung der Papille, ihrer näheren Umgebung sowie der Fovea centralis) aus. Abb. 62 veranschaulicht die drei Strukturen, die man beachten muß:

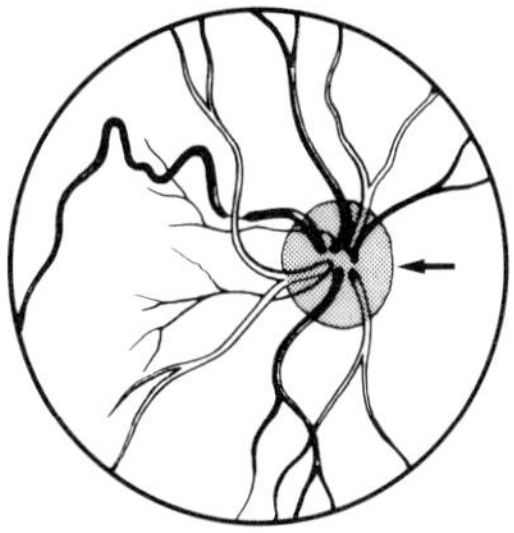

Abb. 62. Augenhintergrund schematisch. Bei der Untersuchung achtet man auf Färbung (Schraffur) und Begrenzung (Pfeil) der Papilla n. optici sowie auf die Gefäße (Arterien hell, Venen dunkel).

Begrenzung der Papille. Sie muß normalerweise einigermaßen scharf sein. Über verwaschene Ränder und zunehmende Papillenprominenz kommt es zur *Stauungspapille*. Sie geht mit einer Venenstauung und manchmal kleinen Blutungen am Papillenrand einher. Die Größe einer Papillenprominenz läßt sich messen, wenn man zuerst die Höhe der Papille, dann den Fundusboden (anhand eines kleinen Gefäßes) scharf einstellt und den Unterschied in Dioptrien am Augenspiegel abliest (dies ist mit dem Thorner-Augenspiegel nicht möglich). Voraussetzung ist eine während der Messung gleichbleibende Akkomodation des Beobachter- und des Patientenauges; Untersuchung daher im Dunkelzimmer. Ähnlich wie eine Stauungspapille kann eine *Papillitis n. optici* aussehen. Bei ihr ist eine Visusherabsetzung vorhanden, bei einer frischen Stauungspapille dagegen nicht. Schließlich kommt Randunschärfe bzw. Prominenz auch als harmlose Anomalie bei Drusenpapille u. a. vor; die Unterscheidung muß in Zusammenarbeit mit dem Ophthalmologen getroffen werden.

Färbung der Papille. Wenn der N. opticus degeneriert, tritt eine Abblassung, schließlich Weißfärbung der normalerweise etwas rötlichen Papille auf. Häufiger als eine komplette *Optikusatrophie* ist eine partielle, vor allem die *temporale Abblassung* als Folge einer Retrobulbärneuritis. Die Fasern, die von der Macula lutea herkommen, liegen in der Papille auf der temporalen Hälfte beisammen (maculopapilläres Bündel). Sie werden von der Retrobulbärneuritis vorwiegend geschädigt. Bei der frischen Retrobulbärneuritis darf man noch keine Abblassung erwarten, weil die Fasern noch nicht degeneriert sind. Kinder bis etwa zum 12. Lebensjahr haben normalerweise deutlich blassere Papillen als Erwachsene.

Gefäße. Ihre Beurteilung erfordert mehr Erfahrung. Man achtet auf eine Engstellung der Arterien mit scheinbarer Rarefizierung („kahler Gefäßbaum"), wie sie bei Hypertonie zunächst als einziges Zeichen am Fundus vorkommt. Bei Arteriosklerose können darüber hinaus Wandveränderungen der Arterien auftreten, die sich in Kaliberunregelmäßigkeiten bis hin zu kettenwurstartigen Einschnürungen darstellen. Bei längerer Dauer treten Veränderungen der Oberflächenstruktur hinzu, die sich durch eine Verbreiterung der Reflexstreifen auf den Arterien äußern. In schweren Fällen kommt es zu papillären und Netzhautblutungen sowie zu Cotton-wool-Herden auf der Netzhaut (Fundus hypertonicus).

Nahvisus

Man untersucht ihn für jedes Auge getrennt. Dem Patienten werden hierzu Leseproben von Schriften verschiedener (standardisierter) Größe vorgelegt: *Nahvisustafeln*, z. B. Birkhäuser (1962). Ein Auge wird zugehalten. Der Patient soll die Leseprobe so halten, daß er sie so scharf wie möglich sieht. Falls Refraktionsanomalien bestehen, soll mit Brille gelesen werden. Auf gute Beleuchtung der Probe ist zu achten. Eine Visusminderung kann Hinweis auf ein *Zentralskotom* sein, wie es z. B. bei akuter Retrobulbärneuritis vorkommt. Die weitere Suche nach Zentral- oder Parazentralskotomen wird mit dem *Haitz-Stereoskop* vorgenommen. Diese Untersuchung führt gewöhnlich der Augenarzt durch.

Gesichtsfelder

Eine genauere Prüfung der Außengrenzen macht häufig der Ophthalmologe am Perimeter oder *Bjerrum-Schirm*. Eine orientierende Prüfung auf *Hemianopsie* gehört aber in jedem Fall zu einer neurologischen Untersuchung. Sie läßt sich leicht ohne besondere Hilfsmittel durchführen. Der Untersucher setzt sich dem Patienten in etwa einem

Meter Abstand gegenüber und fordert ihn auf, ein Auge mit der Hand zu verdecken und die Nasenwurzel des Untersuchers zu fixieren. Der Untersucher bringt dann eine Hand, während er die Finger bewegt, langsam von temporal unten her in das Gesichtsfeld des Patienten und bittet ihn, anzugeben, wann er die Fingerbewegung sieht. Anschließend wird von temporal oben und nasal oben und unten untersucht. Man kontrolliert dabei ständig, ob der Patient nicht mit dem Blick abweicht. Nach einer *hemianopischen Aufmerksamkeitsschwäche* wird gefahndet, indem der Untersucher beide Hände gleichzeitig in die temporalen Gesichtsfelder des Patienten hält. Dieser hat beide Augen auf und fixiert wieder die Nasenwurzel des Untersuchers. Nacheinander werden die Finger der einen oder anderen Hand und von Zeit zu Zeit die beider Hände gleichzeitig bewegt. Der Patient muß angeben, auf welcher Seite bewegt wird. Wenn bei doppelseitiger Reizung regelmäßig nur die eine Seite wahrgenommen wird, spricht dies für eine Aufmerksamkeitsschwäche auf der anderen Seite.

Bewegte Objekte sind maximale Reize für die Gesichtsfeldperipherie. Manchmal empfiehlt sich daher der Test von BERGMAN (BENDER, 1967), der höhere Anforderungen stellt. Der Patient verdeckt ein Auge und fixiert die Nasenspitze des Untersuchers. Dieser hält sich vor jede Wange ein Streichholz, so daß dessen roter Kopf auf dem Jochbein liegt. Der Patient muß angeben, was er sieht. Wenn er einen Streichholzkopf gar nicht sieht oder als grau oder farbloser als den andern empfindet, spricht das für eine Störung im korrespondierenden Gesichtsfeld. Darauf hält sich der Untersucher ein Streichholz auf die Nase, das andere bleibt auf der Wange. Ein Patient mit Zentralskotom sieht das Streichholz auf der Wange, aber nicht das auf der Nase.

Homonyme Hemianopsie spricht für eine Läsion in den hinteren zwei Dritteln der gegenseitigen Hemisphäre (Läsionen des Tractus opticus sind extrem selten). Bitemporale Gesichtsfelddefekte deuten auf das Chiasma opticum, Zentralskotome auf den N. opticus als Sitz einer Läsion.

Pupillen

Weite und Form. Die Pupillenweite wird in fünf oder sieben groben Stufen angegeben: mittelweit, untermittelweit, übermittelweit, (stark) maximal verengt, (stark) maximal erweitert. Verengung heißt *Miosis*, Erweiterung *Mydriasis*, ein Seitenunterschied *Anisokorie*. Man achtet auf etwaige Entrundung einer oder beider Pupillen.

Wenn bei Anisokorie nicht klar ist, ob eine pathologische Mydriasis der einen oder eine Miosis der anderen Seite vorliegt, gibt die Beobachtung der Pupillen nach Dunkelaufenthalt einen ersten Hinweis: Liegt einseitige Mydriasis vor, wird die Anisokorie im Dunkeln geringer, bei einseitiger Miosis größer.

Horner-Symptomenkomplex. Dabei handelt es sich um eine fast immer einseitige leichte bis mittelstarke Miosis, begleitet von einer leichten

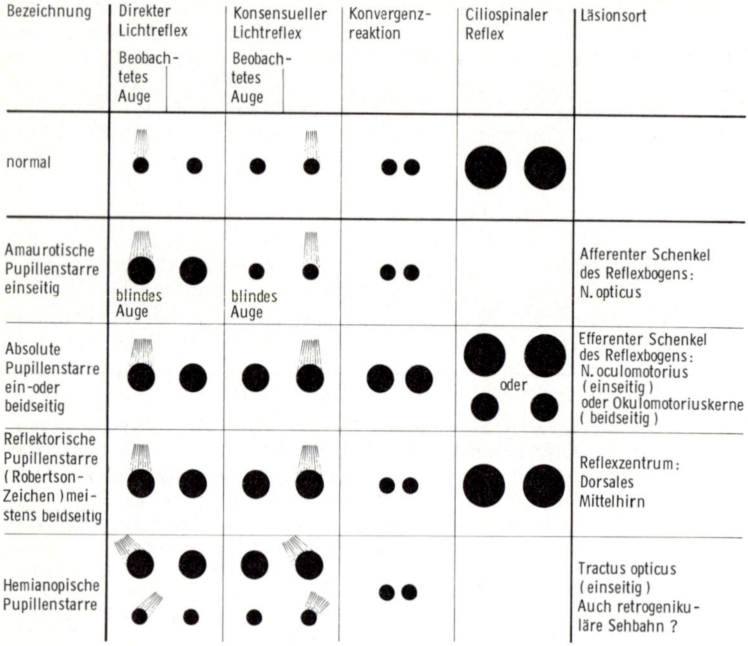

Abb. 63. Schematische Darstellung der verschiedenen Arten von Pupillenstarre mit Angabe der zugehörigen Läsionsorte.

Ptosis und Enophthalmus. Die Ausprägung der Anisokorie hängt von der Beleuchtung und von der Wachheit des Patienten ab (in hellem Licht und beim Dösen ist sie geringer).

Das Horner-Syndrom beruht auf einem Sympathikusausfall. Die Läsion betrifft entweder das zentrale Neuron zwischen Dienzephalon und Centrum ciliospinale im obersten Brustmark (im Hirnstamm ventrolateral, im Rükkenmark lateral), das präganglionäre Neuron (über Vorderwurzeln C 8 und Th 1 und Halsgrenzstrang bis zum Ganglion cervicale superius) oder das postganglionäre Neuron (mit Ästen der A. carotis interna und Sinus cavernosus zur Orbita).
Die Feststellung, welches Neuron lädiert ist, kann durch eine *pharmakologische Pupillenprüfung* unterstützt werden: Man gibt zweimal im Abstand von einer Minute je einen Tropfen *Kokainhydrochlorid* 5 % in den Bindehautsack beider Augen. Normalerweise kommt es zu einer mäßiggradigen Pupillenerweiterung. Letzte Ablesung erst nach 45 Minuten. Gelegentlich dauert die normale Dilatation aber noch länger; daher Wiederholung des Tests, wenn nach 45 Minuten an keinem Auge eine Dilatation eingetreten ist. Falls ein Horner-Syndrom vorliegt, nimmt die Ani-

sokorie infolge der Pupillenerweiterung am gesunden Auge, die am Horner-Auge ausbleibt oder vermindert ist, deutlich zu. Der Unterschied zum gesunden Auge ist beim zentralen Horner-Syndrom geringer als beim peripheren. Dies genügt aber nicht, um eine Läsion des zentralen Neurons von einem peripheren Horner-Syndrom zu unterscheiden. Der Kokaintest ist aber ein vorzüglicher Screeningtest für die Frage, ob überhaupt ein Sympathikusausfall an der Pupille vorliegt.

Nach einer Pause von nicht weniger als zwei Tagen gibt man zweimal im Abstand von einer Minute je einen Tropfen *OH-Amphetaminlösung 1%* in jedes Auge. Letzte Ablesung erst nach 45 Minuten. Im Falle einer Läsion des postganglionären Neurons kommt es nicht zu der am gesunden Auge sowie bei präganglionärer oder zentraler Läsion auftretenden Pupillenerweiterung infolge Ausschüttung von Noradrenalin aus den sympathischen Nervenendigungen. Bei der postganglionären Läsion nimmt die Anisokorie also eindeutig zu, im Falle der Läsion eines vorgeschalteten Neurons dagegen ab. Eine sichere Unterscheidung zwischen präganglionärer und zentraler Läsion ist mit keinem Test möglich.

Reflextätigkeit der Pupillen. Sie besteht in einer Pupillenverengerung auf Lichteinfall, dem *Lichtreflex,* oder auf Fixieren eines nahegelegenen Gegenstandes, der *Konvergenzreaktion.* Beide müssen getrennt untersucht werden. Am Pupillenspiel beteiligte innere Augenmuskeln und ihre Innervation s. Tab. 9, S. 102. Zur Prüfung des Lichtreflexes verdeckt der Untersucher mit seinen Händen beide Augen des Patienten, den er bittet, die Augen offen zu lassen. Dann deckt er ein Auge auf und beobachtet den *direkten Lichtreflex.* Wenn die Pupille zur Ruhe gekommen ist, deckt er auch das andere Auge auf und beobachtet den *konsensuellen Lichtreflex.* Anschließend verdeckt er erneut beide Augen des Patienten und führt dieselbe Untersuchung am anderen Auge durch. Da der Lichtreflex bei erhaltener Konvergenzreaktion ausfallen kann (reflektorische Pupillenstarre, Abb. 63), muß bei der Prüfung des Lichtreflexes ein gleichzeitiges Fixieren in die Nähe vermieden werden. Deshalb ist die folgende Methode zur Untersuchung des Lichtreflexes noch sicherer: Dem Patienten wird ein Punkt in der Ferne angegeben, den er anschauen muß. Der Untersucher hält die brennende Taschenlampe seitlich neben ein Patientenauge und schwenkt den Lichtstrahl in die Pupille. Er beobachtet den direkten Lichtreflex auf dem beleuchteten Auge und anschließend, unter erneuter Beleuchtung, die konsensuelle Reaktion auf dem anderen, nicht beleuchteten Auge. Während dieser Untersuchung läßt sich leicht kontrollieren, ob der Blick des Patienten wirklich auf den angegebenen Fixierpunkt gerichtet bleibt. Anschließend hält man die Taschenlampe oder einen Finger etwa 10–15 cm vor die Mitte des Gesichtes des Patienten etwa in Höhe einer Linie zwischen den Augen und dem angegebenen fernen Fixierpunkt. Der Patient wird nun aufgefordert, in die Lampe oder auf den Finger zu blicken. Dabei lassen sich die Konvergenzreaktion der Pupillen und zugleich die Konvergenzbewegung der Bulbi beim Fixieren in die Nähe bequem beobachten.

Bei der Konvergenzreaktion handelt es sich nicht um einen Reflex, sondern um eine normale Mitbewegung im Rahmen einer Synergie, die den optischen Apparat auf das Fixieren nahegelegener Sehdinge einstellt. Sie besteht aus einer Konvergenzbewegung der Augenbulbi durch Kontraktion der Mm. recti interni, damit das fixierte Sehding auf korrespondierenden Netzhautstellen abgebildet wird, aus der Linsenakkommodation für die Scharfabbildung und einer Pupillenverengerung zur Erhöhung der Tiefenschärfe.

Um eine reflektorische Pupillenerweiterung handelt es sich beim *ziliospinalen Reflex* (= psychosensorischer Pupillenreflex), ausgelöst durch schmerzhaftes Kneifen der Haut der Schulter oder des Nackens. Die Pupillendilatation beruht auf einer Kontraktion des sympathisch innervierten Dilatator pupillae und gleichzeitiger Hemmung der parasympathischen Entladungen des Okulomotoriuskerns („supraspinale Hemmung"). Die Voraussetzung für den Reflex ist also eine intakte efferente Sympathikusbahn (S. 98). Er ist aber nicht konstant, seine klinische Bedeutung wesentlich geringer als die der Lichtreflexe und der Konvergenzreaktion.

Verschiedene Kombinationen von *Pupillenstarre* haben lokaldiagnostische Bedeutung. Sie sind auf Abb. 63 schematisch dargestellt. Zu ergänzen ist hier noch, daß bei Rindenblindheit die Lichtreflexe der Pupillen gewöhnlich erhalten sind.

Die Pupillotonie wird leicht mit einer Lichtstarre verwechselt. Man muß sie aber unterscheiden, da die Lichtstarre eine andere und wichtigere pathologische Bedeutung hat. Wenn eine Pupillotonie vorliegt, erweitern sich im Dunkelaufenthalt die Pupillen erst innerhalb von 15 bis 30 Minuten; ebenso langsam ist die Wiederverengerung bei Belichtung. Die Störung beginnt meist einseitig und geht oft auch mit Akkommodotonie einher. Im akuten Belichtungsversuch reagiert die Pupille nicht. Von der echten Lichtstarre kann die Pupillotonie am sichersten durch einen pharmakologischen Test unterschieden werden: Methacholin (Mecholyl) in 2,5%iger Lösung in den Bindehautsack getropft (zwei Tropfen in jedes Auge in einer Minute Abstand) verengt die tonische Pupille deutlich (Ablesung nach 30 Minuten), während Atropin sie erweitert. Eine lichtstarre Pupille spricht auf Atropin und Methacholin nicht (oder nur sehr langsam) an.

Die Pupillotonie wird vorwiegend auf eine postganglionäre Läsion oder Funktionsstörung der parasympathischen Innervation des Sphincter pupillae zurückgeführt. Pupillotonie, zusammen mit Areflexie der Beine, wird als *Adie-Syndrom* bezeichnet, eine progrediente Anomalie, im allgemeinen ohne wesentlichen Krankheitswert. Subjektiv kann Blendungsempfindlichkeit (infolge der Pupillenstörung) und Verschwommensehen in die Nähe (infolge der Akkommodationsstörung) auftreten.

Lidspalten

Beim Horner-Syndrom kommt eine leichte Verengerung der Lidspalte infolge Erschlaffung der sympathisch innervierten glatten Mm. tarsales vor. Eine hochgradige *Ptosis*, bei der das Lid den größten Teil des Auges bedeckt, spricht für eine Lähmung des quergestreiften M. levator palpebrae superioris, der vom N. oculomotorius innerviert wird. Bei doppelseitiger hochgradiger Ptosis hält der Patient die Stirn ständig

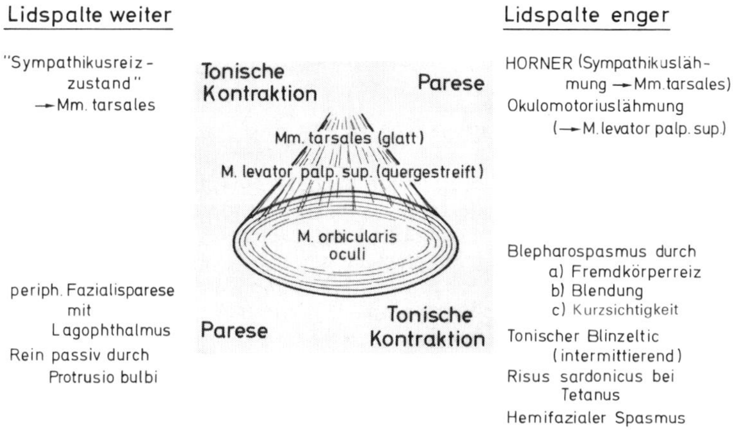

Abb. 64. Lidspaltenweite als Resultante des Aktivitätszustandes der Mm. tarsales und des M. levator palpebrae superioris einerseits (Erweiterung) und des M. orbicularis oculi andererseits (Verengung).

gerunzelt und neigt den Kopf nach hinten, damit er überhaupt sehen kann. Die Weite der Lidspalten ist im wesentlichen eine Funktion der Tätigkeit dreier Muskeln: Kontraktion des M. levator palpebrae und der Mm. tarsales erweitert, Kontraktion des M. orbicularis oculi verengt die Lidspalte; Erschlaffung oder Lähmung dieser Muskeln hat jeweils das Umgekehrte zur Folge. In Abb. 64 sind einige Ursachen für Veränderungen der Lidspalte angegeben.

Augenbewegungen

Augenmuskelparesen. Bei ihnen handelt es sich um periphere Lähmungen. Als Grundlage für die Untersuchung gibt Tab. 9 einen Überblick über die beteiligten *Augenmuskeln* und ihre Innervation. Der Patient wird aufgefordert, einen ihm vorgehaltenen Finger anzuschauen. Man

Tabelle 9. Augenmuskeln

	Nerven	Äußere Augenmuskeln	Innere Augen-muskeln	Andere Muskeln
III	Okulomotorius	Rectus superior Rectus inferior Rectus internus Obliquus inferior	Sphincter pupillae M. ciliaris	Levator palpebrae (quergestreift)
–	Sympathicusfasern mit Ästen der A. carotis interna zur Orbita		Dilatator pupillae	Mm. tarsales (glatt)
IV	Trochlearis	Obliquus superior		
VI	Abduzens	Rectus externus		

induziert zunächst zwei horizontale Blickbewegungen, dann vier vertikale Blickbewegungen, je zwei aus einer temporalen und zwei aus einer nasalen Ausgangsstellung des Augenbulbus (Abb. 65). Während der Patient auf den vorgehaltenen Finger blickt, wird die Bewegung an jedem Auge einzeln beobachtet. Außerdem erkundigt man sich, ob *Doppelbilder* auftreten oder zunehmen. Wenn man ein Auge abdeckt, muß eines der Doppelbilder verschwinden (außer bei den seltenen einäugigen Doppelbildern, die auf Brechungsanomalien der Hornhaut oder der Linse beruhen).

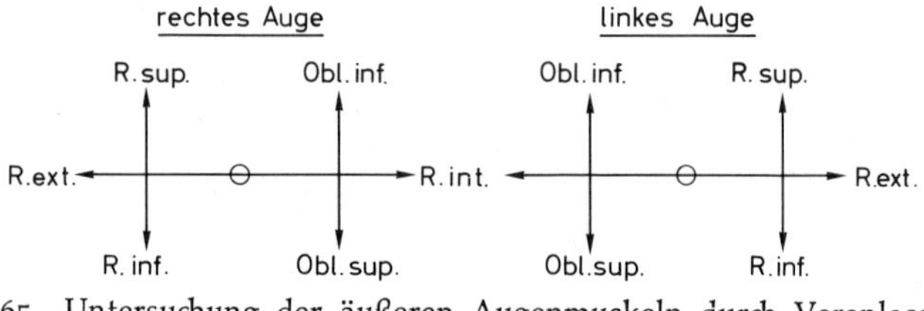

Abb. 65. Untersuchung der äußeren Augenmuskeln durch Veranlassung von Augenbewegungen aus einer mittleren, einer halbnasalen und einer halbtemporalen Ausgangsstellung heraus. Aus der temporalen Ausgangsstellung wirken die Mm. recti rein vertikal, während die Mm. obliqui eine Torsionskomponente beisteuern. In der nasalen Ausgangsstellung ist es umgekehrt. Kreis: mittlere Augenstellung.

Bei einer *Okulomotoriuslähmung* steht das betroffene Auge spontan nach außen und unten gewendet durch den Zug der beiden nicht gelähmten Augenmuskeln. Zur totalen Okulomotoriuslähmung gehört außerdem eine starke Ptose. Mit dem N. oculomotorius laufen die parasympathischen Fasern zu den inneren Augenmuskeln Mm. sphincter pupillae und ciliaris. Da ihre Zellgruppen im Mittelhirn vom übrigen Okulomotoriuskern getrennt liegen, kommt auch eine isolierte *Ophthalmoplegia interna* vor. Sie besteht in einer mydriatischen und lichtstarren Pupille und einer Akkomodationslähmung. Eine *Abduzenslähmung* ist einfach zu erkennen, eine isolierte *Trochlearislähmung* dagegen schwieriger: Bei dieser treten die Doppelbilder vor allem beim Blick nach unten auf, z. B. wenn man eine Treppe hinabsteigt; sie stehen schief, vor allem, wenn das betroffene Auge nach außen blickt. Dies wird manchmal durch eine unwillkürliche Schiefhaltung des Kopfes nach der Gegenseite kompensiert.

Bei *Doppelbildern ungeklärter Ursache* kann man dem Patienten ein Rotglas vor ein Auge halten. Er sieht dann das eine Doppelbild rot, das andere ungefärbt. So ist jedes Doppelbild einem Auge zugeordnet, und man kann, im Verhältnis zu den Augen, gekreuzte und ungekreuzte Doppelbilder unterscheiden. Diese Methode hilft bei der Identifizierung des paretischen Augenmuskels.
Eine exakte Methode zur Untersuchung der Augenmuskeln ist die *Maddox-Probe*, die der Ophthalmologe ausführt, wenn Doppelbilder nicht mit den geschilderten einfachen Methoden aufgeklärt werden können.

Wenn beim Blick geradeaus die Sehachsen nicht parallel stehen, spricht man von Strabismus (Schielen). Der *paralytische Strabismus* beruht auf einer Augenmuskellähmung. Beim nichtparalytischen *Strabismus concomitans* dagegen kann jedes Auge, wenn es für sich allein unter Abdeckung des andern untersucht wird, weitgehend normale Bewegungen ausführen.
Strabismus und Doppelbilder kommen auch ohne Augenmuskelparesen bei *Exophthalmus* vor, wenn die Bulbi mechanisch behindert sind.

Intraokulomotorische Mitbewegungen s. S. 71.

Blickparesen kommen durch supranukleäre (= zentrale) Läsionen zustande. Konjugierte Augenbewegungen (= *Blickbewegungen*) sind solche, bei denen beide Augen in dieselbe Richtung bewegt werden. Ein übergeordneter Koordinationsapparat muß die Kontraktion der verschiedenen Augenmuskeln beider Seiten räumlich und zeitlich aufeinander abstimmen, damit Blickbewegungen möglich werden. Horizontale Blickparesen sind häufiger als vertikale. Man erkennt Blicklähmungen sehr leicht, wenn man darauf achtet. Die Untersuchung ist ähnlich wie die auf Augenmuskelparesen. Man muß jedoch *Folgebewegungen*, bei denen der Patient dem Finger mit den Augen folgt, und *Kommandobewegungen*, bei denen er zu einem ihm angegebenen Fixierpunkt hinblickt, unterscheiden und getrennt untersuchen. Doppelbilder treten bei Blickparesen in der Regel nicht auf.
Zu den Blickparesen gehört auch die *Konvergenzlähmung*. Hierbei kontrahieren sich die beiden Mm. recti interni nicht mehr beim Versuch, in die Nähe zu blicken, wohl aber beim Seitwärtsblick. Bei der *internukleären Ophthalmoplegie* ist umgekehrt die Konvergenzbewegung erhalten, während die Mm. recti interni beim Seitwärtsblick versagen, so daß die Drehung zur Nasalseite jeweils zurückbleibt oder fehlt; an dem nach temporal gedrehten Auge tritt dabei Nystagmus auf.

Horizontale Blicklähmungen kommen bei Läsion in der Brücke (Lähmung nach der Herdseite), im frontalen Augenfeld oder in der inneren Kapsel (Lähmung zur Herdgegenseite), vertikale bei Läsion im Mittelhirn vor. Bei einer kortikalen oder subkortikalen Läsion sind Folgebewegungen manchmal noch möglich, Kommandobewegungen nicht mehr. Bei vertikaler Blickparese nach oben (eine Blickparese nach unten ist wesentlich seltener) läßt sich eine Hebung der Augen oft noch erreichen, indem man den Kopf des Patienten nach vorn neigt, während er einen Gegenstand mit den Augen fixiert: *Puppenkopfphänomen.* Auch die Hebung der Bulbi beim Augenschluß ist erhalten.

Déviation conjuguée. Das Gegenstück zur Blickparese ist die unwillkürliche konjugierte Dauerwendung beider Augen (und manchmal auch des Kopfes) nach einer Seite, die Déviation conjuguée. Sie kann als Ausfallsymptom bei totaler horizontaler Blicklähmung nach der Gegenseite gewissermaßen durch das Überwiegen der intakten Blickbewegung zustande kommen oder aber als Reizsymptom bei „irritativer Läsion", vor allem im Gebiet der frontalen Augenfelder. Sie muß von den extrapyramidalen Blickkrämpfen unterschieden werden (S. 137).

Nystagmus

Unter Nystagmus versteht man fortgesetzte unwillkürliche, meistens konjugierte Augenbewegungen, die aus zwei unmittelbar aneinander anschließenden Phasen bestehen. Die Bewegung ist in einer Richtung schnell, in der anderen langsamer (*Rucknystagmus,* Abb. 88, S. 221). Der Nystagmus wird nach der Richtung seiner schnellen Phase benannt (also z. B. Linksnystagmus, Rechtsnystagmus u. a.). Es gibt horizontalen, vertikalen und rotierenden (raddrehenden) Nystagmus; auch diagonale Schlagrichtungen kommen vor. Sind die Bewegungen beider Augen verschieden stark oder verschieden gerichtet, spricht man von dissoziiertem Nystagmus.

Die schnelle Phase entspricht den raschen Blickbewegungen (Sakkaden), mit denen ein Sehobjekt normalerweise optisch aufgefaßt und abgetastet wird, die langsame Phase den rampenförmigen Blickfolgebewegungen, durch die bewegte Sehdinge mit den Augen verfolgt und ihre Abbilder auf der Fovea centralis der Retina festgehalten werden.

Obwohl der Nystagmus ein komplexes Phänomen der Blickmotorik unter optischer und vestibulärer Kontrolle ist, läßt sich das praktisch Wichtigste doch mit ein paar einfachen Methoden untersuchen. Das schließt nicht aus, daß gewisse seltene Nystagmusformen eine kompliziertere Analyse erfordern.

Spontannystagmus. Der nicht so seltene *kongenitale Nystagmus* ist oft schon bei Betrachtung der offenen Augen im Geradeausblick zu sehen. Hier sind die beiden Phasen meistens gleich schnell *(Pendelnystag-*

mus). In der Regel wird er beim Fixieren stärker *(Fixationsnystagmus)*. Dabei gibt es häufig optimale Blickrichtungen, während der Nystagmus in anderen verschwindet. Manchmal wird er nur beim einäugigen Fixieren deutlich *(latenter Nystagmus)*, so daß immer auch unter Abdeckung eines Auges nach Nystagmus gefahndet werden muß. Kongenitaler Nystagmus geht ohne Schwindel, manchmal aber mit Scheinbewegungen und nicht selten mit deutlicher Visusminderung einher. Die Tendenz zur Einhaltung einer Blickrichtung, in der der Nystagmus ein Minimum erreicht, führt in diesen Fällen zu einer Kopfschiefhaltung (nystagmischer Schiefhals, S. 137).
Der weitaus häufigere Spontannystagmus wird dagegen durch Fixieren gehemmt. Um ihn zu finden, ist die Untersuchung unter der Frenzel-Brille im Dunkelzimmer erforderlich. Die Brille ist mit Lupengläsern ausgestattet und hat temporal beiderseits ein Lämpchen zur Beleuchtung der Bulbi. Sie verhindert das Fixieren und erlaubt gleichzeitig eine genauere Betrachtung der vergrößerten Augen durch den Untersucher. Das Wesentliche ist aber die Aufhebung der Fixation. Um diese so vollkommen wie möglich zu machen, muß außerdem der Untersuchungsraum abgedunkelt sein. Ein grober Spontannystagmus kann gelegentlich auch unter den geschlossenen Augenlidern zu tasten sein. Oft ist der Spontannystagmus aber schwer zu erkennen und muß wegen seiner großen semiologischen Bedeutung sorgfältig gesucht werden. Er hat die Neigung, schon bei leichter Ermüdung zu verschwinden. Zur Steigerung der Wachheit läßt man den Patienten kopfrechnen. Auch die häufig geübte Aktivierung durch Kopfschütteln geht über eine Vigilanzsteigerung.

Blickrichtungsnystagmus. Man hält einen Finger vor als Fixierpunkt für den Patienten und beobachtet die Augenbulbi während Rechts-, Links-, Oben- und Untenblick. Dasselbe kann unter der Frenzel-Brille (also ohne Fixierpunkt) ausgeführt werden. Jede Blickrichtung muß eine Weile eingehalten werden, damit man die Augen genau beobachten kann.

Lagenystagmus. In Rücken- und Seitenlage wird unter der Frenzel-Brille nach Spontan- oder Blickrichtungsnystagmus gesucht. Der Kopf soll dabei über das Ende des Untersuchungsbettes herabhängen *(Kopfhängelage)*. Von *Lagerungsnystagmus* wird gesprochen, wenn der Nystagmus nach Einnehmen der Kopfhängelage nur vorübergehend für Sekunden auftritt.

Die Interpretation eines Nystagmus wird oft als schwierig empfunden. Auch dafür lassen sich aber einige übersichtliche Regeln angeben. Spontannystagmus ist immer pathologisch, ob in aufrechter Haltung oder in Kopfhängelage. Spontannystagmus kann durch eine periphere (Labyrinth, N. vestibularis) oder eine zentrale Läsion im Hirnstamm oder Kleinhirn bedingt sein. Peripherer Nystagmus ist immer von Schwindel begleitet (Ausnahme Akustikusneurinom). Zentraler Nystagmus *kann* mit heftigem Schwindel einhergehen. Lebhafter Nystagmus ohne Schwindel ist immer zentral. Horizontaler Blickrichtungsnystagmus außerhalb der äußersten Endstellung der Augen, vertikaler und rotierender Nystagmus sind pathologisch. Blickrichtungsnystagmus spricht gewöhnlich für eine zentrale Läsion. Rotierender Nystagmus kommt bei Herden in der Medulla oblongata vor. Der obere Augenpol schlägt mit der schnellen Phase nach der Seite des Herdes. Vertikaler Nystagmus deutet auf Herde im Mittelhirn, vertikaler Untennystagmus in Kopfhängelage auf die Vermisregion des Kleinhirns, horizontaler Nystagmus (wenn er nicht peripher ist) auf Läsionen in der Brücke. Der Horizontalnystagmus ist dabei nach der Gegenseite gerichtet, während nach der Herdseite manchmal ein blickparetischer Nystagmus vorkommt. Dieser besteht aus besonders groben, langsamen Schlägen in der Richtung einer inkompletten Blicklähmung. Lagerungsnystagmus, oft horizontal und etwas rotierend, ist in der Regel peripher. Ein horizontaler Nystagmus, der nur in der äußersten Endstellung der Bulbi auftritt, symmetrisch, klein und ungleichmäßig ist, kann für sich allein nicht als pathologisch angesehen werden.

Experimenteller Nystagmus wird entweder durch direkte Beobachtung oder mit Hilfe der Elektronystagmographie (S. 221 ff) untersucht.

Optokinetischer Nystagmus. Eine Streifen- oder Bildertrommel wird zunächst langsam, dann etwas schneller vor den Augen des Patienten gedreht. Der Patient erhält die Anweisung, jeden Streifen oder jedes Bild anzuschauen. Man untersucht bei horizontaler und bei vertikaler Reizung in jeweils beiden Richtungen.

Der optokinetische Nystagmus ist normalerweise vorhanden. Er schlägt entgegen der Streifenbewegung. Sein Fehlen oder seine Abschwächung (oft nur in einer Richtung) sind pathologisch und sprechen für eine zentrale Läsion im Bereich der Hemisphären (Abschwächung nach der Gegenseite) oder des Hirnstammes (Abschwächung nach der Herdseite). Der vertikale Untennystagmus ist auch normalerweise nicht so gut auslösbar wie die anderen.

Der kalorische oder thermische Nystagmus wird durch Spülen eines Gehörganges mit 44 ° C (Warmspülung) und 30 ° C warmem Wasser (Kaltspülung) während jeweils 30 Sekunden hervorgerufen (Methode nach *Hallpike,* modifiziert). Dabei tritt Schwindel auf. Vor der Spülung überzeugt man sich mit dem Ohrenspiegel, daß die Trommelfelle intakt sind und keine akute Otitis media besteht. Da diesen Test häufiger der Ohrenarzt durchführt, werden die technischen Einzelheiten hier nicht beschrieben.

Bei Warmspülung schlägt der normalerweise auftretende Nystagmus nach der gespülten Seite, bei Kaltspülung umgekehrt. Gemessen werden die Nystagmusdauer, die bei diesem Test normalerweise 1–3 Minuten beträgt, sowie die Schlagzahl und evtl. die Winkelgeschwindigkeit der langsamen Phase im Elektronystagmogramm. Abschwächung oder Fehlen des kalorischen Nystagmus sind pathologisch. Sie bedeuten eine Untererregbarkeit oder Unerregbarkeit des Labyrinths der gespülten Seite und sprechen daher für eine periphere Läsion. Dies ist der einzige Test, der es gestattet, die Funktion eines einzelnen Labyrinths zu untersuchen (S. 114). Dabei ist die Warmspülung wesentlich wichtiger als die Kaltspülung, da bei letzterer ein ausfallbedingter Spontannystagmus nach der Gegenseite (S. 114) eine erhaltene Labyrintherregbarkeit vortäuschen kann.

Per- und postrotatorischer Nystagmus. Er wird vorwiegend elektronystagmographisch untersucht (S. 222). Eine einfache orientierende Methode ist die Beobachtung des vestibulären, perrotatorischen Nystagmus unter der Frenzel-Brille während mäßig schneller Kopfdrehbewegungen *(vestibulookulärer Reflex).* Er schlägt in Drehrichtung. Auf diese Weise läßt sich oft schon ein Richtungsüberwiegen (S. 222). feststellen, das sonst nur auf dem Drehstuhl sichtbar wird.

N. trigeminus (V)

Sensibilität

Der N. trigeminus versorgt sensibel das Gesicht, die Nebenhöhlen, die Nasen- und Mundschleimhaut und die Zähne. Abb. 66 zeigt die Grenzen der sensiblen Versorgung durch die 3 Hauptäste die *Nn. ophthalmicus (V/1), maxillaris (V/2)* und *mandibularis (V/3).* Man sucht nach Seitendifferenzen und nach Unterschieden im Grenzgebiet, vor allem zwischen Nasenflügel und Nasenrücken, Oberlippe und Unterlippe, Kinn und Mundboden. Dazu werden die üblichen Methoden benutzt (Kapitel 6). Der N. ophthalmicus versorgt außer der Haut die Kornea und die Konjunctiva, die Schleimhäute der Nase und der Stirnhöhle, und, zusammen mit dem N. maxillaris, die Keilbeinhöhle; der N. maxillaris die Schleimhaut des Nasenseptums, Kieferhöhle, Gaumen und obere Zähne; der N. mandibularis schließlich ein kleines Stück der Ohrmuschel, den äußeren Gehörgang, die vorderen zwei Drittel der Zunge, die unteren Zähne und die Wangenschleimhaut. Auch im Gesicht gibt es *dissoziierte Empfindungsstörungen* (z. B. bei der Syringobulbie). Sie sind manchmal konzentrisch um Mund und Nase herum angeordnet: So können Läsionen im kaudalen Nucleus und Tractus

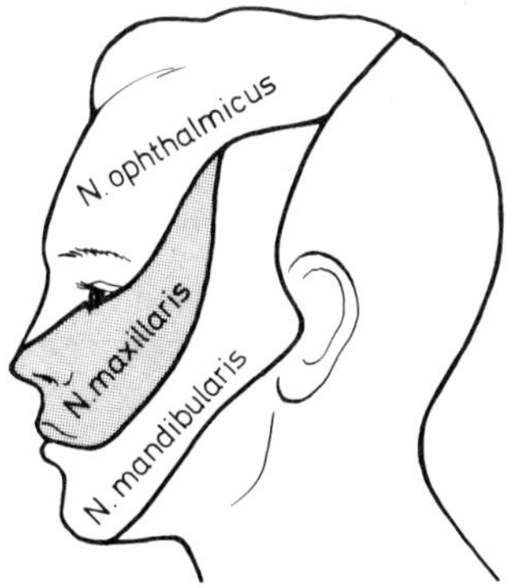

Abb. 66. Versorgungsgrenzen der sensiblen Endäste der angeschriebenen drei Trigeminushauptäste (nach Haymaker u. Woodhall).

spinalis trigemini zu Sensibilitätsstörungen an Stirn, hinterer Wangengegend und Unterkiefer führen, während die mittleren Gesichtsanteile frei bleiben.

Motorik

Mit dem dritten Ast ziehen die motorischen Fasern zur Versorgung der Kaumuskeln (Mm. masseter und temporalis) und der Mundöffner (Mm. pterygoidei, mylohyoideus und digastricus, vorderer Anteil). Untersuchung der motorischen Trigeminusfunktion: S. 25. Einseitige Masseterlähmung kann dem Patienten verborgen bleiben, läßt sich aber bei der Untersuchung feststellen. Bei einseitiger Parese der Pterygoidei weicht der Unterkiefer nach der gelähmten Seite ab, wenn der Patient den Mund gegen Widerstand öffnet.

Mundöffnung wird vorwiegend durch die Schwerkraft bewirkt, indem die Masseteren und Temporales willkürlich erschlaffen. Eingeschränkte Mundöffnung spricht entweder für *Trismus* (bei Tetanus) oder für *Mundsperre* (= Kieferklemme); diese ist schmerzreaktiv bei Prozessen des Kiefergelenks oder des Mundbodens. Lähmungen des M. tensor tympani und des M. tensor veli palatini spielen für die neurologische Untersuchung keine Rolle.

Reflexe

Kornealreflex. Er wird ausgelöst, indem man mit einem zu einer Spitze gedrehten Stückchen Watte die Kornea berührt, zur besseren Öffnung der Lidspalte soll der Patient nach oben schauen. Man nähert sich mit der Watte von der Seite, um Lidflattern oder optische Blinzelreflexe zu vermeiden. Der normale Reflexerfolg besteht in einem schnellen Lidschlag. Die Berührung muß auf der Kornea erfolgen, da der Konjunktivalreflex weniger empfindlich gegen Läsionen ist.

Der Kornealreflex kann schon im Beginn einer Trigeminusläsion abgeschwächt oder aufgehoben sein, wenn die übliche Untersuchung noch keine Sensibilitätsstörungen aufdeckt. Den efferenten Schenkel des Reflexbogens stellt der N. facialis, so daß der Kornealreflex bei einer peripheren Fazialislähmung nicht oder nur abgeschwächt funktioniert.

Massetereigenreflex. Er ist auf S. 55 beschrieben.

Blinzel-Kiefer-Test (Wartenberg). Bei kräftigem einseitigem Augenschluß (also Kontraktion des M. orbicularis oculi), der am besten durch Auslösung des Kornealreflexes (s. oben) herbeigeführt wird, kommt es zu einer ruckartigen Lateralbewegung des Unterkiefers nach der Gegenseite infolge Kontraktion der gleichseitigen Mm. pterygoidei. Es handelt sich um eine pathologische Mitbewegung (S. 71) zwischen Trigeminus und Fazialis bei supranukleärer Läsion.

N. facialis (VII)

Er versorgt die Muskulatur des Gesichts sowie die Mm. stapedius, stylohyoideus und den hinteren Anteil des Digastricus. Neurologisch wichtig ist nur die mimische Muskulatur.

Motorik

Die Untersuchung der Kraft der Gesichtsmuskeln ist auf S. 23 ff besprochen.

Periphere Fazialisparese. Der N. facialis ist lang und kann an vielen Stellen geschädigt werden. Die wichtigsten Methoden zur topischen Diagnose sind folgende: Liegt die Schädigung unter der Parotis oder noch weiter distal, so können nur *einzelne Äste betroffen* und lediglich Teile des Gesichts paretisch sein. Läsionen zwischen Foramen stylomastoideum (Austritt aus dem Felsenbein) und Abgang der Chorda tympani führen zu einer Fazialislähmung ohne zusätzliche Funktionsstörung, die *alle Teile des Gesichts gleichmäßig* betrifft; Abb. 67. Bei einer Verletzung zwischen dem Abgang der Chorda tympani und dem eines kleinen motorischen Astes zum M. stapedius treten *Ageusie der vorderen zwei Drittel der Zunge* und Beeinträchtigung der Speichelsekretion hinzu. Beide Symptome werden subjektiv oft nicht bemerkt, wenn die Läsion einseitig ist; die Geschmacksstörung läßt sich jedoch nachweisen (S. 94). Wenn der Nerv weiter proximal vor dem Ganglion geniculi geschädigt ist, kommt manchmal eine *Hyperakusis* hinzu. Sie fällt beim Telefonieren auf, wenn der Hörer an das betreffende Ohr

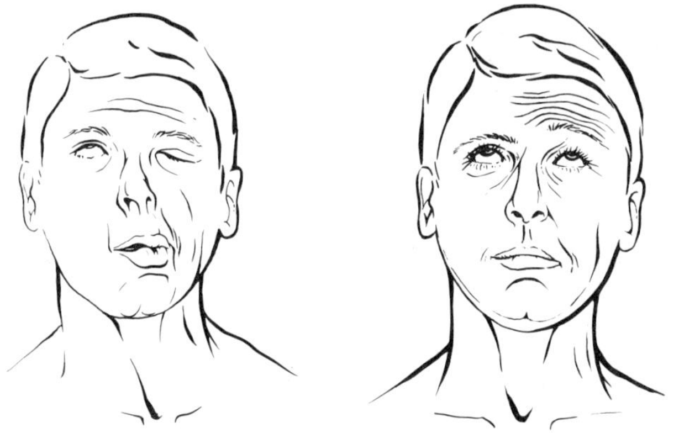

a b

Abb. 67. Periphere Fazialisparese rechts. a) Patient ist aufgefordert, die Augen zu schließen und gleichzeitig den Mund zu spitzen: Lähmung des M. orbicularis oculi mit Lagophthalmus und des M. orbicularis oris. b) Patient blickt nach oben: Lähmung des M. frontalis.

gehalten wird; die Laute klingen scheppernd und rauh. Läsion proximal des Ganglion geniculi bringt eine Störung der Tränensekretion mit sich, die u. U. unbemerkt bleibt und auch nicht sicher festgestellt werden kann. Weil der Fazialis hier in enge Nachbarschaft zum N. statoacusticus (VIII) tritt, kann eine *Nervenschwerhörigkeit* dabei sein. Innerhalb der Schädelhöhle an der Hirnbasis verläuft der Fazialis nahe bei seinem kontralateralen Partner und anderen Hirnnerven. Krankheitsprozesse in diesem Gebiet führen daher häufig zu *Diplegia facialis* und Mitbeteiligung anderer Hirnnerven. Im Kleinhirnbrükkenwinkel, wo der N. facialis den Hirnstamm verläßt, kann er vor allem *mit dem V. und VIII. Hirnnerven zusammen geschädigt* werden. Innerhalb des Hirnstamms ziehen die Fazialisfasern um den Abduzenskern herum. Hier führen Krankheitsprozesse zur *Kombination der peripheren Fazialislähmung mit einer Abduzensparese;* dabei ist der obere Gesichtsbereich manchmal weniger gelähmt, wodurch das Bild einer zentralen Fazialisparese ähnelt. *(Intrafaziale Mitbewegungen* S. 70 f, 111. *Gesichtsmyokymie, „Wetterleuchten", hemifazialer Spasmus* S. 49.)

Zentrale Fazialisparese. Da die Stirnmuskeln und in geringerem Grade auch die periorbitalen Muskeln von beiden Hemisphären supranukleär versorgt werden, bleibt bei einer halbseitigen zentralen Fazialisparese die Kontraktion der Stirn intakt, der Augenschluß wird höchstens geringfügig schwächer, während die Mundpartie deutlich paretisch ist, wenn auch nie total, wie bei einer peripheren Lähmung (Abb. 68). Die Mundasymmetrie ist oft schon in der Ruhestellung sichtbar; sie kommt am deutlichsten beim willkürlichen Zähnezeigen und bei unwillkürlichen mimischen Bewegungen, z. B. beim Lächeln, heraus. Ist sie beim Zähnezeigen nicht vorhanden, sondern nur beim Lachen oder Weinen, spricht man von einer *mimischen Fazialisparese.*

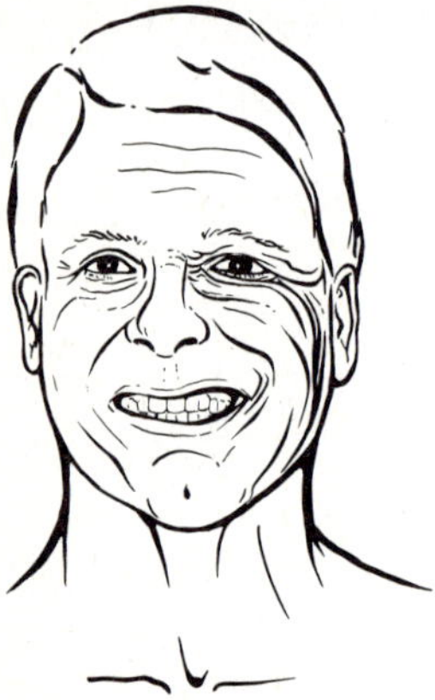

Abb. 68. Zentrale Fazialisparese rechts. Beim Zähnezeigen bleibt der Mundwinkel zurück. Abstand zwischen Ober- und Unterlippe bleibt rechts kleiner: Vgl. Abb. 12, S. 25.

Der umgekehrte Fall, eine einseitige Parese bei willkürlichem Zähnezeigen, die beim Lachen verschwindet und evtl. sogar einer Überinnervation Platz macht, kommt gelegentlich bei extrapyramidalen Bewegungsstörungen vor und wird als *„striäre" Fazialisparese* bezeichnet.

Tonische Dauerkontraktion der mimischen Muskulatur kommt nach peripherer Fazialisparese zusammen mit intrafazialen Mitbewegungen vor (siehe Abb. 69 u. S. 70 f). Eine andere Dauerkontraktion ist der *Risus sardonicus* bei Tetanus; er kann einseitig beginnen.

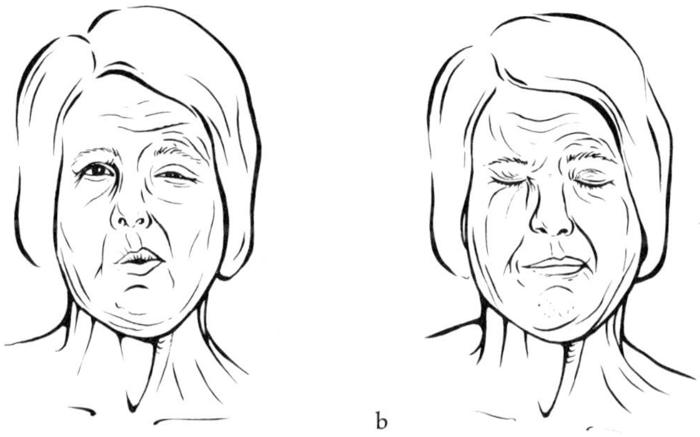

a b

Abb. 69. Zustand nach peripherer Fazialisparese links mit intrafazialen Mitbewegungen: a) Patientin ist aufgefordert, den Mund zu spitzen; Mitbewegungen im ganzen linken Gesicht mit Stirnrunzeln, Verengung der Lidspalte und Anspannung des Platysma. b) Patientin schließt die Augen; Mitbewegungen an Stirn, Mundwinkel und Platysma.

Reflexe

Orbicularis oculi-Reflexe (OOR; Nasopalpebralreflex). Ein Reflexhammerschlag auf die Glabella führt zu einer Zuckung des Orbicularis oculi, die man am Ober- und Unterlid sehen kann (Abb. 70). Die Untersuchung wird bei geschlossenen Augen ausgeführt, um optisch ausgelöstes Zwinkern zu vermeiden. Die OOR sind beim Parkinson-Syndrom, auch in leichten Fällen, häufig abnorm lebhaft. Sie werden bei rhythmischer Auslösung dann nicht schwächer, wie dies normalerweise der Fall ist (aufgehobene Habituation). Dasselbe kann bei ausgedehnten zerebralen Läsionen (z. B. Hirnatrophie) beobachtet werden.

Orbicularis oris-Reflexe (= periorale Reflexe) werden durch Reflexhammerschlag auf einen über Lippen und Kinn gelegten Spatel oder durch Beklopfen der Mitte der Ober- und Unterlippe mit dem Finger

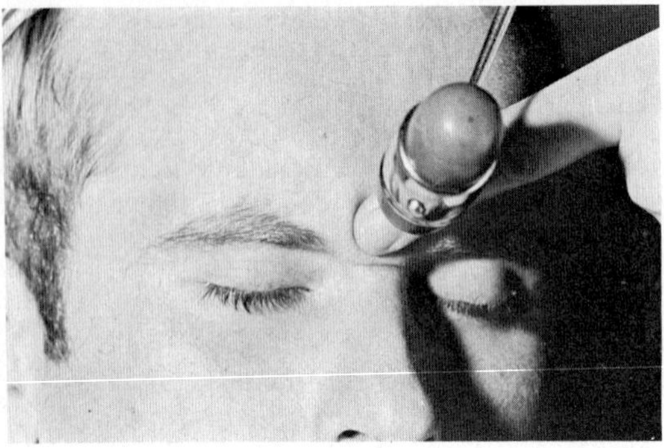

Abb. 70. Orbicularis oculi-Reflex.

ausgelöst. Der Reflexerfolg besteht in einem zuckungsartigen Spitzen des Mundes. Gelegentlich ist auch die Kinnmuskulatur beteiligt. In schwächerer Ausprägung kann der Reflex auch bei Gesunden vorkommen. In pathologischen Fällen (wie z. B. beim Parkinson-Syndrom, zentraler Bulbärparalyse, Hirnatrophie) ist er häufiger lebhaft oder gesteigert und kann von einem größeren Bezirk her (z. B. von der Nasenspitze) ausgelöst werden.

Lippen-Kinn-Reflex. Eine Kinnzuckung mit oder ohne Lippenzuckung auf Beklopfen der Lippen soll sogar einseitig kontralateral zu Läsionen (vor allem Tumoren) der präfrontalen Hirnrinde vorkommen.

Chvostek-Phänomen

Es wird durch Beklopfen des Fazialisstamms vor dem Ohrläppchen mit Reflexhammer oder (schwächer) Finger ausgelöst. Das Chvostek-Phänomen ist positiv, wenn dabei eine Zuckung von Gesichtsmuskeln der gleichen Seite auftritt. Als pathologisch gilt, wenn außer dem Mundwinkel auch noch Augenlid oder sogar Stirn und Platysma teilnehmen. Das Chvostek-Phänomen ist kein Reflex, sondern das Ergebnis einer direkten mechanischen Reizung des Nervenstammes, wie auch das *Trousseau-Phänomen* (Pfötchenstellung der Hand während Druck auf die großen Armnerven durch aufgeblasene Blutdruckmanschette am Oberarm). Beide Tests zeigen eine Übererregbarkeit von Nervenfasern an (vor allem bei Tetanie).

Zusammenfassung der Untersuchungsmethoden

Betrachtung des Gesichts in Ruhe, Seitenvergleich vor allem der Lidspalten und der Mundpartie. Durchführung der vier Bewegungstests Stirn hochziehen, Augen zudrücken, Mund spitzen, Zähne zeigen.

Spontane Mimik im Seitenvergleich beobachten (vor allem Lächeln). Untersuchung des Schmeckens auf der vorderen Zunge, wenn periphere Fazialisparese vorliegt. Funktionstüchtigkeit der unmittelbaren Nachbarn (der Nn. trigeminus, abducens und statoacusticus) beachten. Untersuchung der OOR, der perioralen Reflexe und des Chvostek-Phänomens.

N. statoacusticus (VIII), Otoneurologie

N. cochlearis

Die lokaldiagnostische Bedeutung von Hörstörungen für zentrale Läsionen ist gering, weil jeder Nucleus cochlearis mit dem akustischen Kortex beider Temporallappen verbunden ist, so daß einseitige kortikale oder subkortikale Läsionen keine einseitigen Hörstörungen bedingen. Mit einer Reihe einfacher Tests kann man häufig *Mittelohr-*, *Innenohr-* und *Nervenstammschwerhörigkeit* unterscheiden, vor allem wenn sie einseitig sind.

Die Prüfung der Flüstersprache dient zur orientierenden Feststellung einer Schwerhörigkeit. Man verschließt ein Ohr des Patienten durch Fingerdruck auf den Tragus, zur Vertaubung schüttelt man den Finger. Am andern Ohr werden mit Reserveluft (also nach Ausatmen) geflüsterte Zahlen angeboten, die der Patient nachsagen soll. Der Abstand vom Ohr kann zwischen a. c. (ante cochleam) und Armlänge variiert werden.
Liegt eine Hörstörung vor, kommen zwei weitere einfache Untersuchungen in Frage:

Rinné-Versuch. Im Rinné-Versuch werden Luft- und Knochenleitung verglichen. Normalerweise ist die Luftleitung besser als die Knochenleitung. Eine angeschlagene Stimmgabel (256 oder 435 Hz) wird auf den Warzenfortsatz aufgesetzt, bis der Patient sie nicht mehr hört. Darauf wird sie sofort direkt vor das Ohr gehalten, ohne daß sie neu angeschlagen wurde. Normalerweise hört man über Luftleitung rund 30 Sekunden länger als über Knochenleitung (Rinné positiv). Im pathologischen Fall hört man über Luftleitung kürzer als 30 Sekunden (Rinné verkürzt positiv) oder kürzer als über die Knochenleitung (Rinné negativ).

Weber-Versuch. Man setzt die angeschlagene Stimmgabel auf die Scheitelmitte. Normalerweise wird der Ton auf beiden Seiten etwa gleich gehört, im pathologischen Fall ist er „lateralisiert". Tab. 10 gibt an, welche Schlüsse sich aus dem Ergebnis ziehen lassen. Zur genauen Messung des Hörvermögens ist ein *Audiogramm* erforderlich (Otologe).

Tabelle 10. Stimmgabelversuche zur Unterscheidung der Schalleitungs- und der Nervenschwerhörigkeit

Läsion des	Weber-Versuch	Rinné-Versuch
Mittelohrs	→ krankes Ohr	negativ oder verkürzt positiv
Innenohrs	→ besseres Ohr	positiv
N. cochlearis	→ gesundes Ohr	verkürzt positiv (selten negativ)

RINNÉ positiv, wenn Lufthören 30 sec länger als Knochenhören; normal.

N. vestibularis

Wie gewohnt, muß die Untersuchung zwei Fragen beantworten: Liegt überhaupt eine Störung vor? Ist sie peripher oder zentral?

Schwindel. Das wesentliche subjektive Vestibularissymptom ist der *systematische Schwindel* (Drehschwindel oder ein Gefühl, nach einer bestimmten Seite gezogen zu werden). Er ist unabhängig davon, ob die Augen offen oder geschlossen sind, und wird meistens von vegetativen Symptomen, wie Schweißausbruch, Erbrechen, Vasomotorenkollaps begleitet. In schweren Fällen führen sie zu völliger Prostration.

Das Labyrinthsyndrom (= peripheres Vestibularissyndrom) ist in Tab. 11 zusammengestellt. Sie enthält eine Aufzählung der Untersuchungsmethoden. Im akuten Labyrinthsyndrom sind Gehen und Stehen oft unmöglich. Danebenzeigen und Armabweichen lassen sich aber immer untersuchen. Periphere Vestibularisläsionen gehen mit oder auch ohne Nervenschwerhörigkeit einher. Weitere periphere Zeichen als Folge leichterer Labyrinth- oder Vestibularisläsion s. S. 105 f unter „Interpretation eines Nystagmus".

Tabelle 11. Labyrinthsyndrom

		Methoden
Nach der Herdseite:	Fallneigung	Romberg-Stehversuch
	Gangabweichung	Gang, Blindgang
	Drehtendenz	Unterberger-Tretversuch
	Armabweichung	Armhalteversuch (= AHV)
	Danebenzeigen	Bárány-Zeigeversuch
Nach der Gegenseite:	Spontannystagmus	Frenzel-Brille
Auf der Herdseite:	Unerregbarkeit des Labyrinths	Kalorische Nystagmusprüfung

Romberg-Stehversuch. Der Patient wird aufgefordert, mit so eng wie möglich parallel zusammengestellten Füßen und bei geschlossenen Augen zu stehen (S. 123).

Gang, Blindgang. Das Gehen wird mit offenen und geschlossenen

Augen auf Richtungskonstanz geprüft. Eine leichte Gangabweichung kommt manchmal erst beim Rückwärtsgehen heraus. Wenn wenig Platz ist, kann man den Patienten vor- und zurückgehen lassen. Verwertbar sind nur richtungskonstante Abweichungen.

Unterberger-Tretversuch. Man läßt den Patienten im Dunkelraum bei geschlossenen Augen und mit vorgestreckten Armen auf der Stelle treten. Geräusche und seitlicher Lichteinfall können den Versuch stören, da sie zusätzliche Informationen über die Stellung im Raum vermitteln. Die Beine müssen genügend hochgehoben werden (Oberschenkel bis etwa zur Horizontalen), der Versuch muß lange genug dauern (wenigstens $^1/_2$ bis 1 Minute). Verwertet werden nur Drehungen, keine Verlagerungen des Standorts.

Armhalteversuch. Der Patient hält bei geschlossenen Augen die Arme parallel nach vorne ausgestreckt. Verwertet werden nur Abweichungen beider Arme nach der gleichen Seite.

Bárány-Zeigeversuch. Der Patient deutet wiederholt auf einen festen Zielpunkt, z. B. einen vorgehaltenen Finger des Untersuchers, der sich in Schulterhöhe vor ihm befindet. Die Zeigebewegung führt er mit dem ausgestreckten Arm aus, den er zuerst senkrecht nach oben hält und dann nach vorne führt, bis sein Zeigefinger auf den Zielpunkt deutet. Nach wenigen Wiederholungen unter optischer Kontrolle wird er aufgefordert, die Augen zu schließen und mit den Zeigebewegungen fortzufahren. Mindestens 25 Bewegungen sind erforderlich. Man kann jeden Arm einzeln oder auch beide gleichzeitig untersuchen. Der Versuch kann auch im Liegen ausgeführt werden. Ein seitliches Abweichen vom Zielpunkt ist leicht festzustellen. Der Zeigeversuch ist weniger empfindlich als der Tretversuch.

Spontannystagmus. S. 104 f.

Kalorische Nystagmusprüfung. S. 106 f.

Die Symptome eines akuten Labyrinthsyndroms verschwinden im Laufe von Wochen bis Monaten auch nach irreversibler Läsion, weil es zu einem *zentralen Ausgleich* kommt. Das einzige Symptom, das immer erhalten bleibt, ist die Unerregbarkeit des betroffenen Labyrinths bei der kalorischen Nystagmusprüfung (S. 106 f). Im Zuge einer *Erholung* der Vestibularisfunktion kann sich die Richtung des Spontannystagmus jedoch umkehren, während Dreh- und Abweichtendenz zur Herdseite gerichtet bleiben; an diese Möglichkeit muß man denken, um nicht fälschlich ein zentrales Syndrom zu diagnostizieren.

Das zentrale Vestibularissyndrom weicht vom Labyrinthsyndrom der Tab. 11 ab. Es genügt im allgemeinen, die erhobenen Befunde mit dem Labyrinthsyndrom zu vergleichen und insbesondere auf partielle Unstimmigkeiten zu achten (wie z. B., daß beide Arme in entgegengesetzter Richtung abweichen, oder die schnelle Nystagmuskomponente gleichseitig mit der Drehtendenz ist). Solche Dissoziationen sprechen für eine zentralvestibuläre Störung.

Nn. glossopharyngeus (IX), vagus (X), accessorius (XI)

Sie können gemeinsam besprochen werden. Der bulbäre Anteil des XI. Hirnnerven gehört praktisch zum Vagus wegen der gemeinsamen Ursprungsstätte der Motoneurone im unteren Nucleus ambiguus; ein Teil der Neuriten läuft ein Stück weit zusammen mit dem N. accessorius. Die Hirnnerven IX und X dienen der Sensibilität des hinteren Zungendrittels, der Gaumenbögen, des Rachens und des Kehlkopfs, einschließlich der Geschmacksempfindung vom hinteren Zungendrittel (diese ist für sich allein schwierig zu prüfen und hat wenig klinische Bedeutung). Motorisch werden der obere Anteil des Rachens (oberer Schlundschnürer und M. stylopharyngeus) vom IX., mittlerer und unterer Schlundschnürer und die inneren Larynxmuskeln vom X. und XI. Hirnnerven versorgt. Tab. 12 gibt einen Überblick über die wichtigsten Funktionen der Hirnnerven IX–XII und ihre Untersuchungsmethoden und Symptome.

Tabelle 12. Untere Hirnnerven

Hirnnerv	Motorik	Untersuchungsmethoden	Sensibilität	
IX	Oberer Schlundschnürer	Phonieren	Zungengrund	} IX/X
		Rachenreflex	Gaumenbögen	} IX/X
		Bei einseitiger Parese: Kulissenphänomen	Rachen	} IX/X
X/XI	Mittlerer Schlundschnürer	Bei Parese: Schluckstörung	Kehlkopf	} IX/X
	Unterer Schlundschnürer	Bei Parese: Schluckstörung		
	Gaumensegel	Phonieren Rachenreflex Bei doppelseitiger Parese: Flüssigkeitsaustritt aus der Nase beim Trinken, näselnde Sprache		
	Innere Larynxmuskeln	Phonieren Bei partieller Parese: Heiserkeit oder Stridor (cave Erstickung) Bei totaler Lähmung: Aphonie (auch Husten nicht möglich)		
XII	Zunge	Bei einseitiger Parese: Abweichen zur paretischen Seite beim Herausstrecken. Zunge von innen gegen die Wange drücken lassen		

Sensibilität

Man untersucht die *Sensibilität von Zungengrund, Gaumen und Rachen* durch vorsichtiges Berühren mit einem Spatel o. ä. Schwere sensible Störungen in diesem Bereich führen zu häufigem Verschlukken und evtl. Aspiration. Eine genauere Sensibilitätsprüfung (einschließlich der Suche nach einer dissoziierten Empfindungsstörung) ist hier kaum erforderlich.

Motorik

Gaumensegel (N. vagus). Bei Lähmung hängt das Gaumensegel und wird nicht gehoben. Die Lähmung kann ein- oder beidseitig sein. Bei Untersuchung in Ruhe orientiert man sich nicht an der Stellung der Uvula, die oft auch bei Gesunden asymmetrisch steht, sondern an der Lage der Rhaphe. Zur Induzierung einer Gaumensegelkontraktion kommen drei Möglichkeiten in Betracht: Bei einem Teil der Patienten kontrahiert sich das Gaumensegel während willkürlichem Phonieren („a" sagen lassen). Sensible Reizung des Zungengrunds oder der hinteren Rachenwand, z. B. stärkeres Herabdrücken der Zunge kann zu einer reflektorischen Kontraktion des Schlundschnürers und des Gaumensegels führen (Rachenreflex, „Würgreflex"). In beiden Fällen kann man die Kontraktion beobachten und Seitenunterschiede erkennen. Das gelähmte Gaumensegel wird nach der intakten Seite hinübergezogen (Abb. 71). Schließlich kontrahiert sich das Gaumensegel beim Schlucken und schließt damit den Nasopharynx nach oben ab. Bei schwerer doppelseitiger Gaumensegellähmung tritt daher während des Schluckens Flüssigkeit aus der Nase aus. Ferner wird die Sprache näselnd.

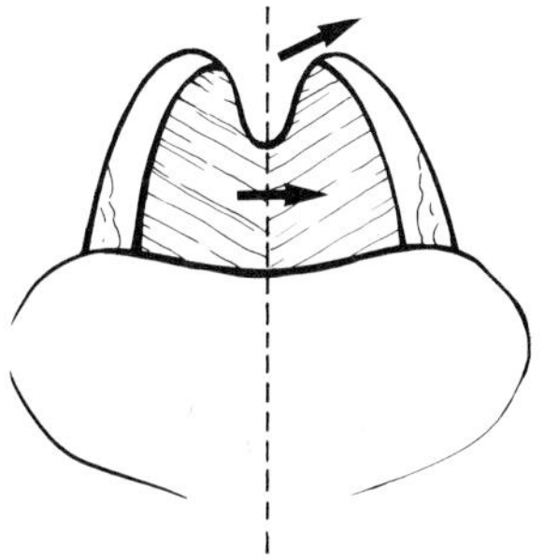

Abb. 71. Bei rechtsseitiger Vagus- und Glossopharyngeuslähmung werden Gaumensegel und hintere Rachenwand bei Phonation oder Auslösung des Rachenreflexes auf die gesunde Seite hinübergezogen: Kulissenphänomen.

Oberer Schlundschnürer (N. glossopharyngeus). Man inspiziert die hintere Rachenwand. Die Zunge wird mit einem Spatel herabgedrückt, die andere Hand hält die Taschenlampe. Die Kontraktion des Schlundschnürers wird durch Phonation oder vorsichtige Auslösung eines Rachenreflexes induziert. Einseitige Lähmung führt zum *Kulissenphänomen* (Abb. 71). Wenn der Rachenreflex fehlt, darf daraus noch nicht auf eine Lähmung des Schlundschnürers oder eine Sensibilitätsstörung im Hals geschlossen werden. Auch bei manchen Gesunden läßt sich ein Rachenreflex nicht auslösen. Eine doppelseitige Lähmung des Glossopharyngeus bedingt eine schwere *Schluckstörung* (s. unten).

Die Phonation kommt über den Vagus und die mit ihm laufenden Fasern des N. accessorius zustande. Einseitige Stimmbandlähmung führt zu *Heiserkeit*, doppelseitige zu evtl. kompletter *Aphonie* einschließlich der Unfähigkeit zu husten, weil die Stimmritze nicht mehr geschlossen werden kann. Bei funktioneller Aphonie ist der Hustenstoß klingend und ermöglicht damit die Unterscheidung von einer organischen Stimmlosigkeit. Während eine vollständige beiderseitige Rekurrenslähmung zur Aphonie führt, bewirkt eine partielle („Postikus"-)Lähmung eine Störung der Stimmritzenöffnung und damit Erstickungsgefahr. An diese Möglichkeit ist bei Stridor zu denken.

N. accessorius, spinaler Anteil. Er führt motorische Fasern aus dem oberen bis mittleren Halsmark. Sie innervieren die Mm. trapezius und sternocleidomastoideus (Untersuchung s. S. 25, 30, 34 f).

N. hypoglossus (XII)

Er hat eine rein motorische Funktion. Außer der Zunge versorgt er die Unterzungenbeinmuskulatur und die äußeren Larynxmuskeln, welche den Kehlkopf als Ganzes bewegen. Die motorischen Fasern für die äußeren Larynxmuskeln entspringen allerdings nicht aus dem Hypoglossuskern in der Medulla oblongata, sondern aus dem oberen Halsmark.

Zunge

Man beobachtet ihre Lage in der Mundhöhle und läßt sie herausstrekken. Bei einseitiger Lähmung weicht sie nach der gelähmten Seite hin ab (Abb. 72). Leichtere Zungenparesen kann man dadurch untersuchen, daß man die Zunge von innen gegen die Wange pressen läßt, von außen mit der Hand gegenhält und den Druck im Seitenvergleich abschätzt. Bei schwerer doppelseitiger Lähmung liegt die Zunge unbeweglich im Mund und kann nicht herausgestreckt werden. Bei peripherer Parese tritt *Zungenatrophie* auf. Man erkennt sie an einer Fältelung und Furchung der Zunge (Abb. 72) und dem hier leicht und regelmäßig erkennbaren Faszikulieren.

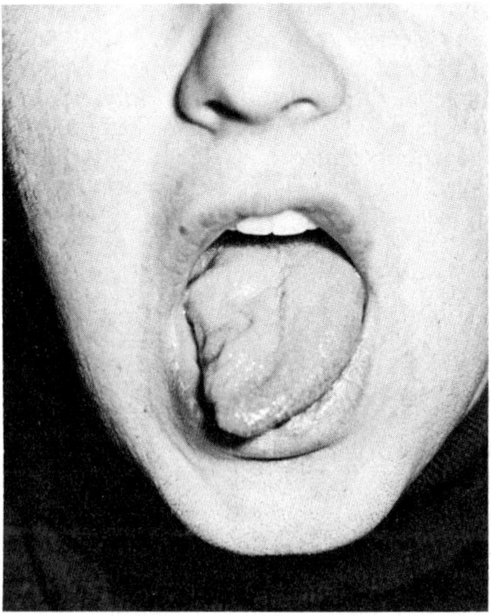

Abb. 72. Periphere Zungenlähmung mit Atrophie rechts.

Schlucken. Sprechen (Artikulation)

Einseitige Gaumensegel-, Rachen-, Stimmbandlähmungen sind immer peripher (bzw. nukleär), doppelseitige können peripher oder zentral sein. Die doppelseitigen Lähmungen (einschließlich der Zunge) führen zu schwerster Beeinträchtigung des Schluckens und Sprechens, häufig mit vermehrter Schleimansammlung im Rachen. Leichtere Schluckstörungen *(Dysphagie)* müssen nicht unbedingt auf einer Parese beteiligter Muskeln beruhen, sondern können auch andere Ursachen haben (wie z. B. Schleimhautatrophie des Ösophagus bei sideropenischer Dysphagie). Die Unterscheidung muß in manchen Fällen mit Hilfe einer Röntgendurchleuchtung während einzelner Kontrastbreischlucke getroffen werden.

Sprechstörungen bei Lähmung oder Koordinationsstörung der beteiligten Muskeln bezeichnet man als artikulatorische Störungen oder *Dysarthrie,* im Gegensatz zu den Störungen der Sprache oder *Aphasie.* Das Sprechen setzt eine normale Kraft und Koordination zahlreicher Muskeln des Gesichts, der Zunge, des Pharynx und Larynx sowie des Zwerchfells und der übrigen Atemmuskeln voraus. Bei der Analyse artikulatorischer Sprachstörungen achtet man auf Stimmklang und Stimmstärke, also Heiserkeit, Bitonalität, pathologischen Stimmbruch (z. B. bei erwachsenen Frauen durch eine Bulbärparalyse), Näseln. Eine kloßig-verwaschene und näselnde Sprache bis hin zu einem unverständlichen Krächzen *(Anarthrie)* bei erhaltener Phonation wird durch kombinierte Lähmungen des Rachens, der Zunge und des Gesichts hervorgerufen. Man spricht auch von *bulbärer Sprachstörung*. Man achtet außerdem auf den Sprachrhythmus und die Melodik. Als Störung des Sprachrhythmus imponiert ein abgehacktes, zäsierendes Sprechen von wechselndem Tempo zwischen verlangsamt und überstürzt, mit schlechter Verteilung der Lautstärke und falscher Betonung. Bei dieser *skandierenden Sprache* handelt es sich um eine Koordinationsstörung des Sprechens. Sie ist ein zerebelläres Symptom (S. 126 f). Hierher gehört ferner die leise, heisere, „ersterbende" und unmodulierte Stimme von Patienten mit Parkinson-Syndrom als Teil der bei ihnen bestehenden Akinese (S. 130). Zur Verdeutlichung leichter dysarthrischer Störungen bittet man die Patienten, bestimmte *Testwörter* nachzusagen. Bewährt haben sich z. B. „Donaudampfschiffschleppschiffahrtsgesellschaft", „Elektrizitätswerksdirektor", „liebe Lilli Lehmann". Sie sind zur Früherkennung einer bulbären Sprachstörung gut geeignet, weil die Konsonanten „r" und „l" besonders stark verschliffen werden.

Wenn die doppelseitigen Lähmungen der Hirnnerven IX–XII peripher sind, spricht man von *Bulbärparalyse*. Man findet in diesem Fall Atrophien der beteiligten Muskeln, vor allem der Zunge. Wenn die Lähmungen zentral sind, spricht man von *supranukleärer Bulbärparalyse* (= „Pseudobulbärparalyse"). Hier tritt keine Zungenatrophie auf und die regionalen Eigenreflexe (Masseterreflex, periorale Reflexe) sind gesteigert.

8. Motorik II: Koordination

Die Untersuchungen des 4. Kapitels (Motorik I) hatten vor allem dazu gedient, Lähmungen oder Paresen aufzufinden und ihren Grad zu schätzen. Zusammen mit anderen Methoden ist es möglich, zentrale und periphere Lähmungen zu unterscheiden (S. 75).
In diesem Kapitel geht es um Methoden zum Nachweis einer anderen Art von Motilitätsstörungen, nämlich solcher des Bewegungsablaufs. Sie beruhen auf Veränderungen im Zusammenspiel verschiedener Muskeln. Die Koordination kann gestört sein, auch wenn die Muskelkraft normal ist.

Zur normalen Koordination gehören zwei Dinge: a) Die zeitlich-räumlich geordnete Kontraktion verschiedener Muskeln, die für einen Bewegungsakt erforderlich sind. Wenn jemand die Hand ausstreckt, um ein Objekt zu ergreifen, werden zahlreiche Muskeln des Schultergürtels, des Armes und der Hand teils nacheinander, teils gleichzeitig aktiviert, ohne daß der bewußte Wille etwas dazu tun muß.

b) Zugleich werden Muskeln des Rumpfes und der Beine aktiviert, damit das Gleichgewicht gewahrt bleibt. Die Koordination erstreckt sich also auch auf Haltung und Stellung des Körpers und der Gliedmaßen im Raum, und auf ihre Anpassung an Änderung der Außenkräfte.

Bei der Koordination sind vor allem das Kleinhirn und seine afferenten und efferenten Verbindungen, der Vestibularapparat, die Hinterstränge (Tiefensensibilität) und die Basalganglien beteiligt. Die Untersuchungsmethoden dieses Kapitels richten sich vor allem auf Kleinhirnzeichen und ihre Unterscheidung von Funktionsstörungen des Vestibularissystems oder der Hinterstränge. Methoden zur Untersuchung der Basalganglien werden im nächsten Kapitel beschrieben.

Das *Kleinhirn* ist eng mit den motorischen Zentren des Kortex, des Subkortex und des Hirnstamms verbunden und empfängt afferente Meldungen aus fast allen Sinnesorganen. Es ist daher besonders befähigt, die Tätigkeit verschiedener Muskeln in komplexen intendierten Bewegungen aufeinander abzustimmen und diese selbst mit den ständigen motorischen Erfordernissen zur Aufrechterhaltung des Gleichgewichts und der Stellung im Raum in Einklang zu halten. Dementsprechend empfängt das Kleinhirn nicht nur starke Afferenzen aus den Muskelspindeln und Gelenkrezeptoren („feed back"), sondern auch Kollateralen von der Pyramidenbahn („feed forward"). Aufgrund dieser kombinierten Voraus- wie Rückmeldung kann das Kleinhirn über seine Efferenzen Einfluß auf ablaufende Bewegungen nehmen und rechtzeitige Korrekturen anbringen.

Zur Gliederung der verschiedenen Tests und Zeichen dienen die klassischen Begriffe der Ataxie, Asynergie und Dysmetrie. Von *Ataxie* spricht man, wenn eine Zielbewegung nicht in einer geraden Linie, sondern in einem Zickzack ausgeführt wird, oder wenn eine bestimmte Haltung nur verwackelt und unsicher eingehalten werden kann (*statische Ataxie*). *Asynergie* ist die Störung des geordneten Zusammenspiels von Agonisten, Synergisten und Antagonisten. Mit *Dysmetrie* bezeichnet man das Verfehlen eines angestrebten Zieles im Raum oder ein Mißverhältnis zwischen Muskelaktivität und angestrebtem Ziel.

Man sieht sofort, daß die drei Begriffe teils nicht der gleichen Begriffsebene angehören, teils sich überschneiden. Trotzdem sind sie als Einteilungsprinzip nicht wertlos, weil beim einen Test das geordnete Zusammenspiel von Muskeln, bei einem anderen die Zielsicherheit, und bei einem dritten die Ökonomie einer Bewegungsaufgabe mehr beansprucht wird.

Auf Tab. 13 sind Tests und Zeichen zur Untersuchung der Koordination zusammengestellt. Die wichtigsten davon sind fettgedruckt; sie genügen für die meisten praktischen Bedürfnisse.

Tabelle 13. Tests und Zeichen zur Untersuchung der Koordination

1. *Beurteilung von Stand und Gang*
   Sitzen – Rumpfataxie
   Stehen – Astasie, Standataxie
   Erschwertes Stehen mit Fußschluß – Schwanken, Fallneigung
   Erschwertes Stehen mit Fuß- und Augenschluß (Romberg) – Schwanken, Fallneigung
   Einbeinstand, Einbeinhüpfen — Schwanken und Fallneigung im Seitenvergleich.
   Gehen – Abasie
   Gangataxie a) infolge Rumpfataxie: Schwanken, breitbeinig, Zickzack
   b) als Gliedataxie der Beine: Überschießendes Werfen oder Ausfahren der Beine. Auch bei Zeigeversuchen sichtbar. Kann zerebellär oder spinal (Hinterstrangataxie) sein
   Erschwertes Gehen: Fuß-vor-Fuß-Gang oder rasche Richtungsänderung – leichte Gangataxie

2. *Gliedataktische Störungen*
   Halteversuche: Armhalteversuch (AHV), Beinhalteversuch (BHV) – statische (proximale) Ataxie
   Zielbewegungen: Finger-Nasen-Versuch (FNV), Knie-Fersen-Versuch (oder Knie-Hacken-Versuch = KHV), Figuren in die Luft zeichnen

3. *Asynergie*
   Diadochokinese
   Feinmotorik der Hände (z. B. Knöpfen, Uhr aufziehen, Bleistift rollen)
   Rückprallphänomen Stewart-Holmes
   Aufrichten aus dem Liegen ohne Zuhilfenahme der Arme

4. *Dysmetrie*
   Intentionstremor
   Skandierende Sprache
   Zielbewegungen
   Imitationsphänomen
   Linienziehen
   Megalographie
   Signe de préhension
5. *Richtungsabweichen*
   beim Stehen – Fallneigung
   beim Gehen – Gangabweichung
   beim Unterberger-Tretversuch
   in der Kopfhaltung
   beim AHV mit geschlossenen Augen
   beim Bárány-Zeigeversuch

Beurteilung von Stand und Gang

Stehen, Standataxie. Man beobachtet zunächst, wie der Patient mit offenen Augen und in einer von ihm gewählten Haltung steht. Bei schweren Kleinhirnläsionen kann schon das gewöhnliche Sitzen, Stehen und Gehen unmöglich werden *(zerebelläre Astasie und Abasie)*. Fallneigung tritt auch beim peripher- oder zentralvestibulären Syndrom auf (S. 114), geht dann aber mit Schwindel, Nystagmus und anderen Symptomen einher.
In der Untersuchung wird das Stehen zunehmend erschwert, zunächst dadurch, daß man die Füße parallel zusammenstellen läßt, dann durch Aufhebung der visuellen Kontrolle, indem man den Patienten auffordert, die Augen zu schließen *(Romberg-Stehversuch*, S. 114). Wenn dabei eine unüberwindliche Fallneigung auftritt, ist der Romberg-Versuch positiv. Kommt es zu einem erheblichen Schwanken, wird dies als verdächtig betrachtet. Ein geringes Schwanken oder Pendeln ist nicht pathologisch. Vor der Untersuchung vergewissert man sich, daß der Patient notfalls aufgefangen werden kann, so daß er nicht hinstürzt.

Beim Verdacht auf eine psychogene Ausgestaltung kann man den Romberg-Versuch indirekt ausführen lassen: Man erklärt dem stehenden Patienten, daß er auf die Stirn geschriebene Zahlen lesen soll, bittet ihn, die Augen zu schließen und schreibt, wie bei der Sensibilitätsprüfung, Ziffern auf die Stirn. Dabei ist allerdings ein Punkt zu beachten: Standunsicherheit infolge Hinterstrangläsion kann durch optische Kontrolle besser kompensiert werden, als eine zerebelläre Standataxie. Informationen aus anderen Sinnesgebieten, z. B. taktile Reize, haben denselben Effekt. Beim Romberg-Versuch dürfen also Wade oder Kniekehle nicht in Kontakt mit einem Stuhl oder dem Untersuchungsbett sein. Auch schon dadurch, daß man einen Finger auf die Brust des Patienten stützt, läßt sich eine Fallneigung vermindern oder unterdrücken. Man muß daher beim Zahlenschreiben auf die Stirn kurze Pausen einschalten, in denen der Patient nicht berührt wird, damit sich eine etwaige Standataxie manifestieren kann.

Rumpfataxie nennt man grobes Schwanken des Rumpfes im Stehen, Gehen oder Sitzen, unabhängig davon, ob die Augen offen oder geschlossen sind. Um dabei die Möglichkeit gliedataktischer Störungen (s. unten) auszuschalten, muß der Patient im Sitzen ohne Rücken- oder Seitenlehne, auf dem Bett oder auf einem Hocker, beobachtet werden. Rumpfataxie ist ein spezifisches Kleinhirnzeichen.

Gehen, Gangataxie. Zunächst wird das gewöhnliche Gehen beobachtet. Der gestörte Gang kann schwankend und breitbeinig sein, wobei der Patient nach Halt greift oder mit seitlich erhobenen Armen balanciert. Oder es kommt zu einem überschießenden Werfen oder Ausfahren der Beine. Man muß also bei der Beobachtung des Gehens auch ausdrücklich auf die Bewegung der Beine achten. Für die Untersuchung braucht man genügend Platz; eine Beurteilung ist schwierig oder unmöglich, wenn nur wenige Schritte in einem zu kleinen oder überfüllten Zimmer gemacht werden können. Ein Sturz des Patienten muß mit aller Umsicht vermieden werden.
Leichtere Gangataxie zeigt sich erst bei erschwertem Gehen. Dazu kann man Fuß vor Fuß gehen lassen, „wie auf einem Baumstamm", z. B. entlang der Stoßkante von Dielen oder Linoleumbelägen des Fußbodens (*Seiltänzergang* oder *Strichgang*). Dabei darf der Patient keine großen Schritte machen, sondern soll einen Fuß vor den anderen setzen. Falls er es nicht von selbst tut, wird er aufgefordert, vor sich auf den Boden zu schauen, um den Gang mit den Augen zu kontrollieren. Eine andere Methode, um leichte Gangataxien sichtbar zu machen, besteht darin, beim Gehen rasch und unerwartet die Richtung ändern zu lassen, z. B. indem man plötzlich „halt" ruft und den Patienten auffordert, rechtwinklig nach der Seite abzubiegen oder rasch zurückzukommen. Man kann dabei etwa eine plötzliche Unsicherheit, einige kleine Schritte zur Seite o. ä. beobachten. Einseitige Stand- und Gangataxie kann durch *Einbeinstand* und *Einbeinhüpfen* aufgedeckt werden.
Eine weitere Erschwerung ist der *Blindgang*. Er sollte, wenn auch nur der Verdacht auf eine Gleichgewichtsstörung besteht, nur unter Assistenz durch eine Hilfsperson untersucht werden, die leise hinter dem Patienten hergeht und sich darauf konzentriert, ihn vor einem Sturz zu bewahren.

Wenn sich eine Gangstörung bei Augenschluß erheblich verstärkt, spricht das für eine *spinale oder Hinterstrangataxie*. Diese Patienten kommen zu Fall, wenn sie z. B. aus einem erleuchteten Zimmer in einen dunklen Gang treten. Auch eine zerebelläre Gangunsicherheit nimmt zu, aber in geringerem Maße.

Einteilung der Gangataxien. Sie können ganz verschieden bedingt sein, was man der Gangstörung als solcher nicht unbedingt ansieht. Eine Zuordnung ist aber meistens durch einfache Zusatzuntersuchungen möglich.

a) Gangataxie infolge Rumpfataxie (mediales Kleinhirnsyndrom): Die Rumpfataxie muß auch im Sitzen ohne Seiten- und Rückenlehne vorhanden sein.

b) Gangataxie infolge Gliedataxie der Beine (laterales Kleinhirnsyndrom): Die gliedataktischen Störungen müssen auch bei Zielbewegungen mit den Beinen (KHV, siehe unten) herauskommen.

c) Gangataxie infolge spinaler oder Hinterstrangataxie: In diesem Fall sind Störungen der Tiefensensibilität zu fordern (S. 85 f). Hinterstrangataxie kommt vorwiegend an den Beinen vor.

Gliedataktische Störungen

Zielbewegungen. Sie sind die wichtigste Methode zur Untersuchung der Ataxie. Man läßt den Patienten einen Zeigefinger auf die Nasenspitze setzen (Finger-Nasen-Versuch = FNV) oder beide Zeigefinger der ausgestreckten Arme vor der Brust zusammenbringen *(Finger-Finger-Versuch = FFV)* oder den vorgehaltenen Zeigefinger des Untersuchers mit dem eigenen Zeigefinger berühren. An den Beinen läßt man die Ferse auf das gegenseitige Knie setzen *(Knie-Fersen-Versuch oder Knie-Hacken-Versuch = KHV)* oder den vorgehaltenen Zeigefinger mit der Großzehe berühren. Die Zielbewegungen müssen frei, „durch die Luft", ausgeführt werden; der Patient darf nicht am Rumpf oder Untersuchungsbett entlangstreifen. Mit den Armen und Beinen kann man runde Ziffern, z. B. eine „acht", oder Kreise in die Luft zeichnen lassen. Die Tests sollen immer mehrmals und mit verschiedener Geschwindigkeit wiederholt werden, die Entfernung zwischen Ausgangs- und Zielpunkt muß genügend groß sein, man wechselt den Zielort (vorgehaltener Finger). Die Zeigeversuche am eigenen Körper und das Zahlenschreiben läßt man auch mit geschlossenen Augen durchführen. Man achtet darauf, ob die Bewegungen eine gerade, glatte Linie bilden, wie das normalerweise möglich ist, oder ob sie in einem unregelmäßigen Zickzack verlaufen, ob sie gleichmäßig sind oder ihre Geschwindigkeit fluktuiert. Ziffern oder Kreise können rund und glatt oder eckig und abgehackt in die Luft geschrieben werden.

Intentionstremor. Bei den Zielbewegungen kann eine besondere Art von Tremor vorkommen. Dieser Intentionstremor tritt nur bei Bewegungen auf und wird immer stärker, je mehr sich Hand oder Fuß dem Ziel nähern. Die Amplitude ist von Patient zu Patient recht verschieden; sie reicht von einem feinschlägigen Zittern bis zu einem groben Wackeln oder Schlagen *(Intentionswackeln)*. Andere Tremorformen S. 134 f.

Halteversuche. Eine andere gliedataktische Störung besteht darin, daß der Patient nicht in der Lage ist, Arm oder Bein ruhig ausgestreckt zu halten. Es kommt zu einem unregelmäßigen Schwanken oder Oszillieren der vorgestreckten Gliedmaßen oder des Kopfes wegen unstabiler proximaler Abstützung. Das ist die *statische Ataxie*. Man beobachtet die auf S. 42 beschriebenen Halteversuche (AHV und BHV). Kinder können noch bis zum 10.—12. Lebensjahr eine proximale Unruhe der ausgestreckten Extremitäten haben.

Asynergie

Diadochokinese. Rasche Wechselbewegungen erfordern ein besonders hohes Maß von Präzision im geordneten Zusammenspiel antagonistischer Muskelgruppen. Die Fähigkeit, Wechselbewegungen flüssig und rhythmisch auszuführen *(Eudiadochokinese)*, wird durch folgende Tests geprüft: Abwechselnde Pronation und Supination der Unterarme („wie wenn man eine Glühbirne einschraubt"), evtl. unter jeweiligem Aufschlagen der Hand auf den Oberschenkel; rhythmisches Aufklopfen der Fersen oder Fußballen auf den Boden; rhythmisches Auf- und Abbewegen der Zehen; rasches Hin- und Herbewegen der Zunge. Die Geschwindigkeit solcher Wechselbewegungen unterliegt größeren individuellen Schwankungen. Personen, die ständig schwere grobe Arbeit verrichten, sind weniger schnell, ebenso Debile. Für die Beurteilung der Diadochokinese ist es wichtiger, ob die Wechselbewegungen rhythmisch ausgeführt werden können. Man achtet vor allem auch auf Seitenunterschiede, ohne zu vergessen, daß die von jeher geschicktere Hand auch bei dieser Untersuchung besser geht. Störung der Fähigkeit zu raschen Wechselbewegungen heißt *Dys- oder Adiadochokinese.*

Die Feinmotorik der Hände (mit fließenden Grenzen zur Diadochokinese) wird durch Öffnen und Schließen von Knöpfen, Aufziehen einer Taschen- oder Armbanduhr, das Rollen eines Bleistifts zwischen den Fingern untersucht. Man kann den Daumen in schneller Folge auf einen Finger nach dem anderen aufsetzen lassen. Oder man bittet den Patienten, eine dünne Nadel vom Tisch oder ein Streichholz aus der Schachtel zu nehmen. Die Bewegungsaufgaben müssen einhändig im Seitenvergleich durchgeführt werden.

Dysdiadochokinese und Störung der Feinmotorik sind nicht selten Frühsymptome. Andererseits sind sie unspezifisch und kommen bei den verschiedensten Läsionen vor. So sind sie ein Bestandteil des Pyramidenbahnsyndroms; man kann sie bei Läsionen des Tractus corticospinalis oder des motorischen Kortex finden, auch wenn noch keine grobe Parese vorliegt. Sie sind ein Kleinhirnsymptom (ipsilateral zum Herd) und kommen bei extrapyramidal-motorischen Erkrankungen vor (S. 138). Schließlich treten sie als Folge einer schweren Hinterstrang- oder Lemniskusläsion mit Störung der Tiefensensibilität in Erscheinung. Eine schwere Störung der Feinmotorik und Diadochokinese trotz guter Muskelkraft wird unter dem Begriff der *„nutzlosen Hand" (useless hand)* zusammengefaßt. Im Fall der Tiefensensibilitätsstörung kann der Patient beim Armhalteversuch (S. 42) häufig die Finger der betroffenen Hand nicht ruhig halten; sie führen unregelmäßige langsame Bewegungen aus *(Pseudoathetose)*.

Dysmetrie

Skandierende Sprache. Die Labiallaute sind explosiv, die einzelnen Worte werden zerpflückt, die Sprache erscheint übertrieben und falsch akzentuiert, das Sprechtempo wechselt zwischen verlangsamt und überstürzt. Die Störung ist so charakteristisch, daß man sie wiedererkennt, wenn man sie einmal gehört hat. Sie unterscheidet sich deutlich von der verwaschen-kloßigen Sprache bei Bulbärparalyse (S. 119 f). Mischformen kommen allerdings vor. Die skandierende Sprache ist neben der Rumpfataxie das einzige spezifische Kleinhirnzeichen.

Zielbewegungen (S. 125). Sie werden auf Zielsicherheit beobachtet. Bei überschießenden Zielbewegungen spricht man von *Hypermetrie,* beim Zukurzfassen von *Hypometrie,* bei Verlangsamung der Bewegung vor Erreichen des Ziels von *Bradyteleokinese.* Leichte Dysmetrie kann durch rasch aufeinanderfolgende Zielbewegungen im Seitenvergleich sichtbar gemacht werden.

Intentionstremor S. 125.

Richtungsabweichen

Auf Seitabweichen achtet man während der Untersuchung von Gang und Stand mit offenen und mit geschlossenen Augen (s. oben), beim Unterberger-Tretversuch (S. 115), beim Bárány-Zeigeversuch (S. 115), in der Kopfhaltung und bei Halteversuchen der Arme mit geschlossenen Augen.

Zerebelläre Kopfschiefhaltung. Dabei kann der Kopf sowohl geneigt als auch leicht gedreht sein. Andere Ursachen für Kopfschiefhaltung s. S. 137. Für drohende Einklemmung spricht eine Kopfzwangshaltung mit schmerzhafter Nackensteife in fortgeschrittenen Fällen von Kleinhirntumor.

Der Armhalteversuch wird wie beim Vestibularissyndrom (S. 115) auf Seitabweichung unter Augenschluß beobachtet. Gelegentlich sieht man nur eine unwillkürliche Abduktion des Kleinfingers.

Richtungsabweichen muß nicht in jedem Test auftreten und nicht in jedem Test nach derselben Seite. Es wird nur dann verwertet, wenn es einigermaßen reproduzierbar und innerhalb eines Tests richtungskonstant ist. Wenn Seitabweichen vorkommt, muß eine Vestibularisstörung ausgeschlossen werden (S. 114 f), ehe man an eine Kleinhirnläsion denkt. Die Richtung einer Dreh- oder Abweichtendenz gibt beim zerebellären Syndrom keinen verläßlichen Hinweis auf die Seite des Herdes.

Manchmal ist es nützlich, noch die eine oder andere Methode zu kennen, auch wenn man sie nicht regelmäßig anwendet.

Das Rückprallphänomen (Rebound) von Stewart und Holmes wird folgendermaßen untersucht: Der Patient sitzt auf einem Stuhl angelehnt. Er beugt mit aller Kraft im Ellenbogengelenk gegen den Widerstand des Untersuchers, der den Unterarm des Patienten am Handgelenk festhält. Eine Bewegung soll dabei nicht stattfinden. Wenn der Untersucher überraschend losläßt, tritt normalerweise nur eine relativ geringe Beugebewegung des

Unterarms auf, der durch das geordnete Spiel der Antagonisten sogleich aufgefangen und in einer kurzen Streckbewegung (Rückprall) wieder annähernd in die Ausgangsstellung zurückgeführt wird. Im Rahmen einer Asynergie kann der normale Rebound aufgehoben sein, so daß der Arm ungebremst auf den Patienten zurückschnellt. Damit er ihm nicht ins Gesicht fährt, muß der Untersucher seine freie Hand dazwischen halten.

Beim Versuch, sich aus dem Liegen ohne Zuhilfenahme der Arme aufzurichten, kann ein hilfloses Hochwerfen beider Beine oder auch nur des Beines der Herdseite auftreten.

Imitationsphänomen. Der Patient hält die Augen geschlossen und streckt einen Arm vor. Diesen bringt der Untersucher in verschiedene Stellungen. Der Patient soll seinem anderen Arm aktiv jeweils die gleiche Stellung erteilen. Dies gelingt normalerweise mit großer Genauigkeit, während ein Patient mit einer zerebellären Läsion gröbere Fehler macht. Der Test kann auch an den Beinen durchgeführt werden: Der Patient liegt mit geschlossenen Augen auf dem Rücken. Ein Bein wird passiv in Hüft- und Kniegelenk gebeugt und in verschiedene Stellungen gebracht, die mit dem andern Bein aktiv imitiert werden müssen. Die Fähigkeit zur Imitation kann natürlich auch durch eine Hinterstrangläsion gestört werden; diese müßte aber schon sehr stark sein, um den Test zu beeinflussen.

Linienziehen. Der Patient bekommt ein Blatt Papier, auf dem ein langer senkrechter Strich gezeichnet ist. Er soll in zügiger Weise lange waagrechte Linien ziehen, die an dem senkrechten Strich enden. Bei Dysmetrie kommt es häufig zu einem Verfehlen der Ziellinie, die entweder nicht erreicht oder überschritten wird. Die Probe läßt sich auch mit der linken Hand machen.

Die Megalographie ist eine charakteristische Störung des Schriftbildes im Rahmen einer Dysmetrie. Außer einer ataktischen Verzitterung fällt die zunehmende Größe der Buchstaben auf.

Signe de préhension. Die mangelnde Fähigkeit, eine Bewegung rechtzeitig anzuhalten und im Ausmaß richtig abzustimmen, zeigt sich in einer unnötigen maximalen Handöffnung und Fingerspreizung beim Ergreifen eines Glases.

9. Motorik III: Untersuchung extrapyramidal-motorischer Störungen

Mit diesem Terminus werden Bewegungsstörungen bezeichnet, die durch Läsionen der Stammganglien oder Basalganglien (also des Striatums, bestehend aus Putamen und Nucleus caudatus, sowie des Pallidums), ferner des Nucleus hypothalamicus Luys und der Substantia nigra zustande kommen.

Anatomisch besteht eine enge Verzahnung der Basalganglien untereinander durch vielfältige gegenseitige Verbindungen, wobei das Pallidum eine zentrale Stellung einnimmt. Man spricht deshalb auch vom *extrapyramidal-motorischen System.* Dieses empfängt eine große Zahl von *Afferenzen* aus verschiedenen Gebieten des ZNS, vor allem vom motorischen Kortex (Area 4), vom Zerebellum über den Bindearm, sowie sensible und sensorische Afferenzen aus allen Sinnesgebieten über die Formatio reticularis. Der größte Teil der *Efferenzen* geht aus dem Pallidum über den Thalamus zum prämotorischen Kortex (Area 6), die übrigen direkt in den Hirnstamm, wo sie über Zwischenneurone und eine Kreuzung Anschluß an die extrapyramidalen Bahnen (Tractus vestibulo-, reticulo- und rubrospinalis) gewinnen. Sowohl über die auf- wie auch über die absteigende Efferenz bestehen vielfältige Berührungspunkte und enge Verknüpfungen mit dem Pyramidenbahnsystem und mit dem Zerebellum. Alle Bewegungen, willkürliche und unwillkürliche, bewußte und unbewußte, werden vom extrapyramidal-motorischen System mitgeprägt und mitgestaltet. Es wird angenommen, daß der motorische Kortex mit Programmierung und Einleitung komplexer Bewegungen weniger zu tun hat als die Basalganglien und daß er funktionell auf „tieferer" Ebene steht als diese.

Klinisch sind extrapyramidal-motorische Bewegungsstörungen gekennzeichnet durch Ausfälle auf folgenden Gebieten:

Start und Durchführung von Bewegungen,
Feinmotorik,
Wechselbewegungen (Diadochokinese),
Ausdrucksbewegungen (Mimik, Gestik),
Mitbewegungen,
Asynergie;

sowie durch: abnorme Haltungen,
Tonusstörungen,
Hyperkinesen.

Nicht zum Bild extrapyramidalmotorischer Syndrome gehören Paresen, pyramidale Massenbewegungen und Pyramidenzeichen. Bei manchen Syndromen kommen extrapyramidal-motorische Reflexphänomene vor (S. 59 f, 67).

Bei der Untersuchung geht es hier vor allem um die gezielte Beobachtung bestimmter Spontan- oder induzierter Bewegungen. Gezielt soll die Beobachtung deshalb sein, weil nicht jede Einzelheit wesentlich ist, sondern nur einige ganz bestimmte.

Eine kurze Zusammenfassung der Untersuchung ist auf S. 139, *eine Differentialsymptomatologie in* Tab. 14 zu finden.

Start und Durchführung von Bewegungen

Um sie abzuschätzen, beobachtet man die Patienten beim Hereinkommen, beim Sprechen, beim Aus- und Ankleiden. Ferner läßt man Halteversuche (S. 42, 125) und Zielbewegungen (S. 125) durchführen. Man achtet dabei weniger auf Zielsicherheit und Glätte der Ausführung als auf Schnelligkeit des Beginns und der Durchführung.

Akinese heißt eine allgemeine Verarmung und Verlangsamung der Motorik trotz normaler Muskelkraft. Der Start spontaner oder induzierter Bewegungen ist zögernd, sie kommen nur allmählich in Gang. Der Patient kann große Kraft entwickeln, aber er braucht lange dazu. Im Gang befindliche Bewegungen können steckenbleiben. So kann es vorkommen, daß ein Patient, der sich niederlegen will, auf halbem Wege in zurückgelehnter Stellung auf dem Rand des Untersuchungsbettes verharrt. Manche Patienten können berichten, daß sie nicht imstande sind, sich im Bett herumzudrehen. Der Gang ist kurzschrittig, schlurfend. Die Schrift wird innerhalb eines Wortes oder im Lauf eines Satzes kleiner *(Mikrographie)*. Die Patienten sprechen mit leiser, heiserer, „ersterbender" Stimme. Akinese ist ein Leitsymptom des Parkinson-Syndroms.

Feinmotorik

Untersuchung S. 126.

Diadochokinese

Untersuchung siehe S. 126. Dysdiadochokinese und Störungen der Feinmotorik sind an sich vieldeutig (S. 126). Sie kommen bei mehreren extrapyramidalmotorischen Syndromen vor.

Ausdrucksbewegungen

Das sind Bewegungen der Mimik und Gestik.

Verarmung. Das Gesicht wird maskenhaft starr *(Hypomimie, Amimie)*. Der spontane Lidschlag tritt seltener auf; im Gegensatz dazu kann ein übermäßig lebhafter Orbicularis oculi-Reflex (S. 111) stehen. Die Gestik wird zunehmend spärlicher. Die Verarmung an Ausdrucksbewegungen ist ein typisches Symptom des Parkinsonismus.

Vermehrung. Choreatische Bewegungen werden von den Patienten nicht selten in Gesten oder scheinbare Zweckbewegungen überführt; man spricht von *Pseudoexpressivbewegungen.* Wenn sie gehäuft auftreten, erwecken sie den Eindruck gesteigerten Gestikulierens und eines übertrieben lebhaften Mienenspiels (Hampelmanngebahren). Bei den anderen extrapyramidalen Syndromen kommt echte Vermehrung der Ausdrucksbewegungen bis hin zu krankhaftem Grimassieren vor. Besonders bei Athetose können sich Affekte motorisch in so übersteigerter Weise ausdrücken, daß sie in Mimik und Gestik kaum noch erkennbar sind.

Mitbewegungen

Eine einfache und wertvolle Methode ist die Beobachtung der Arme beim Gehen im Seitenvergleich. Normalerweise pendeln sie in symmetrischer Weise. Es gibt allerdings befangene Personen, die, gerade wenn sie beobachtet werden, sich linkisch verhalten. Man kann den Patienten unauffällig beim Gehen beobachten, oder man kann ihn mehrmals mit verschiedener Geschwindigkeit gehen lassen.

Ein- oder beidseitige Herabsetzung oder Aufhebung der Mitbewegung der Arme beim Gehen kann ein Frühsymptom des Parkinson-Syndroms sein. Es ist allerdings nicht spezifisch für dieses, sondern kommt auch bei pyramidalen Läsionen (kontralateral zum Herd) und beim zerebellären Syndrom (auf der Herdseite) vor.

Vermehrte und gesteigerte Mitbewegungen. Bei Durchführung von Bewegungen bleiben die Kontraktionen nur ungenügend auf die erforderlichen Muskeln und normalerweise hinzutretenden Synergisten beschränkt. Andere Muskelgruppen der gleichen oder der kontralateralen Extremität oder sogar entfernter Körperregionen und des Gesichts treten in pathologische Mitbewegungen ein. Sie sind besonders gut beim Sprechen und Gehen zu beobachten. Das Sprechen kann dadurch in ausgeprägten Fällen sehr erschwert sein. Bei der Athetose kommt es zu langgezogenen, stöhnenden Lauten. Die Artikulation ist auch infolge Asynergie (s. unten) von Lippen und Zunge hochgradig gestört. Beim Gehen sind die im Kniegelenk leicht gebeugten Beine innenrotiert und adduziert. Übersteigerte Mitbewegungen sind ein wesentlicher Bestandteil der Athetose, die geradezu als „Mitbewegungskrankheit" bezeichnet wird.

Asynergie

Eine Reihe weiterer Symptome können als Ausdruck einer Koordinationsstörung, vor allem einer *Dys- oder Asynergie* beschrieben werden. Die Grenzen zu den veränderten Mitbewegungen und gestörten Wechselbewegungen sind fließende.

Propulsion und Retropulsion. Bei der Untersuchung des Gehens wird dem Patienten plötzlich „halt“ zugerufen. Dabei zeigt sich, daß er nicht sofort abbremsen kann, sondern noch einige Schritte weitertrippelt. Als Ausdruck der Asynergie kann er den nach vorn verlagerten Schwerpunkt nicht sofort zurücknehmen. Gelegentlich ist ein Patient überhaupt nicht in der Lage anzuhalten, so lange er nicht an einem Hindernis zum Stehen kommt. Propulsion und Retropulsion kommen beim Parkinson-Syndrom vor.

Stoßtest (Wartenberg). Man stößt den stehenden Patienten leicht zurück und beobachtet die Dorsalflexoren der Füße und Zehen und das Spiel ihrer Sehnen. Um das Gleichgewicht zu halten, werden sie sofort unwillkürlich angespannt. Diese Reaktion ist bei Patienten mit Parkinson-Krankheit abgeschwächt und verzögert. Sie kommen leicht zu Fall, und der Stoß darf nur schwach sein.

Proximale Fixierung der Extremitäten. Man untersucht sie mit Hilfe der Zielbewegungen (S. 125) und Halteversuche (S. 42, 125). Dabei tritt unregelmäßiges, relativ langsames Oszillieren in proximalen Gelenken in Erscheinung. Proximale Fixierung ist vor allem bei Chorea gestört (wenn auch nicht immer von der choreatischen Hyperkinese abzugrenzen; s. unten).

Kokontraktion von Antagonisten bei Willkürbewegungen ist der stärkste Ausdruck von Asynergie. Die reziproke Innervation ist praktisch aufgehoben. In schweren Fällen treten anhaltende Verkrampfungen zahlreicher Synergisten und Antagonisten auf, sobald eine willkürliche Bewegung begonnen wird. Die unwillkürlichen tonischen Kokontraktionen können auf Rumpf-, Gürtel- und Halsmuskeln übergreifen (fließender Übergang zu übersteigerten Mitbewegungen, siehe oben). Diese schwere Form der Asynergie kommt besonders bei Athetose und Torsionsdystonie vor.

Abnorme Haltungen

Sie kommen beim Parkinson-Syndrom, bei der Athetose und beim dystonischen Syndrom vor.

Der Kranke mit **Parkinson**-Syndrom steht mit nach vorn gebeugtem Rumpf, leicht im Ellenbogengelenk gebeugten Armen, im Grundgelenk gebeugten und in den Mittel- und Endgelenken gestreckten Fingern und leicht gebeugten Knien (Abb. 73).

Bei der Athetose sieht man vertrackte Stellungen vor allem der Extremitätenenden. Sie sehen wie erstarrte athetotische Hyperkinesen (s. unten) aus. Man findet Bajonettfinger mit oder ohne Überstreckung in den Grundgelenken, an den Füßen maximal plantarflektierte Zehen und/oder eine extreme Dorsalflexionsstellung der Großzehe, manchmal Hohlfuß.

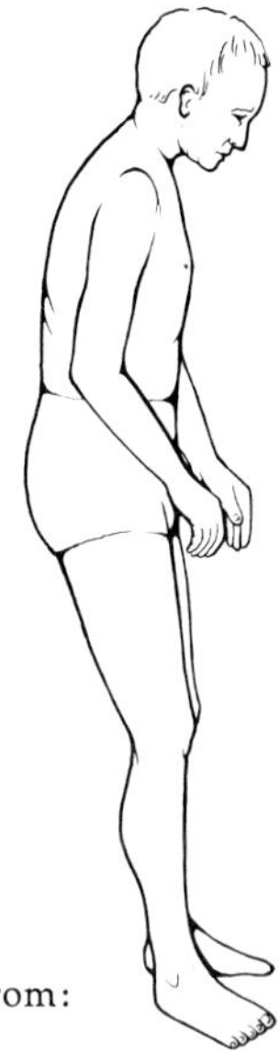

Abb. 73. Typische Haltung beim Parkinson-Syndrom: Amimie; Rumpf, Arme und Finger leicht gebeugt.

Beim dystonischen Syndrom kommt die *Dromedarhaltung* vor, die durch eine übermäßige Lendenlordose mit Vorspringen der Gesäßgegend, zusammen mit maximaler Kyphose der BWS, und auf die Brust herabgezogenem Kopf entsteht. Arme und Beine können innentorquiert, die Hände überproniert und die Füße extrem supiniert und plantargebeugt sein (Equinovarusstellung der Füße).

Im Schlaf verschwinden nicht nur die Hyperkinesen (s. unten), sondern auch die Haltungsstörungen. Allerdings gibt es bei Athetose und Torsionsdystonie manchmal zunehmende Versteifungen und schließlich fixierte Kontrakturen.

Tonusstörungen

Untersuchungsmethoden des Muskeltonus S. 49 ff.

Rigor. Bei passiven Gelenkbewegungen ist der erhöhte Dehnungswiderstand des Rigor zähflüssig, wächsern und nicht wie bei der Spastizität federnd. Der Rigor ist relativ unabhängig von der Ausgangsstellung und von der Schnelligkeit der passiven Bewegungen. Aufgesetzt sind manchmal kleine Sakkaden *(Zahnradphänomen)*, besonders bei der Tonusprüfung am Handgelenk. Bei starkem Rigor bleibt die Extremität längere Zeit in der erteilten Stellung stehen. Rigor der

Hals- und Nackenmuskulatur kann ein Frühsymptom sein. Man untersucht ihn mit Hilfe des *Kopffalltests* (S. 49). Bei Gesunden fällt der Kopf prompt auf die Hand zurück, bei Rigor der Nackenmuskulatur sinkt er langsam herab oder bleibt sogar eine Weile in der Schwebe *(signe de l'oreiller)*. Rigor gehört zum Parkinson-Syndrom.

Hypotonie. Spezielle Tests auf Hypotonie S. 51. Bei der Chorea läßt sich meistens eine Überstreckbarkeit der Gelenke nachweisen, auch wenn die übliche Untersuchung des Muskeltonus wegen der Hyperkinese erschwert oder unmöglich ist.

Spasmus mobilis (Variotonie). Bei der Tonusprüfung fühlt man plötzlich einschießenden Widerstand, sei es durch interferierende Muskelanspannung im Rahmen der Hyperkinese, sei es durch echte kurzfristige Tonusveränderungen. Spasmus mobilis ist häufig bei Athetose.

Als Dystonie wird ein charakteristischer Wechsel zwischen Hypotonie und wuchtigen Muskelkontraktionen bezeichnet. Dabei befällt anhaltende tonische Verkrampfung gerade diejenigen Muskeln, die willkürlich bewegt werden sollen. Wenn es gelingt, den Tonus in einer Pause zu untersuchen, kann man eine Hypotonie finden. Durch fortgesetzte Tonusprüfung können jedoch ebenfalls Muskelverkrampfungen ausgelöst werden. Gegenüber dem Spasmus mobilis sind sie stärker und anhaltender. Die Dystonie ist das Charakteristikum des dystonischen Syndroms.

Hyperkinesen

Darunter versteht man unwillkürliche, unzweckmäßige, abnorme Bewegungen bei wachem Bewußtsein.

Ruhetremor (= Parkinson-Tremor). Er tritt vor allem in entspannten Gliedmaßen auf, allenfalls auch während ruhiger Halteinnervation. Während einer Bewegung, z. B. bei einem Zeigeversuch, läßt er deutlich nach oder verschwindet für die Dauer der Bewegung. Er hat eine Frequenz von 4 bis 7/sec. Man spricht auch vom *Antagonistentremor*, da antagonistisch wirkende Muskeln präzis alternierend arbeiten. Lokalisiert ist der Parkinson-Tremor vor allem an Extremitäten, er kann aber auch Kopf, Lippen, Kiefer, Zunge ergreifen. Er kommt halbseitig vor, ist oft wenigstens asymmetrisch, und in verschiedenen Körperregionen verschieden stark ausgeprägt. In unregelmäßigen Perioden nimmt er zu und ab. Wie alle Hyperkinesen wird er durch Affekte und Aufmerksamkeit gesteigert und verschwindet im Schlaf. Er verschwindet ferner in Muskeln, die eine supranukleäre Parese (z. B. durch einen vaskulären Insult) erleiden. Der Tremor kann beim Parkinson-Syndrom fehlen.

Tremor ist in der Neurologie ein häufiges Symptom. Zur richtigen Einordnung muß jeder Tremor auf seine Eigenschaften, nämlich Ort, Frequenz, Amplitude, Bedingungen des Auftretens analysiert werden. Das Gegenstück zum *Ruhetremor* ist der *Intentionstremor* bei Läsionen des Zerebellums oder seiner efferenten Verbindungen (S. 125). Unter *Haltetremor* versteht man ein Zittern, das während Halteversuchen hervortritt. Von *Bewegungs-* oder *Aktionstremor* wird gesprochen, wenn das Zittern während einer Bewegung auftritt oder gebahnt ist. Der *essentielle (familiäre, senile) Tremor* ist vorwiegend ein Haltetremor mit Beimischung von Bewegungstremor und nicht selten auch Verstärkung kurz vor Erreichen des Zieles. Er ist oft asymmetrisch und ergreift häufiger als der Parkinson-Tremor auch Hals, Kopf, Unterkiefer, Lippen und Zunge. Der essentielle Tremor nimmt nach Alkoholgenuß ab und nach Kaffee zu. In der Regel verstärkt er sich unter gespannter Aufmerksamkeit, so daß er feine Arbeiten unmöglich machen kann, während grobe Handarbeiten praktisch nicht beeinträchtigt sind. Der *Tremor bei Thyreotoxikose* ist ebenfalls eine Mischung aus Halte- und Aktionstremor. Er ist feinschlägig und eher unregelmäßig. Der *flapping tremor (Flattertremor)* ist ein Halte- und Aktionszittern vorwiegend der Finger, Hände und Füße, bei hepatoportaler (portokavaler) und bei urämischer Enzephalopathie. Er ist langsamer (1–3/sec) als die bisher aufgezählten Arten; er kann grobschlägig oder diskret sein. Wie der Parkinson-Tremor kann er in Wellen kommen und gehen. In vieler Hinsicht ähnlich ist das *Flügelschlagen* bei Wilson-Krankheit (vor allem der Erwachsenen). Es ist aber mehr proximal lokalisiert und schon daher meistens grobschlägig. Ein lebhafter *gemischter Tremor* gehört zum Bild des Delirium tremens. Morgendlicher Tremor, der nach Alkohol verschwindet, erweckt den Verdacht auf Alkoholismus. *Funktioneller Tremor* war früher wesentlich häufiger. Eindeutige Zeichen an der Art des Zitterns selbst gibt es nicht. Gelegentlich kann ein paradoxes Zurücktreten des Tremors unter emotioneller Belastung und gespannter Aufmerksamkeit für eine psychogene Verursachung sprechen.

Die choreatische Hyperkinese besteht in schnellen Kontraktionen wechselnder Muskeln oder Muskelgruppen ohne Betonung proximaler oder distaler Extremitätenabschnitte. Sie ist dauernd vorhanden. Halbseitige Chorea kommt vor, selten der Befall nur einer einzigen Extremität. Bevorzugt betroffen sind Zunge, Gesicht und Schultermuskeln, so daß bei Verdacht auf Chorea diese Gebiete besonders gründlich beobachtet werden müssen. Bei geringer Ausprägung oder im Beginn kann eine Chorea übersehen werden, da sie wie eine motorische Lebhaftigkeit mit gehäuften Verlegenheitsbewegungen wirkt, wozu die Pseudoexpressivbewegungen (S. 131) beitragen. Dadurch kann es in der Schule (Verschlechterung der Schrift, hampelmannartiges Gebaren) zu Konflikten kommen, zumal die Chorea, wie die anderen Hyperkinesen, durch affektive Erregung und Konzentration (Kopfrechnen) gebahnt wird.

Stehtest. Eine einfache Methode, um leichte Hyperkinesen zu verstärken und sichtbar zu machen, besteht darin, den Patienten mit geschlossenen Augen und Füßen, nach vorn ausgestreckten Armen und nach oben gewendeten Handflächen und mit herausgestreckter Zunge stehen zu lassen, dazu noch mit der Aufforderung, sich möglichst ruhig zu halten. Die ausgedehnten starken Muskelkontraktionen, verbunden mit der Belastung der Halte- und Stützmotorik, heben auch geringgradige Hyperkinesen oft noch über die Schwelle. Eine andere Bahnungsmethode ist die Anspannung der Konzentration durch Kopfrechnen oder Klopfen einfacher bis schwieriger Rhythmen.

Hemiballismus. Ähnlich wie bei der choreatischen Hyperkinese handelt es sich um schnelle Kontraktionen wechselnder Muskelgruppen. Die Bewegungen sind jedoch proximal an den Gliedmaßenwurzeln lokalisiert, sind von größerer Wucht und Kraft und treten in Ausbrüchen aus relativer Ruhe heraus auf. Die Bewegungsstürme können durch unerwartete oder unangenehme Sinnesreize ausgelöst werden.

Bei der Athetose und beim dystonischen Syndrom sind die unwillkürlichen Bewegungen im Gegensatz zu den bisherigen Hyperkinesen langsamer. Die athetotische Hyperkinese besteht in wurmförmigen, geschraubten Bewegungen, vorwiegend an den Extremitätenenden, die zu bizarren, unnachahmlichen Gliedstellungen führen, die für Sekunden „stehenbleiben" können. Die Bewegungen sind nicht rhythmisch. An der Hand kommen vor allem Streckbewegungen in den Grundgelenken der Finger vor, die zu dorsalen Überstreckungen führen (Abb. 74), am Fuß Einkrallen der Zehen oder Überstreckung der Großzehe nach dorsal, wie bei einem spontanen Babinski-Phänomen, am Kopf Halsverdrehungen und krampfartiges Grimassieren. Häufiger als reine Formen sind choreatisch-athetotische Mischhyperkinesen (*Choreoathetose*). Bei der Athetose kann die Hyperkinese fehlen, während abnorme Haltungen, übersteigerte Ausdrucksbewegungen und forcierte Mitbewegungen obligatorisch sind.

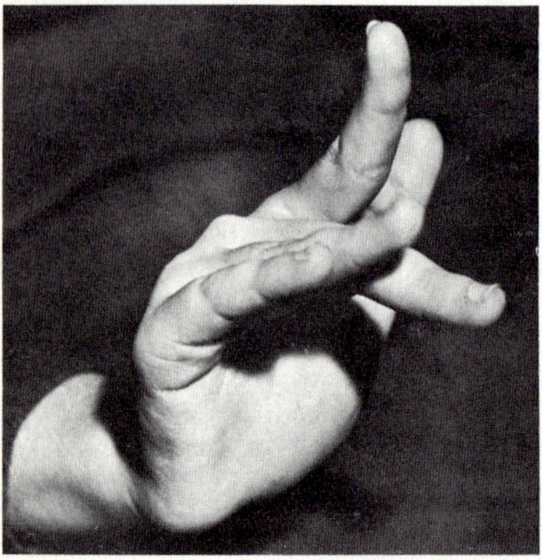

Abb. 74. Athetotische Hyperkinese an der Hand.

Bei der Torsionsdystonie treten ziehende, drehende Bewegungen besonders des Rumpfes und Halses, seltener auch der Gliedmaßenwurzeln, im Gegensatz zur Athetose also proximal, auf. Die Torsionen kommen in Wellen; am Ende einer Serie bleiben Rumpf und Hals eine Zeitlang in grotesk verdrehten Stellungen stehen. Die relativ eintönigen Bewegungsformen kehren in unregelmäßigen Abständen wieder. Die Bahnung oder Auslösung erfolgt auch hier durch affektive Belastung und angespannte Aufmerksamkeit, ganz besonders aber durch jede Willkürbewegung oder -haltung, oder auch nur die Absicht dazu. Generalisierte Torsionsdystonie ist äußerst selten.

Tortikollis. Häufiger ist das dystonische Syndrom auf einzelne Muskeln oder Muskelgruppen beschränkt, vor allem auf den Sternokleidomastoideus und andere Halsmuskeln. Das sind der *Torticollis* und der *Retrocollis spasticus.* Der Tortikollis ist gewöhnlich nicht fixiert, sondern besteht in intermittierenden Dreh- und Beugebewegungen des Halses mit längerem Einhalten der erreichten Stellung. Wenn der Patient Rücken und Kopf anlehnt, läßt der Tortikollis nach, ebenso durch bestimmte Handgriffe, wie z. B. Anlegen der Hand an eine Gesichtsseite *(geste antagoniste).*

Kopfschiefhaltung kommt außerdem vor bei Trochlearisparese (S. 103), Kleinhirntumoren (S. 127), kongenitalem Nystagmus (nystagmischer Schiefhals, S. 105), durch schmerzhafte Krankheitsprozesse am Hals (einschließlich Mastoiditis und Tonsillarabszeß) und schließlich als Caput obstipum bei kongenitalen Anomalien der Halswirbelsäule oder Schädelbasis (S. 15).

Blickkrämpfe (= Schauanfälle, okulogyre Krisen) bestehen in unwillkürlichen konjugierten Blickwendungen der Augen, gewöhnlich nach oben oder diagonal nach oben, die für Minuten bis sogar Stunden anhalten können und als sehr quälend empfunden werden. Sie sind gelegentlich von vegetativen Symptomen wie vermehrtem Speichelfluß und von Zwangsdenken begleitet. Sie kommen vor allem im Rahmen eines postenzephalitischen Parkinson-Syndroms vor.

Striäre Tics finden sich vor allem im Gesicht in Form phasischer oder tonischer Bewegungsabläufe vor allem in der Augengegend und Stirn (Stirnrunzeln, Blinzeltic), dann aber auch als generalisiertes Grimassieren, das alle Gesichtsmuskeln bis herab zum Platysma ergreift. Am zweithäufigsten sind die Innervationsbereiche der unteren Hirnnerven betroffen in Form von Leck- und Schmatzbewegungen der Zunge, Schnauf-, Grunz-, Gähn- und Würgetics. An den Extremitäten schließlich können komplizierte Unruheerscheinungen auftreten. Auch bei dieser Hyperkinese finden die Patienten manchmal erleichternde Kunstgriffe. Tics sind intraindividuell stereotyper, weniger bunt, als die choreatische Bewegungsunruhe, sie sind nie generalisiert, es kommen längere freie Intervalle zwischen den Zwangsbewegungen vor, während die choreatische Bewegungsunruhe ständig abläuft.

Tabelle 14. Große extrapyramidale Syndrome

	Parkinson-Syndrom	Chorea	Hemiballismus	Athetose	Torsionsdystonie (dystonisches Syndrom)
Feinmotorik Diadochokinese	**Adiadochokinese** (AKINESE)	Nur im Rahmen der Hyperkinese gestört	Oft nur Massenbewegungen möglich **Adiadochokinese**	Hochgradig gestört Adiadochokinese	∅
Ausdrucksbewegungen	**Amimie** (AKINESE)	Pseudoexpressivbewegungen	Gesteigert	**Übersteigert.** Krampfhaftes Grimassieren und Halsverdrehungen	Mimische Überinnervation kommt vor
Mitbewegungen	**Herabgesetzt oder aufgehoben** (AKINESE)	Pseudoexpressivbewegungen	∅	**Vermehrte Mitbewegung.** Gang sehr auffällig	Vermehrt
Koordination (Synergie)	Pro- und Retropulsion	Mäßige Asynergie. Ungenügende proximale Fixation der Gliedmaßen		Starke Asynergie. Sprechen schwer gestört	Extreme Asynergie
Abnorme Haltungen	s. S. 132	∅	∅	**Vor allem der Extremitätenenden**	Dromedarhaltung Pes equinovarus
Tonusstörungen	**Rigor**	Hypotonie: Überstreckbare Gelenke	Hypotonie oder Spasmus mobilis	Spasmus mobilis. Kontrakturen	**Dystonie: Einschießende anhaltende Verkrampfungen**
Hyperkinesen	**Ruhetremor**	**Schnell, aber nicht blitzartig. Abgesetzt.** Zunge, Gesicht. Sprache gestört	**Große Kraft und Wucht. Proximal lokalisiert. Tritt in Ausbrüchen auf**	Langsam, wurmförmig, geschraubt. Bizarr. **Distal lokalisiert.** Gehen ineinander über	Ziehend, drehend, langsam. **Proximal lokalisiert**

Die exzitomotorischen Erscheinungen, die bei manchen Menschen schon auf kleine Dosen von Neuroleptika auftreten, sind schwer einzuordnen. Es kommt zu perioralen sowie Zungen- und Schlundkrämpfen. Die Kontraktionen sind ausgesprochen tonisch und intermittierend *(paroxysmale Dystonie).* Es zeigen sich intermittierender Trismus, periorale Zwangsbewegungen, Mundaufreißen, Herausstrecken oder extremes Zurückziehen der Zunge mit unangenehmen Würgebewegungen im Rachen, die kaum unterdrückt werden können und höchst dramatisch und beängstigend wirken. Sie treten in Einzelabläufen mit längeren oder kürzeren Pausen auf und werden gerade durch die mit ihnen verbundene affektive Beteiligung sowie ängstliche und dramatische Reaktion der Umgebung noch erheblich verstärkt.

Bei den Myoklonien handelt es sich um blitzartige oder auch im Bewegungseffekt etwas anhaltende Zuckungen. Sie können prinzipiell jeden Muskel oder jede Muskelgruppe ergreifen, und in der Intensität von schwachen, noch nicht zu Gelenkbewegungen führenden, bis zu schwersten, zu Fall bringenden Zuckungen reichen. Man findet sie weit ausgebreitet oder auch ganz eng lokalisiert. Sie können untereinander teilweise oder ganz synchron oder völlig asynchron sein. Es gibt mehr oder weniger streng rhythmische und völlig arrhythmische, regellose Myoklonien. Es gibt Ruhe-, Bewegungs-(= Aktions-) und Intentionsmyklonien. Häufig sind sie nur passager, manchmal wechseln sie periodenweise. Dieser Breite der Eigenschaften entspricht eine weite Fächerung der zugrunde liegenden Ätiologien und neurologischen oder anderen Grundkrankheiten.

Zusammenfassung der Untersuchungsmethoden bei extrapyramidalmotorischen Bewegungsstörungen

Im Gespräch achtet man auf die Artikulation, die Ausdrucksbewegungen und die Mitbewegungen im Gesicht. Man untersucht die Halteaktivität, die Zielbewegungen, die Diadochokinese und den Muskeltonus (einschließlich Kopffalltest). Man beobachtet das Stehen (Stoßtest) und Gehen und achtet dabei auf die normalen Pendelbewegungen der Arme. Man prüft die Feinmotorik der Hände und läßt einen Satz schreiben. Man achtet auf abnorme Haltungen von Kopf und Rumpf und der verschiedenen Extremitätenabschnitte. Man sucht nach Hyperkinesen in Ruhe, bei Halteinnervation und bei Aufmerksamkeitsanspannung (Kopfrechnen, Stehtest).

Differentialsymptomatologie der großen extrapyramidalen Syndrome

Tab. 14 enthält eine Aufzählung der wichtigsten Symptome in Stichworten. Die am meisten charakteristischen sind fettgedruckt. Mischformen sind nichts Ungewöhnliches. Am häufigsten ist das Parkinson-Syndrom, das in der Häufigkeit an die Multiple Sklerose heranreicht. Auch paroxysmale Dystonie ist, der Verbreitung der Neuroleptika entsprechend, häufig. Dann folgen Tremor, Tortikollis, Chorea, Athetose und Tics. Hemiballismus und Torsionsdystonie gehören zu den Seltenheiten. Myoklonien sind häufig, aber gewöhnlich nur *ein* Symptom unter anderen bei den verschiedensten neurologischen Krankheiten.

10. Neuropsychologische Untersuchungen. Allgemeine Hirnleistungen (Affektbeherrschung, Merkfähigkeit, Orientierung, Intelligenz, Testmethoden)

Neuropsychologische Untersuchungsmethoden

Hier geht es um die Untersuchung der Sprache, des Erkennens und des Handelns. Entsprechende Störungen werden als Aphasie, Agnosie, Apraxie (= Dyspraxie) bezeichnet. Das ganze Gebiet wird unter dem Begriff der Neuropsychologie zusammengefaßt. Ursprünglich wurde das Wort Hirnpathologie benutzt; es hat in diesem Zusammenhang jedoch nichts mit pathologischer Anatomie des Gehirns zu tun.

Es gibt für diese Störungen zahlreiche Untersuchungsmethoden. Wir beschränken uns auf die klinisch wichtigsten, mit denen man in der praktischen Neurologie auskommt. Ein Untersucher soll imstande sein, eine Aphasie als solche zu erkennen, verschiedene Aphasieformen zu unterscheiden, eine Restaphasie richtig einzuordnen, optisch-räumliche Wahrnehmungsstörungen oder eine Dyspraxie nicht zu übersehen.

Neuropsychologische Ausfälle beruhen häufig auf umschriebenen Hirnläsionen. Man kann sie aber nur dann lokaldiagnostisch verwerten, wenn nicht allgemeine hirnorganische Minderleistungen stärkeren Grades vorliegen. Leichtere Bewußtseinstrübungen, flüchtige Desorientiertheit, Merkschwäche, kommen bei den meisten Hirnkrankheiten vor. Neuropsychologische Störungen müssen daher gegen die Stärke allgemeiner Minderleistungen abgeschätzt werden. Methoden zur Untersuchung auf hirnorganische Abbauvorgänge finden sich auf S. 156 ff.
Eine weitere Schwierigkeit besteht darin, daß die verschiedenen neuropsychologischen Methoden nicht spezifisch sind und jeweils mehrere Fähigkeiten prüfen. Darauf wird bei den einzelnen Methoden hingewiesen.

Eine neuropsychologische Untersuchung kann nicht zu lange ausgedehnt werden, da Patienten mit Hirnläsionen besonders schnell ermüden und alle Leistungen dann stark abfallen.

Die wichtigsten Methoden zur Untersuchung der Aphasie, Apraxie und Agnosie, wie man sie zum größten Teil auch am Krankenbett durchführen kann, sind in Tab. 15 zusammengestellt.

Tabelle 15. Methoden zur Untersuchung der Aphasie, Apraxie, Agnosie

A. **Untersuchung der sprachlichen Ausdrucksfähigkeit**
Spontanansprache – evtl. sprachliche Aufgabe stellen (Verlangsamung und Verarmung, Reden in Stichworten, Telegrammstil).
Nachsprechen („Die Kinder sind in der Schule". „Er kauft einen neuen Hut, ein Paar Schuhe und ein weißes Hemd").
Lautlesen (Verständnis für das Gelesene ist erhalten).
Reihensprechen (Wochentage, Monate).
Gegenstände benennen lassen

B. **Untersuchung des Sprachverständnisses**
Spontansprache (Paraphasien, gesteigerter Sprechantrieb, Logorrhoe).
Benannte Objekte zeigen lassen (Cave: nicht verbale Hinweise, wie Gesten o. a.).
Erkennen von falschen Sätzen („Wir essen mit Löffel, Gabel und Zimmer").
Sprachliche Aufforderungen („Heben Sie den Arm". „Geben Sie mir die Streichhölzer").
Kleine Geschichte vorlesen und Fragen darüber stellen (schwierige Aufgabe für leichtere Störungen).

C. **Untersuchung des Lesens**
Gröbere Visusstörungen oder Gesichtsfelddefekte vorher ausschließen.
Vorlesen. Buchstabieren.
Aufgeschriebene Gegenstände zeigen lassen.
Schriftliche Aufforderungen oder Fragen vorweisen (wenn Sprechen gestört, ist Heraussuchen der richtigen Antwort aus mehreren möglich).

D. **Untersuchung des Schreibens**
Spontanschreiben (Namen vorgezeigter Gegenstände. Aufgabe stellen).
Diktatschreiben.
Abschreiben

E. **Untersuchung auf Apraxie**
Einfache Handlungen ohne und mit Objekt (winken, kämmen, aufschließen, Karten mischen).
Gesichtsbewegungen (Augen schließen, Zunge zeigen).
Zusammengesetzte Handlungen als Pantomime oder mit Objekt (telephonieren, Zigarette anzünden).
Einfache geometrische Figuren (Dreieck) zeichnen oder legen. Komplizierteres Gebilde (Haus mit Schornstein, Tür, Fenster) zeichnen. Ohne und mit Vorlage.

F. **Untersuchung auf optisch-räumliche Agnosie**
Gröbere Visusstörung mit Gesichtsfelddefekten vorher ausschließen.
Skizze des Zimmers zeichnen (einschl. Tür, Fenstern, Möbeln).
Uhrzeit ablesen. Uhr stellen.
Mehrstellige Zahlen anschreiben. Telephonnummern wählen.
Strecken halbieren

G. **Untersuchung auf Gerstmann-Syndrom**
Finger benennen und zeigen lassen.
Rechts-links-Orientierung („Welches Auge ist das?").
Einfache Rechenaufgaben

I. Untersuchung auf aphasische Störungen

Sie sind unter den neuropsychologischen Ausfällen die häufigsten. Es handelt sich um Sprach-, nicht um Sprechstörungen. Dysarthrie ist auf S. 119 f behandelt. Bei den Sprachstörungen sind die Muskeln von Kehlkopf, Rachen, Gaumen, Zunge und Lippen nicht gelähmt. Man erkennt dies daran, daß andere Verrichtungen mit ihnen normal möglich sind, vor allem das Schlucken. Der Patient kann die Zunge frei herausstrekken, die Lippen spitzen, phonieren.
Störungen der Sprache sind vielmehr solche, bei denen die Verschlüsselung (Kodierung) dessen, was ausgedrückt werden soll, in Laut- (oder Schrift-)Symbole gestört ist, oder bei denen die Entschlüsselung (Dekodierung) dargebotener Laut-(oder Schrift-)symbole, nämlich Worte und Sätze, gestört ist. Der Patient kann die Sprache nicht mehr als Symbol für Dinge der Umwelt oder für Denkvorgänge verwenden. Man kann die Sprache in erster Annäherung als einfaches Kommunikationssystem auffassen. Aus dem Schema der Abb. 75 ergeben sich zwei Hauptgruppen, die motorische Aphasie als Störung der Kodierung und die sensorische Aphasie als Störung der Dekodierung.

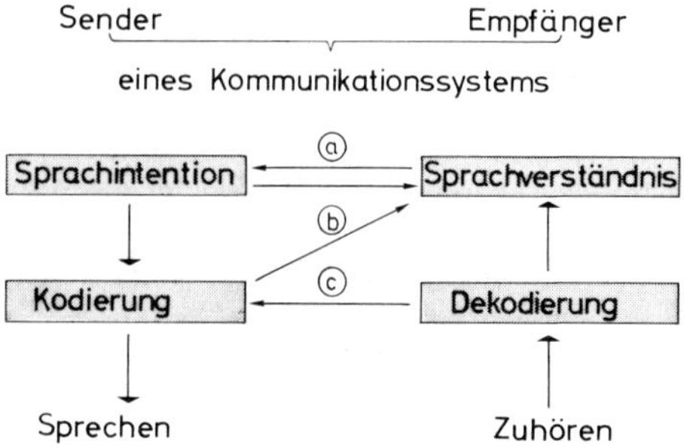

Abb. 75. Allgemeines Schema eines Kommunikationssystems, angewandt auf die Sprache. Über (a) reflektiertes Sprechen; gleichzeitig Hemmung für die allgemeine Sprachintention. Über (b) vorauslaufende Korrektur der eigenen Sprache. Über (c) unreflektiertes Nachsprechen (Wortlaut).

Motorische Aphasie

Bei der motorischen Aphasie ist vor allem die sprachliche Ausdrucksfähigkeit gestört. Man kann unter Bezug auf obiges Modell annehmen, daß die Verschlüsselung defekt ist. Dadurch ist die Äußerung durch Benutzung von gesprochenen und geschriebenen Wörtern erschwert. Im extremen Fall tritt *Wortstummheit* auf. Zur Untersuchung achtet man zunächst auf die *Spontansprache*. Diese ist bei der motorischen Aphasie rarefiziert, von bloßer Verlangsamung, Zögern, Suchen nach Wörtern, über Unvollständigbleiben der Sätze, Weglassen von Bindewörtern, Artikeln, Präpositionen, bis hin zum Reden in Stichworten *(Agrammatismus, Telegrammstil).* Es kann vorkommen, daß Patienten ihre Mitteilungen nur noch mit einem oder wenigen Wörtern bestreiten, die sie in perseveratorischer Weise immer wieder benutzen, wobei sie durch die Betonung, das Heben oder Senken der Stimme, die verschiedensten Bedeutungen auszudrücken suchen. Denn die „innere Sprache" ist erhalten. Der Patient weiß, was er zum Ausdruck bringen will. Um das Sprechen anzuregen, stellt man dem Patienten eine sprachliche Aufgabe, wie z. B. „Was machen Sie morgens nach dem Aufstehen?", oder läßt ihn einen Satz aus drei vorgegebenen Wörtern bilden: *Masselon-Probe* (Tafel 1 u. 2. Tafeln ab S. 253).

Ferner untersucht man das *Nachsprechen, Lautlesen, Reihensprechen* und die *Benennung von Gegenständen.* Zum Nachsprechen sagt man zunächst einfache, dann immer kompliziertere Sätze vor, z. B. von „Himbeeren schmecken gut", über „Die Kinder sind in der Schule", bis zu „Er kaufte einen neuen Hut, ein Paar Schuhe und ein weißes Hemd". Man läßt den Patienten etwas laut vorlesen (Tafel 3 u. 4). Um sich zu überzeugen, daß er den Inhalt eines schriftlich angebotenen Satzes verstanden hat, obwohl er ihn nur verstümmelt vorlesen kann, formuliert man die Leseprobe als Aufforderung oder Frage (Tafel 1 u. 5). Man läßt den Patienten die Wochentage, die Monate, das Alphabet oder ein Gedicht hersagen. Zur Benennung von Objekten zeigt man ihm verschiedene Gegenstände des täglichen Lebens in natura oder in verkleinerten Modellen (Puppenküche, Kinderkaufladen) oder Tafeln mit einfachen bildlichen und geometrischen Darstellungen (Tafel 6). Beim Sprechen kommen *litterale (= phonematische) Paraphasien* (Weglassen, Um- oder Entstellung von Lauten oder Silben) vor, das gemeinte Wort bleibt meistens erkennbar. Bei Wortstummheit kann man sich überzeugen, daß der Patient die Gegenstände, die er nicht nennen kann, visuell richtig erkennt, indem man ihn den Gebrauch vorführen läßt. Auch die *rezeptive Sprache* ist in der Regel nicht völlig intakt (siehe Token-Test, S. 147 f), wenn auch ungleich besser als die expressive Sprache. Eine *Artikulationsstörung* ist bei der motorischen Aphasie fast immer dabei, wie sie isoliert (also ohne Aphasie) bei homologen frontalen Läsionen der nichtdominanten Hemisphäre vorkommt.

Sensorische Aphasie

Bei der sensorischen Aphasie besteht die Grundstörung in einer Aufhebung des Sprachverständnisses *(Worttaubheit).* Die Dekodierung ist gestört. Es ist ähnlich, wie wenn der Patient einer Fremdsprache zuhört. Jedenfalls gewinnt man diesen Eindruck, wenn man mit ihm ein Gespräch zu führen versucht. Mängel des Sprachverständnisses gehen aber immer auch mit Störungen des sprachlichen Ausdrucks einher. Schon in leichteren Fällen finden sich *verbale Paraphasien*

(Verwechslungen oder Umstellungen von Wörtern oder Wortteilen). Man nennt sie auch *semantische* Paraphasien, so wenn statt Maus „Katze", statt Hund „Haus" gesagt wird, wo der Bedeutungshorizont des richtigen Wortes noch erhalten ist. Im Gegensatz zur motorischen Aphasie ist der Sprechantrieb häufig gesteigert, manchmal bis zur *Logorrhö;* jedoch ist der sprachliche Ausdruck sehr entstellt. Rededrang mit gehäuften Paraphasien kann zu einem unverständlichen Kauderwelsch führen *(Jargonaphasie).* Hier treten auch Wortneubildungen *(Neologismen)* auf sowie eine hochgradige Unordnung im grammatikalischen Aufbau von Sätzen *(Paragrammatismus),* die dadurch unverständlich werden. Dabei scheint das Bewußtsein für die Minderleistung zu fehlen.

Das folgende einfache Modell beschreibt die Phänomene in erster Annäherung (Abb. 75): Wenn ein Mensch, der „Sender" und „Empfänger" eines Kommunikationssystems in sich vereinigt, einer Frage zuhört, diese auffaßt und versteht, dann überlegt und sie schließlich beantwortet, wird der Weg **a** beschritten. Man stellt sich vor, daß dieser Einfluß gleichzeitig eine Hemmung für die allgemeine Sprachintention mit sich bringt: Während man zuhört und zu verstehen sucht, ist die eigene Sprachabsicht praktischerweise gehemmt. Bei einer Störung auf der Empfängerseite fällt auch die Hemmung auf den Sender weg. Daraus folgt der gesteigerte Sprechantrieb.
Außerdem ist eine Verbindung vom Sender zum Empfänger **b** zu fordern, über die das kodierte Material vor dem Sprechen gewissermaßen abgehört oder überprüft wird. Diese vorauslaufende Korrektur der eigenen Sprache ist bei der sensorischen Aphasie ebenfalls mangelhaft, so daß gehäufte Paraphasien zustande kommen.

Das Sinnverständnis für Worte wird geprüft, indem man den Patienten *benannte Gegenstände zeigen* läßt. Man benutzt eine Sammlung entsprechender Objekte oder Tafeln mit bildlichen Darstellungen (Tafel 6). Bei leichteren Ausfällen kann der Umkreis des angebotenen Wortes so weit verstanden werden, daß der Patient zwar auf einen falschen, aber begrifflich benachbarten Gegenstand deutet, z. B. auf einen Löffel, wenn „Gabel" verlangt wird, oder auf einen Bleistift, wenn er einen „Kugelschreiber" zeigen soll. Es wird ferner untersucht, ob der Patient *falsche Worte in Sätzen erkennt,* wie z. B. „Wir essen mit Messer, Gabel und Zimmer", oder „Ameisen, Katzen und Nelken sind alles Tiere; ist das richtig?". Man gibt *sprachliche Aufforderungen* wachsender Kompliziertheit und liest an der Art der Ausführung ab, wieweit sie verstanden worden sind. Beispiel: „Zeigen Sie mir die Streichhölzer", oder (komplizierter): „Legen Sie den Bleistift in die Schachtel und den Kamm auf den Tisch." Die Durchführung von Handlungsaufgaben ist auch bei Apraxie gestört (S. 150 ff). Ein Patient mit Apraxie wird aber die Aufforderung in der Regel wiederholen können, was ein Aphasiker nicht fertigbringt. Dieser kann durch Vormachen oder andere nichtverbale Mittel zu Handlungsaufgaben angeregt werden. Bei der Untersuchung muß man sich daher hüten, *versehentlich* nichtverbale Hinweise zu geben, indem man z. B. den genannten Gegenstand anblickt, hindeutet o. ä. Umgekehrt kann der Patient den Untersucher täuschen, wenn er durch Lächeln, Nicken oder andere Gesten ungewollt Sprachverständnis vortäuscht. Man muß daher auf konkreten Antworten oder genauer Ausführung der Aufgaben bestehen. Um leichtere Störungen aufzudecken, kann man eine kleine *Geschichte vorlesen*, über die man dem Patienten Fragen stellt (z. B. Tafel 4).

Leitungsaphasie

Als Leitungsaphasie wird eine schwere Störung des *Nachsprechens* bezeichnet, die in der Regel mit Paraphasien, Paragraphien und Wortfindungsstörungen bei verhältnismäßig gutem Sprachverständnis einhergeht. Diese Form der Aphasie ist relativ selten. Bei der Untersuchung kommt es darauf an, daß der Patient vorgesagte, kurze und allmählich länger werdende Sätze *wörtlich* nachspricht.

In dem Terminus „Leitungsaphasie" ist folgende Deutung enthalten: Bei ihr soll eine direkte Verbindung **c** zwischen Empfänger und Sender (Abb. 75) unterbrochen sein. Dadurch gehe der eigentliche *Wortlaut* verloren, obwohl ein Satz durchaus sinngemäß wiedergegeben werden kann, da der „assoziative" Einfluß **a** vom Empfänger zum Sender erhalten ist.

Amnestische Aphasie

Die amnestische Aphasie ist häufig (auch als Residualstörung). Der Patient kann die Wörter nicht finden: *Wortfindungsstörungen.* Wenn er *Gegenstände benennen* soll, versagt er gröblich und sucht sich mit *Umschreibungen* und allgemeinen Redensarten zu helfen, kann aber aus einer Reihe angebotener Bezeichnungen die richtige herausfinden und sie auch ordentlich nachsprechen. Manchmal werden Bezeichnungen, die der Patient beim Vorzeigen von Gegenständen nicht finden konnte, im Fluß der Rede unauffällig gesprochen.

Rückbildung aphasischer Störungen

Bei der Rückbildung entwickeln sich alle Formen in Richtung auf eine amnestische Aphasie. Die Patienten haben also mehr oder weniger deutliche *Wortfindungsstörungen.* Dabei fallen Gattungsbegriffe leichter als Individualbegriffe, d. h. sie finden leichter das Wort „Gemüse", als die Namen für Spinat, Blumenkohl u. a., oder sie finden schnell das Wort „Uhr", versagen aber bei der Frage „Was für eine Uhr?" (Taschenuhr, Armbanduhr, Sonnenuhr, etc.). Die ursprünglichen Züge der jeweiligen Aphasie scheinen aber noch mehr oder weniger durch. So bleiben Patienten mit motorischer Aphasie wortkarg, und in ihrer Sprache fällt oft etwas Dysarthrisches auf; sie sprechen schlecht artikuliert und holprig. Patienten mit sensorischer Aphasie bleiben eher redselig. Wenn ihnen ein bestimmtes Wort nicht einfällt, sind sie schneller mit spontanen Umschreibungen bei der Hand. Hier herrschen grammatikalische Mängel vor, vor allem bei Flexionen und beim Gebrauch von Präpositionen *(Paragrammatismus)*. Den Patienten mit Restaphasie ist gemeinsam, daß sie vorzugsweise dann versagen, wenn sie unvermutet einem neuen Thema gegenüberstehen, wie wenn man sie plötzlich anredet oder wenn sie in einen Kreis treten, der sich über ein Thema unterhält, von dem der Neuankömmling noch nichts weiß. Dieser Mangel wird als *semantische Aphasie* bezeichnet.

Psychometrische Tests in der Aphasieuntersuchung

Die geschilderten Methoden zur Untersuchung aphasischer Störungen, ebenso wie die übrigen neuropsychologischen Methoden, entsprechen bisher nicht dem, was man in der Psychologie als psychometrische Tests bezeichnet. Dazu gehören standardisierte Aufgaben, festgelegte Art der Auswertung, quantitative Formulierung des Ergebnisses und Eichung an einer repräsentativen Stichprobe der Bevölkerung. An der Aufstellung solcher Verfahren für die Aphasieuntersuchung wird gearbeitet. Korrekte Anwendung psychometrischer Tests stellt allerdings besondere Anforderungen an Vorbildung und Zeit des Untersuchers.

Token-Test. Sein Aufbau ist dem eines psychometrischen Tests ähnlich. Er erlaubt mit einer ziemlich hohen Treffsicherheit und Trennschärfe die Erkennung und Unterscheidung aphasischer Patienten von Gesunden oder hirnorganisch Kranken ohne Aphasie. Dem Patienten werden Blättchen (Tokens) vorgelegt, die sich nach Größe, Form und Farbe unterscheiden. Damit muß er nach mündlicher Anweisung zunächst einfache, dann etwas komplexere Manipulationen ausführen, z. B. von „Nehmen Sie den gelben Kreis", bis „Berühren Sie den weißen Kreis, nachdem Sie das grüne Viereck fortgenommen haben". Der Test dauert ca. 30 Minuten (Untersuchungsgang und Auswertung s. ORGASS u. POECK, 1966). Obwohl er sich nur an das Sprachverständnis wendet, versagen auch Patienten mit motorischer oder

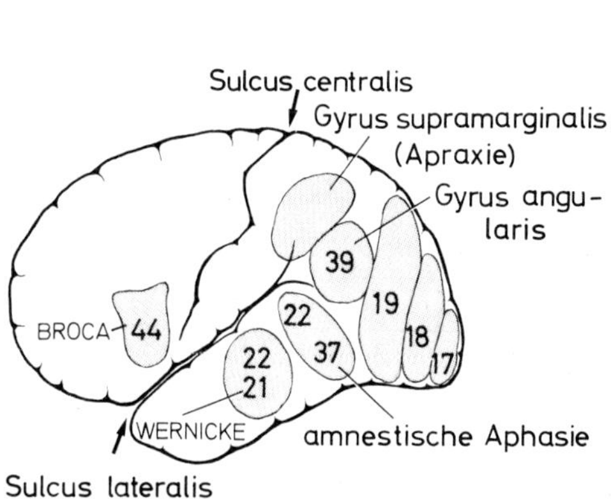

Abb. 76. Rindengebiete der dominanten Hemisphäre, deren Läsion zu aphasischen, apraktischen oder agnostischen Störungen führt.

amnestischer Aphasie. Der Test allein erlaubt aber keine Unterscheidung zwischen verschiedenen Aphasieformen, wenn auch die Zahl der Fehler bei sensorischer Aphasie höher ist als bei motorischer Aphasie.

Lokaldiagnostische Schlußfolgerungen

Welche Schlüsse können aus den Befunden gezogen werden? Bei Rechtshändern (das sind etwa 90–95 % aller Menschen) liegen die Rindengebiete, deren Intaktheit für die Sprache erforderlich ist, in der linken Hemisphäre. Man nennt das die *dominante Hemisphäre.* Bei den Linkshändern ist die kortikale Organisation der höheren Leistungen eine andere; die Sprache wird mehr beidseitig repräsentiert. Abb. 76 gibt Hinweise auf die Lokalisation zugrundeliegender Läsionen in der dominanten Hemisphäre. Bei motorischer Aphasie ist die Läsion im Broca-Feld, d. h. in und um das frontale Operkulum, in der unteren Frontalwindung und nach hinten bis zum Fuß der vorderen Zentralwindung (Brodmann-Area 44 u. a.) zu suchen. Als Wernicke-Feld bezeichnet man ein Gebiet im mittleren Temporallappen, das sich auf Teile der Brodmann-Areae 21 und 22 und benachbarte Gebiete der mittleren Temporalwindung erstreckt. Hier liegen die Läsionen bei sensorischer Aphasie. Bei den häufigen gemischten Aphasien sind alle Gebiete, oder die subkortikalen Verbindungen zwischen ihnen, betroffen. Eine totale Aphasie spricht für eine schwere Läsion in der Tiefe des Temporallappens. Bei amnestischer Aphasie ist häufig die hintere Temporalregion (noch hinter dem Wernicke-Feld) mit Teilen der Brodmann-Areae 22 und 37 berührt. Bei Leitungsaphasie finden sich Läsionen parietal oder im Wernicke-Gebiet.

Untersuchung der Schriftsprache

Während die bisher behandelten Methoden die gesprochene Sprache untersuchen, dienen die folgenden zur Untersuchung der Schriftsprache. Lese- und Schreibstörungen sind sowohl bei der motorischen als auch bei der sensorischen Aphasie möglich. Außerdem kommen sie in Kombination mit anderen neuropsychologischen Störungen vor. Sie haben dann eine besondere lokalisatorische Bedeutung (s. unten).

Schreibstörungen. Man untersucht das *spontane Schreiben,* das *Schreiben nach Diktat* und das *Abschreiben.* Um spontanes Schreiben zunehmender Schwierigkeit zu induzieren, zeigt man Gegenstände oder Abbildungen von Objekten (Tafel 6) vor, deren Namen der Patient aufschreiben soll. Als nächstes kann man ihn bitten, einen Satz aus drei vorgegebenen Wörtern (Tafel 2) niederzuschreiben. Schließlich läßt man ihn ein Thema schriftlich bearbeiten (z. B. „Was man morgens nach dem Aufstehen macht" o. ä.). Beim Diktatschreiben werden zunächst ein Wort, dann ein kurzer und schließlich ein etwas längerer Satz angeboten, um die Schwierigkeitsgrade zu steigern.

Bei der motorischen Aphasie kann Spontanschreiben und Schreiben nach Diktat gestört sein, während Kopieren leicht gelingt. Das ist verständlich, da die Kodierung gestört ist. Bei der sensorischen Aphasie ist Schreiben nach Diktat ebenfalls gestört, weil es ja Dekodierung voraussetzt, nicht notwendig aber Spontanschreiben und Kopieren. Allenfalls kommt es beim Spontanschreiben zu Paragraphien.

Lesestörungen. Vor der Untersuchung muß man sich überzeugen, daß der Visus nicht grob vermindert ist und daß keine größeren Gesichtsfelddefekte vorliegen (rechtsseitige Gesichtsfelddefekte können das Lesen stark beeinträchtigen). Zur Untersuchung mit wachsender Schwierigkeit läßt man zunächst *einzelne Buchstaben* lesen (buchstabieren). Dann legt man *geschriebene Wörter* vor, läßt sie laut lesen und läßt sich das betreffende Objekt zeigen (Tafel 3 u. 6). Danach soll der Patient *Sätze lesen,* die eine *Frage oder Aufforderung* enthalten (Tafel 1 u. 5), deren Beantwortung (evtl. durch Gesten) und Ausführung beobachtet wird. Schließlich läßt man eine kleine *Geschichte lesen* (Tafel 4) und überzeugt sich, wie weit sie verstanden worden ist. Bei Sprachschwierigkeiten läßt man die richtige Antwort aus mehreren vorgeschriebenen heraussuchen (Tafel 4).

Lautlesen ist verständlicherweise bei motorischer und sensorischer Aphasie gestört, im Falle der motorischen in gleichem Maße wie das Sprechen (Verschlüsselung). Bei der sensorischen Aphasie kommen Paralexien vor. Unvollständige motorische oder sensorische Aphasie kann ohne Lese- oder Schreibstörungen einhergehen. Bei vollständiger sensorischer Aphasie kann auch das Verständnis für das geschriebene Wort verlorengehen: *Alexie* oder *Wortblindheit.* Bei *aphasischer Alexie* ist Buchstabieren im gleichen Maß gestört wie das Lesen von Worten (anders als bei *optisch-agnostischer Alexie* S. 152 f). Bei Lesestörungen kommen immer auch erhebliche Schreibstörungen vor, während das Umgekehrte nicht gilt.

Angeborene Schreib-Lese-Schwäche (kongenitale Legasthenie, Dyslexie)

Große praktische Bedeutung hat die angeborene (häufig erbliche) Schreib-Lese-Schwäche, die ein Grund für Schulversagen und seelische Fehlentwicklung sein kann. Es handelt sich um eine Störung unterschiedlichen Grades im Erlernen des Schreibens und Lesens trotz ausreichender Intelligenz und normaler Sinnesfunktionen. Manchmal sind noch andere neuropsychologische Minderleistungen dabei. Zur orientierenden Untersuchung genügt eine Prüfung des *Diktatschreibens* und des *Lesens.* Das Abschreiben ist nicht gestört. Etwas selbst aus dem Gedächtnis Geschriebenes (z. B. Lebenslauf) genügt zur Untersuchung nicht, weil Störungen leichteren Grades durch Vermeiden nicht geläufiger Worte verborgen bleiben können. Einzelne Buchstaben und vor allem Ziffern können in der Regel gut geschrieben und gelesen werden. Beim Schreiben kommen die folgenden typischen Fehler vor: Die Patienten vertauschen rechts und links (z. B. $b \rightleftarrows d$, $q \rightleftarrows p$) oder oben und unten (z. B. $M \rightleftarrows W$) oder sie geben sich mit Teilen von Buchstaben zufrieden (z. B. $P \rightarrow D$). Gleichlautende aber verschiedene Buchstaben werden verwechselt (wie z. B. f und v).

Andere schreiben die Buchstaben richtig, aber in falscher Reihenfolge, trennen mitten im Wort und fügen Wortteile falsch zusammen. Die Diagnose kann im zweiten Schuljahr gestellt werden.

II. Untersuchung auf apraktische Störungen

Unter Apraxie (= Dyspraxie) versteht man die Unfähigkeit zu zweckmäßigen, zielbewußten und situationsgerechten Handlungen, obwohl keine Lähmungen und keine Störungen der Feinmotorik, der Koordination oder der Sensibilität und keine groben Bewußtseinsstörungen vorliegen.

Ideomotorische (= ideokinetische) Apraxie

Zur Untersuchung läßt man den Patienten eine Reihe *einfacher Handlungen durchführen*, und zwar mit jeder Hand getrennt. Er soll vormachen, wie man winkt, droht, sich kämmt, in einen Apfel beißt, wie man einen Ball wirft, einen Schlüssel benutzt, mit einer Schere schneidet, eine Kaffeemühle dreht, Karten mischt, einen Nagel einschlägt. Wenn er die Aufforderung nicht versteht, macht man es ihm vor. Die Handlungen sollen zuerst *ohne Objekt*, wenn dies nicht gelingt, *am realen Objekt* selbst durchgeführt werden. Imitatorisch oder am Objekt gelingt es leichter als auf rein verbale Aufforderung und ohne Objekt. Bei Störungen werden die Handlungen zögernd, unvollständig oder gar nicht ausgeführt, verwechselt, oder es zeigt sich eine völlige Ratlosigkeit, obwohl der Patient sprechen und den Auftrag mündlich wiederholen kann. Motorische Perseverationen sind häufig. Er ist imstande, die Handlungen, die er selbst nicht ausführen kann, beim Untersucher als richtig oder falsch zu erkennen.

Agraphie vom apraktischen Typ. Bei der ideomotorischen Apraxie ist auch das Schreiben gestört, wenn die rechte Hand betroffen ist, gleichgültig ob es sich um *Spontanschreiben, Schreiben nach Diktat* oder *Kopieren* handelt. Ein Vergleich mit der linken Hand läßt sich durch *Legen von Wörtern oder Sätzen* mit Hilfe von Buchstabentäfelchen oder ausgeschnittenen Buchstaben durchführen.

Ideomotorische Apraxie der Hände wird bei Läsion der Parietalregion der dominanten Hemisphäre gefunden (Gyrus supramarginalis, Abb. 76), da die eupraktischen Funktionen beider Hemisphären von diesem Rindenbezirk aus gesteuert werden. Ist nur die linke Hand apraktisch, kann sich die Läsion im vorderen Anteil des Corpus callosum befinden, wenn die linke Hemisphäre eine ausgeprägte Dominanz besitzt („sympathische" Apraxie der linken Hand als *Diskonnektionssyndrom*). Dies kommt isoliert oder zusammen mit motorischer Aphasie und rechtsseitiger Hemiparese vor.

Gesichtsapraxie (= bukkofaziale Apraxie)

Die nächsten Aufgaben bestehen in *Gesichtsbewegungen*, die auf verbale Aufforderung, wenn dies nicht gelingt imitatorisch durchgeführt werden: Zunge herausstrecken, Mund öffnen, Zähne zeigen, Augen schließen, Backen aufblasen, sich räuspern u. a. Bei Störungen kommt es vor allem zu Verwechslungen oder zu unvollständiger Ausführung der gewünschten Bewegung, nicht selten mit Perseverationen. Man muß hier besonders darauf achten, ob nicht Parese oder Benommenheit vorliegt.

Gesichtsapraxie, ein relativ häufiges Syndrom, ist nicht selten mit motorischer Aphasie vergesellschaftet, kommt aber auch ohne Aphasie und auch bei Läsionen der rechten Hemisphäre vor.

Ideatorische Apraxie

Schließlich läßt man den Patienten *zusammengesetzte*, aber vom täglichen Leben her vertraute *Handlungen* ausführen. Er soll vormachen, wie man telefoniert, Kaffee kocht, einen Tisch deckt, eine Zigarette anzündet. Hinweise gibt auch die Beobachtung des *An- und Auskleidens*. Wesentlich ist, daß es sich um eine Handlungsfolge handelt, bei der die einzelnen Teile zeitlich und räumlich richtig angeordnet sein müssen. Auch ohne ideomotorische Störungen (d. h. die Einzelhandlungen werden richtig durchgeführt) können grobe Verwechslungen beobachtet werden, etwa wenn der Patient versucht, den Telefonhörer in die Tasche zu stecken, das kochende Wasser in die Kaffeemühle zu gießen, das Streichholz statt der Zigarette zum Munde zu führen, sich mit dem Bleistift zu kämmen oder die Unterhose über den Kopf zu streifen. Die Handlungen erinnern an solche, die ein hochgradig zerstreuter oder vergeßlicher Mensch ausführt. Die ideatorische Apraxie geht auch häufig mit Merkschwäche einher. Die Störung wird um so deutlicher, je mehr Glieder die Handlungsfolge hat.

Ideatorische Apraxie beruht auf oft beidseitigen größeren Ausfällen der Parietalregion. Als isoliertes Symptom kommt sie nicht vor. Die Grenze zur Demenz ist unscharf.

Konstruktive Apraxie

Der Patient soll *einfache geometrische Figuren* (Dreieck, Quadrat, Kreis) zunächst auswendig, dann nach Vorlagen zeichnen oder mit Streichhölzern legen. Auf der nächsten Stufe läßt man ihn *einfache Gegenstände* aus dem Gedächtnis oder nach Vorlage zeichnen: ein Haus, ein Fahrrad, einen Baum. Oder man kann ihm die Aufgabe stellen, typische Teile in ein umrißhaft vorgegebenes Gebilde einzuzeichnen, z. B. Ohren, Augen, Nase und Mund in ein Gesichtsoval. Ein Versagen zeigt sich darin, daß es ihm nicht gelingt, die verschiedenen Teile in den richtigen räumlichen Zusammenhang zu bringen. So landet der Schornstein außerhalb des Daches, die Tür rutscht in den zweiten Stock, das Fahrrad besteht aus zwei beziehungslos auf dem Blatt stehenden Kreisen usw.

Es bestehen Beziehungen zu optisch-räumlichen Störungen (S. 153). Bei rechtsparietalen Läsionen werden die Leistungen schlechter, wenn abgezeichnet werden soll. Bei den selteneren linksparietalen Herden wird das Zeichnen durch die Benützung von Vorlagen nicht verbessert.

III. Untersuchung auf agnostische Störungen

Bei der Agnosie handelt es sich um Störungen des Erkennens trotz weitgehend intakter Sinnesleistungen.

Von wesentlicher klinischer Bedeutung sind nur die optisch-agnostischen Störungen. Akustische Agnosie ist sehr selten, Geruchs- und Geschmacksagnosie extrem selten. Taktile Agnosie oder Astereognosie S. 87.

Während Herde im hinteren Pol des Okzipitallappens (Brodmann-Area 17) zu kortikalen Sehstörungen mit Hemianopsie führen (Untersuchung der Gesichtsfelder S. 96 f), treten optisch-agnostische Leistungsmängel bei Läsionen der vorderen Anteile des Okzipitallappens (Brodmann-Areae 18 und 19) und der benachbarten Anteile des Temporal- und Parietallappens auf.

Optisch-agnostische Störungen

Ihr Nachweis setzt voraus, daß Sehschärfe und Gesichtsfelder nicht allzusehr reduziert sind. Leichtere Einbußen der „elementaren" visuellen Funktionen finden sich fast immer bei optischer Agnosie; die Leistungsmängel gehen jedoch über das durch Gesichtsfeldausfälle oder Visusherabsetzung zu Erklärende hinaus.

Metamorphopsie (Dysmorphopsie)

Die Patienten geben an, daß sie Dinge *verzerrt sehen.* Das führt bisweilen zu Verzerrungen in einfachen geometrischen Zeichnungen, so daß die Seiten eines Quadrats bogenförmig dargestellt werden oder ein Rechteck zu einem Rhombus wird.

Das Symptom ist meistens passager bei okzipitotemporalen Läsionen vorwiegend der rechten Hemisphäre.

Wortblindheit (totale Alexie). Farbagnosie

Sie treten meistens zusammen auf. Die Alexie beruht hier auf einer optisch-agnostischen Störung und ist nicht mit einer sensorischen Aphasie verbunden. *Einzelne Buchstaben können oft noch gelesen* werden, Worte aber nicht mehr (anders als bei der aphasischen Alexie,

S. 149). Das Farbenerkennen kann in diesem Fall nicht mit Hilfe der Stilling-Farbtafeln geprüft werden. Man benützt verschiedenfarbige Wollfäden *(Holmgren-Wollproben)* oder andere Farbmuster. Zur Untersuchung läßt man *gezeigte Farben benennen und genannte Farben zeigen.* Dann läßt man *Farben bekannter Gegenstände angeben* oder mit Farbproben zeigen. Man fragt z. B. nach der Farbe der Blätter, des Himmels, oder wie eine Banane aussieht. Dabei kommt ein Patient in Schwierigkeiten, wenn er Farben nicht mehr losgelöst vom Objekt begreifen kann; da Blätter in Abhängigkeit von der Jahreszeit usw. die verschiedensten Farbnuancen haben, wird er ratlos oder erschöpft sich im Aufzählen oder Vorzeigen verschiedener Farben. Auch beim *Sortieren von Farbproben* nach Kategorien (verschiedene „Grün“ oder „Blau“ herauslegen) versagt dieser Patient.

Die Läsionsherde liegen okzipitotemporal in der dominanten Hemisphäre. Die meisten Patienten haben Gesichtsfeldausfälle auf der Gegenseite. Von manchen Autoren wird das Syndrom auf Läsion der hinteren Anteile des Corpus callosum (Splenium) zurückgeführt. Es wäre damit ein zweites klinisches Beispiel für ein *Diskonnektionssyndrom* (S. 150).

Optisch-räumliche Agnosien

Hierher gehören alle Störungen der Orientierung im Außenraum, soweit diese an optische Merkmale, Vorstellungs- und Erinnerungsbilder geknüpft ist. Die Patienten finden sich auch in vertrauter Umgebung nicht mehr zurecht: *Sie verlaufen sich* im Ort und im Haus, sie finden ihr Bett nicht mehr. Zur Untersuchung läßt man *einfache Lagepläne* anfertigen, z. B. eine Skizze des Zimmers mit lagegerechter Einzeichnung von Tür, Fenstern und Möbeln. Man kann eine *bekannte Wegstrecke beschreiben* oder eine *Karte des Heimatgebietes skizzieren* lassen. Die Patienten versagen, wenn sie die *Himmelsrichtung eines bestimmten Ortes* angeben sollen oder die *gegenseitige Lagebeziehung zwischen zwei geographischen Punkten.* Die räumliche Einordnung von Dingen in ein abstraktes, objektives Koordinatensystem ist nicht mehr möglich. Diese Fähigkeiten optisch-räumlicher Vergegenwärtigung sind allerdings auch bei gesunden Menschen sehr verschieden ausgebildet; man muß die Aufgaben daher einfach genug halten. Hinweise auf die ursprünglichen Fähigkeiten geben Beruf und Freizeitinteressen. Es treten ferner *Rechenstörungen* auf, weil das Gefühl für die richtige Position der Ziffern innerhalb einer mehrstelligen Zahl unsicher ist. Man läßt *Zahlen zunehmender Stellenzahl anschreiben* und *Telefonnummern wählen* (Vorsicht Merkfähigkeit). Auch das korrekte *Ablesen der Uhrzeit* oder die Fähigkeit, eine *Uhr zu stellen,* geht verloren *(Uhrzeitagnosie).* Man kann das an einem einfachen Uhrenmodell mit freier Verstellbarkeit der beiden Zeiger untersuchen. Falls ein solches Modell nicht zur Verfügung steht, läßt man Zifferblätter mit Zeigern zeichnen oder von vorgezeichneten die Uhrzeit ablesen.

Optisch-räumliche Orientierungsstörungen sind relativ häufig, weil die betroffene okzipitoparietale Hirnregion (überwiegend der rechten Hemisphäre) leicht von traumatischen und vaskulären Läsionen heimgesucht wird. Tumoren können in dieser Gegend relativ groß werden, ohne andere neurologische Ausfälle zu verursachen oder das Leben zu bedrohen.

Neglect

Manchmal kommt es zu einer mehr oder weniger groben Vernachlässigung einer Seite, die sich nicht nur auf optische, sondern auch auf sensible und akustische Reize erstreckt, ohne daß Hemiplegie, Sensibilitätsstörungen, Hemianopsie oder Apraxie vorliegen oder die Störung ausreichend erklären. In ausgeprägten Fällen nehmen die Patienten von *Gegenständen oder Personen auf der Seite des Neglect keine Notiz,* selbst wenn sie von dorther angeredet werden. Bei zahlreichen Verrichtungen können typische Fehler auftreten, z. B. beim Rasieren, Schachspielen, Nähen, Zuschneiden. Zur Untersuchung kann man mit Papier und Bleistift *Strecken halbieren* oder *einfache geometrische oder gegenständliche Figuren zeichnen* lassen. Dabei zeigt sich, daß der Patient systematisch Teile der Begrenzung auf der Seite des Neglect „vergißt". So kann ein Rechteck auf einer Seite offen bleiben, ein Zifferblatt enthält nur die rechte oder linke Seite. Beim *Aufzählen der angrenzenden Länder* werden z. B. nur die westlich liegenden aufgezählt (die Störung betrifft also auch den Vorstellungsraum).

Entsprechend den vorwiegend rechtsparietalen Läsionen tritt Neglect meistens links auf.

Prosopagnosie (= physiognomische Agnosie)

Eine andere nicht so seltene Form optischer Agnosie ist die Störung des Physiognomieerkennens. Diesen Patienten geht die Bedeutung mimischen Ausdrucks verloren. Sie können Zorn, Heiterkeit o. a. *nicht mehr am Gesicht erkennen.* Auf *Photographien* können bekannte Persönlichkeiten oder selbst nächste Familienangehörige nicht mehr identifiziert werden. Die Störung betrifft aber nicht nur Gesichter, sondern auch das *Erkennen von Tieren und Landschaften* (für deren typische „Gestalt" der Ausdruck Physiognomie ja ebenfalls gebraucht wird). So kann eine Wüstenlandschaft nicht als Wüste identifiziert und im Prinzip nicht von einer arktischen Eislandschaft unterschieden werden, selbst wenn eine detaillierte Bildbeschreibung möglich ist. Im Gegensatz dazu sind die optisch-räumlichen Leistungen intakt. Läsionen finden sich in beiden Hemisphären.

Gerstmann-Syndrom

Eine Reihe neuropsychologischer Störungen können in wechselnden Kombinationen zusammentreten. Es handelt sich um Fingeragnosie,

Rechts-links-Orientierungsstörung, Rechenstörung (Akalkulie), Lese- und Schreibstörung (die erstere vom agnostischen Typ, S. 152 f, die letztere vom apraktischen Typ, S. 150) und amnestische Aphasie.

Fingeragnosie

So heißt die Unfähigkeit, die verschiedenen Finger voneinander zu unterscheiden und richtig zu benennen. Zur Untersuchung läßt man *benannte Finger zeigen und gezeigte Finger benennen,* sowohl die eigenen als auch die des Untersuchers.

Rechts-links-Störung

Die Rechts-links-Orientierung untersucht man durch Fragen wie: *„Welche Hand ist das?"*, während man auf eine Hand des Patienten deutet, und durch Aufforderungen wie: *„Zeigen Sie mir die rechte Hand!"*, zuerst am eigenen Körper, dann am Körper des Untersuchers. Ferner fordert man den Patienten auf, seinen *Kopf oder den ganzen Körper nach rechts oder links zu drehen;* danach soll er jeweils angeben, ob sich bestimmte Dinge im Zimmer *rechts oder links von ihm befinden.* Wenn der Patient versagt, muß man sich selbstverständlich fragen, ob nicht sensorische Aphasie, Dyspraxie oder Neglect vorliegen.

Autotopagnosie: Fingeragnosie und Rechts-links-Störung sind Formen einer Störung der Orientierung am Körper, die sich in seltenen Fällen auf den ganzen Körper erstrecken kann. Bei der Autotopagnosie kann der Patient nicht nur die Finger, sondern überhaupt keinen Körperteil bei sich oder anderen Personen mehr benennen. Sie tritt nur bei ausgedehnten bilateralen Läsionen auf.
Davon zu unterscheiden ist die **Anosognosie (Anton-Syndrom),** bei der eigene Krankheitszustände, vor allem umschriebener Art (Halbseitenlähmung, Blindheit, durchgemachte Operation o. a.), nicht erkannt oder verleugnet werden, ohne daß eine allgemeine konfabulatorische Tendenz vorliegt und ohne daß die Defekte auch im Verhalten verleugnet werden. Auch hierbei liegt gewöhnlich eine diffuse Hirnschädigung vor.

Rechnen

Man läßt einfache Additionen, Subtraktionen, Multiplikationen und Divisionen im Kopf, evtl. auch schriftlich, ausführen. Hier ist darauf zu achten, ob die Rechenstörung nicht zu einer optisch-räumlichen Agnosie gehört (S. 153); in diesem Fall hätte sie eine andere lokalisatorische Bedeutung.

Lese- und Schreibstörung

Untersuchung S. 148 f.

Amnestische Aphasie

Untersuchung S. 146.

Das Gerstmann-Syndrom hat einen relativ hohen lokalisatorischen und daher klinisch-praktischen Wert. Es tritt bei Läsionen im okzipitoparietotemporalen Übergangsgebiet, vor allem des Gyrus angularis (Brodmann-Area 39, Abb. 76) der dominanten Hemisphäre auf. Hier grenzen zahlreiche für die höheren Leistungen wichtige Hirngebiete aneinander. Je nach Lage und Ausdehnung der Herde kommen verschiedene Kombinationen der angegebenen Minderleistungen zustande. Eine eigentliche Grundstörung oder besonders bevorzugte Kombinationen scheint es nicht zu geben. Wenn nur ein Symptom auftritt, kann nicht auf die Lokalisation geschlossen werden. Wenn drei Symptome zusammen vorkommen, liegt aber mit großer Wahrscheinlichkeit eine Läsion der dominanten Hemisphäre vor. Je nach Ausdehnung der Herde in die eine oder andere Richtung treten u. U. noch aphasische Störungen, Dyspraxie, Hemianopsie, sensible oder motorische Lähmungen der Gegenseite hinzu. Dann wird es aber immer schwieriger, ein eigentliches Gerstmann-Syndrom abzugrenzen.

Allgemeine Hirnleistungen

Wie schon betont, können neuropsychologische Minderleistungen nur dann korrekt nachgewiesen werden, wenn keine grobe Merkschwäche, Verwirrtheit oder gar Bewußtseinstrübung, vorliegen. Auf jeden Fall muß man sich beim Versagen in einer bestimmten neuropsychologischen Untersuchung fragen, ob es nicht auf einem allgemeinen hirnorganischen Abbau beruht. Es folgen einige Untersuchungsmethoden, um einen solchen zu erkennen.

Auffällige Symptome

Während des Gesprächs mit dem Patienten oder in der Anamnese können auffallen: Schwäche der Konzentration und Aufmerksamkeit; erschwerte Umstellung auf ein neues Thema; Ablenkbarkeit; rasche Ermüdbarkeit; Verlangsamung im Auffassen, Antworten und Reagieren; Interesseneinengung; Unfähigkeit, vergangene Ereignisse in die richtige zeitliche Ordnung zu bringen; Neigung zu allgemeinen Feststellungen, aber keine genauen Angaben; Kritiklosigkeit evtl. mit Selbstüberschätzung; charakterliche Erstarrung; Perseverieren im Reden und Handeln; Stimmungslabilität bis Affektinkontinenz; affektive Abstumpfung; „Entdifferenzierung“ oder „Vergröberung“ der Persönlichkeit mit Nachlassen des Taktgefühls; den Umständen nicht angemessene Reden oder Handlungen; Apathie oder ziellose Umtriebigkeit; Indifferenz oder Reizbarkeit bis Explosivität; aufdringliche Distanzlosigkeit; ein Sichzurückziehen von sozialen Aktivitäten; Anpassungsschwierigkeiten an neue Arbeits- und Lebensbedingungen oder andere Menschen; „neurotische“ Symptome der verschiedensten

Art, besonders unter Streß. Diese und andere Auffälligkeiten können den Verdacht auf eine organische Hirnkrankheit erwecken, viele von ihnen kommen aber auch reaktiv und auch im Beginn oder Verlauf von endogenen Psychosen vor. Die richtige Einordnung wird erst im Laufe der Untersuchung möglich. Es kommt vor, daß eine Unterscheidung die allergrößten Schwierigkeiten macht und erst nach längerer Beobachtung getroffen werden kann.

Affektinkontinenz

Ein auffälliges Frühsymptom einer organischen Hirnkrankheit ist häufig das Nachlassen der Affektbeherrschung. Affektlabilität oder (stärker) Affektinkontinenz heißt das Unvermögen, den äußeren Ausdruck von Emotionen soweit zu beherrschen, wie dies normalerweise möglich ist. Allerdings ist diese Fähigkeit auch bei Gesunden recht verschieden ausgeprägt. Oft läßt sich aber vom Patienten erfahren, daß ihm die Tränen leichter kommen als früher, so z. B. schon dann, wenn er in der Zeitung auf den Bericht über ein Unglück stößt. Auch im Gespräch, bei Erhebung der Anamnese, fällt es auf, wenn dem Patienten Tränen in die Augen steigen, auch wenn das Thema nicht besonders tangierend erscheint. Im Gespräch oder bei der Untersuchung kann es aus nichtigem Anlaß zu einem unbeherrschten Gefühlsausbruch oder zu einer *„Katastrophenreaktion"* kommen; der Patient weint und zittert, so daß die Untersuchung zunächst unterbrochen werden muß.

Pathologisches Lachen und Weinen. Affektinkontinenz darf nicht mit Zwangsweinen und -lachen verwechselt werden. Dabei kommt es zu einem übersteigerten, krampfhaften Weinen oder seltener Lachen ohne adäquaten Anlaß und ohne entsprechende Stimmung oder Affektbewegung, das nicht unterdrückt oder gesteuert werden kann. Es tritt am häufigsten bei supranukleärer Bulbärparalyse (S. 120) auf.

Antrieb

Er kann herabgesetzt oder gesteigert sein. Augenfällig ist die *Herabsetzung des Eigenantriebs,* die von einer gewissen Aspontaneität über zunehmende Apathie bis zu völliger Reglosigkeit (ohne daß Akinese, S. 130, vorliegt) bei erhaltenem Wachbewußtsein und u. U. erhaltenem Fremdantrieb reicht. In schweren Fällen kommt es zu einem Versiegen der Spontansprache (ohne daß eine aphasische Störung vorliegt, S. 143) und der Nahrungszufuhr durch eigene Aktivität. Wird der Patient durch stetige Aufforderungen oder Füttern zur Nahrungsaufnahme gebracht, kann es vorkommen, daß er das Kauen und Schlucken „vergißt", so daß noch nach Stunden Speisereste im Mund gefunden werden. Auch für die Entleerung von Blase und Darm erhebt sich der Patient nicht mehr. Hochgradige Antriebsstörung kann allerdings von leichteren Graden einer Bewußtseinsminderung schwer zu unterscheiden sein oder in solche übergehen. Charakteristisch für die Antriebsstörung sind dann manchmal besonders lebhafte (enthemmte) Flucht- oder Abwehrreaktionen, etwa in Form eines ungezügelten Wegreißens der Füße bei einem leichten sensiblen Reiz der Fußsohle, z. B. bei der Auslösung des Fußsohlenhautreflexes, das ganz stereotyp wiederholt wird, ohne daß der Patient dazu Stellung nimmt, sich beklagt o. ä. Diese Diskrepanz zwischen Aspontaneität und übersteigerter Fluchtreaktion kann sehr eindrücklich sein. Eine *Antriebssteigerung* mit Enthemmung und dranghaftem Verhalten ist seltener und meist nur vorübergehend.

Antriebsstörungen als hervorstechendes psychoorganisches Symptom kommen nicht selten bei Frontalhirnläsionen vor. Sie können aber ebenso Ausdruck einer allgemeinen Hirnschädigung sein.

Merkfähigkeit

Subjektiv fällt zuerst auf, daß Personennamen und Zahlen, z. B. Telefonnummern, schlechter behalten werden können. Zur Untersuchung der Merkfähigkeit sagt man zunächst vier, dann fünf und schließlich bis zu sieben einzelne Ziffern (z. B. „7, 5, 9, 0, 3, 1") nacheinander in nicht zu rascher Folge und ohne Skandieren vor; der Patient soll sie wiederholen. Die meisten Erwachsenen können sechs bis sieben Ziffern vorwärts und vier bis fünf Ziffern auch rückwärts korrekt wiederholen. Oder man kann den Patienten auffordern, sich fünf einfache Wörter zu merken (z. B. „Haus, Baum, Strauch, Tür, Fenster"). Man sagt sie ihm zunächst ein- oder mehrmals vor, bis er sie fehlerfrei wiederholen kann. Dann bittet man ihn, die Worte zu behalten, bis sie in einigen Minuten wieder abgefragt werden. Man fährt dann mit der Untersuchung oder im Gespräch fort. Normalerweise können mindestens vier Worte nach fünf Minuten wiedergegeben werden; die Reihenfolge spielt dabei keine Rolle. (Weitere Methoden zur Merkfähigkeitsprüfung bei Kloos, 1965). Bei stärkerer Hirnschädigung wird auch das *Altgedächtnis* beeinträchtigt, zuerst erkennbar an der falschen zeitlichen Einordnung früherer Ereignisse (Zeitgitterstörung).

Orientierung in Zeit, Ort und Situation

Bei der Untersuchung, ob ein Patient orientiert ist, muß man auf genauen Antworten bestehen. „Welches Datum haben wir heute?" Falls dies nicht beantwortet werden kann, erkundigt man sich nach dem Monat, der Jahreszeit und schließlich dem Jahr. „In welcher Stadt sind wir hier?", „Was ist das für ein Haus?", „Warum sind Sie hier?", „Was habe ich hier zu tun?" etc. Man wird einen Patienten mit solchen Fragen natürlich nicht überfallen und wird sie im allgemeinen erst dann stellen, wenn sein Verhalten im Gespräch und bei der Untersuchung den Verdacht einer Orientierungsstörung erweckt.

Intelligenz

Zu einer orientierenden Intelligenzprüfung läßt man einige *Rechenaufgaben* lösen (vor allem eingekleidete), ein paar *Unterschiedsfragen* beantworten, das eine oder andere *Sprichwort erklären* (d. h. seine auf das menschliche Leben angewandte Bedeutung angeben), das eine oder andere *Bild beschreiben* und erklären und eine einfache kurze *Geschichte nacherzählen und deuten* (Material hierzu bei KLOOS, 1965, und KIND, 1973). Falls sich Intelligenzmängel ergeben, ist eine Unterscheidung zwischen angeborenem oder früh erworbenem Schwachsinn *(Oligophrenie)* und im späteren Leben aufgetretenem Intelligenzabbau *(Demenz)* erforderlich. Dazu helfen Eigen- und Fremdanamnese, Schulzeugnisse, Berufsleistungen. Bei dementen Patienten bleiben gut eingeübte Fähigkeiten (Routine) relativ lange erhalten. Daher lassen sich Kenntnisse, Umgangsformen, Wortschatz beurteilen, zu deren Erwerbung der Patient früher fähig war.

Psychometrische Tests

Zur genaueren Untersuchung der Intelligenz gibt es verschiedene psychometrische Tests (Definition S. 147).

Der Hamburg-Wechsler-Intelligenztest beruht auf einem bekannten amerikanischen Verfahren, das in vielen Ländern verbreitet ist. Er ist in 10 Untertests gegliedert, von denen jeder mehrere Aufgaben umfaßt, die nicht nur die sprachliche Intelligenz, sondern auch praktisch-anschauliche Leistungsbereiche prüfen. Das Gesamtergebnis wird zum Intelligenz-Quotienten (IQ) zusammengefaßt. Dieser drückt die individuelle Abweichung eines Probanden von seiner Altersnorm aus. Es gibt zwei Ausführungen mit unterschiedlichen Aufgaben, eine für Erwachsene (HAWIE), die für Personen von 10 Jahren an aufwärts benutzt werden kann, und eine für Kinder (HAWIK) zwischen 6 und 15 Jahren. Die nach statistischen Regeln durchgeführte Eichung ergab

Tabelle 16. Intelligenzquotient

Prozent der Bevölkerung	haben einen IQ von	Beurteilung
2	> 127	extrem hohe Intelligenz
7	118–126	sehr hohe Intelligenz
16	110–117	hohe Intelligenz
50	91–109	durchschnittliche Intelligenz
16	79– 90	niedrige Intelligenz
7	63– 78	sehr niedrige Intelligenz
2	< 62	„Schwachsinn" (hier nicht als klinische Diagnose)

für die Gesamtbevölkerung eine Normalverteilung der Testwerte mit einem Mittelwert von 100 und einer Standardabweichung von 15. Die Bevölkerungsstichprobe war nach Berufsgruppen, Alter und Geschlecht repräsentativ. Die Verteilung der IQ in der gesamten Bevölkerung zeigt Tab. 16.

Für jeden der 10 Untertests wird das Ergebnis gesondert bestimmt und daraus der Gesamt-IQ berechnet. Die Einzelwerte der Untertests ergeben ein Leistungsprofil, das gewisse krankheitsspezifische Bedeutungen haben kann. Einmal sind fünf sprachliche und fünf praktisch-anschauliche Tests vorhanden. Es kann also ein Verbal-IQ und ein Handlungs-IQ unterschieden werden. Patienten mit hirnorganischen Krankheiten schneiden im allgemeinen bei den Handlungsaufgaben schlechter ab als bei den Verbalaufgaben. Auch die Abweichung jedes Untertests vom Gesamt-IQ kann vorsichtig interpretiert werden. So gibt es Leistungsbereiche, die bei einer Demenz mehr oder früher betroffen sind als andere. Dazu gehören etwa das Zahlennachsprechen, das die Merkfähigkeit mit beansprucht, der Zahlensymboltest, der die Umstellungsfähigkeit mitbelastet, sowie der Mosaiktest (als relativ „abbaubeständig" erweist sich u. a. der Wortschatztest). Oligophrene dagegen zeigen eher ein „ausgeglichenes", allgemein niedriges Profil.

Visual retention-Test (Benton-Test). Es gibt bisher zwar keinen psychometrischen Einzeltest, der hirngeschädigte Patienten eindeutig von hirnorganisch Gesunden unterscheidet, jedoch erlaubt die Zusammenstellung mehrerer Verfahren eine für praktische Zwecke recht gute Trennung. Außer dem HAWIE ist hierfür einer der wichtigsten der Visual retention-Test von Benton. Mit ihm wird die Fähigkeit untersucht, einfache geometrische Figuren kurz zu behalten und aus dem Gedächtnis nachzuzeichnen (Zeichenform) oder aus dem Gedächtnis wiederzuerkennen (Wahlform). Die meisten Testkarten enthalten mehrere Figuren, deren relative Lage zueinander ebenfalls richtig wiedergegeben werden muß. Das Ergebnis wird unter Berücksichtigung von Alter und Intelligenz berechnet (bei Demenz unter Berücksichtigung der geschätzten früheren Intelligenz).
Man darf von vornherein erwarten, daß vor allem Patienten mit konstruktiver Apraxie und solche mit räumlich-optischen Störungen versagen. Es hat sich aber gezeigt, daß auch hirngeschädigte Patienten ohne neuropsychologische Störungen oft schlecht abschneiden, vielleicht weil die Merkfähigkeit für den Test von entscheidender Bedeutung ist. Auch für die Untersuchung von Kindern mit Verhaltensstörungen ist der Test als zusätzliches Verfahren wertvoll, da psychogene Faktoren einen eher geringen Einfluß auf die hier verlangte Leistung haben, während Kinder mit zerebralen Läsionen versagen. Bei ihnen können die verbalen Fähigkeiten manchmal so gut entwickelt sein, daß man ihr tatsächliches Leistungsvermögen überschätzt.

11. Untersuchung von Neugeborenen, Säuglingen und Kleinkindern

Die neurologische Untersuchung von Neugeborenen, Säuglingen und Kleinkindern verlangt eine Reihe besonderer Tests, die man bei Erwachsenen nicht braucht. Umgekehrt kann man viele Methoden, die bei größeren Kindern oder Erwachsenen benützt werden, nicht anwenden, weil Kinder bis zum Alter von 3 oder 4 Jahren überhaupt nicht und danach zunächst nur beschränkt mitarbeiten können. Indirekte Methoden haben daher ein noch größeres Gewicht. Ein Hauptteil der Untersuchung ist die Beobachtung des spontanen motorischen Verhaltens. Das Gebiet ist zur Zeit noch im Fluß. Daher gibt es eine Reihe verschiedener Untersuchungsschemata. Sie müssen auch je nach Lebensalter verschieden sein. Die Terminologie ist zum Teil noch uneinheitlich.

Neugeborene

Neurologische Untersuchungsmethoden dienen hier vor allem

1. Zur Beurteilung des Allgemeinzustandes eines neugeborenen Kindes und seiner Gefährdung: Apgar-Index.

2. Zur Schätzung des Konzeptionsalters.

Konzeptionsalter (= Fetalalter) ist Gestationsalter (Zeit vom ersten Tag der letzten Menstruation der Mutter bis zur Geburt des Kindes) plus extrauterines Lebensalter. Der mittlere normale Geburtstermin liegt zwischen 38 und 42 Wochen Gestationsalter. Da sich die neurologische Entwicklung in vieler Hinsicht mehr nach dem Konzeptions- als nach dem Lebensalter richtet, kann eine neurologische Untersuchung zur Schätzung des Konzeptionsalters beitragen. Untergewichtige Neugeborene (unter 2500 g) können entweder Frühgeborene oder untergewichtige Normalgeborene (= Mangelgeburten, hypotrophe Neugeborene, small-for-dates infants) sein. Die beiden Gruppen haben verschiedene nosologische Schwerpunkte.

3. Weitere Anlässe zur Untersuchung sind Komplikationen während der Schwangerschaft, schwierige Entbindungen, Zustand nach Atemnot-Syndrom, Neugeborenenkrämpfe, Trink- oder Schreischwäche

Die häufigsten neurologischen Krankheiten bei Neugeborenen sind: angeborene Enzephalitiden (z. B. Toxoplasmose, Lues); Mißbildungen des Zentralnervensystems (spinale und enzephale Spaltbildungen, Mikrozephalie, Hydrozephalus); perinatale Hirnschädigung durch Asphyxie oder intrakranielle Blutung; Kernikterus; geburtstraumatische Verletzungen peripherer Nerven. Passagere neurologische Symptome kommen häufig auch ohne primäre Schädigung des Nervensystems vor, so bei Störungen des Elektrolythaushalts, des Blutzuckers und der Körpertemperatur. Auch an kongenitale (passagere oder bleibende) Myasthenie ist zu denken. Angeborene Stoffwechselanomalien (z. B. Phenylketonurie) machen zu diesem Zeitpunkt noch keine Symptome; zu ihrer prophylaktischen Behandlung muß aber möglichst früh nach ihnen gesucht werden.

Apgar-Index

Er wird in den ersten Minuten und Stunden post partum bestimmt. Für jede der fünf Funktionen oder Symptome der Tab. 17 stellt man die entsprechende Punktzahl fest und zählt alle Punkte zusammen. Eine Summe von 8 bis 10 bedeutet guten Allgemeinzustand, keine Gefährdung; 4–7 erhöhte Gefährdung; 0–3 hochgradige Asphyxie, akute Gefährdung.

Tabelle 17. Apgar-Index

	0	1	2	
Atmung	Fehlt	Langsam oder schwach oder unregelmäßig	Gut, Schreien	
Herzfrequenz	Herzschlag nicht hörbar	$<$ 100/min	$>$ 100/min	
Hautfarbe	Zyanotisch oder blaß	Körper rosig und Extremitäten blaß	Völlig rosig	
Muskeltonus und Spontanmotorik	Völlig schlaff	Mäßig; wenige und träge Beugebewegungen	Gut, normale Spontanbewegungen	
Reaktion (Nasenkatheter, Fersenkneifen)	Keine Reaktion	Geringe oder träge Reaktion	Grimassieren. Husten oder Niesen. Fluchtbewegung	
			Summe:	

Untersuchung von untergewichtigen Neugeborenen

Zur Schätzung des Konzeptionsalters (K.-Alter) werden der *passive* und der *aktive Muskeltonus* und einige *Reflexe* untersucht. Bei der Untersuchung muß berücksichtigt werden, ob und wie lange ein Kind den Inkubator verlassen kann. Untersuchung im Wachzustand, etwa eine Stunde vor der Fütterung.

Der *Muskeltonus* steigt normalerweise mit dem Konzeptionsalter an, erreicht mit 40—42 Wochen (normaler Geburtstermin) einen Höhepunkt und sinkt während der folgenden 6–9 Monate etwa linear wieder ab. Die Zunahme des Muskeltonus erfolgt in kaudal-kranialer Richtung, d. h., die Beine führen, die Halsmuskulatur kommt als letzte.

Passiver Muskeltonus (nach Amiel-Tison)

1. *Haltung in Rückenlage:* Im K.-Alter von weniger als 30 Wochen liegen die Extremitäten in Streckstellung flach auf. Mit 30 Wochen kommt es zu beginnender schwacher Beugung im Hüftgelenk, mit 32–34 Wochen zu einer zunehmenden Beugung in Hüft- und Kniegelenken (Froschhaltung). Ab 36 Wochen zunehmende Beugung auch im Ellenbogengelenk.

Tabelle 18. Reflexe zur Schätzung des Konzeptionsalters (nach Amiel-Tison, Robinson, Meitinger, Vlach, Weinmann)

		Konzeptionsalter (Wochen), in dem Reflex erscheint
Handgreifreflex	schwach	28
	trägt Körpergewicht	36
Moro-Reflex	komplett	32
Brustsuchen, Saugreflex	Beginn	32
	komplett	34
Schreitreflex	Beginn	32
	recht gut	34
Halsstellreflex auf den Kopf		32–38
Halsstellreflex auf den Rumpf		34–37
gekreuzter Streckreflex	unvollständig	34
	gut	36

2. *Fuß-Kopf-Manöver:* Beim Kind in Rückenlage, das Becken flach auf dem Tisch, werden die Beine im Hüftgelenk so weit wie möglich gebeugt. Unter einem K.-Alter von 30–32 Wochen läßt sich das Ohr mit den Zehen berühren, im Kniegelenk ist das Bein völlig gestreckt. Mit 32 Wochen ist eine Berührung des Kopfes durch den Fuß nicht mehr möglich. Zwischen 34 und 36 Wochen stellt sich eine Beugung im Kniegelenk ein.

3. *Kniekehlenwinkel:* Aus der gleichen Ausgangslage wird durch Beugung im Hüftgelenk das Knie auf die Brust gebracht. Bei dieser Stellung des Oberschenkels wird der Unterschenkel so weit wie möglich gestreckt und der erreichbare Kniekehlenwinkel gemessen. Er beträgt bis zu einem K.-Alter von 30 Wochen ca. 150 Grad, mit 32 Wochen 110 Grad, mit 34–36 Wochen 100 Grad, mit 38–4o Wochen 90–80 Grad.

4. *Dorsalflexion des Fußes:* Beim Kind in Rückenlage, Beine in Hüft- und Kniegelenk gebeugt, wird der Fuß so weit wie möglich dorsalflektiert und der Winkel zwischen Unterschenkel und Fuß geschätzt. Beim reifen Neugeborenen kann der Fuß völlig auf den Unterschenkel zurückgeschlagen werden. Beim Frühgeborenen zwischen 32 und 40 Wochen K.-Alter ist nur eine partielle Dorsalflexion auf etwa 40–50 Grad möglich.

5. *Halstuchzeichen:* Durch Zug am Handgelenk wird der Arm nach vorn zur gegenseitigen Schulter um den Hals des Kindes geschlagen. Bis zu einem K.-Alter von 30 Wochen ist es möglich, den Ellenbogen bis zur gegenseitigen Schulter zu bringen. Ab 36 Wochen geht der Ellenbogen nur noch wenig über die Mittellinie auf die Gegenseite, mit 40 Wochen bleibt er knapp diesseits der Mittellinie.

Aktiver Muskeltonus

1. *Haltung in Bauchlage:* Von der 36. Woche des K.-Alters an wird eine Neigung zur Beugung der Beine in Hüft- und Kniegelenk erkennbar. Diese Beugetendenz nimmt ständig zu. Von der 40. Woche an kommt es zu gelegentlichen Versuchen, den Kopf zu heben.

2. *Stützreaktion der Beine und des Rumpfes:* Von der 32. Woche an kommt es zu kurzfristigem Ausstrecken der Beine, wenn das Kind vertikal gehalten und die Füße in Kontakt mit der Unterlage gebracht werden. Diese Reaktion wird von der 34. Woche an deutlicher. Von der 36. Woche an wird sie von einem zunächst schwachen, dann kräftigeren Aufrichten des

Rumpfes, von der 40. Woche an von kurzfristigem Aufrichten des Kopfes begleitet.

3. *Schulterzug aus Rückenlage:* Das Kind wird an den Händen oder den Schultern aus der Rückenlage zum Sitzen langsam hochgezogen und die Haltung des Kopfes in Relation zum Rumpf beobachtet. Mit 32 Wochen werden einzelne Kontraktionen der Kopfbeuger sichtbar, mit 36 Wochen kann der Kopf gegen Ende des Schulterzugs mit einem Ruck nach vorn auf die Brust gebracht werden; erst mit 40 Wochen wird er für einige Sekunden in gerader Linie mit dem Rumpf gehalten.

Reflexe

Bei den Reflexen handelt es sich vorwiegend um Primitivreflexe, die den Neugeborenen eigentümlich sind und später wieder verschwinden (s. S. 168) und die erst von einem bestimmten Konzeptionsalter an nachweisbar sind. In Tab. 18 sind die nachfolgend beschriebenen Reflexe in der Reihenfolge aufgeführt, in der sie mit zunehmendem Konzeptionsalter erscheinen.

Halsstellreflex auf den Kopf: Bei passiver Rotation des Beckens dreht sich der Kopf aktiv etwas mit.

Halsstellreflex auf den Rumpf: Der Kopf des Kindes wird an den Schläfen gefaßt und vorsichtig auf eine Seite gedreht. Der Reflex ist positiv, wenn der Rumpf aktiv etwas nachfolgt.

Brustsuchen und Saugreflex: Untersuchung s. S. 165 f.

Moro-Reflex: Untersuchung s. S. 166.

Handgreifreflex: Untersuchung s. S. 169.

Gekreuzter Extensorreflex: Untersuchung s. S. 169.

Schreitreflex (automatisches Schreiten): Untersuchung s. S. 169. Hier ist von Bedeutung, daß Frühgeborene zuerst mit den Zehen und dann mit der Ferse, reife Neugeborene zuerst mit der Ferse und dann mit den Zehen auftreten.

Kopfumfang: s. S. 172 f.

Untersuchung von reifen Neugeborenen (mindestens 38 Wochen Gestationsalter)

Falls keine akute Gefährdung vorliegt, empfiehlt es sich, die neurologische Untersuchung nicht vor dem 4. Lebenstag auszuführen, weil manche Befunde während der Erholung vom Geburtsstreß verändert sind. Untersuchungszeitpunkt etwa zwei Stunden nach der Fütterung. Das Kind muß wach sein (Augen auf) und soll nicht schreien. Falls ein anderer Verhaltenszustand vorliegt, muß er vermerkt werden. Einzelne abnorme Zeichen sind meistens bedeutungslos; man muß versuchen, bestimmte Kombinationen aufzufinden. Immer auf Seitendifferenzen und, wo es möglich ist, auf Differenzen zwischen Armen und Beinen (Paraparese) achten.

Die folgende Darstellung orientiert sich an der Kurzuntersuchung von Prechtl u. Beintema (1968).

Haltung in Rückenlage bei Kopf in der Mittellinie. Normalerweise sind Arme und Beine annähernd symmetrisch halb gebeugt, und es liegen weder Opisthotonus noch Froschhaltung, noch konstante Kopfdrehung nach einer Seite vor. Schlaffe Extremitäten in Streckstellung sprechen für Hypotonie.

Opisthotonus deutet in diesem Alter auf zerebrale Läsion oder Prozeß (z. B. Hydrozephalus, Kernikterus); selbst eitrige Meningitis oder akute intrakranielle Blutung gehen meistens ohne Nackensteife, jedoch mit Fontanellenspannung einher.

Augensymptome. Konstante Deviation oder konstanter Strabismus kommen normalerweise nicht vor. Die normalen Augenbewegungen in der Neugeborenenperiode sind langsam und nicht ständig konjugiert. Um Augenbewegungen zu induzieren, wird durch langsames Drehen des Kopfes das Puppenkopfphänomen ausgelöst (S. 104). Dabei läßt sich eine Abduzensparese erkennen. Einige wenige Nystagmusschläge sind normal, länger dauernder Nystagmus ist immer pathologisch. Mit dem Augenspiegel findet man Retinablutungen nicht so selten auch beim normalen Neugeborenen, häufig bei Frühgeborenen. Für die Diagnose traumatischer intrakranieller Blutungen ist dieses Symptom daher wenig brauchbar. Chorioretinitis kommt bei angeborener Toxoplasmose oder Zytomegalie vor.

Spontanmotorik. Beobachtung der Intensität und Symmetrie spontaner Extremitätenbewegungen und der Mimik (Fazialisparese). Man stellt fest, ob und wo Zittern auftritt, in welcher Frequenz (weniger oder mehr als 6/sec) und in welcher Amplitude. Ob und wo Zuckungen, tonische oder klonische Krämpfe auftreten. In den ersten Tagen ist ein hochfrequenter Tremor kleiner Amplitude nicht pathologisch. Eine choreatische oder athetotische Hyperkinese (S. 136) wird frühestens gegen Ende des zweiten Lebensjahres deutlich erkennbar.

Tonus. Er wird an Nacken, Rumpf, Armen und Beinen durch passive Bewegungen im Seitenvergleich untersucht. Zur Untersuchung von Nacken und Rumpf hält man das Kind in Rückenlage mit einer Hand oberhalb des Gesäßes und führt mit der anderen Hand vorsichtige Beuge- und Drehbewegungen des Kopfes aus. Alle Bewegungen müssen langsam und vorsichtig sein, um nicht motorische Unruhe auszulösen. Normalerweise besteht eine leichte, vor allem die Beuger betreffende Hypertonie von federndem Charakter; der Kniekehlenwinkel beträgt nicht mehr als 100 Grad. Rigorartige Tonussteigerungen (S. 50 f) sind pathologisch. Überstreckbarkeit der Gelenke spricht für Hypotonie.

Hochziehen an den Armen zum Sitzen (Schulterzug, Traktionsversuch). Das Kind wird an den Handgelenken erfaßt und aus Rückenlage langsam in Sitzhaltung gezogen. Man achtet auf Widerstand in den Armen, Beugung im Ellenbogengelenk und Balance des Kopfes. Normale Kinder können den Kopf für Sekunden aufrecht halten. Zur Beobachtung wird das Kind in Sitzstellung festgehalten und der Kopf unterstützt.

Brustsuchen (= oraler Suchreflex, rooting) und Saugreflex. Mundwinkel, Ober- und Unterlippe werden mit der Fingerspitze berührt und leicht gerieben. Das Kind verzieht den Mund nach der Seite der Reizung und dreht den Kopf in diese Richtung. Legt man den Zeigefinger zwischen die Lippen, treten rhythmische Saugbewegungen auf; die Zungenbewegungen werden gefühlt. Man beurteilt Stärke und Frequenz des Saugens. Brustsuchen und Saugreflex sind stark abhängig vom Abstand zur letzten Fütterung. Sie verschwinden mit 3—5 Monaten.

Moro-Reflex. Das Kind wird mit einer Hand in Rückenlage frei in die Luft gehalten. Die andere Hand stützt den Kopf. Durch eine geringe, aber rasche Abwärtsbewegung des Kopfes wird der Reflex ausgelöst. Man muß den Moment abwarten, wo das Kind ruhig ist und der Kopf etwa in der Mitte steht. Der vollständige Moro-Reflex besteht aus drei Komponenten: 1. Abduktion in den Schultern. 2. Streckung in den Ellenbogen. 3. Beugung und Adduktion der Arme, die dadurch im Bogen wieder in die Richtung der Ausgangsstellung zurückkehren. Alle Komponenten getrennt im Seitenvergleich beobachten. Dazu ist mehrfache Auslösung erforderlich. Der Moro-Reflex muß in diesem Alter voll ausgeprägt sein. Die Untersuchung auf einer Unterlage hat den Nachteil, daß das Kind mit Beginn der Reaktion zur Seite rollt und dadurch die Symmetrie nicht mehr beurteilt werden kann.

Eigenreflexe (Sehnenreflexe). Es genügt, die Biceps brachii-Reflexe und die PSR zu untersuchen. Sie werden am besten mit dem Finger oder einem kleinen Perkussionshammer ausgelöst. Die ASR können bei Neugeborenen doppelseitig fehlen. Oder es kommt ein erschöpflicher Klonus längerer Dauer vor.

Fremdreflexe (Hautreflexe)
Die Bauchhautreflexe werden durch leichten Nadelstrich von lateral nach medial in vier Quadranten ausgelöst. Segmenthöhe Th 6–10 und Th 10–L 1. Sie können gelegentlich doppelseitig fehlen.

Kremasterreflexe werden durch leichten Nadelstrich an der Innenseite der Oberschenkel oder in der Leistengegend ausgelöst. Segmenthöhe L 1–2.

Der Analreflex besteht in einer Kontraktion des Sphincter ani externus auf leichten perianalen Nadelstrich. Das Kind wird, wie zur Säuberung, an den Füßen hochgehoben. Segmenthöhe S 4–5.

Galant-Reflex: Man streicht mit Nadel oder Hölzchen etwa 3 cm von den Dornfortsätzen entfernt langsam über den Rücken von der Schulter bis zum Becken. Es kommt zu einer Seitwärtsbiegung der Wirbelsäule mit der Konkavität auf der gereizten Seite. Der Reflex prüft nacheinander alle Thorakal- und die obersten Lumbalsegmente. Er verschwindet nach dem dritten Monat.

Babinski-Reflex: Man streicht mit Nadel oder Hölzchen auf der Fußsohle von den Zehen zur Ferse (umgekehrt wie bei Erwachsenen). Es tritt mit großer Regelmäßigkeit eine typische Dorsalflexion der Großzehe und Fächerphänomen der übrigen Zehen ein. Der Reiz muß bewegt und darf nicht stark sein; sonst kommt es entweder zu einem normalen Greifreflex der Fußsohle mit Plantarflexion aller Zehen oder zu einem Fluchtreflex. Der Babinski-Reflex wird erst mit ein bis zwei Jahren konstant negativ.

Sonderuntersuchungen

Palpation der Fontanellen. Fontanellentastung am ruhigen und vertikal gehaltenen Kind. Die hintere Fontanelle kann beim Neugeborenen wegen postpartaler Verschmälerung der Suturen gelegentlich nur schwer oder gar nicht zu tasten sein. Diese Fontanelle schließt sich auch als erste und ist normalerweise nach einem Alter von sechs Wochen nicht mehr zu tasten. Die vordere Fontanelle schließt sich etwa zwischen dem 10. und 20. Lebensmonat. Schätzung der Fontanellenspannung und Beobachtung einer etwaigen Fontanellenvorwölbung. Sie zeigt erheblichen Hirndruck an und tritt hauptsächlich bei intrakranieller Blutung und angeborenem Hydrozephalus auf. Die normale Fontanelle pulsiert.

Liquoruntersuchung (S. 223 ff). Liquor gesunder Neugeborener ist häufig xanthochrom (bis etwa zum Alter von 14 Tagen). Wenige Stunden nach intrakranieller Blutung können Erythrophagen auftreten, die sich im Direktausstrich oder nach einfacher Anreicherung (S. 229) zytologisch darstellen lassen. Normaler Liquor schließt Hirnblutung nicht aus.

Schädelröntgenübersichtsaufnahmen (S. 198 ff). Nachweis von Frakturen und Osteomyelitiden. Verkalkungen sind verdächtig auf Toxoplasmose, andere Enzephalitiden oder Tumor. Feststellung von Knochendefekten, Lückenschädel, klaffenden Nähten. Nachweis von Kraniostenosen (vorzeitige Verknöcherung der Schädelnähte).

Das **EEG** (S. 211 ff) ist in der Neugeborenenperiode und im Säuglingsalter vor allem als *Schlaf-EEG* wertvoll. Die Spindelaktivität des Stadiums II nach Dement und Kleitman bildet sich zwischen dem ersten und dritten Lebensmonat aus. Wenn sie noch jenseits des dritten Monats fehlt, ist dies pathologisch (Reifeverzögerung des Gehirns). Pathologisch sind auch konstante Seitenunterschiede (z. B. der Schlafspindelausprägung) und sichere Krampfpotentiale. Das normale *Wach-EEG* beim Neugeborenen ist flach und polymorph mit kleinen 5–10/sec-Wellen. Pathologisch sind abnorm große und rhythmische Wellen, Gruppen von Krampfpotentialen und andere Paroxysmen sowie reproduzierbare Seitendifferenzen. Das EEG muß in diesem Alter besonders vorsichtig bewertet werden wegen seiner großen Variabilität, inkonstanter Seitendifferenzen auch im normalen EEG und weil passagere Stoffwechselstörungen mit entsprechenden Wirkungen auf das EEG häufig sind.

Kopfumfang. S. 172 f.

Transillumination des Schädels. S. 174.

Guthrie-Test. Zur Untersuchung auf angeborene Stoffwechselanomalien, wie Phenylketonurie, Leucinose („Ahornsirupkrankheit"), Galaktosämie u. a. einige Tropfen Nativblut auf Filterpapiertestkarten an Untersuchungsanstalt einsenden, z. B. an: Untersuchungsstelle des Landes Baden-Württemberg für angeborene Stoffwechselstörungen, Professor Dr. H. BICKEL, Universitätskinderklinik, 69 Heidelberg. Auch anderes Material (Urin) kann eingesandt werden. Dabei sind besondere Punkte zu beachten. Vorherige Anfrage wird daher empfohlen.

Fölling-Probe (qualitativ) auf Phenylbrenztraubensäure im Urin. Hierzu ist auch eine Schnellmethode mit Teststäbchen (z. B. Phenistix) erhältlich, die auch an feuchter Windel appliziert werden kann. Achtung: Urin wird vor einem Alter von vier Wochen nicht sicher positiv; es muß frischer Urin untersucht werden.

Säuglinge im ersten Lebensjahr

Hauptindikationen: 1. Früherkennung der infantilen Zerebralparese (ICP, zerebrale Kinderlähmung, „Spastiker", Little-Krankheit, cerebral palsy, Infirmes moteurs cérébraux). 2. Das „schlaffe Baby" (floppy infant). 3. Hydrozephalus. 4. Subdurale Ergüsse.

Im ersten Lebensjahr ist die Gehirnentwicklung am stärksten (Verdoppelung des Gehirngewichts in den ersten vier, Verdreifachung in den ersten 13 Monaten). Die neurologische Untersuchung wird in diesem Alter davon bestimmt, daß eine Reihe von Reflexen, Reaktionen und motorischen Verhaltensweisen (Neugeborenenreflexe, primäre Reflexe, Primitivreflexe) dem Neugeborenen eigentümlich sind und mit einem Konzeptionsalter von etwa 53–70 Wochen (das entspricht, bezogen auf normalen Geburtstermin, einem Lebensalter von 3 bis 6 Monaten) wieder verschwinden. Im gleichen Zeitraum tritt mit wachsender Entwicklung der motorischen Fähigkeiten eine andere Gruppe von Reflexen und Bewegungsmustern erstmalig auf. Sowohl die Persistenz von Phänomenen der Neugeborenenreflexe über eine bestimmte Altersnorm hinaus als auch eine verzögerte Entwicklung der neuen Reaktionen kann pathologisch sein.

Faustregel über die motorische Entwicklung im 1. Lebensjahr (JOHNSON): Sie erfolgt in zephalokaudaler Richtung. Im ersten Vierteljahr lernt das Kind die Kontrolle der Augen, im zweiten die des Kopfes und der Arme, in den nächsten drei Monaten die Kontrolle über Rumpf und Hände und im letzten Trimenon schließlich die der Beine und Füße sowie die Daumenopposition.

Früherkennung der ICP

Zunächst werden Reflexe und Reaktionen beschrieben, die bei einem Neugeborenen normalerweise vorhanden sind, bei einem fünf Monate alten Kind jedoch nicht mehr persistieren dürfen.

Tonischer Halsreflex (asymmetrischer tonischer Nackenreflex, ATNR, Magnus-Reflex). Der Kopf des Kindes wird langsam nach einer Seite gedreht, bis Kinn und Schulter sich berühren. Er wird in dieser Stellung mehrere Sekunden festgehalten. Im positiven Fall werden die Kinnextremitäten gestreckt, die Hinterhauptextremitäten gebeugt. Der Reflex wird oft erst mit ein bis zwei Monaten positiv.

Moro-Reflex. Untersuchung s. S. 166.

Greifreflex. Der Untersucher drückt seine Zeigefinger in die Handflächen des Kindes (Berührung der Dorsalseite der Hände vermeiden). Das Kind umgreift den Zeigefinger und hält ihn fest. Zur Prüfung des Fußgreifens drückt der Untersucher die Daumen gegen die Fußballen. Alle Zehen werden plantarflektiert. Mit fünf Monaten ist eine konstante Fausthaltung einer oder beider Hände pathologisch. Das Kind kann jetzt ein angebotenes Spielzeug in die Hand nehmen. Das Zehengreifen verschwindet erst während des zweiten Halbjahres.

Gekreuzter Extensorreflex (Reflexstoß), reflektorisches Strampeln. In Rückenlage wird ein Bein am Knie in Streckstellung herabgedrückt und festgehalten. Darauf kommt es zu einmaliger oder mehrmaliger, teilweise stoßartiger Streckung des anderen Beines. Zur Verstärkung kann man die Fußsohle des fixierten Beines durch Berührung oder Kratzen reizen.

Steh- und Schreitreflex (primäre Stützreaktion, Neugeborenenschreiten). Man hält das Kind aufrecht zwischen beiden Händen und bringt die Fußsohlen in Kontakt mit der Unterlage. Beim Neugeborenen kommt es zu schwachen, wenig wirksamen Streckreaktionen der Beine. Wenn man das Kind etwas nach vorn schiebt, macht es einige Schreitbewegungen mit den Beinen. Diese Reaktion persistiert nicht über die ersten Lebensmonate hinaus. Auch die Stützreaktion ist im Alter von 3—5 Monaten nicht mehr auslösbar (physiologische Astasie). Danach tritt sie im Zuge der Entwicklung des reifen Stehens allmählich wieder auf (s. S. 170). Dabei wird das Körpergewicht zunehmend übernommen.

Die folgenden zwei Versuche verdeutlichen die Steigerung des Strekkertonus der Beine beim Spastiker:

Abduktionstest. Pathologisch ist eine Neigung zum Überkreuzen der gestreckten Beine (Scherenstellung). Man prüft den Adduktorentonus, indem man in Seitenlage des Kindes das jeweils oben liegende Bein passiv abduziert. Beim gesunden Kind läßt es sich isoliert mobilisieren und abduzieren. Bei Spastik folgt das andere Bein wie magnetisch angezogen nach.

Hängeversuch. Das Kind wird an den Beinen hochgehoben und hängt nach unten. Wenn ein Bein losgelassen wird, sinkt es in Beugestellung. Beim Spastiker verbleibt es einige Zeit neben dem andern in Streckstellung und sinkt manchmal gar nicht ab.

Die folgenden Leistungen, Reaktionen und Reflexe erwirbt ein Kind vor oder kurz nach dem ersten Halbjahr:

Hören und Sehen. Das Kind reagiert auf Klappern mit einer Kopfwendung zur Reizquelle. Es verfolgt ein Spielzeug mit den Augen.

Greifen. Mit dem Zurücktreten des Greifreflexes (s. oben) wird das spontane Greifen entwickelt. Aktives Loslassen entwickelt sich erst ab 10 Monaten.

Sitzen. Das fünf Monate alte Kind kann mit Unterstützung sitzen. Es streckt dabei den Rücken und hält den Kopf hoch. Bei vorsichtigem Loslassen beobachtet man beginnende Ausgleichbewegungen.

Stellreflex auf den Körper. Der Untersucher umfaßt die Schulter oder die Beine des Kindes in Rückenlage und dreht sie nach einer Seite. In den ersten vier Lebensmonaten erfolgt dabei eine Drehung des übrigen Körpers „en bloc" (der Tonus ist zu diesem Zeitpunkt noch erhöht), später eine differenziertere, abgestufte Folgebewegung. Persistieren der Reaktion „en bloc" oder schlaffes Zurückbleiben von Schulter oder Becken (rein passives Nachfolgen erst ab ca. 75 ° Rotation) sind pathologisch.

Reaktion auf Bauchlage. a) Auf der Unterlage: Normalerweise stützt sich das fünf Monate alte Kind auf die Ellenbogen, einige Wochen später auch auf den gestreckten Arm, lordosiert den Rücken, und hebt den Kopf. Die frühere Beugetendenz in Hüft- und Kniegelenk ist viel weniger ausgeprägt und nicht mehr fixiert. b) Schwebelage. Das Kind wird mit beiden Händen um den Leib gefaßt und in Bauchlage in die Höhe gehalten. Schon bei Neugeborenen kommt es in dieser Stellung zu einer gelegentlichen mäßigen Hebung des Kopfes und der Extremitäten, die nicht dauernd passiv herabhängen. Mit fünf Monaten werden Kopf, Rumpf und Beine gestreckt. Wird der Kopf passiv gebeugt, so folgt eine aktive Rumpf- und Beinbewegung *(Landau-Reflex)*. Diese Reaktionen sind mit spätestens 10 Monaten konstant auslösbar.

Sprungbereitschaft (Fallschirmreaktion). Der Untersucher hält das Kind in Bauchlage frei in die Luft und bewegt es dann mit dem Kopf voran rasch auf die Unterlage zu. Das Kind reagiert, indem es die Arme nach vorn ausstreckt und oft auch die Finger spreizt. Die Reaktion muß während des zweiten Lebensjahres auslösbar sein.

Reife Stützreaktion. Zunehmende Übernahme des Körpergewichtes, wenn die Füße in Kontakt mit der Unterlage gebracht werden. Erst nach dem 5.–6. Lebensmonat. Siehe S. 169 bei Steh- und Schreitreflex.

Meilensteine der Entwicklung (vorwiegend nach ILLINGWORTH). *Neugeborenes* in Bauchlage: Knie werden unter den Bauch gezogen, Becken ist hoch. In Bauchlage frei gehalten: Beugung im Ellenbogengelenk, beginnende Streckung im Hüftgelenk. Mit *4–6 Wochen:* lächelt Mutter an. Mit *6 Wo-*

chen in Bauchlage: Becken tief. Mit *6—8 Wochen:* Lautgebung beim Lächeln; beginnendes Fixieren eines Gegenstandes mit den Augen. Mit *12–16 Wochen:* Kopfdrehung nach Schallquelle; verfolgt Objekt mit den Augen. Hält in die Hand gegebenen Gegenstand fest. Mit *12—20 Wochen:* betrachtet eigene Hand (Vorsicht: auch bei blinden Kindern); hält in Sitzstellung den Kopf selbständig. Mit *20 Wochen:* greift selbst nach Gegenständen. Mit *26 Wochen:* gibt Gegenstand von einer Hand in die andere; beginnt zu kauen (falls feste Nahrung angeboten); hebt in Rückenlage spontan den Kopf; dreht sich im Liegen aktiv um; sitzt mit aufgestützten Händen; ißt selbst ein Keks. Mit *9–10 Monaten:* nimmt Gegenstand zwischen Zeigefinger und Daumen; kriecht; sitzt frei mit wirksamen Ausgleichsbewegungen; hilft beim Anziehen durch Hochhalten von Arm oder Bein. Mit *13 Monaten:* wirft Gegenstände systematisch und nacheinander auf den Boden; steht allein; geht an der Hand; 2–3 Einzelwörter in Kindersprache (außer: „Mama" und „Papa", z. B. „Wauwau"). Mit *15—16 Monaten:* beginnt Löffel und Tasse allein zu benutzen; steckt nicht mehr alles in den Mund; beendet das systematische Auf-den-Boden-Werfen von Gegenständen. Mit *15–18 Monaten:* ahmt Mutter im Waschen und Putzen nach; Wortschatz erreicht 4–5 Wörter. Mit *18 Monaten:* beginnt sich zu melden, wenn naß. Mit *16–19 Monaten:* lernt allein zu gehen (anfangs noch häufiges Hinfallen). Mit *21–24 Monaten:* sagt Zwei- bis Dreiwortsätze; beginnt, den eigenen Namen zu gebrauchen. Mit *2 Jahren:* untertags überwiegend trocken. Mit *3 Jahren:* auch nachts überwiegend trocken; zieht sich selbst an (außer Knöpfen am Rücken); steht kurzzeitig auf einem Fuß.

Die angegebenen Zeiten zeigen nicht unerhebliche individuelle Unterschiede. Die einzelne Leistung sollte daher am Gesamtbild gemessen werden. Von Bedeutung sind Verlangsamung oder Stillstand der Entwicklung. Bloße Verzögerungen beruhen aber nicht notwendig auf Läsion oder Entwicklungsstörung des ZNS, sondern kommen auch bei „sozialer Deprivation" vor (wie z. B. bei Heimkindern).

Entwicklungsprofil. Für eine umfassende Entwicklungsdiagnostik der ersten zwei Lebensjahre gibt es weitgehend standardisierte Testbatterien, je eine für das 1. (Hellbrügge u. Pechstein 1968) und eine für das 2. Lebensjahr (Hellbrügge u. Mitarb. 1971). Sie untersuchen nicht nur die statisch-motorische Entwicklung, die Handmotorik und die Sinnesorgane, sondern beziehen auch die Sprach- und Sozialentwicklung mit ein. Es wird normiertes Testmaterial benutzt. Die verschiedenen Methoden und Befunde sind für jeden Monat der beiden Lebensjahre angegeben. Das Ergebnis wird in Form eines Leistungsprofils dargestellt, an dem man unmittelbar den Entwicklungsstand in den verschiedenen Leistungsbereichen ablesen kann. Es handelt sich um eine ausführliche Untersuchung, bei der man im ersten Lebensjahr mit einer Dauer von 30–60 Min. rechnen muß. Man kann auch Teilbereiche herausgreifen und etwa nur den Entwicklungsstand der Statomotorik oder der Handmotorik o. a. nach den angegebenen Methoden untersuchen. Zur Kurzuntersuchung dienen die Denver-Entwicklungsskalen, S. 176.

Das „schlaffe Baby"

Es zeichnet sich durch seltene, schwache Spontanmotorik, geringe Reagibilität und muskuläre Hypotonie aus. Anlaß für die Untersuchung sind Schwierigkeiten der Atmung, der Nahrungsaufnahme, später motorische Retardierung. Als Ursache kommen Myopathien, Myasthenie, Polyneuropathien, spinale Muskelatrophie, Poliomyelitis, spinale Läsionen (Mißbildungen, sehr selten auch geburtstraumatisch) und zerebrale Läsionen (seltenere Form der ICP, Oligophrenie) in Frage. Nicht neurologische Ursachen sind Allgemeinkrankheiten, Infektionen, Knochen- und Bänderkrankheiten.

Man achtet darauf, wann die Hypotonie aufgetreten ist (angeboren, später erworben), auf ihre Entwicklung (zu- oder abnehmend) und auf ihre Verteilung (obere oder untere Gliedmaßen, distal oder proximal, nur eine Extremität oder eine Seite). Man untersucht nach den oben angegebenen Methoden die *Haltung*, die *Spontanmotorik*, die *induzierte Motorik*, unter Benutzung der verschiedenen altersentsprechenden Reaktionen und Automatismen, den *Muskeltonus* und einige *Eigen- und Fremdreflexe. Fontanellen und Nähte* werden palpiert. *Inspektion des Rückens* auf mittelständige Haemangiome, Stellen abnormer Behaarung, Pigmentflecken, Einziehungen mit oder ohne Fistel (Spina bifida occulta). Paraparesen können auch spinal sein. Eine Art Fibrillieren der Zunge ist bei Neugeborenen physiologisch. Faszikulieren ist bei gut entwickeltem Unterhautgewebe an den proximalen Extremitäten oft nicht zu sehen, dafür manchmal an den Händen.

Sonderuntersuchungen

S. 167 f. Ferner:

Elektromyographie, Messung der Nervenleitungsgeschwindigkeit (S. 238 ff). Die NLG beträgt bei der Geburt nur wenig mehr als die Hälfte derer bei Erwachsenen und steigt während der ersten 3 Lebensjahre asymptotisch auf den Erwachsenenwert. Sie ist vom Konzeptionsalter abhängig.

Hydrozephalus

Er ist im ersten Lebensjahr am häufigsten. Man unterscheidet Hydrocephalus occlusus (Arnold-Chiari-Mißbildung, Aquäduktverschluß) und Hydrocephalus communicans. Beim Hydrocephalus occlusus entwickelt sich die Symptomatik stürmischer, und eine spontane Kompensation kommt nicht vor.

Die wichtigsten Symptome sind: Hirndrucksteigerung mit Vergrößerung des Kopfumfangs und erhöhter Fontanellenspannung, später ausgeprägte Venenzeichnung am Kopf und Sonnenuntergangsphänomen der Augen, Verbreiterung der Schädelnähte. Abhängig von der Schwere der Hirndrucksteigerung kommt es zu Augenmuskelparesen, gelegentlich Stauungspapille, Optikusatropie, Para- oder Tetraspastik, Krampfanfällen. Untersuchungsmethoden wie oben. Bei der Untersuchung des Fundus mit dem Augenspiegel ist zu berücksichtigen, daß Kinder normalerweise eine blassere Papille haben als Erwachsene.

Sonderuntersuchungen

Kontrolle des Kopfumfanges. Normalwerte bis zu einem Alter von 3 Jahren ergeben sich aus der Perzentilenkurve der Abb. 77. Bei Verdacht auf Hydrozephalus kommt es vor allem auch auf den Kurvenverlauf an. Wenn die Kurve linear und eindeutig steiler wird als die normale Parabel, ist ein pathologisches Kopfwachstum gesichert. Für die Querschnittsbeurteilung kann auch der Vergleich mit dem Brustumfang (gemessen in Höhe der Brustwarzen) nützlich sein: Beim Frühgeborenen ist der Brustumfang ca. 5 cm kleiner als der Kopfumfang, beim reifen Neugeborenen nur ca. 2 cm kleiner. Erst vom Ende des 2. Lebensjahres an übertrifft der Brustumfang den Kopfumfang.

Untersuchung der Fontanellenspannung. S. 167.

EchoEG (S. 218 ff). Mit dieser Methode kann die Größe des Hydrozephalus geschätzt werden.

Schädelröntgenaufnahmen (S. 198 ff). Auftreten eines „Wolkenschädels" oder eines „Lückenschädels".

Pneumenzephalographie, Ventrikulographie (S. 202). Bei Säuglingen werden nur 10–20 ccm Luft gegeben.

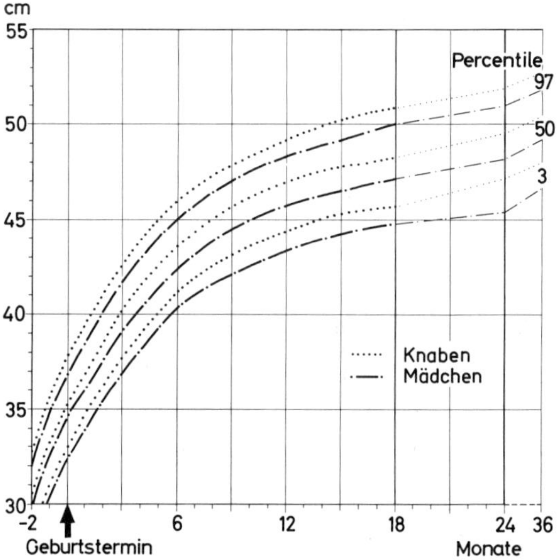

Abb. 77. Normale Kopfumfänge von Säuglingen und Kleinkindern in Abhängigkeit vom Gestations- bzw. Konzeptionsalter (bis 18 Monate nach HEIERLI ergänzt nach v. HARNACK; 18—36 Monate nach BROCK Mittelwert ± 2 SD).

Subduralerguß (Hydrom, Hygrom, Pachymeningosis haemorrhagica interna, chronisches subdurales Haematom)

Vorwiegend eine Erkrankung des ersten Lebensjahres. Die Ergüsse können klar oder blutig sein. In zwei Drittel der Fälle sind sie doppelseitig. Ätiologien: Posttraumatisch (darunter geburtstraumatisch), eitrige Meningitis, Enzephalotoxikose. Die Hälfte der Fälle bleibt ungeklärt. Anlaß für die Untersuchung sind Entwicklungsrückstand, Gedeihstörung, Krampfanfälle, Unruhe, Erbrechen, später Somnolenz. Die Symptome sind also ganz unspezifisch.

Die neurologische Untersuchung ist nicht sehr ergiebig. Bei chronischem Subduralerguß sind die Pupillen in der Regel normal (im Gegensatz zum epiduralen und akuten subduralen Haematom). Manchmal findet sich eine Abduzenslähmung. Retinablutungen sind fast pathognomonisch (außer bei Neugeborenen, s. oben) und viel häufiger als Stauungspapille.

Sonderuntersuchungen

Die Transillumination des Schädels ist besonders wichtig. Untersuchung im Dunkelzimmer nach Adaptation. Eine starke Stablampe mit Gummirand oder eine Spezialleuchte wird an verschiedenen Stellen auf den Schädel aufgesetzt. Normalerweise sieht man um den Gummirand einen leuchtenden Ring von etwa 1 cm Breite. Er ist von der Lichtstärke, der Behaarung und der Kalottendicke abhängig, so daß am Haaransatz, in der Gegend der Fontanellen und der Nähte leichte Unregelmäßigkeiten des Lichtrings vorkommen. Aufleuchten (Diaphanie) an einem entfernten Punkt des Schädels oder größere Unregelmäßigkeiten des Lichtrings im Bereich der Lampe sind pathologisch und deuten auf extrazerebrale Flüssigkeitsansammlungen oder schweren Hydrocephalus internus. Frisches subdurales Blut ergibt keinen Diaphanieeffekt.

Das EEG (S. 167) ist bei 90 % der Kinder pathologisch. Meistens finden sich Seitendifferenzen.

Im Echo-EG (S. 218 ff) ist das Mittelecho häufig nicht verlagert, dagegen läßt sich die Ergußmembran nicht selten anmessen („Hämatomecho").

Fontanellenspannung (S. 167). Häufig, aber nicht immer erhöht.

Die Fontanellenpunktion ist entscheidend. Sie darf aber nur bei ernsthaftem Verdacht durchgeführt werden. Methode: Etwa 1,5 cm lateral der Sagittallinie am vorderen Fontanellenrand flach einstechen, wenige Millimeter tief eingehen. Nur abtropfen lassen, nicht aspirieren. Druckmessung. Für Subduralerguß spricht, wenn mehr als 2 ml einer klaren, xanthochromen oder blutigen, sehr eiweißreichen (Pandy +++) Flüssigkeit abtropfen. Normal: Wenige Tropfen Liquor (Pandy negativ) aus dem Subarachnoidalraum.

Vorschulkinder

Die Methoden der neurologischen Untersuchung nähern sich immer mehr denjenigen, die man auch bei Erwachsenen anwendet, besonders wenn das Kind schon gehen kann. Indirekte Methoden stehen ganz im Vordergrund.

Muskelkraft, Tonus, Koordination. Bevor das Kind gehen kann, werden Muskelkraft und Tonus wie beim Säugling untersucht (S. 169 ff). Man beobachtet Haltung, Spontanmotorik und induzierte Motorik, und man prüft den Widerstand gegen passive Bewegungen. Ein Kind von zwei Jahren kann wenigstens ein kurzes Stück unsicher gehen, es kann mit drei Jahren ordentlich laufen, auf den Zehenspitzen und den Fersen gehen, aber gewöhnlich nicht vor $4\,^1/_2$ oder 5 Jahren hüpfen. Eine völlige Stabilisierung des Ganges erfolgt erst um das 7. Lebensjahr. Die Sicherheit zeigt sich an der Breite des Gangs (Distanz zwischen den medialen Rändern der Fersen = Basislänge). Ein Kind, das seit etwa einem halben Jahr geht, sollte nicht mehr als 8 oder 10 cm Basislänge zeigen (falls kein Genu valgum vorliegt). Um die Funktion einer ganzen Reihe von Muskeln zu schätzen, kann man ein kleineres Kind einige Meter von der Mutter entfernt auf den Boden setzen und dann genau beobachten, wie es aufsteht, zur Mutter hinläuft, auf die Zehenspitzen steht und die Arme ausstreckt. Um Fersenstand (und damit Anspannung der Fuß- und Zehenheber) zu induzieren, neigt man das stehende Kind nach hinten und beobachtet das Spiel der Sehnen. Für den M. triceps surae macht man dasselbe, indem man das Kind nach vorn zieht. Die Kraft der Hüftstreckung läßt sich schätzen, indem man das Kind um die Oberschenkel gefaßt hochhält und es ermuntert, sich nach vorn zu beugen und wieder aufzurichten. Aufsitzen aus Rückenlage ohne Zuhilfenahme der Arme ist im allgemeinen vor 4 oder 5 Jahren nicht möglich. Wenn ein Kind eine Muskelgruppe, die paretisch ist, gegen Widerstand anspannen soll, hilft es automatisch mit der besseren Extremität mit. Die Aktivität der proximalen Oberarm- und Schultermuskeln kann man bequem im Seitenvergleich beobachten, sobald das Kind die Arme hebt, um sich Hemd oder Pullover überstreifen zu lassen. Beim Anziehen von Strümpfen oder Hosen kann man sehen, wie es auf einem Bein steht. Bekannt ist das *Gowers-Zeichen:* Man läßt das Kind vom Boden aufstehen; Schwäche der Oberschenkel-, Beckengürtel- und Rückenmuskulatur verrät sich dadurch, daß die Knie passiv in Streckstellung gedrückt werden und sich das Kind zum Aufrichten des Rumpfes an seinen Oberschenkeln hochstützt. Kinder von mehr als 7 Jahren können mit geschlossenen Augen auf einem Fuß stehen (empfindlicher zerebellärer Test). Man läßt einige einfache geometrische Figuren mit jeder Hand zeichnen. Die letzten beiden und ähnliche Tests, sind vor allem im Seitenvergleich nützlich, da gesunde Kinder große Unterschiede in ihrer motorischen Geschicklichkeit aufweisen.

Reflexuntersuchung wie beim Erwachsenen. Die Plantarhautreflexe sollten jenseits des ersten bis zweiten Lebensjahres nicht mehr in einer Dorsalflexion der Großzehe bestehen (Babinski-Reflex), sondern den normalen Ablauf zeigen (S. 68).

Sensibilität. Berührung, Schmerz und Temperatur werden auf die übliche Weise untersucht. Vibration und Bewegungsempfindung lassen sich vom 3. Lebensjahr an untersuchen, wenn das Kind nicht debil ist und mitarbeitet. Hier ist es noch wichtiger als beim Erwachsenen, die Untersuchung zuerst bei offenen Augen vorzumachen. Stereognosie läßt sich fast im gleichen Alter untersuchen. Grenzbestimmungen sind erfahrungsgemäß schwierig, weil Kinder sich nicht lange genug konzentrieren können. Spatiale und temporale Summation sensibler Reize ist besonders ausgeprägt.

Sensorische Funktionen. Der Visus kann mit speziellen Tafeln, die überall erhältlich sind, bei Vorschulkindern getestet werden. Zur orientierenden Untersuchung kann man kleine Gegenstände in wachsenden Abständen anordnen und benennen lassen. Verwertbare perimetrische Untersuchungen lassen sich unter 8 oder 9 Jahren kaum durchführen. Zur orientierenden Prüfung bringt man ein an einem Faden baumelndes Objekt (Spielzeug) vom Rücken her in die Höhe der Augen. Kleine Kinder drehen Kopf und Augen automatisch in diese Richtung, wenn die Grenze des Gesichtsfeldes erreicht wird. Dieser Test kann beidäugig ausgeführt werden. Oder das etwas ältere Kind hält ein Auge zu, fixiert die Nase des Untersuchers, der beide Hände seitlich in der Gegend der Gesichtsfeldgrenzen hält. Das Kind soll auf den Finger deuten, der bewegt wird. Orientierende Hörprüfung: Der Untersucher hält beide Hände in die Nähe der Ohren des Kindes, aber außerhalb seiner Gesichtsfelder. Leichtes Knipsen oder lediglich Reiben von Daumen und Zeigefinger führt zu einer Kopf- oder Augenbewegung nach der Seite des Geräusches.

Aphasien bei Kindern können sich erheblich von denen bei Erwachsenen unterscheiden. Kinder mit aphasischen Störungen reagieren meistens außerordentlich negativ auf entsprechende Untersuchungen, bei welchen sich die Sprachstörung manifestiert. Vielleicht ist dies ein Grund dafür, daß die typische Sprachstörung im Kindesalter meist eine totale Aphasie mit Mutismus ist. Daher bleibt auch sensorische Aphasie meistens ohne Logorrhoe. Paraphasien sind seltener, amnestische Aphasie tritt noch nicht auf. Allenfalls läßt sich motorische und sensorische Aphasie unterscheiden (Methoden S. 143 ff).

Ein **neurologisches Untersuchungsschema für Kinder von 4—6 Jahren** ist von Touwen u. Prechtl (1970) entwickelt, von Wittrock u. Mitarb. (1975) an deutschen Kindern überprüft und modifiziert worden. Es ist standardisiert, umfassend und erfordert Quantifizierung der Untersuchungsergebnisse („scores"). Die Untersuchung dauert relativ lang und geht über eine bloße Orientierung hinaus.

Eine standardisierte Kurzuntersuchung für die ersten sechs Lebensjahre gibt es in Form der **DENVER-Entwicklungsskalen.** Das Verfahren benützt standardisiertes Testmaterial und kann in etwa 20 Min. durchgeführt werden. Das Ergebnis erscheint graphisch in übersichtlicher Form und wird im Vergleich zu einem altersnormalen Standard abgelesen. Es handelt sich um einen semiquantitativen Suchtest, der nicht zu einer Diagnose führen, sondern die Entscheidung ermöglichen soll, ob eine Spezialuntersuchung erforderlich ist.

12. Untersuchung von Patienten mit frischen Schädel-Hirn-Verletzungen

Die Zahl der Patienten mit Schädel-Hirn-Verletzungen nimmt ständig zu. Die Mehrzahl wird von Allgemeinchirurgen versorgt, und viele sieht der praktische Arzt als erster. Bei der Untersuchung von Patienten mit frischen Schädel-Hirn-Traumen geht es vor allem um die möglichst frühzeitige Erkennung einer intrakraniellen, vor allem einer epiduralen oder subduralen Blutung, in zweiter Linie um die Abgrenzung einer Contusio cerebri von einer Commotio cerebri.
Während zur Erfassung von späten Kopftraumafolgen eine ausführliche Befunderhebung nötig ist, genügen in der akuten Phase relativ wenige einfache Untersuchungen. In schweren Fällen sind oft rasche Entscheidungen nötig; man kann schon aus diesem Grund nicht allzu ausführlich, muß aber unbedingt ausreichend untersuchen.

Für eine gezielte Schnelluntersuchung kann man sich am Sano-Index orientieren. Er ist auf S. 183 ff dargestellt.

Anamnese

Da die Patienten in der Regel bewußtlos, bewußtseinsgetrübt oder amnestisch sind, wird man die Anamnese von Angehörigen, Zeugen am Unfallort, Erstversorgern (Sanitätern und Ärzten), Krankentransportbegleitern, Polizeibeamten erheben müssen. Sie erstreckt sich auf Zeitpunkt, Ort und Hergang eines Unfalls bzw. auf die Art und Weise, wie die Verletzung entstanden ist, auf Entstehung und Verlauf einer Bewußtseinsstörung, Erbrechen, Auftreten von Krämpfen. Besonders die Entwicklung der psychomotorischen Reaktionslage muß u. U. durch gezieltes Fragen (nach Spontanbewegungen, gerichteten oder ungerichteten Abwehrbewegungen, verbalen Äußerungen, Schläfrigkeit, Gähnen, Schnelligkeit und Richtigkeit des Reagierens, Grad der Eigenaktivität bei Nahrungsaufnahme, Untersichlassen) soweit wie möglich aufgeklärt werden. Hierher gehören ferner von Sanitätern oder Ärzten erhobene Vorbefunde über Pupillenweite und -reaktion und einen etwaigen Babinski-Reflex. In zweiter Linie ist es erforderlich, nach chronischen Krankheiten zu fragen, die geeignet sind, entweder das Unfallereignis mitzubestimmen oder die Behandlung zu beinflussen, wie Diabetes, Epilepsie, schwere Herzkrankheit, Hochdruck, Leberkrankheit oder Nierenkrankheit.

Man muß immer mit der Möglichkeit rechnen, daß ein Patient sich verletzt hat, *weil* er das Bewußtsein verlor. Auch deshalb sind Fremdangaben über das Verletzungsereignis so wichtig. Schlagartig einsetzende Bewußtseinsstörungen können natürlich am ehesten zu Verletzungen führen. Das sind vor allem epileptische Anfälle, zerebrale Insulte, abrupte Herzrhythmusstörungen. Gewöhnliche Synkopen führen nur ausnahmsweise zu schweren Verletzungen.

Allgemeinbefunde

Hierher gehören Feststellung und Beurteilung der Atemfrequenz, Pulsfrequenz, von Blutdruck und Temperatur. Diese bestimmen die Primärmaßnahmen der Schockbehandlung und Freilegung oder Freihaltung der Atemwege. Ferner helfen sie mit bei der Diagnose einer zunehmenden intrakraniellen Raumforderung durch Ödem oder Haematom (Compressio cerebri). Foetor alcoholicus muß registriert werden; niemals aber darf man sich mit der Diagnose „Rausch" zufriedengeben.

Lokalbefunde

Man sucht durch Inspektion und Palpation nach äußeren Spuren der Gewalteinwirkung, also Schürfungen, Wunden, Beulen, Haematomen, Impressionen, Zertrümmerungen, auch am behaarten Kopf. Dabei achtet man gleichzeitig auf Blutungen und Liquoraustritt aus Ohren, Nase, Mund, Rachen sowie auf Monokel-, Brillen- und Mastoidhämatome (sog. Fernhämatome, die auf Schädelbasisfraktur hinweisen). Sie können bis zu einem Tag nach dem Kopftrauma auf sich warten lassen.

In seltenen Fällen kommt es vor, daß Patienten mit schweren Schädel-Hirn-Verletzungen einschließlich Schädelfraktur keine Platzwunden oder Hautabschürfungen aufweisen, vor allem bei Quetschungen (Beispiel: Kopf gerät zwischen die Schiebetüren eines Güterwagens) oder bei Verletzungen mit schweren, stumpfen Gegenständen (Beispiel: Sandgefüllter Strumpf, Totschläger). Daher sollen bei ungeklärter Bewußtlosigkeit immer Schädelröntgenaufnahmen gemacht werden, auch wenn keine äußeren Verletzungen am Kopf nachweisbar sind.

Psychomotorische Reaktionslage

Das wichtigste Kriterium ist die psychomotorische Reaktionslage und ihr Verlauf. Wenn ein Patient nicht das Bewußtsein verloren hat und den Unfallhergang ohne Erinnerungslücke *(Amnesie)* schildern kann, liegt keine Commotio cerebri vor. In seltenen Fällen zeigt sich innerhalb der ersten Stunden nach einer Kopfverletzung ein *geordneter Dämmerzustand*, in dem der Patient zwar auf den Beinen und ansprechbar ist, aber etwas ratlos wirkt und hochgradige Störungen der

Merkfähigkeit aufweist (so daß er immer wieder dieselben Fragen stellt). Er bestreitet etwa, verletzt zu sein, weil er sich auch an den Unfall überhaupt nicht erinnert. Wenn der Patient beim Unfall nicht bewußtlos war oder seit dem Unfall wieder wach geworden ist und nach einem *freien Intervall* das Bewußtsein verliert, spricht das für eine *Compressio cerebri*. Dabei handelt es sich um einen Notfall höchster Dringlichkeit. Dasselbe gilt für einen bewußtlosen oder ansprechbaren Patienten, dessen psychomotorische Reaktionslage sich seit der Verletzung eindeutig verschlechtert hat. Damit eine solche Verschlechterung schon in Ansätzen erkennbar wird, müssen Reaktionslage und neurologischer Befund bei jeder Untersuchung möglichst genau erfaßt werden.

Schilderung verschiedener Grade von Bewußtseinsstörung

Die Beeinträchtigung des Bewußtseins führt zuerst zu einer *Verlangsamung* aller Reaktionen. Der Patient wird ruhig, aspontan, gähnt viel, läßt unter sich. Er wirkt schlaftrunken. Dabei ist er in der Lage, Fragen richtig zu beantworten und auch die Orientierung kann erhalten sein.

Nimmt die Bewußtseinsstörung zu, muß der Patient mehrfach angesprochen oder laut angerufen werden, bis er antwortet. Er ist also *gerade noch ansprechbar*. Bis hierher spricht man von *Somnolenz*.

Auf der nächsten Stufe kann er nicht mehr durch Anrufe, aber noch durch *Schmerzreize* zu einer verbalen Reaktion induziert werden. So kann er etwa einfache Fragen nach dem Ort von Schmerzen einsilbig beantworten oder evtl. seinen Namen nennen. Danach sinkt er rasch wieder in Reaktionslosigkeit gegenüber weiterem Ansprechen zurück und kann nur durch einen neuen Schmerzreiz vorübergehend wieder geweckt werden.

Ist die Bewußtseinslage noch weiter herabgesetzt, kann der Patient auch durch Schmerzreize nicht zur Beantwortung selbst einfachster Fragen aktiviert werden. Es kommt aber außer zu Stöhnen und Schreien vereinzelt zum Schimpfen, verbunden mit *gezielten Abwehrbewegungen*, die sich auf den Ort der Reizeinwirkung richten.

Leichte bis mittlere Grade von Bewußtseinsstörung sind häufig nicht stabil, sondern schwanken in kürzeren oder längeren Perioden um einen Mittelwert: *Fluktuierende Bewußtseinslage*. Dies ist bei der so wichtigen Abschätzung des Trends der psychomotorischen Reaktionslage zu berücksichtigen.

Auf der nächsten Stufe führen Reize nur zu *ungezielten Bewegungen*, evtl. mit Verziehen des Gesichts. Diese Bewegungen sind nicht stereotyp immer dieselben.

Die bisher besprochenen Grade von Bewußtseinsstörung können auch mit gesteigerten Bewegungen einhergehen: *Motorische Unruhe*. Man findet sie besonders im allerersten Stadium der Hirnverletzung. Wenn die motorische Unruhe nachläßt, ohne daß sich die Reaktionslage (Ansprechbarkeit) bessert, spricht das für eine Vertiefung der Bewußtseinsstörung.

Wenn keinerlei Reaktionen auf stärkste und auch wiederholt applizierte Schmerzreize oder bei der Intubation oder beim Absaugen mehr auftreten, spricht man von *Koma*.

Bei zunehmender Compressio cerebri kommt es zur *Dezerebration.* Hier besteht die Antwort auf einen Schmerzreiz in stereotypen tonischen Streckkrämpfen der Beine, oft gleichzeitig mit tonischen Streck- oder Beugekrämpfen der Arme, und Opisthotonus. Außerdem kann man Serien rhythmischer Kau- und Mundbewegungen beobachten. Streckkrämpfe und orale Automatismen treten auch spontan auf. In der Regel ist der Babinski-Reflex beiderseits positiv.
In dieser Reihe zunehmender Trübung des Bewußtseins kommt das Bild der *Bewußtseinsveränderung mit erhaltener oder gesteigerter psychischer und motorischer Aktivität* nicht vor. Es besteht in Nesteln, Bettflüchtigkeit, evtl. deliranten Zügen, bei zeitlicher und örtlicher Desorientiertheit und Personenverkennen. Ein solches Bild gehört nicht zur fortschreitenden Compressio cerebri, kann sich aber einige Tage nach einer Contusio cerebri entwickeln *(Contusionspsychose oder posttraumatische Psychose).*
Die parasomnische Bewußtseinslage des apallischen Syndroms (auch *Coma vigile, akinetischer Mutismus*) tritt erst Tage bis Wochen nach dem akuten Stadium einer schweren Schädel-Hirn-Verletzung auf. Diese Patienten wirken wach, ihre Augen sind geöffnet, aber der Blick geht ins Leere. Obwohl Korneal- und andere nocizeptive Reflexe ausgelöst werden können, sieht man keine mimischen oder sonstigen Expressivbewegungen, keine Reaktion auf Sinnesreize irgendwelcher Art, keine Form von Zuwendung, verbalem oder sonstigem Kontakt mit der Umwelt. Der Zustand kommt nicht nur bei traumatisch, sondern auch bei vaskulär oder neoplastisch bedingten Läsionen im Mesodienzephalbereich vor.

Untersuchung der Bewußtseinsstörungen

Aus der Schilderung der verschiedenen Grade und Arten von Bewußtseinsstörungen ergibt sich das Vorgehen bei der Untersuchung. **Ist der Patient ansprechbar**, muß man sich durch zunächst einfache, dann schwierigere Fragen und Aufforderungen von seiner Reaktionsfähigkeit und -geschwindigkeit ein Bild machen. *Einfache Fragen* sind solche nach aktuellen Beschwerden, Schmerzen, deren Ort, nach Name, Alter, Wohnort. *Schwierigere Fragen* sind solche nach besonderen früheren Krankheiten, nach dem Unfallhergang (Vorsicht Amnesie, die in der Kontusionspsychose durch Konfabulationen ausgefüllt werden kann), letzte Eigenerinnerung vor der Verletzung, erste Eigenerinnerung nach der Verletzung, die häufig als Erinnerungsinsel herausragt und noch nicht eine durchgehende Erinnerungsfähigkeit einzuleiten braucht. Anschließend kann man sich nach Orientierung in Ort, Zeit und Situation erkundigen („Wo sind wir hier?“, „Welcher Tag ist heute?“, „Was ist das für ein Haus?“). Die Fähigkeit, bestimmte Handlungen auf Aufforderung hin durchzuführen, ergibt sich im Zuge der neurologischen Untersuchung. *Einfache Handlungen:* Augen öffnen und schließen, Zähne zeigen, nach rechts und links blicken etc. *Kompliziertere Aufforderungen:* Korrekte Ausführung des AHV (S. 42) auf lediglich verbale Erklärung hin, Ausführung von Zeigeversuchen verschiedener Art (S. 125), Hand-eye-ear-Test von HEAD („Legen Sie die rechte Hand ans linke Ohr“, „... die linke Hand ans rechte Auge“, etc.).

Man kann also diesen Teil einfach mit der neurologischen Untersuchung verbinden. Die Prüfung der Fähigkeit, bestimmten Aufforderungen nachzukommen, ist besonders wichtig, wenn der Patient wegen einer Trachealkanüle oder einer Gesichtsschädelverletzung, also aus mechanischen Gründen, nicht sprechen kann.
Dieser Teil der Untersuchung ist bei *aphasischen Störungen* erschwert. Aber auch dann, wenn eine Aphasie vorliegt, kann man die Bewußtseinslage beurteilen. Ist der Patient wach, erkennt man das, selbst bei spärlichen sprachlichen Äußerungen, am Herumblicken, an der Mimik, der Spontanmotorik, an Gesten und anderen Zeichen der Kontaktaufnahme oder an der Hinwendung zu Sinnesreizen. Eine genauere Aphasieprüfung mit Unterscheidung von sensorischer und motorischer Aphasie (S. 143 ff) ist bei der Untersuchung von frisch Kopfverletzten nicht nötig. Es genügt die Feststellung, daß überhaupt aphasische Störungen vorliegen, was bei wachen Patienten leicht gelingt, bei bewußtseinsgetrübten Patienten schwer oder unmöglich ist. Das Vorliegen aphasischer Störungen spricht für eine Contusio cerebri.

Ist der Patient nicht ansprechbar, werden Schmerzreize gesetzt, am einfachsten durch Kneifen der Oberarminnenseite oder der Achillessehne. Ein starker Reiz ist auch eine evtl. notwendige Intubation, die Einführung einer Nasensonde oder das Absaugen. Man beobachtet, ob der Patient so weit erweckt werden kann, daß er einfache Fragen beantwortet (keine Fragen stellen, die mit ja oder nein beantwortet werden können), oder ob er zu affektiven verbalen Äußerungen (Schimpfen) angeregt werden kann, und/oder ob es zu gezielten Abwehrbewegungen (Wegschieben des Untersuchers, Greifen nach der gereizten Stelle, Wegziehen einer gereizten Gliedmaße) oder ungezielten generalisierten Allgemeinbewegungen, evtl. mit Verziehen des Gesichts, kommt, oder ob keine Schmerzreaktion auslösbar ist, oder ob immer die gleichen stereotypen tonischen Streckbewegungen der Beine, evtl. begleitet von Streck- oder Beugebewegungen der Arme, auftreten.

Die psychomotorische Reaktionslage soll kurz protokolliert werden, indem man die gestellten Aufgaben und gesetzten Reize und ihre Beantwortung in Stichworten niederschreibt. Man muß immer damit rechnen, daß der nächste Untersucher ein anderer ist.

Eine rasche **Schätzung der Bewußtseinslage** ist mit Hilfe des Jouvet-Schemas (Tab. 21, S. 189 f) möglich.

Neurologische Untersuchung

Es genügt, nach den folgenden Zeichen oder Befunden zu suchen:

Nackensteife oder Meningismus. Untersuchung einschließlich Kernig- und Brudzinski-Zeichen (S. 16 f). Mit zunehmender Bewußtseinstrübung geht eine etwaige Nackensteife zurück oder verschwindet. Man muß sie möglichst von einer schmerzreflektorischen Bewegungseinschränkung bei HWS-Distorsion unterscheiden; in letzterem Falle sind auch Drehbewegungen und Seitwärtsneigung des Kopfes eingeschränkt, im Falle der Nackensteife aufgrund meningealer Reizung nicht. Ist der Patient wach, muß er, falls es sich um eine echte Nackensteife handelt, Kopfschmerzen haben; fehlen Kopfschmerzen, spricht dies eher für eine lokale Verletzung der HWS als Ursache der Bewegungseinschränkung. Echte Nackensteife beruht meistens auf einer traumatischen Subarachnoidalblutung und damit einer Contusio cerebri. Diese Nackensteife ist schon frühzeitig vorhanden, wenn nicht durch tiefe Bewußtseinstrübung verdeckt. Tritt die Nackensteife erst einige Tage nach dem Trauma auf, muß man an eine Durchwanderungsmeningitis bei Schädelbasisfraktur denken.

Augenbefunde. Die Pupillen werden hinsichtlich Weite, Seitendifferenz und Lichtreaktion beurteilt. Einseitige Pupillenerweiterung kann ein wichtiges Symptom beginnender Einklemmung im Tentoriumschlitz bei zunehmender Compressio cerebri sein. Die Raumforderung ist dann am häufigsten auf der Seite der Erweiterung zu suchen. Leichte Anisokorie darf in ihrer Bedeutung nicht überschätzt und muß immer im Zusammenhang mit anderen Befunden gedeutet werden. Die pathologisch erweiterte Pupille wird bald lichtstarr. Wenn der Patient völlig wach ist, deutet einseitige Pupillenerweiterung mit Lichtstarre auf eine Schädigung des N. oculomotorius durch Schädelbasisfraktur hin. Dann finden sich gewöhnlich noch andere Zeichen wie Ptose und Lähmung äußerer Augenmuskeln. Ist der Patient bewußtlos, kann die Entscheidung, ob es sich um die Folge eines intrakraniellen Haematoms oder eine Oculomotoriusläsion bei Schädelbasisfraktur handelt, zunächst schwierig sein. Um Augenbewegungen zu induzieren, kann man den Kopf des Patienten zwischen zwei Hände nehmen und vorsichtig drehen (Puppenkopfphänomen, S. 104, 192). Die Pupillen müssen anfangs regelmäßig beobachtet werden; daher darf keine pharmakologische Pupillenerweiterung (etwa zum Zweck der Augenspiegelung) gemacht werden. Augenspiegeln ist bei frisch Kopfverletzten unergiebig und kann weggelassen werden. Eine traumatische Optikusschädigung führt zu direkter Lichtstarre der Pupille, während der konsensuelle Lichtreflex erhalten ist (amaurotische Pupillenstarre, S. 98). Bei der Untersuchung der Augen achtet man darauf, ob eine Déviation conjuguée (S. 104) vorliegt oder nicht.

Zentrale Paresen. Eine orientierende Suche nach zentralen Paresen wird beim wachen Patienten im Gesicht durch Zähnezeigen, an den Armen mit Hilfe des AHV (S. 42) und eines Tests auf Diadochokinese (S. 126), an den Beinen durch Bewegenlassen der Zehen beiderseits durchgeführt. Beim bewußtseinsgetrübten, nichtkooperativen Patienten achtet man auf etwaige Seitenunterschiede in der Spontan- und in der Reaktivmotorik (S. 193; genaue Beobachtung und Seitenvergleich homologer Gebiete). Bei einer Hemiparese werden Arm oder Bein einer Seite in einigermaßen konstanter Weise weniger oder gar nicht bewegt. Schlaffe Paraplegie oder Tetraplegie spricht für eine zusätzliche Rückenmarksverletzung. Man untersucht auch den Fußsohlenhautreflex, ob das Babinski-Phänomen positiv ist. Im posttraumatischen Verlauf auftretende oder zunehmende Halbseitenlähmung oder halbseitige Pyramidenzeichen sind verdächtig auf Compressio cerebri mit Raumforderung auf der Gegenseite. Sind einseitige Pupillenerweiterung und Hemiparese oder Pyramidenzeichen auf der gleichen Seite, dann hat die Pupillenerweiterung das stärkere lokaldiagnostische Gewicht, aber nur, wenn ein subdurales oder intrakranielles, nicht wenn ein epidurales Hämatom vorliegt.

Aphasische Störungen s. S. 181.

Einseitige oder doppelseitige Streckkrämpfe, spontan oder ausgelöst durch Schmerzreize, sind Zeichen einer Dezerebration. Das Syndrom kann durch petechiale Blutungen oder multiple kleine Erweichungen im Mittelhirn zustande kommen; dann sind die entsprechenden Symptome schon kurz nach dem Unfall zu erwarten (primäre Dezerebration). Treten sie erst im Verlauf der Beobachtung auf, so ist eine Einklemmung in das Foramen magnum bei weit vorgeschrittener Compressio cerebri sehr wahrscheinlich. Dann sind Streckkrämpfe ein Alarmzeichen, das zu höchster Eile anspornt.

Sano-Index

Ein wertvolles Hilfsmittel ist der Hämatom-Index von Sano (1968) (Tab. 19). Er faßt gleichzeitig die wesentlichen anamnestischen und neurologischen Daten und Befunde zusammen, die man bei frisch Hirnverletzten erheben muß, besonders wenn es sich um schwere Fälle handelt.

Man streicht in jeder Symptomgruppe nur ein Symptom an und zählt die zutreffenden Gewichtszahlen innerhalb jeder der drei letzten Spalten zusammen. Die Spalte mit der größten Gewichtssumme deutet auf die wahrscheinlichste Diagnose. Nach den bisherigen Erfahrungen wurde nie ein Hämatom gefunden, wenn die Spalte „kein H. Cont" die größte Summe aufwies; war die wahrscheinlichste Diagnose anhand der Tabelle in einer der ersten beiden Spalten („Epi" oder „Sub und/oder Ic"), wurde in 96 % ein intrakranielles Hämatom gefunden.

Hier einige Erläuterungen zu den Symptomen: Der Ort der Gewalteinwirkung kann aus der Lage von Schürfungen, Wunden, Beulen oder einer Schädelfraktur entnommen werden. Die Dauer der Bewußtlosigkeit wird so eingesetzt, wie sie zum Zeitpunkt der Untersuchung tatsächlich war; findet die Untersuchung weniger als 12 Stunden nach dem Trauma statt, so kommt eben nur die erste oder zweite Zeile der Symptomgruppe I in Frage. Das Stichwort „Krämpfe" bezieht sich so-

Tabelle 19. Sano-Index

		Symptome und Zeichen	Code	Epi	Sub u/o Ic	kein H. Cont
Name:			Alter:			
T	Gewalteinwirkung im	vertikalen } Teil des Kopfes	0	2	1	–4
		lateralen	1	8	4	3
		vorderen	2	3	1	8
		hinteren	3	–3	7	1
I	Initiale Bewußtlosigkeit	einige Minuten	0	7	3	–10
		unter 12 Stunden	1	5	3	5
		12 Std. und mehr	2	2	8	8
C	Klinischer Verlauf der Bewußtseins-Störung	Besserung	0	–10	–10	7
		gleich/schlechter	1	0	6	7
		freies Intervall	2	10	8	–5
F	Fraktur der Schädelkalotte	∅	0	0	7	9
		+	1	10	7	5
V	Erbrechen	∅	0	5	7	9
		+	1	9	7	5
P	Anisokorie	∅	0	6	2	9
		+	1	8	9	4
D	Déviation conjuguée	∅	0	9	9	9
		+	1	4	4	0
M	Pyramidenbahnzeichen oder motorische Schwäche	∅	0	2	–5	8
		mit Lateralisation	1	9	8	2
		ohne Lateralisat.	2	1	5	4
TM	Lokaler Zusammenhang zw. T und M 1	auf derselb. Seite	0	3	6	5
		auf versch. Seiten	1	9	8	8
E	Krämpfe	∅	0	9	9	9
		+	1	4	2	0
	Datum:	Zwischensumme:				
			02	0	2	15
			10	5	7	3
	Uhrzeit:	I x C	12	0	2	5
			20	8	2	–2
			21	8	2	2
	Untersucher:		22	–5	–4	–3
		Endsumme:				

Zeichen: Epi = Epidurales Hämotom
Sub u/o Ic = Subdurales und/oder intrazerebrales Hämatom
Kein H. Cont = Kein Hämatom. Contusio cerebri

wohl auf epileptische, evtl. fokale Anfälle nach der Verletzung als auch auf die erwähnten Streckkrämpfe. Bei Déviation conjuguée muß nicht nur eine konjugierte Abweichung der Augen, sondern auch eine etwaige Kopfdeviation berücksichtigt werden.

Die Voraussetzungen zur Benutzung des Sano-Index sind a) Patientenalter von 15 oder mehr Jahren, b) geschlossene Schädelverletzung innerhalb der ersten drei Tage nach dem Trauma, c) Bewußtseinsstörungen leichten oder schweren Grades. Infratentorielle Hämatome (die äußerst selten sind) können damit nicht diagnostiziert werden.
Bei schweren Fällen soll der Sano-Index wiederholt untersucht und protokolliert werden, solange keine Diagnose feststeht, die operatives Eingreifen nötig macht. Die Beobachtung der Veränderung der Befunde in der Zeit ist die wichtigste, nichtapparative diagnostische Maßnahme für die rechtzeitige Erkennung intrakranieller Hämatome.

Ein **Verlaufskontrollbogen** für Patienten mit schwerer Schädel- und Hirnverletzung (oder auch anderen akuten Hirnerkrankungen) ist von der Deutschen Gesellschaft für Neurochirurgie aufgestellt worden (zu beziehen von Sharp u. Dohme, 8 München 80, Leuchtenbergring 20). Er enthält, ähnlich wie der Sano-Index, eine kurze Reihe einfach durchzuführender Untersuchungen, deren Ergebnis nach einem einfachen Schlüssel in vorgesehene Felder eingetragen wird. Anders als beim Sano-Index sollen die Angaben auf diesem Bogen nicht unmittelbar zu einer Diagnose führen, sondern der Verlaufsbeobachtung als Grundlage für Entscheidungen zu diagnostischen und therapeutischen Eingriffen dienen. Auf einem Bogen, der den Patienten überall hin begleiten muß, ist daher Platz für 12 Untersuchungsgänge.

Apparative Hilfsmethoden

Schädel-Röntgenaufnahmen (S. 198 ff) im sagittalen (a.-p.) und seitlichen Strahlengang, letztere sowohl mit links- als auch mit rechtsanliegender Platte, damit Kalottenfrakturen lokalisiert werden können. Die Seite einer Fraktur kann auf den Sitz eines epiduralen Hämatoms hinweisen. Falls sich neurologischer Befund und Sitz der Fraktur widersprechen, haben beim „Sub und/oder Ic“ das klinische Bild (also Seite der Pupillenerweiterung oder Gegenseite von Pyramidenzeichen), beim „Epi“ die Seite der Fraktur Vorrang. Die Aufnahmen müssen technisch einwandfrei sein, was bei Bewußtseinsstörung mit motorischer Unruhe nicht immer leicht zu erreichen ist. Die Verlagerung einer verkalkten Pinealis kann einen Hinweis auf einseitige Raumforderung geben.

Echoenzephalographie (S. 218 ff). Eine Verlagerung des Mittelechos kann eine einseitige Raumforderung anzeigen. Man darf aber die Möglichkeit doppelseitiger Raumforderung ohne Verschiebung der Mittellinienstrukturen nicht außer acht lassen. Verschiebungen von bis zu

2 mm können für sich allein keine Raumforderung anzeigen; sie fallen noch in die Fehlerbreite der Methode oder kommen durch Kopfschwartenhämatome zustande (Haematomecho S. 219).

Das EEG (S. 211 ff) spielt bei frischen Hirnverletzungen keine Rolle, wohl aber etwas später für die Diagnose einer Contusio cerebri.

Die Karotisangiographie (S. 202 ff) hat bei der Diagnose intrakranieller Hämatome oft das letzte Wort. Sie ist bei anhaltender Bewußtlosigkeit ohne Zeichen von Aufhellung indiziert, zumal wenn eine Mittelechoverlagerung vorhanden ist oder neurologische Herdzeichen zunehmen. Im Stadium der Streckkrämpfe und lichtstarren Pupille kann nicht mehr angiographiert werden. Eine Abdrängung der Hirngefäße von der Schädelwand im a.-p.-Bild deutet auf ein extrazerebrales Hämatom. Außerdem findet sich eine Seitverlagerung der A. cerebri anterior. Auch intrazerebrale raumfordernde Prozesse lassen sich darstellen; dabei können Blutungen nicht immer von umschriebenen Ödemschwellungen unterschieden werden.

Die Liquoruntersuchung (S. 223 ff) ist nur bei Nackensteife (ohne Streckkrämpfe) zur Unterscheidung einer traumatischen Subarachnoidalblutung von einer Durchwanderungsmeningitis erforderlich. Bei fraglicher Nackensteife kann sie entscheiden, ob überhaupt etwas Pathologisches im Liquorraum vorliegt (HWS-Distorsion?). Bei Verdacht auf Compressio cerebri (Streckkrämpfe, doppelseitiges Babinski-Zeichen) soll nicht punktiert werden, um die Einklemmung nicht zu verstärken.

13. Untersuchung von Bewußtlosen

Weitaus die meisten komatösen Zustände sind durch primär zerebrale Läsionen verursacht, etwa zwei Drittel davon durch subarachnoidale, subdurale oder intrazerebrale Blutungen, Gefäßverschlüsse mit Erweichung, Enzephalitiden, Meningitiden, Hirntumoren, einschließlich Hirnabszeß, oder Epilepsie und ihre Folgezustände, die übrigen durch Vergiftungen mit Sedativa, Kohlenoxyd, Alkohol oder anderem. Schon aus diesem Grunde ist eine, dem besonderen Zustand angepaßte neurologische Untersuchung in jedem Fall von Bewußtseinsstörung erforderlich. Die Ausführlichkeit der Untersuchung, die Reihenfolge der verschiedenen Tests hängt vom Einzelfall ab, von der Verlaufsrichtung und Verlaufsgeschwindigkeit des Zustandes, vor allem davon, wieviel Zeit zur Verfügung steht, ob und welche therapeutischen Sofortmaßnahmen erforderlich sind usw. Man muß daher zuallererst die unmittelbar lebenserhaltenden Funktionen wie Atmung, Herzaktion und Blutdruck beurteilen. Die Reihenfolge der Schilderung der Untersuchungsmethoden entspricht daher nicht einer Prioritätenliste. Das erste Ziel der Untersuchung ist die Feststellung der Ursache der Bewußtlosigkeit. Sie kann manchmal schon nach wenigen Worten einer Begleitperson klar sein.

Vorschläge für eine Schnelluntersuchung: Tab. 20, S. 188.

Anamnese

Sie wird von Angehörigen, Hausgenossen, Nachbarn, Arbeitskollegen, Begleitpersonen, Sanitätern, Polizeibeamten und von vorbehandelnden Ärzten erhoben, und zwar mit gezielten Fragen: Sind besondere Vorkrankheiten bekannt, insbesondere Diabetes, Hochdruck, Nierenkrankheit, Leberkrankheit, Alkoholabusus, Narkotikaabusus, Psychosen? Sind besondere Vorbeschwerden bekannt, nämlich Kopfschmerzen, Schwindel, plötzliche oder schleichende Wesensänderung, Vergeßlichkeit, Suiziddrohungen, Bewußtseinsstörungen, Anfälle, Ohnmachten? Seit oder vor wieviel Tagen, Wochen, Monaten, Jahren? Wurde der Patient mit Sedativa, Psychopharmaka, Antikoagulantien, Insulin, oralen Antidiabetika behandelt? Ist die Bewußtlosigkeit plötzlich oder allmählich aufgetreten? Unter welchen Begleitbeschwerden oder Symptomen? Hinweise auf Leuchtgas, Tablettenröhrchen, Abschiedsbrief, Schädlingsbekämpfungsmittel, Erbrechen, Verletzungen, Blutverlust, Urin- oder Stuhlabgang? Risikofaktoren seitens des Berufes, wie chemische Betriebe, Garagen, Kanalarbeit, Umgang mit Drogen, Chemikalien, Dämpfen? Trägt der Patient Karten oder Notizen auf sich, die besagen, daß beispielsweise ein Diabetes, eine Blutkrankheit oder eine Epilepsie vorliegen?

Tabelle 20. Schnellverfahren zur Untersuchung von Bewußtlosen

Grobe Prüfung der Ansprechbarkeit
Lebenserhaltende Grundfunktionen: Puls, Atmung, Blutdruck, Körpertemperatur (mit der Hand)
Geruch der Ausatmungsluft. Blick auf die Pupillen. Krämpfe? Verletzungszeichen am Kopf? Exsikkose (trockene Zunge, Hautfalten)?
Anamnese
Neurologischer Befund (Nackensteife, Augensymptome, Spontanbewegungen, Reaktivbewegungen, Sehnenreflexe, Babinski-Reflex). Dabei gleichzeitig Tiefe der Bewußtseinsstörung (psychomotorische Reaktionslage) abschätzen
EchoEG. EEG. Lumbalpunktion. Evtl. Schädelröntgenaufnahmen
Schnelluntersuchung (Teststreifen) auf Glukosurie, Acetonurie, Blutzucker, Blutharnstoff
Auskultation von Herz und Karotiden. EKG

Aufgrund von Befunden kann sich die weitere Reihenfolge in jedem Stadium ändern. Beispiele: Bei Feststellung einer Pulsarrhythmie wird die EKG-Untersuchung vorgezogen. Ist der Geruch der Ausatmungsluft auffällig, führt man zunächst einige chemische Untersuchungen durch. Sind dagegen Streckkrämpfe vorhanden, wird sofort neurologisch weiteruntersucht

Allgemeinbefunde

Untersuchung von Puls, Blutdruck, Atmung, Körpertemperatur. Auskultation des Herzens. Auskultation und Palpation der Gefäße, vor allem der Karotiden (S. 9).

Feststellung von Erbrechen, Untersichlassen, epileptischen Anfällen, Streckkrämpfen.

Auf Geruch der Ausatmungsluft achten, insbesondere auf Azeton (fruchtig), Geruch wie von ammoniakalischem Urin, „Lebergeruch", Foetor alcoholicus.

Beachtung der Hautfarbe (Kirschröte, Zyanose, Ikterus etc.). Besondere Blässe der Schleimhäute? Palpation der Augenbulbi. Exsikkose der Haut (Stehenbleiben von Hautfalten)? Tränenfluß? Schwitzen? Faszikulieren im Gesicht? Prätibiale oder auch anders lokalisierte Blasen oder Hautnekrosen?

Kopf nach Verletzungen absuchen. Mastoidhämatom (S. 178) nicht vergessen. Die Tatsache einer Kopfverletzung allein darf aber nicht ohne weiteres als Ursache einer Bewußtlosigkeit angesehen werden; die

Kopfverletzung kann vielmehr sekundär nach Schwindel, Ohnmacht, Anfällen o. a. aufgetreten sein. Mund, Rachen, Nase, Ohren auf Blut-, Liquor- oder Eiteraustritt nachsehen.
Totale Inspektion nach völliger Entfernung aller Kleider. Verletzungen? Gehäufte Injektionsstiche?
Inspektion und Palpation des Abdomens auf Abwehrspannung, Blähung, Aszites, Leber- oder Milzschwellung, hochstehende Blase.

Grad und Art der Bewußtseinsstörung

Ähnlich wie bei Patienten mit frischer Schädel-Hirn-Verletzung ist auch hier der Trend der psychomotorischen Reaktionsbereitschaft zu erfragen und zu beobachten. Beschreibung der Bewußtseinsstörungen S. 179 f, ihre Untersuchung S. 180 f. Häufig kommt fluktuierende Bewußtseinslage vor, z. B. in Abhängigkeit vom Hirndruck bei intrakranieller Raumforderung oder bei zerebralen Gefäßprozessen mit fortschreitenden Thrombosen.

Eine schnelle Prüfung der Bewußtseinslage ist anhand des **Jouvet-Schemas** (Tab. 21) möglich. Es unterscheidet Wahrnehmungsfähigkeit und Reaktionsfähigkeit, wobei der ersteren erworbene kortikale Integrationsleistungen, der letzteren angeborene, mehr instinktive Reaktionen zugeordnet sind. Zur Auslösung des Lidschlags auf Drohgebärde nähert man den Reflexhammer rasch dem Gesicht des Patienten von vorn (nicht die Handfläche annähern, da sonst durch den Luftstoß ein Kornealreflex mit demselben Zwinkereffekt ausgelöst werden kann). Die Orientierungsreaktion besteht in einer Wendung der Augen und evtl. des Kopfes nach der Seite des akustischen Reizes. Eine Weckreaktion besteht in einer Öffnung der Augen auf akustischen Reiz; im günstigen Fall kann sich eine Orientierungsreaktion anschließen. Schmerzgrimasse und vegetative Reaktionen lassen sich durch kräftigen Fingerdruck auf beide Seiten des Unterkiefers auslösen. Für eine Fluchtreaktion müssen die Gliedmaßen einzeln gereizt werden. Als Fehlerquellen zu beachten sind Demenz, Taubheit, Sehstörungen, Aphasie, bestimmte Lähmungen, schwere Antriebsstörung. Wie man sieht, nimmt die „Höhe" der Leistungen von oben nach unten ab: Eine gesprochene Aufforderung (z. B.: „Schließen Sie die Augen!", „Zeigen Sie die Zunge!") wird bei beginnender Eintrübung noch eher befolgt, als wenn dieselbe Aufforderung nur schriftlich vorgezeigt wird. Wenn auf akustische Reize reagiert wird, spricht dies für ein höheres Vigilanzniveau, als wenn es nur auf Schmerzreize geschieht usw. Damit läßt sich also die Schwere der Bewußtseinstrübung abschätzen. Aber auch dissoziierte Bewußtseinsstörungen lassen sich anhand des Schemas einordnen: So können etwa beim Coma vigile (S. 180) der Lidschlag auf Drohgebärde und die Weckreaktion erhalten sein, obwohl Orientierungsreaktion und somatische Reaktionen auf Schmerzreize fehlen.

Tabelle 21. Bewußtseinslage nach Jouvet

Wahrnehmungsfähigkeit (Kortex)

		Ja	Nein
Geschriebene Aufforderung			
Orientierung Zeit und Raum			
Einfache Rechenaufgabe	8 x 7		
	6 x 6		
Sechs Blumen nennen			
Gesprochene Aufforderung			
Lidschlag auf Drohgebärde			

Reaktionsfähigkeit (Subkortex)
RF auf akustischen Reiz (Händeklatschen, Namen rufen)

	Ja	Nein
Orientierungsreaktion – Ausgangssituation: Augen offen		
Weckreaktion – Ausgangssituation: Augen geschlossen		

Somatische RF auf Schmerzreiz

	Ja	Nein
Schmerzgrimasse, eventuell Stöhnen		
Weckreaktion – Ausgangssituation: Augen geschlossen		
Fluchtreaktion des gereizten Gliedes		

Vegetative RF auf Schmerzreiz (Medulla + Pons)

		Ja	Nein
Atmungsfrequenz	↓, dann ↑		
Pulsfrequenz	↑ oder ↓		
Pupillenweite (Mesenzephalon)	↑		
Hautrötung, Schwitzen			

Neurologische Untersuchung

Nackensteife oder Meningismus können mit zunehmender Tiefe der Bewußtseinsstörung wieder verschwinden. Aber auch bei leichten Graden von Bewußtseinsstörung schließt das Fehlen von Nackensteife eine Meningitis oder eine Subarachnoidalblutung nicht unbedingt aus, vor allem bei älteren Menschen. (Unterscheidung von HWS-Distorsion oder -fraktur S. 182.)

Augensymptome. Mit zunehmender Bewußtseinstrübung werden die Augen geschlossen. Der Widerstand gegen *passive Augenöffnung* erlaubt die Schätzung des Tonus der Mm. orbiculares oculi. Man hebt beide Lider des Patienten gleichzeitig an. Bei leichteren Graden von Bewußtseinsstörung kann der Patient die Augen bei der passiven Lidhebung u. U. zukneifen, was gewöhnlich mit anderen Arten von Abwehrbewegungen wie Grimassieren oder Abwenden des Kopfes verbunden ist. Reines Zukneifen beim Versuch passiver Lidhebung mit konjugiertem Hin- und Herrollen der Augen, aber gewöhnlich ohne gleichzeitiges Grimassieren und andere Abwehrbewegungen, spricht für einen psychogenen Stupor. Das Zukneifen vereitelt dabei häufig eine Untersuchung der Pupillen und des Kornealreflexes. Mit zunehmender Bewußtseinsstörung nimmt der Augenschließertonus ab, aber auch die Lidheber erschlaffen. Einen Unterschied im Lidhebertonus zeigt der *Lidhebetest* (WARTENBERG) an: Der Untersucher hebt beide Augenlider mit dem Daumen hoch und läßt sie gleichzeitig los; auf der Seite einer Hemiplegie kann das Lid langsamer herabsinken und das Auge wird weniger vollständig geschlossen. In leichteren Graden der Bewußtseinsstörung läßt sich eine einseitige Ptose am Verhalten und der passiven Beweglichkeit der Augenlider im Seitenvergleich erkennen. In der tiefen Bewußtlosigkeit ist das nicht mehr möglich: Die Lider hängen lose herab und können in jede beliebige Stellung gebracht werden; die Lidspalten sind nicht mehr geschlossen.

Der *Kornealreflex* verschwindet zwar in der tiefen Bewußtlosigkeit, in leichteren Graden ist sein Verhalten jedoch wenig verläßlich. Einseitiges Fehlen kann ein Herdzeichen sein, nicht selten zusammen mit einer Hemiplegie auf derselben Seite.

Mit Hilfe des *Augenspiegels* können Stauungspapille, Venenstauung, Augenhintergrundsblutungen, Gefäßveränderungen festgestellt werden.

Die Untersuchung der *Pupillen* erfolgt wie üblich auf Weite, Anisokorie und direkte und konsensuelle Lichtreaktion. Man hebt dazu beide Lider mit Daumen und Zeigefinger einer Hand hoch. Der Lichtreflex verschwindet erst im tiefsten Koma. Doppelseitige Lichtstarre der Pupillen in leichteren Stadien der Bewußtseinsstörung ist dagegen ein Herdsymptom des Hirnstamms. Für Okulomotoriusläsion spricht einseitig erweiterte und lichtstarre Pupille zusammen mit leichter Auswärtsabweichung des Bulbus und Ptose. Die einseitig erweiterte und lichtstarre

Pupille gibt nicht immer die richtige Seite einer raumfordernden Läsion (z. B. beim subduralen Hämatom) an (S. 182 f). Hirnstammläsion führt manchmal auch zu hochgradiger Pupillokonstriktion, dies immer nur als vorübergehendes Symptom.
Man achtet auf die *Augenstellung*, eine etwaige Déviation conjuguée, und spontane *Augenbewegungen*. Skew deviation oder tonische Abweichungen nur eines Auges nach temporal kann eine gleichzeitig bestehende internukleäre Ophthalmoplegie (S. 103) anzeigen (Achtung, vorbestehender Strabismus möglich). Ein Spontannystagmus verschwindet rasch mit zunehmender Bewußtseinsstörung. Willkürliche Blickbewegungen und damit ein Blickrichtungsnystagmus lassen sich nur induzieren, solange der Patient noch Aufforderungen ausführt. Wenn er nicht mehr ansprechbar ist, kann die Augenmotorik mit Hilfe des *Puppenkopfphänomens („okulozephaler Reflex")* geprüft werden: Beim wachen Patienten besteht das Phänomen in einer konjugierten Blickbewegung, wenn der Kopf gedreht wird, während der Patient einen Fixierpunkt anblickt. Beim bewußtlosen Patienten führt eine passive Kopfdrehung ebenfalls zu einer nach der Gegenseite gerichteten konjugierten Augenbewegung. Zur Ausführung des Tests nimmt man den Kopf des Patienten zwischen die Hände, hält mit den Daumen die Augenlider hoch und dreht den Kopf zuerst auf die eine und dann auf die andere Seite. Der Reflex wird als normal auslösbar bezeichnet, wenn eine konjugierte Augenbewegung nach der Gegenseite der Kopfdrehung auftritt. In tieferen Graden der Bewußtlosigkeit verschwindet der Reflex. Die Augen bleiben dann in Mittelstellung stehen. Nicht selten kann man auf diese Weise auch einen Blickrichtungsnystagmus nachweisen (z. B. bei Barbituratvergiftung). Ist der okulozephale Reflex konstant nur nach einer Seite negativ, spricht dies für eine horizontale Blickparese. Beim akuten Mittelhirnsyndrom kann isoliert die vertikale Bewegung der Augenbulbi aufgehoben sein. Liegen Augenmuskellähmungen vor, dann sind die durch den Test induzierten Augenbewegungen dissoziiert. Die Methode hilft auch bei der Abgrenzung eines katatonen oder hysterischen Stupors; bei beiden können Schmerzreaktionen und auch die Kornealreflexe fehlen, dagegen nicht der okulozephale Reflex.

Hier kann ferner eine *einfache Kaltspülung des Gehörgangs* (Nathanson u. Bergman, in Bender, 1967) weiterhelfen. Man gibt etwa 30 cm^3 Eiswasser mittels einer Spritze durch einen weichen Gummi- oder Polyäthylenschlauch gleichmäßig langsam in den äußeren Gehörgang, höchstens 3 Minuten lang (bei Verdacht auf Trommelfellperforation soll der Test unterbleiben). Beim wachen Patienten kommt es zu einem Nystagmus nach der Gegenseite, Danebenzeigen zur Reizseite und evtl. Brechreiz. Bei Patienten mit leichter Bewußtseinstrübung hat die Untersuchung u. U. einen Weckeffekt und führt dann zu denselben Symptomen wie beim wachen Patienten. Mit zunehmender Bewußtseinstrübung tritt eine tonische konjugierte Augenabweichung nach der Reizseite auf. Ein kleiner Nystagmus ist zunächst noch vorhanden, der mit zunehmender Tiefe des Komas verschwindet. Die Reaktion kann noch in einer Bewußtseinsstörung ausgelöst werden, wo das Puppenkopfphänomen schon verschwunden ist. Erst im tiefsten Koma fällt die tonische Augendeviation nach Kaltspülung ebenfalls aus.

Der Muskeltonus wird wie üblich untersucht. Gewöhnlich, aber nicht notwendig, nimmt er mit zunehmender Tiefe der Bewußtseinsstörung ab. Auf der Seite einer frischen Hemiplegie ist der Muskeltonus meistens schwächer als auf der gesunden Seite. Man prüft im Seitenvergleich, wie angehobene Extremitäten herabfallen. Mehrfache Proben sind nötig, da wechselnde Seitendifferenzen nicht als Herdsymptom bewertet werden können. Sind die Extremitäten auf einer Seite spastisch und auf der anderen schlaff, lassen sich verwertbare Schlüsse auf die Seite der Läsion nicht ziehen.

Spontan- und Reaktivbewegungen. Manchmal kommt es zu einer *motorischen Unruhe*. Sie äußert sich in gehäuften Abwehrbewegungen, vor allem wenn am Patienten manipuliert wird (z. B. Intubieren, Nasensonde legen, Absaugen u. a.). Wirksam sind ferner Druck auf die Supraorbitalnerven, Kneifen der Haut in der Axillargegend, Kneifen der Achillessehnen. Die Unruhe kann aber auch ganz spontan sein. Induzierte Abwehrbewegungen und Spontanmotorik kann man dazu benützen, die Muskelkraft im Seitenvergleich zu schätzen, indem man Menge und Ausmaß der Bewegungen beobachtet und immer wieder „gegenhält". Auch zentrale oder periphere Fazialisparesen lassen sich durch Beobachtung der Spontanmotorik des Gesichts (einseitiges „Blasen") oder bei induzierten Bewegungen (ausgelöst durch kräftigen Fingerdruck auf den ansteigenden Ast des Unterkiefers) erkennen oder vermuten. Als *„Flockenlesen"* wird eine motorische Unruhe der Hände bezeichnet, die wie ein fortgesetztes fahriges Herumsuchen auf der Bettdecke wirkt. In metabolisch bedingten Bewußtseinstrübungen (wie bei Urämie oder Leberinsuffizienz) kommen gelegentlich generalisierter Tremor, ausgedehnte Myoklonien oder choreiforme Unruhe hauptsächlich im Gesicht vor. Gelegentlich findet man weitgehend stereotype Wälz- und/oder proximale ausfahrende Extremitätenbewegungen, u. U. einseitig, ohne jede Beeinflussung durch Sinnesreize. Bei ihnen handelt es sich um hochakute extrapyramidale Hyperkinesen. Sie kommen vor allem nach Strangulation, CO-Vergiftung oder anderen akuten Anoxien vor und sind immer nur passager.
Man muß unbedingt zwischen *epileptischen Anfällen* (fokalen, fokal beginnenden oder primär generalisierten) und *Streckkrämpfen* als vorübergehenden Zuständen von Enthirnungsstarre unterscheiden (S. 183). Letztere lassen sich oft durch Schmerzreize auslösen.

Reflexe. Die wichtigsten *Eigenreflexe* an Armen und Beinen werden im Seitenvergleich untersucht. Eine Areflexie nur an den Beinen hat keine Beziehung zur Tiefe der Bewußtseinsstörung. Ein Verschwinden aller Sehnenreflexe deutet auf ein sehr tiefes Koma hin (wenn nicht andere Gründe für die totale Areflexie vorliegen); Fußsohlenhautreflexe sind manchmal noch nachweisbar. Gelegentlich können schwache Eigenreflexe auch noch im tiefsten Koma ausgelöst werden. Auf der Seite einer akuten Hemiplegie sind die Sehnenreflexe meistens abgeschwächt oder aufgehoben (ähnlich wie der Muskeltonus). Man sucht nach *Babinski-Reflexen* im Seitenvergleich. Ein positives Babinski-Zeichen kann im tiefsten Koma manchmal wieder verschwinden.

Laboratoriumsmethoden

Blutserum. Bestimmung von Azeton, Blutzucker, Harnstoff, Reststickstoff, pH-Wert, pCO_2, Quick-Wert, Elektrolyten, Cholinesterase.

Urin. Bestimmung von Eiweiß, Zucker, Azeton, Gallenfarbstoffen, Schlafmitteln.
Für die meisten Untersuchungen existieren Schnellmethoden mit Teststreifen oder -tabletten.

Liquoruntersuchung (S. 223 ff). Die wichtigste Indikation ist Ausschluß oder Nachweis einer Subarachnoidalblutung oder einer Meningitis. Falls der Liquor blutig ist, sofort zentrifugieren, um eine etwaige Xantochromie festzustellen. Sie tritt schon wenige Stunden nach Subarachnoidalblutung auf.

EKG bei der Suche nach Herzinfarkt, AV-Block, Vorhofflimmern, Adams-Stokes-Anfällen.

Echoenzephalogramm (S. 218 ff). Bei supratentoriellen Raumforderungen kommt Verschiebung des Mittelechos vor. Infratentorielle Hämatome oder Tumoren ergeben keine Veränderung des Echo-EG.

EEG (S. 211 ff). Allgemeinveränderung verschiedenen Grades ist bei organischer Bewußtseinsstörung fast obligatorisch (S. 217 f), ohne daß der Grad einer AV und die Tiefe der Bewußtseinsstörung notwendig korrelieren. Vermehrte frontale Beta-Aktivität bei Barbituratvergiftung. Herdbefunde sprechen für Erweichungen, Blutungen, Tumoren oder Abszesse.

Schädelröntgenübersichtsaufnahmen in 2 Ebenen. Zum Ausschluß von Schädelfrakturen bei Fehlen äußerer Verletzungszeichen am Kopf (S. 198).

Zerebrale Angiographie bei Verdacht auf intrakranielle Tumoren oder Hämatome.

Hinweise auf einige häufigere Ursachen von Bewußtseinsstörungen

Hier kann nicht die Differentialdiagnose der Bewußtseinsstörungen behandelt werden. Der Abschnitt soll nur den Stellenwert einiger Symptome, Befunde, Tests und Zeichen veranschaulichen.

„Schlaganfall." Es kommen alle Schweregrade von Bewußtseinsstörungen vor.

1. *Thrombotische Stenose oder Gefäßverschluß.* Bewußtseinsstörung tritt oft nicht plötzlich ein und ist nur bei Verschlüssen großer Hirnarterien, vor allem der Aa. vertebralis oder basilaris, schwer. Auftreten häufig aus dem Schlaf heraus oder in den frühen Morgenstunden. Anamnestisch Hinweise auf Zerebralsklerose, Herzkrankheit, Gefäßkrankheit, nicht selten vorausgehende flüchtige Insulte. Hautfarbe eher blaß, Puls flach und schnell. Manchmal palpatorische oder auskultatorische Gefäßzeichen. Gefäßveränderungen am Augenhintergrund. Neurologisch und im EEG Herdzeichen. Internistisch manchmal Hinweise auf Herzinfarkt, AV-Block (Puls unter 40/sec), Vorhofflimmern, Adams-Stokes-Anfälle. Im Liquor nur ausnahmsweise Erythrozyten. Zunehmende Mittelechoverlagerung bis zum 3. oder 4. Tag.

2. *Gefäßverschluß infolge Embolie.* Jüngeres Lebensalter. Meist schlagartiger Eintritt der Bewußtlosigkeit. Anamnestisch und internistisch Herzfehler (vor allem Mitralvitium), Endokarditis, Vorhofflimmern, Herzinfarkt. Anamnestisch Ohnmachten. Evtl. Zyanose der Lippen und Wangen. Neurologisch und im EEG Herdbefund.

3. *Intrazerebrales Hämatom (Massenblutung).* Schwerpunkt 5. bis 6. Lebensjahrzehnt. Meist schlagartiger Beginn der Bewußtlosigkeit. Anamnestisch Hypertonie oder klinische Hinweise auf eine solche (Herzerweiterung; Nierenbefunde; schwere Gefäßveränderungen am Augenhintergrund, manchmal mit frischen Netzhautblutungen). Rotes kongestioniertes Gesicht, plethorischer Habitus. Evtl. Druckpuls (große Amplitude, Bradykardie). Nicht selten sinkt der Blutdruck nach Eintritt des Schlaganfalls ab, so daß die Hypertonie im akuten Zustand fehlt. Nicht selten Hirndruckzeichen, meningeale Reizerscheinungen und Pupillenerweiterung auf der Herdseite. Neurologisch und im EEG Herdzeichen (oft Hemiplegie mit Déviation conjuguée nach der Herdseite). Liquor in 90 % blutig. Mittelechoverlagerung schon in den ersten Stunden.

4. *Subarachnoidalblutung.* In jedem Lebensalter möglich. Eintritt der Bewußtlosigkeit schlagartig, evtl. vorher plötzlich starke Kopfschmerzen, vor allem im Nacken. In der langfristigen Anamnese können Migräneanfälle vorkommen, u. U. verbunden mit vorübergehenden Okulomotoriusparesen. Nackensteife, wenn Bewußtlosigkeit nicht zu tief. Im Augenspiegel Fundusblutung möglich. Neurologisch leer oder Herdsymptome, evtl. einseitige Ptose (Okulomotoriuslähmung). Liquor blutig, nach Zentrifugieren xanthochrom.

5. *Tumorblutung.* Wie intrazerebrales Hämatom. Sonst wie Hirntumor.

Chronisches subdurales Hämatom. Zweite Lebenshälfte. Manchmal Alkoholanamnese. Schleichende Wesensveränderung und allmählicher Eintritt der Bewußtseinstrübung. Oft stark fluktuierende Bewußtseinslage. Falls Kopftrauma in der Vorgeschichte, kann es Wochen bis Monate zurückliegen. Stauungspapille möglich. Neurologische Herdbefunde möglich (meist nur gering). Verlagerung des Mittelechos oder der Pinealis möglich.

Hirntumor. Schleichende Wesensänderung (wichtiges Frühsymptom). Allmählicher Eintritt der Bewußtseinsstörung (außer bei Tumorblutung). Hirndruckzeichen (Kopfschmerzen, Erbrechen, Stauungspapille, Druckpuls

= Blutdrucksteigerung plus große RR-Amplitude plus Bradycardie). Zeichen für Massenverschiebungen (anfallsweise Dezerebrationsstarre, Augenmuskelparesen, Pupillensymptome, Meningismus). Neurologisch Herdzeichen. Im EEG Herdbefund. Bei infratentoriellen Tumoren meist normales EEG, evtl. zusammen mit Stauungspapille. Verlagerung des Mittelechos nur bei supratentoriellen Tumoren. Karotis-, notfalls Vertrebralisangiographie.

Enzephalitis. Meist allmählicher Eintritt der Bewußtseinstrübung (schlagartiger Eintritt der Bewußtlosigkeit, wenn eine Enzephalitis mit einem Status epilepticus beginnt). Neurologisch Herdsymptome, vor allem Augen. Liquoruntersuchung (kann gelegentlich normal sein). Bei Meningitis tuberculosa niedriger Liquorzucker. „Enzephalitis" kann zunächst eine Ausschlußdiagnose sein.

Meningitis. Deutliche Bewußtseinsstörung nur bei schweren Fällen. Patient kommt meist schon vor Eintritt der Bewußtlosigkeit in ärztliche Behandlung und bietet dann die typischen Symptome. Nackensteife kann manchmal fehlen, besonders bei älteren Menschen.

Hirnabszeß. Wie Hirntumor, dazu häufig Entzündungszeichen. Kommt vor nach Otitis media, Nebenhöhlenempyem, Eiterung am Kopf, nach Schädelbasisfraktur; bei alten intrazerebralen Fremdkörpern; haematogen, meistens aus der Lunge.

Status epilepticus. Vorgeschichte kann leer sein. Evtl. äußere Verletzungen. Hat unter sich gelassen. Blutiger Schaum vor den Lippen. Zungenbiß. Epileptischer Anfall während der Untersuchung in der Bewußtlosigkeit.

Exogene Intoxikationen

1. *Sedativa.* Anamnestische Hinweise. Stärke der Bewußtseinstrübung zwischen leichtem Schlaf mit Erweckbarkeit und tiefstem Koma mit Reflexlosigkeit, Kreislaufkollaps und Atemlähmung. Im Resorptionsstadium sind rasche Veränderungen möglich, so daß auch plötzliche Atemlähmung bei noch erhaltenen Reflexen vorkommt. Daher die Notwendigkeit dauernder Überwachung und Kontrolle. Blasen oder Nekrosen an der Haut, vor allem über den Schienbeinen oder an Druckstellen, auf denen der Patient gelegen hat. Bei Barbituratvergiftung Blickrichtungsnystagmus (z. B. durch okulozephalen Reflex, S. 192, nachweisbar). Pupillenstarre, Pyramidenzeichen oder andere neurologische Herdsymptome gehören in der Regel nicht zum Bild einer Schlafmittelvergiftung (außer wenn nach Atemstillstand oder schweren Kreislaufkomplikationen eine hypoxische Hirnschädigung hinzugetreten ist). Bei Barbituratvergiftung im EEG ausgeprägte frontale Beta-Aktivierung. Barbiturate im Urin nachweisbar.

2. *Alkohol.* Patient meist erweckbar, Narkose kann aber auch tief sein. Häufig Erbrechen. Im Fall der akuten Vergiftung Geruch der Ausatmungsluft nach Alkohol. Nicht vergessen, daß sich hinter einem Koma mit Foetor alcoholicus ein Schädelhirntrauma, ein dekompensierter Diabetes, ein beginnendes Coma hepaticum o. a. verbergen können.

3. *Kohlenoxyd.* Anamnestische Angaben. Evtl. Geruch nach Leuchtgas. Kirschrote Lippen. Spektroskopisch CO-Hämoglobin. In schweren Fällen gelegentlich akute Hyperkinese (S. 193), die immer passager ist.

4. *Morphium, Codein u. a.* Anamnestische Daten. Injektionsstiche. Sehr enge Pupillen. Hochstehende Harnblase.

5. *Alkylphosphate* (z. B. E 605). Anamnestische Angaben. Tränen, Speichelfluß, Faszikulieren. Extrem enge Pupillen, die auf übliche Atropindosen nicht weiter werden.

Toxisch-metabolische Komata

1. *Diabetes.* a) *Diabetisches Koma.* Anamnestisch langsame Entwicklung der Bewußtseinsstörung über viele Stunden bis Tage. Vorher Durst, häufig Erbrechen, subjektiv Sehstörungen. Nicht selten vorausgegangene interkurrente Erkrankung. Haut trocken und gerötet. Große Azidoseatmung. Fruchtiger Geruch der Ausatmungsluft (Azeton). Weiche Augenbulbi. Tonus schlaff, keine motorische Unruhe. Blutdruck eher niedrig. Bewußtseinsstörung in der Regel leichteren Grades. b) *Hypoglykämisches Koma.* Schock innerhalb von Minuten. Vorausgegangen Heißhunger und evtl. bizarre psychische Erscheinungen, die oft als psychogen verkannt werden, oder amentielles Syndrom. Atmung normal. Augenbulbi normal konsistent. Blutdruck oft erhöht. Haut schweißbedeckt. Motorische Unruhe bzw. Tonussteigerung. Pyramidenzeichen und Krampfanfälle möglich. Anamnestisch evtl. Doppelbilder, Zittern der Hände. Sofortiges Ansprechen auf Glukose i. v.

2. *Urämisches Koma.* Anamnestisch Nierenkrankheit. Urinöser Geruch der Ausatmungsluft, wenn nicht durch Erbrechen verändert. Bewußtseinsstörung in der Regel leichteren Grades, die sich langsamer entwickelt, so daß der Patient meist im präkomatösen Zustand in Behandlung kommt (wie beim diabetischen Koma). Reststickstoff und Harnstoff im Blut erhöht. Neurologisch Myoklonien, Hyperreflexie (seltener Areflexie), evtl. Fundus hypertonicus und Papillenödem, generalisierte Krampfanfälle, passagere exogene Psychosen.

3. *Leberkoma.* Anamnestische Daten. Aszites. Ikterus. Große Azidoseatmung. „Lebergeruch" der Ausatmungsluft.

4. *Endokrine Komata.* Die Addison-Krise kann sich rasch einstellen (Kreislaufkollaps, Hypoglykämie). Bei der Thyreotoxikose entwickelt sich die Bewußtseinsstörung langsamer. Beide bleiben eher bei leichteren Graden stehen, die Patienten sind in der Regel schon vorher in Behandlung. Addison-Krankheit: Bräunliche Pigmentierung, vor allem der Schleimhäute. Stark erniedrigter Blutdruck. Thyreotoxikose: Tachykardie, Exophthalmus, Fingertremor.

14. Laboratoriumsmethoden in der Neurologie

a) Neuroradiologie

Die Neuroradiologie ist ein Zweig der diagnostischen Radiologie, bei dem mit Hilfe von Röntgenstrahlen krankhafte Befunde an Schädel, Wirbelsäule, Gehirn, Hirngefäßen und Rückenmark festgestellt werden.

A. Leeraufnahmen des Schädels und der Wirbelsäule (in Standardprojektionen, Spezialaufnahmen und Tomogrammen)

I. Schädel: Abb. 78 zeigt schematisch einen Schädel im seitlichen und im anterior-posterioren (a.-p.) Strahlengang mit Bezeichnung der wichtigsten Strukturen, auf die geachtet wird.
Frakturen finden sich in der Kalotte, der Schädelbasis, den Felsenbeinen und im Bereich des Gesichtsschädels. Die Darstellung der Okzipitalschuppe in halbaxialer Projektion, die Schädelbasisaufnahme oder axiale Schädelaufnahme, Felsenbeinaufnahmen nach SCHÜLLER und STENVERS, Nasennebenhöhlenaufnahmen und Orbitaübersichtsaufnahmen sowie Spezialaufnahmen des Ober- und Unterkiefers kommen zur Anwendung. Im Bereich der Kalotte können Frakturlinien mit Gefäßkanälen und Nahtlinien verwechselt werden. Sie haben eine andere Feinstruktur und meist einen anderen Verlauf. Luxationen und Frakturen der ersten beiden Halswirbel sind auf Schädelübersichtsaufnahmen gelegentlich erkennbar.
Hyperostotische Verdichtungen der Knochenstruktur bei Meningeomen, Knochensystemerkrankungen (z. B. Paget-Krankheit), Hyperostosis frontalis interna u. a.
Destruktionen durch osteoklastische Tumoren, Druckusuren und andere osteolytische Veränderungen können überall am Schädel vorkommen. Bevorzugte Lokalisationen sind die Kalotte, das Keilbein, die Felsenbeine.

1. In der Kalotte können osteoklastische Metastasen mit Pacchionischen Gruben verwechselt werden; Unterscheidung durch deren meist typische Lokalisation, eine schärfere, oft polyzyklische Begrenzung und einen gelegentlich sichtbar einmündenden Gefäßkanal. Ferner im Bereich der Kalotte dysontogenetische Zysten, eosinophile Granulome, Hämangiomdefekte usw. Zu achten ist auch auf die meist unverkennbaren Trepanationslücken nach neurochirurgischen Eingriffen.

2. Am Keilbein finden sich Destruktionen bei zahlreichen hier auftretenden Tumoren und Tumormetastasen. Häufig ist hier das Meningeom vor allem der Keilbeinflügel, des Planum sphenoidale und des Selladorsum; Destruktion an der Fissura orbitalis superior beim Keilbeinflügelmeningeom. Destruktion und Anhebung des Processus clinoideus anterior bei parasellären Raumforderungen. Bei intrasellären Tumoren (meist Adenome der Hypophyse) Ausweitung der Sella, Arrosion des Sellabodens, Rückbiegung und/oder Destruktion des Dorsum sellae. Destruktion des Selladorsum von der Spitze her (Apex dorsi, Processus clinoidei posteriores) bei allgemeinem Hirndruck, insbesondere beim Hydrocephalus occlusus, bei dem auch eine Erweiterung der Sellaeingangsebene und ihres Lumens durch Druck des Infundibulum des dritten Ventrikels von oben her vorkommt. Die Destruktion des Dorsum sellae ist das wichtigste und meist einzige röntgenologische Hirndruckzeichen; dem oft erwähnten Wolkenschädel kommt beim Erwachsenen kaum diagnostische Bedeutung zu. Erweiterung des Canalis opticus der Orbita (Spezialaufnahme nach RHESE) beim Gliom des Optikus (z. B. Neurofibromatose Recklinghausen).

3. Spezialaufnahmen der Felsenbeine, vor allem nach SCHÜLLER und STENVERS und besonders die Tomographie beider Felsenbeine in exakt symmetrischer Einstellung zeigen Destruktion und Ausweitung eines oder beider inneren Gehörgänge beim Akustikusneurinom, das doppelseitig vorkommen kann; Destruktionen der Pyramidenspitze (auch in der axialen Basisaufnahme) beim Kleinhirnbrückenwinkeltumor; Destruktionen der Pyramidenbasis und des äußeren Gehörgangs bei entzündlichen Ohrprozessen, Malignomen der Schädelbasis usw.; Meningeome der Felsenbeinoberkante (Tentoriumansatz) sind relativ selten; Erweiterungen des Foramen jugulare und Zerstörungen der angrenzenden Pyramidenspitze beim Glomustumor (Spezialaufnahme beider Foramina jugularia in unvollständiger axialer Projektion; das rechte Foramen jugulare ist fast immer weiter als das linke).

Physiologische Formvarianten, Dysplasien und Mißbildungen sind am Schädel zahlreich und erfordern große Erfahrung. Formvarianten des Hirnschädels gehen oft auf eine gestörte Nahtverknöcherung zurück, gelegentlich sind sie aber auch Indiz einer frühkindlichen Hirnschädigung bzw. eines Hydrozephalus. Weitere Hinweise auf frühkindliche Hirnschädigungen im Wachstumsalter des Schädels sind Hyperplasien und Aplasien pneumatischer Höhlen, einseitiger Felsenbeinhochstand und abnorme Pneumatisationen der Pyramidenoberkanten, Formveränderungen der großen Keilbeinflügel sowie steiler Anstieg der vorderen Schädelgrube nach frontal und lateral, oft asymmetrisch. Eine Dysplasie von gelegentlichem Krankheitswert ist am kraniovertebralen Übergang die basiläre Impression: Hochstand des Atlas und Axis im Verhältnis zur Okzipitalschuppe und dem Klivus

(Messung an der Bimastoidlinie im a.-p. Bild, der Chamberlain-Linie im seitlichen Bild), oft kombiniert mit Abflachung des Schädelbasiswinkels (Platybasie).
Nichtpathologische Verkalkungen im Schädelinnern finden sich in der Falx und den Plexus choroidei, vor allem aber die häufige Verkalkung der Glandula pinealis, die eine wichtige röntgenologische Markierung der Mittellinie des Gehirns ohne Kontrastmittelanwendung darstellt.

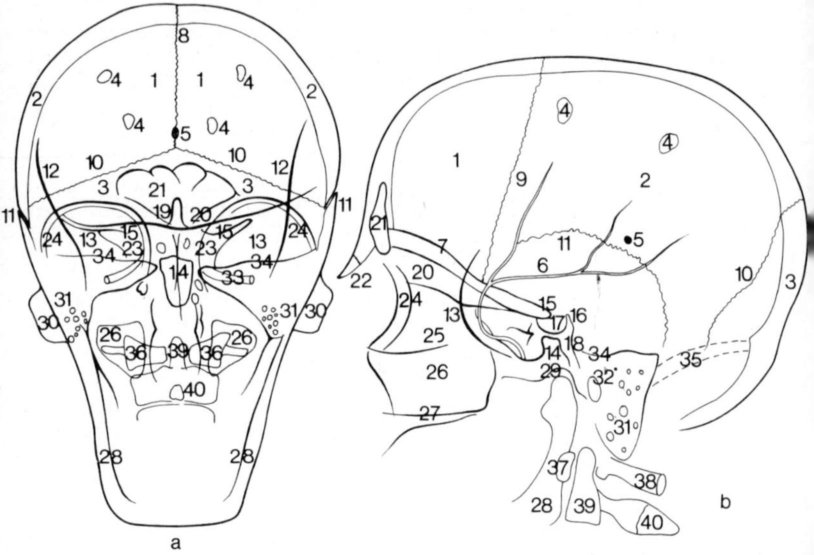

Abb. 78 a u. b. Schädelskelett schematisch mit einigen auf Röntgenaufnahmen erkennbaren Details. a) a.-p. Aufnahme. b) Seitliche Aufnahme. Die Ziffern bedeuten: 1 = Frontalschuppe, 2 = Parietalschuppe, 3 = Hinterhauptschuppe, 4 = Pacchionische Gruben, 5 = Corpus pineale, 6 = A. meningea media, 7 = Boden der vorderen Schädelgrube und Orbitadach, 8 = Sagittalnaht, 9 = Kranznaht, 10 = Lambdanaht, 11 = Temporoparietalnaht, 12 = Linea terminalis (großer Keilbeinflügel und Temporalschuppe), 13 = großer Keilbeinflügel, 14 = Keilbeinhöhlen, 15 = kleiner Keilbeinflügel mit Processus clinoideus anterior, 16 = Dorsum sellae mit Processus clinoideus posterior, 17 = Sella turcica, 18 = Klivus, 19 = Crista galli, 20 = Lamina cribrosa, 21 = Stirnhöhlen, 22 = Nasenbein, 23 = Fissura orbitalis superior, 24 = lateraler Orbitarand, 25 = Orbitaboden, 26 = Oberkiefer (Sinus maxillaris), 27 = harter Gaumen, 28 = Unterkiefer, 29 = Unterkiefergelenk, 30 = Jochbogen, 31 = Warzenfortsatz mit Zellsystem, 32 = äußerer Gehörgang, 33 = innerer Gehörgang, 34 = Felsenbeinoberkante, 35 = Sinus transversus, 36 = Atlas, 37 = vorderer Atlasbogen, 38 = hinterer Atlasbogen, 39 = Dens (axis), 40 = Processus spinosus axis. (Zur Verfügung gestellt von Dr. U. Eickhoff, Freiburg i. Br.).

Ihre Seitverlagerung zeigt Massenverschiebungen des Gehirns bei raumfordernden Prozessen einer Seite oberhalb des Tentoriums an. Verlagerungen in der Sagittalebene sind selten. Schalenförmige Verkalkung und abnorme Größe der Zirbeldrüse beim Pinealom. Strichförmige Verkalkungen des Karotissiphons in der seitlichen Projektion auf das Sellalumen, gelegentlich auch sagittal als Sicheln oder Ringe erkennbar, sind kein verläßliches Indiz für zerebrale Arteriosklerose. Ferner intrazerebrale, meist pathologische Verkalkungen bei Parasitosen (Toxoplasmose), Sturge-Weber-Krankheit, tuberöser Sklerose, alten Blutungen und Tumoren (Oligodendrogliom), im Sellabereich häufig beim Kraniopharyngeom.

II. **Wirbelsäule:** Röntgenologische Darstellung in zwei Ebenen, getrennt nach HWS, BWS, LWS, sowie Ausschnitte des lumbosakralen Übergangs und Schrägaufnahmen zur Darstellung der Zwischenwirbellöcher (ZWL).
Es lassen sich feststellen: Veränderungen der Krümmungsverhältnisse (Kyphoskoliosen und Torsionen, Streckstellung der normalerweise lordotischen HWS und LWS). Partielle und komplette Blockwirbelbildungen (Klippel-Feil-Syndrom). Übergangswirbel (z. B. Sakralisation des 5. LWK oder Lumbalisation des 1. Sakralwirbels, beide auch halbseitig). Halsrippe oder überlange Querfortsätze des 7. HWK. Spaltbildungen (vor allem der LWS) in Wirbelkörpern (Schmetterlingswirbel), Wirbelbögen und Gelenkfortsätzen; letztere können zu Wirbelgleiten führen (Spondylolisthesis).
Degenerative Veränderungen in Form von Osteochondrose (Veränderungen der Bandscheibe und der Abschlußplatte der Wirbelkörper, häufig mit Verschmälerung des Zwischenwirbelraums), Spondylose (Wirbelkörperkanten) und Spondylarthrose (Zwischenwirbelgelenke). Einengung der ZWL durch spondylotische und arthrotische Zacken. Erweiterung der ZWL bei Wurzelneurinomen (Sanduhrgeschwulst). Herabsetzung des Sagittaldurchmessers des mittleren und unteren zervicalen Spinalkanals auf weniger als 14 mm durch Verknöcherungen unter dem hinteren Längsband.
Destruktionen in den Wirbelkörpern oder -bögen (vor allem Bogenwurzeln) durch Metastasen, entzündliche Erkrankungen und Traumen (Kompressionsfraktur, häufig nur keilförmig: Gibbusbildung). Erweiterung des Wirbelkanals durch intraspinale Raumforderung, erkennbar an einer Vergrößerung des Abstandes der medialen Begrenzung der Bogenwurzeln.
Der Krankheitswert der meisten Veränderungen läßt sich jeweils nur im Zusammenhang mit Anamnese und klinischem Befund abschätzen.

B. Kontrastuntersuchungen

Negative Kontrastuntersuchungen durch Einbringen von Luft oder Gasen in die Hohlräume des Gehirns und in den Subarachnoidalraum des Schädels (Pneumenzephalographie) oder des Spinalkanals (Pneumomyelographie) durch Lumbal- oder Subokzipitalpunktion (S. 224 ff).

Positive Kontrastuntersuchungen durch Injektion von wasserlöslichen, jodhaltigen Kontrastmitteln a) in den spinalen Liquorraum (Jodölmyelographie), b) in die Arterien (Aortenbogen, A. brachialis oder Hirnarterien) zur Darstellung der Hirngefäße und ihrer zuführenden und abführenden Äste wie A. carotis, A. vertebralis, Sinus, V. jugularis.

I. **Pneumenzephalographie und Ventrikulographie.** Bei der Pneumenzephalographie werden etwa 40—50 cm^3 Gas im Sitzen zugeführt. Bei Hirndruck (z. B. ausgeprägte Stauungspapille) kann eine Pneumenzephalographie gefährlich sein (S. 223); in diesem Fall ist eine Ventrikulographie (Direktpunktion der Ventrikel durch Bohrlöcher am Schädel) vorzuziehen. Diese ist auch mit positiven Kontrastmitteln möglich. Patienten mit Zwischenhirnprozessen neigen häufiger zu schweren vegetativen Reaktionen (starkes Erbrechen, Kollaps) bei oder nach Pneumenzephalographie.

Abb. 79 zeigt schematisch die Ventrikel im a.-p. und im seitlichen Bild. *Indikationen:* a) Formveränderungen der Ventrikel, wie umschriebene oder allgemeine Erweiterungen und Verplumpungen (Hydrocephalus internus), Asymmetrien, Porusbildungen, Ausziehungen, Mißbildungen (wie Cavum septi pellucidi, Balkenmangel u. a.). Querdurchmesser des 3. Ventrikels im Normalfall nicht größer als 8—9 mm. Subarachnoidalzeichnung (Gas in den Rindenfurchen) kann vermindert, vermehrt und vergröbert sein und ihre annähernd radiäre Orientierung verlieren (lokale oder diffuse Hirnatrophie = Hydrocephalus externus). b) Lokale oder allgemeine Verlagerung und Deformierung der Liquorräume durch raumfordernde Prozesse sowie Verlegung durch intraventrikuläre Tumoren. Wegen des schwachen Gaskontrastes sind für die Hirnstammdiagnostik Schichtaufnahmen vorteilhaft. Gezielte Füllungen unter Durchleuchtung (Bildverstärkerkontrolle) möglich. Tab. 22 führt einige typische Lokalbefunde bei Hirntumoren auf. Darüber hinaus können bei Massenverschiebungen des Gehirns Verlagerungen größerer Teile oder des gesamten Ventrikelsystems vorkommen.

II. **Zerebrale Angiographie:** Perkutane Punktion oder Einführung eines Gefäßkatheters. Aufnahmeserien zur Darstellung der verschiedenen Füllungsphasen (z. B. 8 Bilder in 8 Sek.). Mindestdurchmesser erfaßter Gefäße 0,5 mm, bei Anwendung spezieller Techniken (Direktvergrößerung, Subtraktion der Knochenüberlagerung) bis unter 0,1 mm. Bei schwerkranken, komatösen Patienten mit schwerer Subarachnoidal- oder intrazerebraler Blutung und bei Patienten mit schlechten Kreislaufverhältnissen (im Schock oder bei sehr niedrigem Blutdruck) kann sich die Angiographie der Hirnarterien ungünstig auswirken. Zunächst Besserung des Zustandes abwarten. Patienten

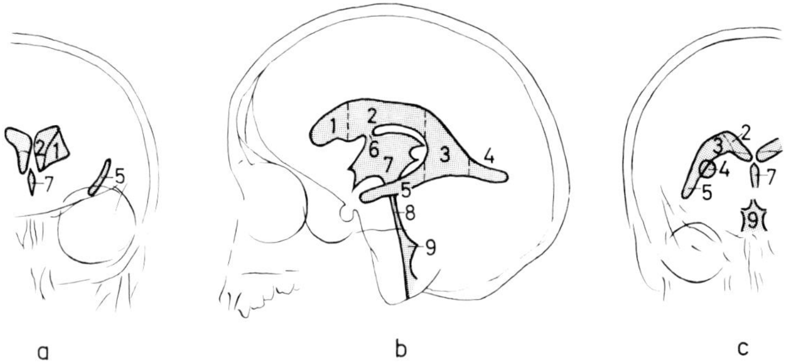

Abb. 79. Innere Liquorräume des Gehirns im Röntgenbild (Pneumenzephalogramme, halbschematisch). a) a.-p. Bild, Hinterhauptslage. b) seitliches Bild. c) a.-p. Bild, Stirnlage: 1 = Vorderhorn, 2 = Cella media, 3 = Trigonum, 4 = Hinterhorn, 5 = Temporalhorn, 6 = Foramen interventriculare, 7 = 3. Ventrikel, 8 = Aquädukt, 9 = 4. Ventrikel.

mit schwerer Zerebralsklerose sind ebenfalls gefährdet. Dies gilt in besonderem Maße für die Angiographie der A. vertebralis, da diese den Hirnstamm versorgt. Auch bei der Migräne besteht ein erhöhtes Risiko.
Abb. 80 zeigt schematisch die größeren Hirnarterien im a.-p. und im seitlichen Bild.
Indikationen: Untersuchung von a) Aneurysmen und anderen Gefäßmißbildungen, b) Verschlüssen, Stenosen und anderen Gefäßerkrankungen, c) raumfordernden Prozessen mit Gefäßverlagerungen, gefäßfreien Räumen oder Gefäßneubildungen („Anfärbungen").

a) 1. Am häufigsten sind sackförmige Aneurysmen mit bevorzugter Lokalisation im Circulus arteriosus cerebri. Sie können sich als stecknadelkopf- bis kirschgroße, meist rundliche kontrastdichte Schatten in der arteriellen Phase darstellen. Häufig benachbarte Gefäßspasmen infolge Blutung durch Ruptur. 2. Arteriovenöse Aneurysmen = Kurzschlüsse zwischen Arterien und Venen. Man findet Darstellung von Venen schon in der frühen arteriellen Phase. 3. Hämangiome: Darstellung lokaler Konvolute vermehrter und erweiterter Arterien, Kapillaren und Venen. 4. Hypoplasie und Aplasie von Hirngefäßen, am häufigsten im Bereich des Circulus arteriosus cerebri.

b) 1. Thrombotische und embolische Verschlüsse oder Stenosen intra- oder extrakranieller Arterien mit oder ohne Kollateralversorgung. Bevorzugte Lokalisationen sind die Teilungsstelle der A. carotis communis und die A. cerebri media oder ihre Äste. Sie bestimmen die Wahl des Injektionsortes. Wichtig ist Unterscheidung zwischen intra- und extrakraniellen Stenosen. Die Indikation zur Angiographie muß

Tabelle 22. Einige typische enzephalographische und angiographische Lokalbefunde bei raumfordernden Prozessen

Lokalisation	Enzephalogramm	Angiogramm
Frontal und hochfrontal	Je nach Lage der Rf. lokale Deformierung u. Anhebung, Stauchung od. Herabdrängung eines Vorderhorns. Zusätzlich Seitverlagerung des V.-systems. Deformierung u. Kantenstellung des vorderen Anteils des 3. V. Bei fronto-basaler Rf. kommt Verlegung der Basalzisterne vor	Bogenförmige Seitverlag. (a.-p.) u. je nach Lage der Rf. Anhebung, Zurückdrängung od. Herabdrängung (seitl.) der A. c. a. Venenwinkel (im Foramen interventriculare) zurückgedrängt (seitl.), innere Hirnvenen wenig seitverlag. (a.-p.)
Parietal	Seitverlag. des V.-systems mit „Balkenpressung" (= Schiefstand der Balkenstrahlung). Herabdrängung u. Horizontalstellung des Daches einer Cella media bei hohem Sitz	Seitverlag. der A. c. a. meist parallel (a.-p.). Herabdrängung der Mediagefäße (Inselgruppe; seitl.). Innere Hirnvenen seitverlag. (a.-p.)
Parietookzipital und okzipital	Je nach Lage der Rf. lokale Deformierung u. Anhebung, Stauchung od. Herabdrängung eines Hinterhorns od. Trigonums. Wenig oder keine Seitverlag. des V.-systems	Parallelverlag. der A. c. a. (a.-p.). Stauchung u. gelegentlich Spreizung der hinteren Mediagefäße (seitl.). Seitverlag. der inneren Hirnvenen (a.-p.). Je nach Sitz der Rf. Verlag. der A. c. p. (a.-p. u. seitl.)
Temporobasal	Anhebung des Temporalhorns. Je nach Größe der Rf. Seitverlag. des V.-systems	Anhebung der Mediagefäße, insbes. der A. angularis u. der Vena basalis (seitl.). Wenig Seitverlag. der A. c. a. (a.-p.)
Zwischenhirn und Sellaregion	Lokale Eindellung, Seitverlag. u. Kantenstellung des 3. V. Verlegung der Basalzisterne. Gelegentlich Anhebung des Vorderhorns u. der Cella media	Deformierung des Karotissiphon (seitl.). Anhebung des Venenwinkels (seitl.). Elongation der A. communicaus posterior

Subtentoriell	Form- und Lageveränderungen des 4. V. u./od. Hydrocephalus occlusus infolge chronischer Aquäduktstenose (Ventrikulographie)	Seitverlag. u./od. Anpressung der A. basilaris an den Klivus, sowie Verlag. der übrigen Kleinhirnarterien. Beim Okklusionshydrozephalus Erweiterung u. Ausspannung der Anteriorbögen

Abkürzungen:

a.-p. = anterior-posteriores Röntgenbild
seitl. = seitliche Röntgenaufnahme
Rf. = Raumforderung
V. = Ventrikel
V.-system = Ventrikelsystem
Verlag., verlag. = Verlagerung, verlagert
A. = Arteria
A. c. a. = Arteria cerebri anterior
A. c. p. = Arteria cerebri posterior

in jedem Einzelfall sorgfältig abgewogen werden (s. o. Risikofaktoren). Man sieht den Abbruch der Kontrastmittelsäule und evtl. retrograde Füllung des distalen Gefäßbezirks über periphere Anastomosen in der Spätphase des Angiogramms. Häufig Kollateralversorgung aus der A. carotis externa. 2. Kaliberschwankungen, Elongation und Schlängelung mit Rarefizierung der feineren Arterien als Ausdruck arteriosklerotischer und anderer Gefäßprozesse. – Bei kardiovaskulären Störungen sowie bei gesteigertem Hirndruck kann es zu einer Durchblutungsverlangsamung kommen. Man sieht eine Verlängerung der arteriellen Phase und verspätete Füllung der Venen.

c) 1. Tab. 22 zeigt einige wichtige angiographische Verlagerungssyndrome bei umschriebenen raumfordernden Prozessen. In vielen Fällen sind durch Beachtung weiterer Kriterien noch wesentlich genauere Aussagen möglich. Andererseits kommen bei Massenverschiebungen komplexere Verlagerungserscheinungen vor, die eine Lokalisation des Tumors erschweren. 2. Häufig stellen sich bei Neoplasmen pathologische

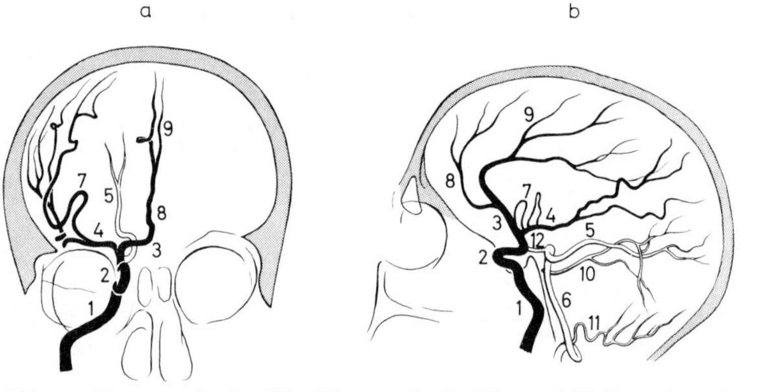

Abb. 80. Kontrastmittelgefüllte Hirnarterien im Röntgenbild (Karotis- und Vertebralisangiogramm halbschematisch). a) a.-p. Bild, b) seitl. Bild. Schwarze Gefäße: A. carotis interna-System. Weiße Gefäße: A. vertebralis u. basilaris-System. 1 = A. carotis interna, 2 = Karotissiphon, 3 = A. cerebri anterior, 4 = A. cerebri media, 5 = A. cerebri posterior, 6 = A. basilaris, 7 = Inselarterien, 8 = A. frontopolaris, 9 = A. callosomarginalis, 10 = A. cerebelli superior, 11 = A. cerebelli inferior posterior, 12 = A. communicans posterior.

Gefäßneubildungen (Tumoranfärbung) dar, die eine Artdiagnose gestatten. 3. Pathologisch gefäßfreie Räume werden beobachtet bei zystischen oder gefäßarmen Tumoren, Abszessen, Blutungen. Besonders wichtig ist die Abdrängung der Gefäße vom Kalottenrand beim subduralen und beim epiduralen Hämatom.

III. **Pneumomyelographie** (60—80 cm^3 Gas in Kopftieflage) bei Verdacht auf raumfordernde Prozesse im Spinalkanal ohne totale Verlegung der Liquorpassage (Tumoren, epidurale Abszesse, zystische Arachnitis spinalis, Nucleus pulposus-Hernien). Man erkennt lokale Einengungen des Gasschattens oder Verlegungen der Gaspassage. Schichtaufnahmen sind vorteilhaft, da der schwache Gaskontrast auf Übersichtsaufnahmen oft schwer zu erkennen ist.

IV. **Die Jodöl-Myelographie** (Duroliopaque 10—15 ml) ergibt eine kontrastreichere Darstellung. Sie kommt bei raumfordernden Prozessen im Spinalkanal einschließlich Bandscheibenprolaps zur Anwendung, vor allem wenn ein totaler Stopp vorliegt. Duroliopaque ist ein absteigendes Mittel (schwerer als Liquor). Umlagerungen des Patienten unter Durchleuchtungskontrolle erlauben, die Bewegung des Kontrastmittels zu verfolgen und eine lokale Passagebehinderung direkt zu erkennen. Ein totaler Stopp läßt sich sehr genau lokalisieren. Auch angiomatöse Gefäße oder Arachnitiden lassen sich erkennen. Bei zervikalem Sitz einer spinalen Raumbeschränkung läßt sich der Passagestopp oft nur bei maximaler Lordosierung der HWS nachweisen. Das Jodöl muß nach Abschluß der Röntgenuntersuchung wieder aus dem Spinalkanal entfernt werden (entweder bei der anschließenden Operation oder durch Abpunktieren aus dem Lumbalsack), weil sonst schmerzhafte chronische Arachnitiden entstehen können.

Zur Darstellung von Bandscheibenprolapsen und Tumoren im Bereich der Cauda equina kann man ein wasserlösliches Kontrastmittel verwenden: *Dimer-X Myelographie.* Es kann das Rückenmark schädigen und darf deshalb nur im Lumbalsack verwendet werden. Untersuchung im Sitzen. Der Vorteil ist eine sehr genaue Darstellung der Wurzeln. Das Mittel muß nicht abpunktiert werden, da es resorbiert wird.

V. In neuerer Zeit sind auch **angiographische Untersuchungen der Wirbelsäule und des Rückenmarks** entwickelt worden: a) die spinale Arteriographie mit Darstellung spinaler Arterien über die Aa. vertebrales bzw. einen Aortenkatheter und b) die spinale Ossovenographie, mit der sich durch Injektion des Kontrastmittels in einen Dornfortsatz die spinalen Venengeflechte mehrerer Segmente mit Ausnahme der subdural gelegenen Venen darstellen lassen.

C. Computer-Röntgen-Tomographie

Die **axiale Computer-Röntgen-Tomographie** oder **-Tomometrie** („Emi-Scan") ist eine neue Methode, mit der intrakranielle Veränderungen der verschiedensten Art, ohne Eingriff, ohne Belastung für den Patienten und mit einer minimalen Strahlendosis festgestellt werden können. Die Methode beruht auf der quantitativen Registrierung der Röntgenstrahlenabsorption in verschiedenen Schädelebenen, wodurch viel geringere Dichteunterschiede erkennbar werden, als dies

auf einem Röntgenfilm möglich ist. Deshalb sind Kontrastmittel nicht erforderlich. Das Ergebnis wird in Form einer Graphik dargestellt, auf der die Strukturen verschiedener Dichte (z. B. Liquorräume, Tumoren o. a.) unmittelbar zu sehen sind.
Es handelt sich um ein neues Prinzip in der neuroradiologischen Diagnostik, dessen Entwicklung noch am Anfang steht. Der technische Aufwand ist noch außerordentlich groß, so daß nur an wenigen Stellen Geräte im Einsatz sind.

b) Isotopendiagnostik

Prinzip der Methode. Inkorporation radioaktiver Isotope (Radionuklide), deren Ausbreitung und Anreicherung im Bereich des Schädels und der Wirbelsäule mit Hilfe von Szintillationszählern registriert wird.

A. Gammaenzephalographie (= Isotopenenzephalographie)

Ein Radionuklid wird i.v. gespritzt. Nach 1–3 Stunden (bei Isotopen mit längerer Halbwertzeit auch nach 24 und 48 Stunden) registriert man seine Verteilung im Bereich des Schädels in der sagittalen und in der Frontalebene.

1. **Bei der digitalen Vielfeldertechnik** wird mit einem oder mehreren Detektoren die Intensität der Gammastrahlung über 17 oder mehr symmetrischen Feldern jeder Hemisphäre gemessen und paarweise miteinander verglichen.

2. **Bei der Szintigraphie** wird eine Meßsonde automatisch in Schritten und Zeilen am Kopf vorbeigeführt (Scanner), die Gammastrahlenaktivität dabei Punkt für Punkt photographisch oder durch einen Drucker in Umrißlinien des Kopfes eingezeichnet (Szintigramm, Scan). Im Unterschied zur digitalen Technik stellt sich die Intensität der Speicherung durch Punkte verschiedener Helligkeit (beim photographischen Verfahren s. Abb. 81), durch die Druckmarkenhäufigkeit oder durch verschiedene Farben der Druckmarken (Kolorszintigraphie) dar. Bei den Methoden 1 und 2 dauert eine Untersuchung $^1/_2$ bis 2 Stunden.

3. **Die Gammakamera,** eine jüngere Methode, gestattet gewissermaßen „Momentaufnahmen" der Aktivitätsverteilung über dem ganzen Schädel. Sie erlaubt die Erfassung von rascher ablaufenden Vorgängen und die Verwendung von Isotopen kürzerer Halbwertzeit.

Häufig verwendete Radionuklide sind ^{131}J-Serumalbumin (RISA), zwei Quecksilberverbindungen mit ^{203}Hg und ^{197}Hg, und ^{99}mTechnetium (in der Reihenfolge fallende Halbwertzeit). Bei der Wahl der

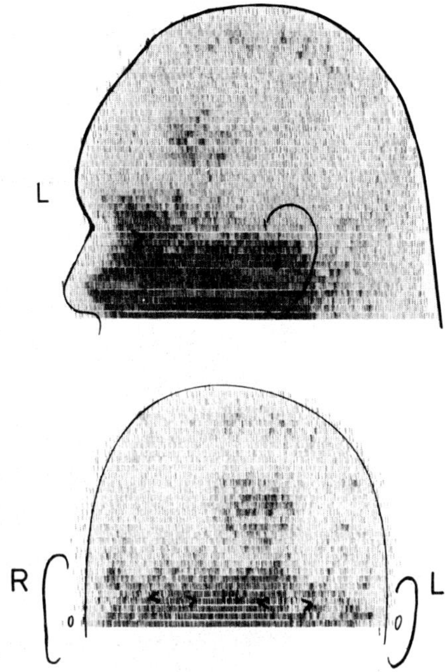

Abb. 81 a u. b. Hirnszintigramme eines Falxmeningeoms des linken Stirnhirns. Die tiefschwarzen Strichmarken entsprechen dem Tumorbereich. Auch der Sinus sagittalis superior ist stellenweise angedeutet (normal). Die schwarzen Bereiche an der Schädelbasis und im Gesicht entsprechen Muskulatur. (Die Szintigramme wurden von Prof. Dr. F. MUNDINGER, Neurochirurgische Universitätsklinik Freiburg i. Br., zur Verfügung gestellt.)

Radioisotope müssen Gesichtspunkte wie Strahlungsintensität mit ihrer spektralen Verteilung, physikalische und biologische Halbwertzeit (auch im Hinblick auf Beschaffung und Lagerung), kritisches Organ (wo sich bei der Verteilung oder Ausscheidung die Strahlung konzentriert), u. a. beachtet werden.

Radionuklide reichern sich vor allem in Weichteilen und intrazerebralen Gefäßen an, während sie ins Gehirnparenchym selbst nur wenig eintreten. Die Darstellung von Tumoren und anderen umschriebenen Läsionen mit Hilfe der Hirnszintigraphie beruht darauf, daß lokale Störungen der Bluthirnschranke eine Anreicherung oder Speicherung der Radionuklide bewirken.

Allgemeine Vorteile der Methode. Sie ist schonend und belästigt den Patienten nicht. Sie kann ambulant durchgeführt werden. Sie ist auch bei Hirndruck möglich und kann (bei der äußerst geringen Strahlenbelastung) mehrfach wiederholt werden. Man kann unklare Krankheitsprozesse in regelmäßigen Abständen kontrollieren. Manche mit Angiographie und Pneumenzephalographie nicht erfaßte Tumoren stellen sich dar. Die Lokalisierung von Tumoren ist sehr gut. In der

Verbindung mit neurologischem Befund, Schädelröntgen-Übersichtsaufnahmen, EEG und EchoEG (alle Methoden sind ambulant durchführbar) ergibt sich eine über 90%ige Trefferquote von Hirntumoren.

Für die Darstellung von Tumoren im Hirnszintigramm spielen Größe, Lage und Art der Tumoren eine Rolle. Neoplasmen unter 1 cm Durchmesser stellen sich nicht dar. Tumoren an der Schädelbasis, in der hinteren Schädelgrube und entlang der medianen Konvexität stellen sich weniger gut dar. Meningeome, Metastasen, Glioblastome lassen sich sehr gut, Oligodendrogliome und Spongioblastome gut, Astrozytome schlechter nachweisen. Auch bei Angiomen, Abszessen und chronischen subduralen Hämatomen sind die Resultate recht gut. Zysten nehmen keine Aktivität auf, so daß größere Zysten als Aussparung erkennbar werden. Mißbildungstumoren stellen sich nicht dar. Aneurysmen sind im allgemeinen zu klein. Artdiagnostische Hinweise ergeben sich aus einer unterschiedlichen Akkumulationshöhe und unterschiedlichen Zeitpunkten der Aktivitätsmaxima, vor allem bei der kombinierten Anwendung verschiedener Isotope.

Die meisten Erweichungen machen ebenfalls eine pathologische Speicherung, ebenso wie ein Teil der intrazerebralen Blutungen. Zur Unterscheidung dienen die schon erwähnten Kriterien der Akkumulationshöhe und des Speicherungsverlaufs. Darüber hinaus ist der langfristige Ablauf von Bedeutung. In Erweichungen läßt sich eine Anreicherung nur etwa drei Wochen lang erzielen. Wenn eine pathologische Speicherung bei einer Kontrolle mehrere Wochen später nicht mehr auftritt, spricht das gegen einen Tumor.

B. Durchblutungsmessung des Gehirns

Dabei werden zwei oder vier Szintillationszähler gleichzeitig angelegt, davon einer über der Karotis und einer über dem Confluens sinuum, zur Schätzung der Durchblutungszeit. Die Methoden sind bisher noch relativ grob. Zur Messung der regionalen Durchblutung kleinerer Gebiete und für quantitative Aussagen ist vorläufig ein sehr großer apparativer und Zeitaufwand erforderlich. Durch Injektion des Isotops in die A. carotis und Anfertigung frequenter Serienphotogramme (Karotis-Szintiangiographie) lassen sich Hirnarterienverschlüsse, unterdurchblutete Zonen, stärker ausgeprägte Hirnatrophien und ebenfalls Hirntumoren nachweisen.

C. Liquorraum-Szintigraphie

Ein durch Lumbal-, Subokzipital- oder Ventrikelpunktion eingeführtes Radionuklid verteilt sich in wenigen Stunden im ganzen Liquorraum annähernd gleichmäßig. 2—3 Stunden und 24 Stunden nach der Injektion wird szintigraphiert. Über dem spinalen Liquorraum, der nor-

malerweise als klar erkennbares Aktivitätsband erscheint, finden sich bei raumfordernden Prozessen Aussparungen oder passagere Unterbrechungen in der Ausbreitung des Isotops. Die Begrenzung liegt vorläufig in dem noch beschränkten Auflösungsvermögen der Geräte, so daß kleinere Aussparungen nicht erfaßt werden und artdiagnostische Rückschlüsse bisher nicht möglich sind. Bei pathologischem Liquor ist die Diffusionsgeschwindigkeit verändert, die Befunde sind dann schwieriger zu interpretieren. Ein Vorteil gegenüber der Myelographie mit Kontrastmitteln ist die Vermeidung von Liquordruckschwankungen und die völlige Unschädlichkeit der zugeführten Mittel, die auch nicht mehr aus dem Liquorraum entfernt werden müssen.
Die szintigraphische Darstellung des intrakraniellen Liquorraums erlaubt den Nachweis und häufig die grobe Lokalisation einer *Liquorfistel* sicherer als alle anderen Methoden.

c) Elektroenzephalographie (EEG)

Beim EEG handelt es sich um eine weit entwickelte, aber bis jetzt rein empirische Untersuchungsmethode. Da es gefahrlos ist und kaum eine Belästigung des Patienten mit sich bringt, wird es außerordentlich häufig angewendet (über 1000 EEGs täglich in der Bundesrepublik).

Prinzip der Methode. Fortlaufende Messung und Aufzeichnung der elektrischen Spannungsdifferenzen zwischen zwei Punkten am äußeren Schädel über Elektroden auf der Kopfhaut. Sie werden über mehrstufige elektronische Verstärker einem Meßinstrument zugeführt (Bandbreite 0,3—50 Hz). Dieses besteht gewöhnlich in einer Schreibfeder, die elektromagnetisch wie der Zeiger eines Voltmeters in Be-

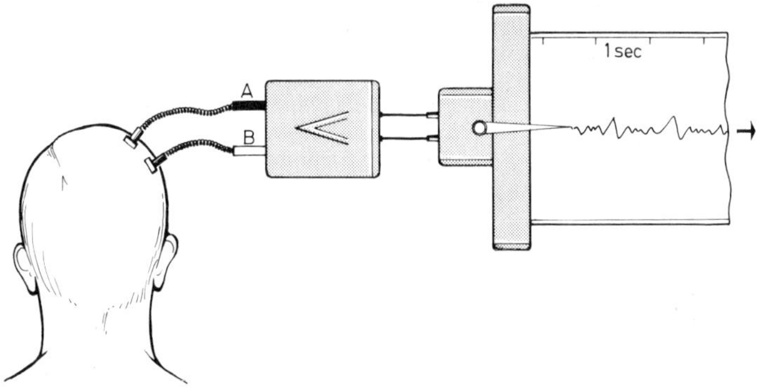

Abb. 82. EEG-Kanal bestehend aus Elektrodenpaar, Mehrstufenverstärker und Meßinstrument mit Schreibsystem. Jeder Kanal hat zwei Eingangsbuchsen. Diejenige, deren Negativierung auf der Kurve einen Ausschlag nach oben bewirkt, wird mit A bezeichnet.

wegung gesetzt wird und auf einem vorbeilaufenden Papier die Spannungsdifferenzen kontinuierlich aufzeichnet (Direktschreiber). Ein Elektrodenpaar, die zugehörigen Verstärker und das Meßinstrument bilden einen „Kanal" (Abb. 82). Es gibt 8-, 12- oder 16kanälige Geräte, mit denen die entsprechende Zahl von Elektrodenpaaren gleichzeitig abgeleitet werden kann. Die üblichen Elektroden (Makroelektroden) sind chlorierte Silberknöpfe oder -plättchen. Sie werden mit einer Gummibandhaube oder auf andere Weise am Kopf festgehalten oder angeklebt. Dauer einer Routineableitung etwa 20—30 Minuten.

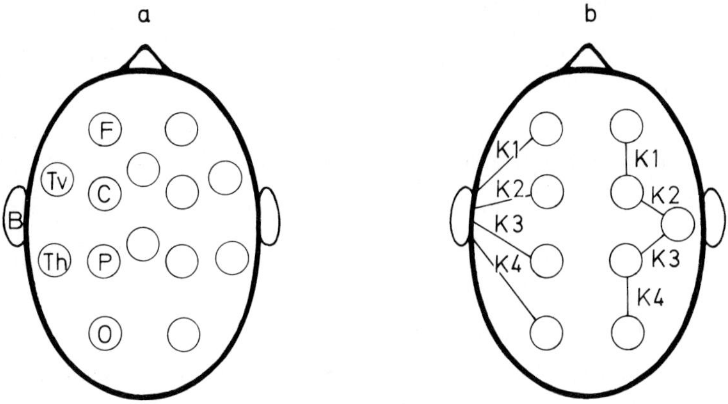

Abb. 83. Elektrodensitz und Montagen. a) Lage der Ableitungselektroden, Freiburger Schema (R. JUNG). F = frontal, C = zentral, P = parietal, O = okzipital, Tv = temporal vorne, Th = temporal hinten, B = basal. b) Links unipolare Ableitungen gegen gemeinsame Ohrelektrode. Rechts Reihenableitung. K = Kanal.

Lage der Elektroden am Kopf: Abb. 83 a. Man unterscheidet unipolare und bipolare Ableitungen (Abb. 83 b). Bei der unipolaren Ableitung werden mehrere Elektroden mit einer gemeinsamen („indifferenten") Bezugselektrode verbunden (Ohrläppchen, Nasenspitze oder Kinn). Bei der bipolaren oder Reihenableitung verbindet man jeweils zwei benachbarte Elektroden miteinander; benachbarte Registrierkanäle haben dann eine Elektrode gemeinsam. Die unipolaren Ableitungen erbringen größere Amplituden, da die Elektroden eines Paares weiter auseinanderliegen. Mit den Reihenableitungen lassen sich Herdbefunde besser abgrenzen.

Eigenschaften des EEG. Bei den Hirnströmen handelt es sich um niederfrequente Wechselspannungen zwischen 0,3 und 40/sec. Die Amplitude der Wechselspannungen ist mit 20—100 μV wesentlich kleiner als beispielsweise eine R-Zacke im EKG (1 mV). Der Sitz der Spannungsdifferenzen ist die den Elektroden benachbarte Hirnrinde (wenn man von der Dura oder von der freigelegten Hirnoberfläche ableitet, bekommt man dieselbe Art von Kurven). Die Herkunft der „Makrorhythmen" des EEG ist noch nicht völlig aufgeklärt. Sie haben sicher wesentlich mehr mit den postsynaptischen Membranpotentialen der Nervenzellen im Bereich der axodendritischen Synapsen, als mit ihren (fortgeleiteten) Aktionspotentialen zu tun. Auf jeden Fall erfaßt das EEG nur einen winzigen Bruchteil der elektrischen Tätigkeit des ganzen Gehirns.

Die Beschreibung des EEG ist weit schwieriger als etwa die des EKG, da hier nicht scharf charakterisierte, regelmäßig wiederkehrende Potentialgruppen, sondern eine kontinuierlich wechselnde, über verschiedenen Hirnabschnitten unterschiedliche Aktivität beurteilt werden muß. Man achtet auf Frequenz, Amplitude, Steilheit (das Verhältnis zwischen Amplitude und Dauer einer Welle), Ausprägung (Häufigkeit), und Lokalisation der vorkommenden Wellen, ferner auf Seitenunterschiede zwischen den Hemisphären und zwischen homologen Punkten der Hemisphären. Das Frequenzspektrum des EEG wird folgendermaßen unterteilt:

		Amplitude
Alpha-Wellen	8–13/sec	20–100 μV
Beta-Wellen	14–40/sec	10– 40 μV
Theta-Wellen oder Zwischenwellen	4– 7/sec	je niedriger die Frequenz, um so größer im allgemeinen die Amplitude dieser Wellen
Delta-Wellen	0,3– 3/sec	

Im normalen EEG herrschen Alpha-Wellen vor (Abb. 84). Sie sind okzipital am besten ausgeprägt. Bei ein und demselben Individuum und unter Ruhebedingungen sind sie recht frequenzstabil (Schwankungen von weniger als 1/sec). Beta-Wellen treten frontal und zentral auf. Gelegentlich finden sich über den vorderen Hirnabschnitten sowie temporal und basal beiderseits flache Zwischenwellen. Delta-Wellen kommen bei gesunden, wachen Erwachsenen nicht vor. Sinnesreize mit Aufmerksamkeitszuwendung, geistige Tätigkeit, innere Spannung verändern das EEG in gewissen Grenzen. Vor allem führen sie zu einer Abschwächung oder vorübergehenden Unterdrückung des Alpha-Rhythmus (*Alpha-Blockierung*, Abb. 84). Daher finden die üblichen Untersuchungen unter Ruhebedingungen, im Sitzen oder Liegen (Einschlafen vermeiden), in der Stille und bei geschlossenen Augen statt. Von Zeit zu Zeit wird der Patient aufgefordert, für einige Sekunden die Augen zu öffnen. Das Öffnen und Wiederschließen der Augen wird auf der Kurve markiert.

Das EEG hängt stark vom *Lebensalter*, vom *Wachzustand* und vom *Hirnstoffwechsel* ab.

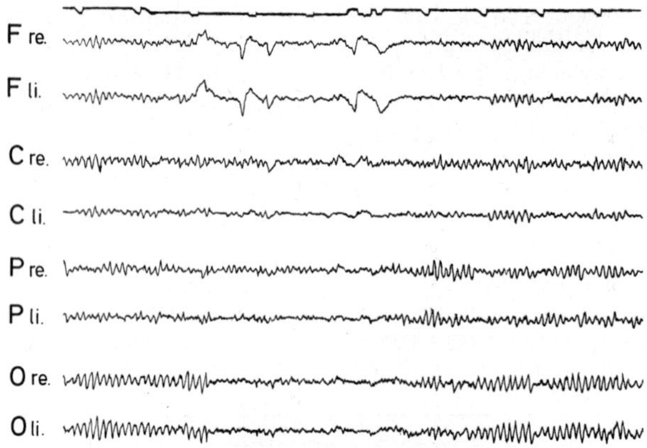

Abb. 84. Normales Alpha-EEG. Oberste Linie Sekundenmarken. Buchstaben s. Legende Abb. 83. In der Mitte ein Stück weit mit offenen Augen, markiert durch Abwärtsverlagerung der Zeitmarkenlinie und kenntlich an den Lidschlagartefakten in beiden frontalen Ableitungen. Während „Augen auf" ist der Alpharhythmus gehemmt.

a) Neugeborene zeigen nur flache unregelmäßige Zwischenwellen, der Alpha-Rhythmus beginnt allmählich nach dem 3. Lebensjahr, seine endgültige Ausprägung erreicht das EEG mit 18–20 Jahren. Da bei der Entwicklung große interindividuelle Unterschiede bestehen, erfordert die Beurteilung von Kinder-EEGs besondere Erfahrung.

b) Beim Einschlafen verschwindet der Alpha-Rhythmus und es treten Zwischenwellen, Beta-Wellen-Spindeln, später Delta-Wellen auf. Man kann anhand des EEG (zusammen mit einigen anderen Parametern wie Atem- und Pulsfrequenz, Muskelaktivität und Augenbewegungen) verschiedene Schlafstadien unterscheiden.

c) Unter O_2-Mangel, Hypoglykämie, Hypokapnie und in der Narkose kommt es zu einer Verlangsamung des EEG mit Zwischen- und Delta-Wellen.

Das EEG bei Krankheitszuständen

Was sich im EEG darstellt, sind Funktionsabläufe. Den krankhaften Veränderungen dieser Funktionen und ihrem Widerhall im EEG können ganz verschiedene morphologische oder biochemische Veränderungen zugrunde liegen. Welche das sind, sieht man dem EEG nicht an, so daß man nie direkt auf pathologisch-anatomische Läsionen zurückschließen kann. Epileptische Anfälle und Bewußtseinsstörungen der verschiedensten Art sind Ausdruck pathologischer Funktionsabläufe von Hirnzellen. Sie gehen deshalb immer mit EEG-Veränderungen einher.

Man unterscheidet, wiederum rein empirisch, drei Gruppen von pathologischen EEG-Veränderungen: Die Allgemeinveränderung, Herdveränderungen, paroxysmale Veränderungen (das sind zeitlich streng abgegrenzte, flüchtige, nur Sekunden oder Minuten dauernde Veränderungen).

a) **Allgemeinveränderung (AV).** Darunter versteht man eine über allen Ableitepunkten nachweisbare, also generalisierte Änderung der

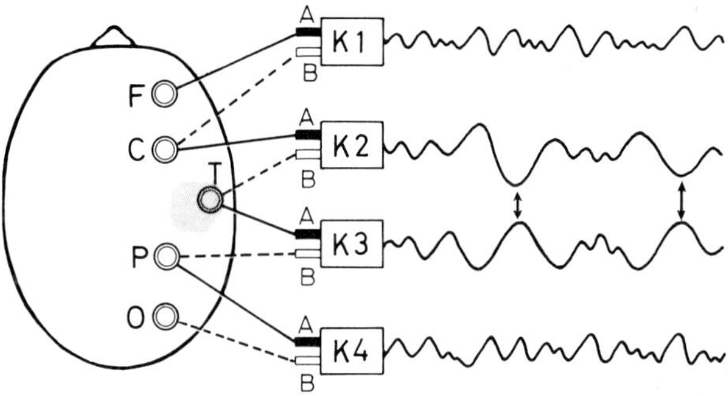

Abb. 85. Deltafokus mit Phasenopposition im EEG. Buchstaben s. Legende Abb. 83. Ein temporal rechts gelegener pathologischer Hirnprozeß (schraffiert, z. B. ein Tumor) führt zu Delta-Wellen, welche die nächstgelegene Elektrode T am stärksten beeinflussen. Wird diese negativ gegenüber P und C, kommt es auf K 3 zu einem Ausschlag nach oben (weil T mit Eingangsbuchse A von K 3 verbunden ist, s. Abb. 82), auf K 2 gleichzeitig zu einem Ausschlag nach unten.

Frequenz der Hirnwellen, meistens eine Verlangsamung. Sie kann kontinuierlich da sein oder intermittierend. Sie geht meistens mit einer Unregelmäßigkeit der Frequenz und der Amplitude einher. Eine AV ist um so schwerer, je niedriger die Frequenzen sind. Schwere AV sind meistens mit Bewußtseinsstörung verbunden. Die schwerste AV besteht in einer Abflachung. Auch Beschleunigung der Rhythmen mit vergrößerten, frontalen oder generalisierten Beta-Wellen kommt vor, nicht selten als Ausdruck einer Barbituratvergiftung. Sonst finden sich AV bei den verschiedensten Zuständen mit pathologischem Hirnstoffwechsel, wie Durchblutungsstörungen, Hypoxämie, Hirnödem, frischer Contusio cerebri, Vergiftungen, Stoffwechselkoma, Enzephalitis, oder nach generalisierten Krampfanfällen. Als *Dysrhythmie* bezeichnet man eine AV, bei der die Unregelmäßigkeit mit Mischung langsamer und relativ schneller Frequenzen vorherrscht; die schnellen Frequenzen zeichnen sich durch besonders große Amplituden aus, so daß das übliche Prinzip, nach dem höherfrequente Wellen im allgemeinen kleiner sind, durchbrochen ist.

b) **Herdveränderungen (HV).** Folgende HV kommen vor (sie sind in der Reihenfolge zunehmender Schwere aufgezählt): Einseitige Alpha-Wellen-Verminderung; Frequenzdifferenz, wobei die Seite oder die Region mit den langsameren Wellen die pathologische ist; fokale schnelle Aktivität mit vergrößerten Beta-Wellen; fokale Dysrhythmie; Zwischenwellen- oder Delta-Fokus; Krampffokus. Unter einem Delta-Fokus versteht man diejenige Stelle oder Schädelgegend, wo Delta-Wellen ihre größte Amplitude haben oder bei Reihenableitung in Phasenopposition stehen (Abb. 85).

c) **Krampfpotentiale** (Abb. 86). So werden besondere Wellenformen genannt, die bei Epilepsie auftreten. Sie können fokal oder generalisiert vorhanden sein. Man unterscheidet 1. die Krampfspitze (spike), ein steiles kurzes Potential von weniger als 80 msec Dauer und mehr als 150 μV Amplitude. 2. Steile Wellen (sharp waves), das sind steil

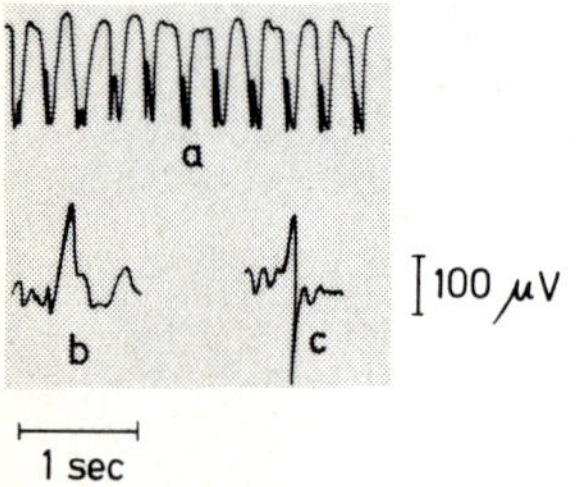

Abb. 86. Krampfpotentiale: a) Krampfwellen (spikes and waves). b) Steile Welle (sharp wave). c) Krampfspitze (spike).

ansteigende, flacher abfallende, oft mehrphasische Potentiale von 80 bis 200 msec Dauer. 3. Krampfwellen (spikes and waves). Das ist die Kombination einer Krampfspitze mit einer direkt anschließenden langsamen Welle als fest verbundener, wiederkehrender Komplex.

Bei der Epilepsie sind die Hauptveränderungen im Anfall selbst zu erwarten, wo die Funktionsstörungen am größten sind. Von praktischer Bedeutung sind aber nur die EEG im Anfallsintervall und während kleiner Anfälle. Im Intervall finden sich entweder einzelne oder in kleinen Gruppen zusammengefaßte, generalisierte oder fokale Krampfpotentiale, oder aber AV, vor allem in Form der Dysrhythmie. HV sprechen eher für eine symptomatische Epilepsie (ohne Rücksicht auf die Ätiologie). Das EEG-Korrelat der kleinen Anfälle ist vielgestaltig. Die häufigsten, die reinen Absencen, zeigen über allen Ableitungspunkten synchrone spikes and waves von 3/sec, die in der Regel abrupt aus einem relativ normalen Hintergrund heraus auftreten und ohne Übergang auch wieder verschwinden. Die Ausbeute an pathologischen EEG-Befunden bei Epilepsie wird durch *Provokationsmethoden* vergrößert, da Krampfpotentiale unter Hyperventilation, Reizung mit rhythmischen Lichtblitzen oder im Schlaf vermehrt auftreten können. Etwa 10–30 % der EEG-Befunde bei Epilepsie sind jedoch normal.

Hirntumoren und Erweichungen. Tumorgewebe ist elektrisch inaktiv, ebenso wie intrakranielle Hämatome, Hirnabszesse und Zysten. In der Nachbarschaft von raumfordernden Prozessen registrierte Veränderungen rühren von dem durch Druck oder Ödem in der Funktion veränderten Hirngewebe her. Man wird bei Tumoren also HV erwarten dürfen. Deren Erkennung und Deutung wird erschwert, wenn Tumoren zu Massenverschiebungen, ausgedehntem Ödem oder sekundären Durchblutungsstörungen führen, welche entfernte Hirnteile in Mitleidenschaft ziehen und dort weitere HV oder AV bewirken. Man versucht dementsprechend direkte oder Herdzeichen von indirekten oder Fernzeichen zu unterscheiden. Selbstverständlich sind alle EEG-Veränderungen unspezifisch und können in durchaus gleicher Weise auch bei traumatischen Hirnschädigungen, intrazerebralen Blutungen oder Erweichungen, Gefäßmißbildungen etc. vorkommen. Zur Unterscheidung zwischen Tumor und Erweichung kann aber die Verlaufsbeobachtung dienen. Progredienz spricht für Tumor oder Abszeß und gegen Blutung oder Erweichung. Je mehr hemisphärennah ein Tumor gelegen ist, um so deutlichere HV sind zu erwarten. Die Kombination doppelseitige Stauungspapille mit normalem EEG spricht stark für einen subtentoriellen Tumor.

Hirntraumen. Nach Hirnkontusionen findet man fast immer pathologische Veränderungen, die allerdings gelegentlich nur Tage, manchmal aber auch Monate anhalten und dabei langsam zurückgehen. Es handelt sich um eine AV mit oder ohne HV. Auch während einer Kontusionspsychose besteht eine meist schwere AV. Wenn es nicht zu einer posttraumatischen Epilepsie oder einem Hirnabszeß kommt, ist das EEG zwei Jahre nach einem Kopftrauma nur noch ausnahmsweise pathologisch. Beim chronischen subduralen Hämatom sind die EEG-Befunde oft wenig charakteristisch.

Bei Bewußtseinsstörungen kann das EEG folgende Unterscheidungen ermöglichen:

1. *Koma.* Barbitursäureintoxikation führt zu generalisierter Beta-Aktivität hoher Amplitude. Im tiefen Koma weicht diese einer Delta-Wellen-Aktivität, u. U. mit isoelektrischen Strecken; dann ist die Prognose schlecht. Schwere Herdbefunde sprechen für ein primär zerebrales Koma (bei Trauma, Abszeß, Tumor oder Blutung) und eher gegen Stoffwechselkoma. Bei AV mit generalisierter Verlangsamung ist ein Hemisphärentumor wenig wahrscheinlich, eine Barbituratvergiftung auszuschließen (falls der Patient nicht schon im tiefsten Koma ist).

2. *Benommenheit.* Haben bewußtseinsgetrübte Patienten mit Nystagmus, Ataxie, Artikulationsstörungen ein Beta-EEG, spricht das eher für eine Barbituratintoxikation als für eine MS oder einen Kleinhirntumor.

3. *Bewußtseinsveränderung.* Beim schizophrenen und beim psychogenen Stupor ist ein normales EEG zu erwarten. Akute Psychosen mit

normalem EEG sind eher endogen, bei AV eher symptomatisch. Ein Petit-mal-Status, der klinisch einer Psychose ähneln kann, läßt sich aus dem EEG immer diagnostizieren, ein epileptischer Dämmerzustand häufig.

d) Echoenzephalographie (EchoEG)

Prinzip der Methode. Man schickt Ultraschallimpulse (2 MHz, 1 μsec Dauer, Impulsfolgefrequenz 500 Hz) durch den Schädel. Sie werden an Grenzflächen zwischen Medien verschiedener Dichte und Schallgeschwindigkeit, hier vor allem an Mittellinienstrukturen des Gehirns (Mittel-Echo) und an der gegenüberliegenden Schädelinnenwand (End-Echo) teilweise reflektiert. Die Schallechos werden in elektrische Impulse zurückverwandelt und auf einem Kathodenstrahloszillographen mit Zeitablenkung dargestellt, so daß die Zeit zwischen Start des Sendeimpulses und Eintreffen der verschiedenen Echos gemessen und daraus auf die durchlaufene Strecke geschlossen werden kann. Zum Senden und Empfangen dient der gleiche Piezokristall in einem Prüfkopf. Eine Grenzfläche, die angemessen werden soll, muß senkrecht getroffen werden, weil sonst die Reflexion nicht aufgefangen werden kann. Diese eindimensionale Methode heißt A-Scan; zweidimensionale Methoden *(B-Scan, Sektor-Scan)* gewinnen zunehmend an Bedeutung. Ihr apparativer Aufwand ist noch sehr groß.

Die Untersuchung ist, genauso wie das EEG, gefahrlos, beliebig oft wiederholbar, und belastet den Patienten nicht; sie dauert ca. 5 Minuten, nur in besonderen Fällen (Bestimmung der Ventrikelweite) auch bis zu 10 bis 20 Minuten. Nach Pneumenzephalographie ist ein EchoEG so lange nicht möglich, bis das Gas aus den Ventrikeln wieder verschwunden ist, da an der Grenzfläche zu Luft Totalreflexion eintritt.
Es wird zuerst von der einen, dann von der anderen Seite her untersucht, indem der Prüfkopf über ein Kopplungsmittel wie Paraffin, Vaseline o. a. knapp oberhalb des Ohransatzes aufgesetzt wird. Beide Kurven werden auf demselben Film festgehalten. Eine Verlagerung von Mittellinienstrukturen ergibt sich aus der Distanz der beiden Mittelechos (ME) in Millimeter dividiert durch 2, da durch die beiden einander entgegengesetzten Beschallungsrichtungen die tatsächliche Verlagerung zweimal gemessen wird (Abb. 87 b). Die Lage des im Normalfalle zu erwartenden ME (theoretisches ME) kann durch Halbieren des bitemporalen Kopfdurchmessers geschätzt werden. Mit Hilfe einer abgewandelten Schaltungstechnik kann sie durch gleichzeitige bitemporale Messung mit zwei Schallköpfen im Durchschallungsverfahren exakt gemessen werden. Voraussetzung für die Verwertbarkeit einer ME-Bestimmung ist ein symmetrischer Hirnschädel; auch Weichteilschwellungen unter der Ansatzstelle des Schallkopfes stören die korrekte Bestimmung des ME.

Pathologische Veränderungen

1. **Verlagerung des Mittelechos.** Bei Massenverschiebungen des Gehirns trifft das Mittelecho von der einen Seite früher, von der anderen Seite später ein, während das End-Echo sich nicht verändert (Abb. 87). Dieses dient daher zur Kontrolle. Bei Verlagerungen ergibt sich die beste Übereinstimmung mit der Epiphyse (Schädelübersichtsaufnahme a.-p.), dem hinteren Anteil der inneren Hirnvenen (Karotis-Angiogramm) und dem hinteren Anteil des dritten Ventrikels (Pneumenzephalogramm). Frontale oder infratentorielle Massenverschiebungen ergeben keine Mittelechoverlagerung (Abb. 87 a). Verlagerungen von 2 mm und mehr werden als pathologisch betrachtet. Um Täuschungen zu vermeiden, ist bei jeder Bestimmung des ME die Darstellung beider Wände des dritten Ventrikels anzustreben. Dies erreicht man dadurch, daß man das Ultraschallbündel leicht nach oben richtet. Die Darstellung nur einer Ventrikelwand kann falschpositive und falschnegative Befunde vortäuschen.

2. **Ventrikelechos.** Das Doppelecho von den beiden Seitenwänden des dritten Ventrikels kann ferner zur Messung seines Querdurchmessers benutzt werden. Dieser beträgt bei gesunden Personen unter 40 Jahren nicht mehr als 7 mm. Höhere Werte sprechen für eine Erweiterung des dritten Ventrikels. Richtet man den Prüfkopf etwas nach unten, kann man, wenn auch nicht mit derselben Häufigkeit wie beim dritten Ventrikel, ein Echo der lateralen Wand des Temporalhorns des gegenüberliegenden Seitenventrikels auffangen. Bei Ventrikelerweiterungen lassen sich die Ventrikelwandechos wesentlich leichter darstellen als im Normalfall.

3. **Abnorme Reflexionen** können sich an der Wand von Zysten, Ergüssen und subduralen oder epiduralen Hämatomen („Hämatomecho"), seltener auch von Tumoren, ergeben.

Indikationen

a) **Bei Hirntumoren** kommen als pathologische Befunde Mittelechoverlagerungen und/oder (sekundäre) Ventrikelerweiterungen vor. Wenn man beide zusammennimmt, können an die 80 % von Hirntumoren pathologische Befunde ergeben. Frontale und mittelliniennahe Tumoren haben meistens ein normales EchoEG (Abb. 87). Infratentorielle Tumoren führen nicht zu einer Mittelechoverlagerung, aber oft zu Erweiterungen des dritten Ventrikels.

b) **Extrazerebrale Hämatome.** Von den epiduralen Hämatomen weisen ca. 90 % eine Mittelechoverlagerung, ca. 70 % ein (großes) Hämatomecho auf. Die seltenen frontalen und okzipitalen Hämatome können stumm bleiben. Beim subduralen Hämatom sind die Hämatomechos weniger deutlich. Einseitige chronische subdurale Hämatome zeigen

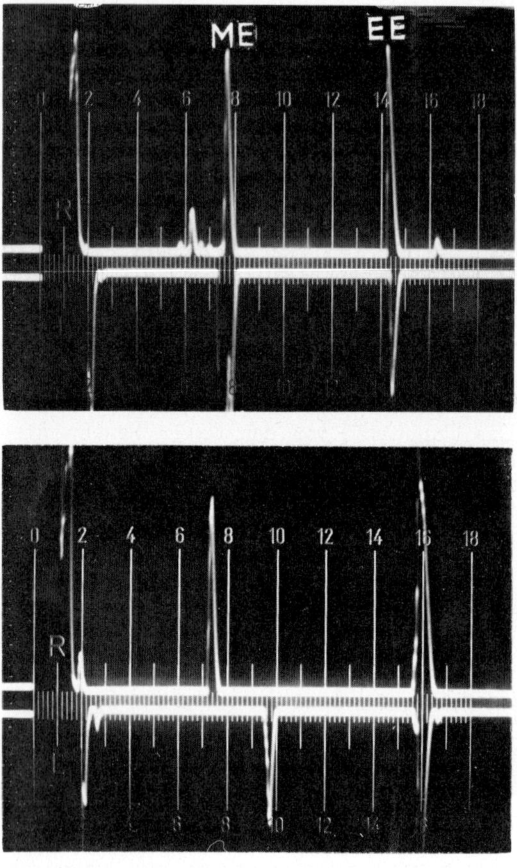

Abb. 87. Echoenzephalogramme

a) normal, bei Meningeom parasagittal frontal rechts. Im Angiogramm innere Hirnvenen mittelständig. Bitemporaler Kopfdurchmesser 15 cm (Beckenzirkel). Theoretisches und tatsächliches Mittelecho (7,5 cm) stimmen überein.

b) Mittelechoverlagerung um 11 mm nach rechts. Chronisches subdurales Hämaton links an typischer Stelle. Kopfdurchmesser 16,5 cm. Abk.: R (L): Prüfkopf temporal rechts (links) aufgesetzt. ME = Mittelecho. EE = Endecho. Die Zahlen sind Zentimeter. Es gilt jeweils der Beginn einer Echozacke als Bezugspunkt.

außer der Mittelechoverlagerung immer ein (kleines) Hämatomecho, wenn man den Prüfkopf temporal ansetzt und in Richtung auf die gegenüberliegende Parietalregion nach oben kippt; bei doppelseitigen Hämatomen sind die Befunde wesentlich unsicherer.

c) **Insulte.** In über 80 % der Fälle von intrazerebralem Hämatom tritt eine Mittelechoverlagerung auf, und zwar schon in den ersten Stunden nach dem Schlaganfall. Aber auch in etwa einem Siebtel der Erweichungen kann sich das Mittelecho verschieben, dann aber nie im akuten Stadium, sondern allmählich zunehmend mit Höhepunkt am dritten bis vierten Tag nach dem Insult.

e) Elektronystagmographie (ENG)

Prinzip der Methode. Fortlaufende Registrierung der Augenbewegungen durch Benutzung des Ruhepotentials des Augenbulbus. Die Retina ist gegenüber der Kornea negativ. Wenn sich die Augen nach rechts drehen, wird daher eine linkstemporale Elektrode gegenüber einer rechtstemporalen negativ, wenn sich die Augen nach links drehen, wird die rechtstemporale Elektrode negativ (rotierender elektrischer Dipol). Vertikale Augenbewegungen erfaßt man über eine frontale gegen eine Ohr- oder infraorbitale Elektrode. Verstärkung der Spannungsdifferenzen und Aufzeichnung mittels Direktschreiber bei langsamer Papiergeschwindigkeit (Bandbreite 0,1—30 Hz). Zwei Kanäle sind notwendig zur gleichzeitigen Darstellung der horizontalen und der vertikalen Augenbewegungen (Abb. 88). Die Ausschläge sind den in Winkelgrad gemessenen Augenbewegungen bis zu Amplituden von 30 Grad weitgehend linear proportional. Die übliche Empfindlichkeit beträgt etwa 3 Grad/1 mm Kurvenausschlag. Untersuchung immer in hellwachem Zustand; leichte Ermüdung, die das EEG noch nicht beeinflußt, kann den optokinetischen und vestibulären Nystagmus (N.) schon vermindern.

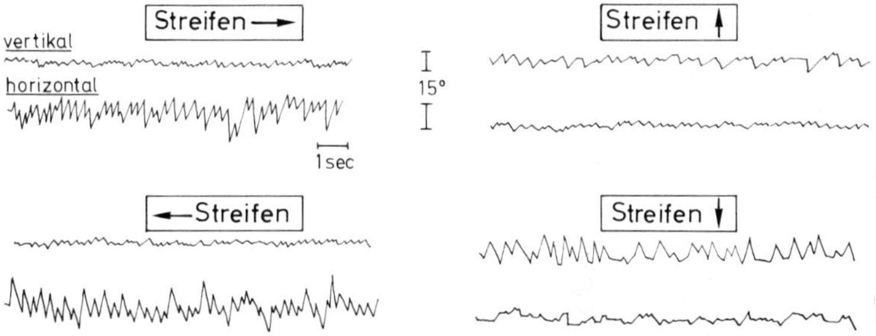

Abb. 88. Elektronystagmogramme bei optokinetischer Reizung durch vertikale oder horizontale Bewegung eines Streifenmusters. Normalbefund. In der bitemporalen Abteilung für die Horizontalbewegung der Augen bedeutet Ausschlag nach oben eine Bewegung der Augen nach rechts, in der Vertikalableitung eine Augenbewegung nach oben. Die Registrierungen zeigen je einen horizontalen Rechts- und Links- und je einen vertikalen Oben- und Untennystagmus in Abhängigkeit von der Bewegungsrichtung der Streifen, welche der Patient anblickt.

Möglichkeiten und Grenzen. Die Untersuchung ist bei offenen und bei geschlossenen Augen möglich. Rotierender N. (nur mit optischen Methoden ableitbar) und N. retractorius werden nicht erfaßt. Augenstellungen (z. B. bei Déviation conjuguée), Blickparesen oder Augenmuskellähmungen und N.-Dissoziation entgehen der üblichen bitemporalen Ableitung. Nur in Gleichstromableitungen und bei getrennter

Aufzeichnung (monokuläre Ableitung) können die Bulbusstellung und unterschiedliche Bewegungen oder Stellungen beider Augen registriert werden. Das ENG kann also die klinische Untersuchung (S. 101 ff, 104 ff) des N. und anderer Augenbewegungen nicht ersetzen, macht aber eine Quantifizierung, Dokumentation und damit auch eine bessere Verlaufskontrolle möglich.

Mit dem ENG können Nystagmen und andere abnorme Augenbewegungen untersucht werden. Auf den Kurven kann man Winkelgeschwindigkeit und Amplitude der Augenbewegungen messen und ihre Form analysieren. Für Darstellung und Analyse von Spontan-N. (besonders bei geschlossenen Augen), kalorischem N., per- und postrotatorischem N. und optokinetischem N. ist das ENG teils unerläßlich, teils zusätzlich aufschlußreich.

Kriterien und Normalwerte

Nach Spontan-N. wird analog zur klinischen Untersuchung bei geschlossenen Augen, bei offenen Augen im Geradeausblick, und bei monokulärer Fixation (ein Auge verdeckt) gesucht. Andere spontane konjugierte Augenbewegungen sind Pendeldeviationen, Gegenrucke (beide normal bei geschlossenen Augen), Kippdeviationen und Blickmyoklonien.

Der postrotatorische N. (= vestibuläre Übergangsfunktion) ist die Antwort auf einen plötzlichen Stopp aus einer Körperdrehung um eine vertikale Achse von 90 Grad/sec Winkelgeschwindigkeit (Drehstuhl) nach vorheriger unterschwelliger Andrehung. Man bestimmt aus der Kurve Dauer, Gesamtamplitude und maximale Winkelgeschwindigkeit der langsamen Phase der postrotatorischen Nystagmen (PI entgegen der Drehrichtung als Folge der Kupulaauslenkung im horizontalen Bogengang durch Remanenzströmung, PII in Drehrichtung als Ausdruck der zentralen Gegenregulation). Im Seitenvergleich wird nach Richtungsüberwiegen („zentrale Tonusdifferenz") gefahndet: Bei der Dauer sind Unterschiede über 20 % der Summe des PI nach beiden Seiten pathologisch. Bei der Gesamtamplitude des PI sind Unterschiede von über 22 % pathologisch. Extravestibuläre Einflüsse, vor allem Ermüdung (Vigilanzschwankungen, sedierende Pharmarka), sind hier ganz besonders zu beachten. Bei Seitendifferenzen müssen daher immer der perrotatorische N. und etwaige Nachnystagmen mitberücksichtigt werden. Zeichen von „zentraler Übererregbarkeit" (wie sie häufig bei Hirnstammentmarkungen im Rahmen einer Multiplen Sklerose gefunden wird) sind: Maximale Winkelgeschwindigkeit der langsamen Phase des PI über 110 Grad/sec oder Gesamtamplitude über 920 Grad (einseitig), Dauer des PI über 50 Sekunden, mehr als 2 postrotatorische N. (bis hin zu einem N. alternans) oder der Übergang in einen länger anhaltenden Spontan-N.

Der optokinetische N. (okN) wird bei einer Streifenmustergeschwindigkeit von 60 bzw. 120 Grad/sec untersucht (Abb. 88). Der vertikale okN ist weniger zuverlässig. Man achtet anhand der Winkelgeschwindigkeiten der langsamen Phase und anhand der Amplitude auf einseitige Verminderung. Die Normgrenze liegt bei einer Seitendifferenz von 20 %. Pathologische Seitendifferenzen werden häufig erst bei Einschränkung des ok Reizfeldes (kleines Feld) provoziert, was schon bei der klinischen Untersuchung mit der Handdrehtrommel (S. 106) deutlich wird. Bilaterale Störungen des horizontalen okN sind schwerer zu erkennen. Für sie spricht, wenn der vertikale okN erheblich stärker als der horizontale ist, wenn die Winkelgeschwindigkeit der langsamen Phase unter 25 Grad/sec bleibt oder häufiges Auftreten rascher großer Rucke in den langsamen Phasen (Nystagmuszerfall), solange der Visus nicht deutlich vermindert ist. Inversion des okN ist pathognomonisch für, aber nicht obligat bei kongenitalem Fixationsnystagmus, der N. schlägt dann in Richtung der Streifenbewegung.

Blickfolgebewegungen (Gleichspannungsverstärkung) werden mit Hilfe großflächiger Reize untersucht, die eine horizontale sinusförmige Bewegung (20 Grad; 0,35/sec oder Frequenzgang von 0,05 bis 3/sec) ausführen: *Pendeltest*. Sie entsprechen der langsamen Phase des okN. Pathologisch sind einseitige oder doppelseitige Sakkadierung der Folgebewegungen. An den Umkehrpunkten ist häufig Blickrichtungsnystagmus erkennbar.

Indikationen zur ENG

Alle Fälle mit pathologischem oder zweifelhaftem N.-Befund bei der klinischen Untersuchung. Pathologische Befunde kommen vor nach Kopftrauma (meistens infolge Labyrinth- oder N. vestibularis Läsion); bei kongenitalen Nystagmen; Menière-Krankheit (im Anfall); „Neuronitis vestibularis"; vaskuläre Labyrinthläsion; Brückenwinkeltumor; Syringobulbie; Gefäßsyndromen und Tumoren des Hirnstamms und Kleinhirns; Encephalitis; Multipler Sklerose; Kleinhirnatrophie; ausgedehnten, vor allem hinteren und subcorticalen Hemisphärenläsionen (nur okN und Blickfolgebewegungen betroffen).

f) Liquoruntersuchung

A. Lumbalpunktion und Subokzipitalpunktion

Gewinnung von Liquor cerebrospinalis zur mikroskopischen, chemischen und mikrobiologischen Untersuchung durch Lumbalpunktion oder Subokzipitalpunktion. Bei Hirndruck oder deutlicher Stauungspapille muß die Liquorpunktion wegen der Gefahr einer Einklemmung von Kleinhirn und Hirnstamm im Foramen occipitale magnum unterbleiben. Falls man sich unter gewissen Umständen doch dazu entschließt, muß eine möglichst geringe Menge Liquor (1 oder 2 ml) ganz langsam abgelassen werden. – Aufklärung des Patienten über den Eingriff in einfachen Worten und Einholung seiner (oder des gesetzlichen Vertreters) Zustimmung. – Gut geschliffene Punktionsnadel mit richtig sitzendem Mandrin. Zwei Rekordspritzen mit leicht beweglichem Kolben. Sterile Reagenzgläser. Desinfektionsmittel, Wattestäbchen. – Lokalanästhesie (gelegentlich bei LP) durch Infiltration der Haut und der Gegend der Dornfortsätze (cave intrathekale Applikation) mit 3 bis 5 ml Novocain 1 % mit möglichst dünner Nadel. Selbstverständlich darf nicht in der Nähe kürzlich durchgemachter oder gar frischer Furunkel punktiert werden.

1. **Lumbalpunktion** (LP) entweder im Sitzen oder im Liegen. Bei LP im Sitzen kann der Liquordruck nicht gemessen werden. Der Patient sitzt rittlings auf einem Stuhl und umfaßt mit den Armen die zwischen seinen Beinen stehende Hilfsperson. Rücken möglichst weit kyphosiert („Buckel machen"), damit die Dornfortsätze auseinanderweichen. Keine Verdrehung oder Seitwärtsneigung der Wirbelsäule. Markierung der Einstichstelle durch queren Jodstrich in Höhe der Beckenkämme. Er kreuzt die Mittellinie etwa in Höhe des Dornfortsatzes von L 4. Zeige- und Mittelfinger der linken Hand werden links und rechts der kleinen Mulde über oder unter diesem Dornfortsatz aufgesetzt (Abb. 89). Zwischen ihnen wird genau in der Mittellinie punktiert, die

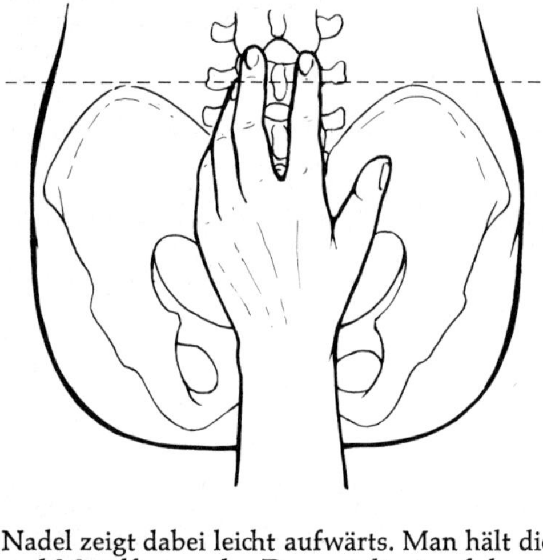

Abb. 89. Punktionsstelle bei Lumbalpunktion. Nach Beugung der Beine im Hüftgelenk schneidet eine Verbindungslinie zwischen den beiden Beckenkämmen (gestrichelt) den Dornfortsatz des 4. LW. Zeige- und Mittelfinger liegen neben der kleinen Mulde oberhalb dieses Dornfortsatzes, dazwischen wird punktiert. (Zur Verfügung gestellt von Prof. Dr. R. Bergleiter, Katharinenhospital Stuttgart.)

Nadel zeigt dabei leicht aufwärts. Man hält die Nadel zwischen Zeige- und Mittelfinger, der Daumen liegt auf dem Griff des Mandrins und dosiert den Druck beim Vorschieben. Nach raschem Durchstoßen der Haut gleichmäßiges Vorschieben der Nadel, so daß möglichst der Widerstand des Ligamentum flavum gefühlt werden kann. Wenige

Millimeter tiefer wird der Liquorraum im Bereich der Cauda equina erreicht (das Rückenmark endet in Höhe des 1.–2. Lendenwirbels). Stößt man trotz exakter Nadellage auf Knochen, wird die Nadel einige Millimeter zurückgezogen, leicht angehoben oder gesenkt und wieder vorgeschoben. Treten elektrisierende Schmerzen in Bein oder Gesäß auf, hat die Nadel eine lateral liegende Wurzel berührt. In diesem Fall wird nach Zurückziehen die Stichrichtung etwas zur Gegenseite des angegebenen Schmerzes korrigiert (Wurzelabgang höchstens 2 cm paramedian). Bei Torsionsskoliose sind die Wirbel am stärksten im Scheitelpunkt verdreht. Bei rechtskonvexer Skoliose muß etwas paramedian links mit Stichrichtung nach rechts eingegangen werden, bei linkskonvexer umgekehrt. – Bei Punktion im Liegen wird der Patient flach auf den dem Untersucher zugewandten Bettrand gelagert. Durch die Hilfsperson werden Kopf und Knie so weit wie möglich genähert, damit der Rücken maximal gebeugt ist. Alles übrige wie bei Punktion im Sitzen.

Wenn nach Entfernen des Mandrins Liquor austritt, wird zuerst die *Druckmessung* vorgenommen (nur beim liegenden Patienten sinnvoll), und zwar mit Hilfe eines gläsernen Steigrohrs oder eines passenden Manometers, die mit der Nadel über einen Ansatz und einen kurzen Schlauch verbunden werden. Man hält das untere Ende des Steigrohrs in Höhe der Wirbelsäule und liest die Höhe, in der sich der Liquor einstellt, in Millimetern ab (was ungefähr dem Druck in mm H_2O entspricht). Der Liquordruck schwankt rhythmisch mit Atmung und Puls. Die Messung muß in möglichst entspannter Haltung und ohne Bauchpresse erfolgen. Dazu löst man vorsichtig die übermäßige Beugung der Beine und des Kopfes, wartet etwas, während man den Patienten zur Entspannung auffordert, und liest den sich einspielenden niedrigsten Wert ab. Für korrekte Druckmessung darf die Nadel nicht zu dünn sein.

Queckenstedt-Versuch: Vorsichtige Kompression der Venae jugulares durch mäßigen Fingerdruck am Hals beidseits der Trachea, wodurch sich der intrakranielle Liquordruck erhöht. Dadurch normalerweise rasche Drucksteigerung auch im lumbalen Liquorraum, nach Freigabe der Venen ebenso prompter Abfall (Queckenstedt normal oder durchgängig). Ist die Passage im Spinalkanal zwischen Hinterhauptsloch und lumbalem Liquorraum behindert, dann fehlt der Druckanstieg oder er erfolgt verzögert (Queckenstedt nicht oder verzögert durchgängig). Bei subtotaler Verlegung des zervikalen Spinalkanals bleibt der normale Druckanstieg durch Jugularvenenkompression u. U. erst bei maximaler Lordosierung der HWS aus (s. auch S. 207). Eine etwaige Verzögerung kommt noch besser heraus beim *doppelten Queckenstedt-Versuch:* Hier wird nach LP und SOP die Druckmessung in der Cisterna cerebellomedullaris und im lumbalen Liquorraum gleichzeitig durchgeführt. Bei freier Passage steigt der Druck nach Venenkompression lumbal und okzipital praktisch gleichzeitig an. Bei fehlendem

Druckanstieg lumbal werden zur Gegenprobe die Bauchdecken tief eingedrückt; dabei ist ein deutlicher Druckanstieg auch dann zu erwarten, wenn ein kompletter Stopp im Spinalkanal vorliegt. Tritt kein Druckanstieg auf, muß die Nadel durch eine Wurzel verlegt sein, was sich durch Drehen der Nadel beheben läßt. Bei der Venenkompression muß der Patient entspannt bleiben, da durch Husten oder Pressen ebenfalls ein lumbaler Druckanstieg zustande kommt.

Nach Druckmessung und Queckenstedt-Versuch werden etwa 10 bis 12 ml Liquor (Menge richtet sich nach den geplanten Untersuchungen) langsam abgelassen. Bei Querschnittssyndrom mit Passagehindernis im Queckenstedt-Versuch darf nur wenig Liquor besonders langsam abgelassen werden, weil sonst durch eine Vergrößerung des Druckgefälles eine Rückenmarkseinklemmung mit schmerzhafter Wurzelzerrung oder Blutung eintreten kann. Schlierenförmige Blutbeimengungen, die nach einigen Tropfen oder Kubikzentimetern verschwinden, sprechen für artefizielle Blutung. Ist der Liquor aber homogen mit Blut vermischt, so ist eine Subarachnoidalblutung wahrscheinlicher. Zur Unterscheidung wird blutiger Liquor gleich zentrifugiert und auf Xanthochromie angesehen (S. 228 f). Um stark blutigen Liquor

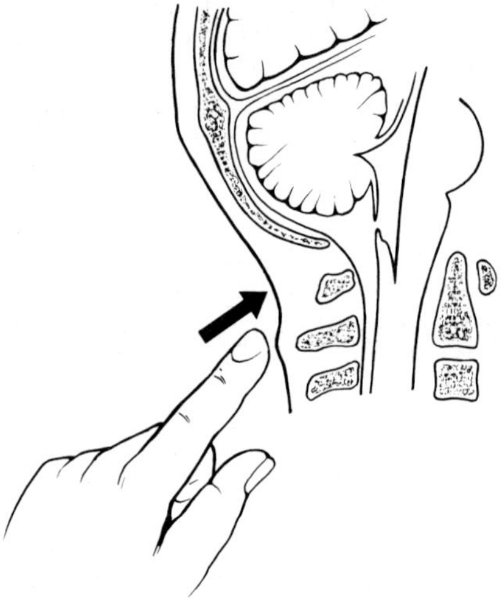

Abb. 90. Punktionsstelle bei Subokzipitalpunktion. Der Finger deutet auf den Dornfortsatz des Axis. Knapp oberhalb wird punktiert. (Zur Verfügung gestellt von Prof. Dr. R. Bergleiter, Katharinenhospital Stuttgart.)

von reinem Blut aus einem Gefäß zu unterscheiden, läßt man einige Tropfen auf ein weißes Papier oder Tuch fallen: Wenn sich ein wäßriger Hof um den blutigen Tropfen ausbildet, spricht dies dafür, daß man mit Blut vermischten Liquor vor sich hat.

Nach der LP sollen 24 Stunden Bettruhe mit horizontaler Lagerung eingehalten werden zur Vermeidung von Kopfschmerzen, Erbrechen und vegetativen Erscheinungen. Bei manchen Personen tritt ein postpunktionelles Unterdrucksyndrom (mit Kopfschmerzen beim Sichaufsetzen) von bis zu zwei Wochen Dauer auf, das mit i.v. Injektion von 30 bis 50 ml isotonischer Lösung, 2mal täglich, und kleinen Ephetoningaben behandelt wird.

2. **Subokzipitalpunktion** (SOP). Nacken zwischen Dornfortsatz des Axis und Protuberantia occipitalis ausrasieren. Patient sitzt auf einem Stuhl mit Rücken- und Seitenlehnen, Gesäß möglichst weit nach hinten. Zwischen seinen gespreizten Beinen steht Hilfsperson, die den Kopf hält: Die eine Hand liegt unter dem Kinn, die andere auf dem Hinterkopf. Untersucher desinfiziert die Haut und tastet mit desinfiziertem Finger die Punktionsstelle knapp oberhalb des Dornfortsatzes des Axis genau in der Mittellinie (Abb. 90). Dann drückt die Hilfsperson den Kopf nach oben und gleichzeitig leicht nach vorn, so daß die Nackengegend straff gespannt wird. Rasches Durchstechen der Haut knapp oberhalb des palpierenden Fingers. Vorschieben der Nadel mit stetigem sanftem Druck, Nadelspitze leicht nach oben. Die rechte Hand wird auf der anderen Hand abgestützt, damit die Nadel gut fixiert ist, falls der Patient zuckt. Dies kann geschehen, wenn ein plötzliches elektrisierendes Gefühl im Arm oder Bein auftritt, falls die Nadelspitze einen Hinterstrang berührt. Das ist nicht gefährlich, soll aber möglichst vermieden werden, indem man nicht zu tief geht. Bei Kindern und bei Erwachsenen mit dünnem Hals kommt es vor, daß der Weg von der Oberfläche bis zur Zisterne nur 1–2 cm beträgt, bei dicknackigen Personen bis zu 10 cm und mehr. Wenn man auf Knochen stößt, wird die Nadel einige Millimeter zurückgezogen und dann nach Heben oder Senken wieder vorgeschoben. Immer muß genau die Mittellinie eingehalten werden. Bei stetigem Vorschieben fühlt man den etwas vermehrten Widerstand der Membrana atlantooccipitalis vor dem Eintreten der Nadelspitze in die Cisterna cerebellomedullaris. Wenn die Nadel die Membran (und die mit ihr verwachsene Dura) durchbohrt hat, flottiert sie bei vorsichtigen Bewegungen in der Sagittalebene nicht mehr. Beim Herausziehen des Mandrins Nadel gut in ihrer Position festhalten. Liegt ein Unterdruck vor, hört man das Einströmen der Luft. Man setzt dann schnell eine Spritze auf die Nadel und entnimmt Liquor durch vorsichtiges Ansaugen. Meistens herrscht in der Zisterne ein geringer Überdruck, so daß spontan Liquor abtropft, wenn auch wesentlich langsamer als bei der LP. Nur wenn spontan zuwenig Liquor abfließt, muß langsam und vorsichtig mit der Spritze die erforderliche Menge abgesaugt werden. Falls kein Liquor kommt, durch vorsichtiges Drehen versuchen, die Nadelspitze freizulegen. Nach einer SOP treten nur selten Kopfschmerzen auf; es muß keine Bettruhe eingehalten werden.

Wenn der Liquor blutig ist und sich bei weiterem Abtropfen nicht rasch klärt, muß man genau darauf achten, ob es sich um die homogene Blutbeimengung einer Subarachnoidalblutung oder um schlierige Blut-

Tabelle 23. Normalwerte im Lumballiquor

Menge. Säuglinge haben 40–60 ml Liquor, Kinder 60–120 ml, Erwachsene 100–160 ml (davon etwa 35 ml in den Ventrikeln, 25 ml im Subarachnoidalraum und den Zisternen, 75 ml im Spinalraum)

Liquordruck (lumbal, im Liegen)	150–200 mm H_2O
Zellzahl	0– 8/3 8–12/3 Grenzwert
Gesamt-Eiweiß	bis 1,3 KE (Kafka-Einheiten)
Globuline	bis 0,4 KE
Albumine	bis 1,0 KE
Eiweiß-Quotient (EQ)	bis 0,4
Gesamteiweißgehalt nach Biuret-Reaktion oder Trübungsbestimmung (Verhältnis zu Kafka-Einheiten Tab. 25, S. 232)	bis 38 mg/100 ml (95 %-Bereich)
Kolloidkurven Abb. 92	
Liquorzucker	45–65 mg/100 ml bei normalem Blutzucker
Chlorid	120–130 mval/100 ml
Liquorelektrophorese	
Albumin	45–60 % des Gesamteiweißgehalts
Globulin $alpha_1$	4– 9 % des Gesamteiweißgehalts
$alpha_2$	5–11 % des Gesamteiweißgehalts
beta	9–15 % des Gesamteiweißgehalts
tau	3– 8 % des Gesamteiweißgehalts
gamma	5–13 % des Gesamteiweißgehalts

Im Ventrikelliquor ist der Eiweißgehalt wesentlich geringer, der Zuckergehalt höher als im Lumballiquor. Pathologische Veränderungen sind im Lumballiquor gewöhnlich am stärksten ausgeprägt.

Beim Neugeborenen beträgt das Gesamteiweiß 2–3 KE und nimmt bis zum Alter von 6 Monaten auf den Erwachsenenwert ab. Im ersten Lebensmonat kann der EQ bis 0,6, die Zellzahl bis auf 20/3 erhöht sein. In den ersten 1–2 Lebenswochen kann der Liquor xanthochrom sein.

beimengungen handelt. Im letzteren Fall ist eine Blutung infolge Verletzung eines atypisch verlaufenden Gefäßes im Liquorraum möglich. In diesem Fall muß die Punktion abgebrochen werden. Der Patient muß strenge Bettruhe einhalten und mit Hämostyptika behandelt werden. Treten zunehmende Kopfschmerzen auf, sollte lumbalpunktiert werden. Treten unter der laufenden Beobachtung Hirndruckzeichen (Nackensteife, Somnolenz) auf, ist eine neurochirurgische Intervention zur operativen Blutstillung zu erwägen.

B. Untersuchung des Liquors (Normalwerte Tab. 23)

1. **Aussehen.** Normaler Liquor ist klar und farblos. Blutiger Liquor ist nach Zentrifugieren klar und infolge Hämolyse gelblich oder rötlich

gefärbt (xanthochrom), wenn mindestens 8–10 Stunden vor der Punktion eine Blutung in die Liquorräume (Subarachnoidalblutung) eingetreten ist, oder beim Stopliquor durch vermehrten Übertritt von Serumfarbstoffen. Eine geringe Blutbeimengung läßt sich durch positive Benzidinprobe oder mit Hilfe von Teststreifen im überstehenden Liquor nachweisen. Bei artefizieller Blutbeimengung bleibt sie nach Zentrifugieren negativ. Während der ersten ein bis zwei Lebenswochen ist der Liquor normalerweise xanthochrom. Trübung des Liquors bei Zellzahlen von etwa 600/3 an. Bei Meningitis tuberculosa und auch anderen Meningitiden kann sich nach 24stündigem Stehen im Eisschrank ein feines Fibrinnetz (Spinnwebgerinnsel) bilden, in dem etwaige Erreger angereichert sind.

2. **Mikroskopische Untersuchung** zur Bestimmung des Zellgehaltes. Vor Zellzählung darf der Liquor nicht mehr als wenige Stunden stehen. Die Zellen müssen vorher aufgeschüttelt werden. Zählkammer von Fuchs-Rosenthal mit einem Rauminhalt von 3,2 cmm. Da der Liquor normalerweise sehr zellarm ist (Tab. 23, Zellvermehrung = Pleozytose), wird die ganze Kammer ausgezählt und die Zellzahl/cmm als Bruch mit dem Divisor 3 angegeben. Im normalen Liquor kommen fast nur kleine Lymphozyten vor. Geringe Zellvermehrungen finden sich bei allen Arten organischer Veränderungen des Nervensystems. Stärkere Vermehrungen über etwa 300–400/3 Zellen sprechen für eine entzündliche Erkrankung oder finden sich als „Reizpleozytose" nach intrathekaler Blutung. Im entzündlichen Liquor kommen segmentkernige Leukozyten und/oder Lymphozyten vor. Sie werden in der Zählkammer unterschieden.

Trotz artefizieller Blutbeimengung läßt sich eine Liquorprobe diagnostisch verwerten, wenn man möglichst sofort die Erythrozyten und danach die Leukozyten zählt. Da normalerweise auf 500–1000 Erythrozyten ein Leukozyt kommt, zieht man von der gefundenen Liquorzellzahl $^1/_3$ bis $^2/_3$ Zellen pro 1000/3 Erythrozyten ab und erhält so den annähernden Wert der „eigentlichen" Liquorzellzahl.

Zytodiagnostik. Untersuchung innerhalb von 2 Stunden nach der Punktion und ohne Zentrifugieren, da die Zellen sich rasch verändern. Zur Anreicherung entweder Sedimentierverfahren nach Sayk-Bischoff (nur bei Zellzahl von mindestens 50/3) oder Liquorzellfiltration nach Kistler (auch bei normaler Zellzahl). Benötigte Liquormenge 1–3 ml. Nach Fixierung und Färbung können Sediment bzw. Filtrat nach den Regeln der Zytodiagnostik auf eosinophile Leukozyten (Zystizerkose), Plasmazellen (chronisch entzündliche Prozesse), Erythrophagen (große Zellen mit eingeschlossenen Erythrozyten treten 2–3 Std. nach intrathekaler Blutung auf, noch nach Wochen im wieder normalisierten Liquor nachweisbar), Tumorzellen (relativ selten, am häufigsten bei Karzinose oder Sarkomatose der Meningen und bei intrakraniellen Metastasen) nachgesehen werden. Bei den filtrierten Zellen sind auch histochemische Untersuchungen möglich.

3. Chemische Beschaffenheit.

a) *Liquoreiweiß:* Zwei semiquantitative Schnellmethoden sind die Proben nach PANDY und nach NONNE-APELT. Es werden Trübungsgrade geschätzt. Bei der Reaktion nach PANDY Opaleszenz bei noch normalem Gesamteiweiß, bei der nach NONNE-APELT bei etwa 2,0 Kafka-Einheiten s. unten). Beide Tests sprechen vor allem auf Globulinvermehrung an.

Gesamteiweiß: Im Liquor ist der Eiweißgehalt etwa 1/250 desjenigen im Blutserum. Bestimmung nach der Kafka-Methode mit Hilfe von Esbach-Reagens in graduierten Röhrchen. Das Ergebnis wird in Kafka-Einheiten (KE) ausgedrückt, wobei 1 KE dem normalen mittleren Eiweißgehalt entspricht. In den Kafka-Röhrchen werden 0,1 KE geschätzt (bei einem geübten Untersucher recht konstant; jedoch relativ große Unterschiede in der Ablesung zwischen verschiedenen Untersuchern). Gesonderte Fällung des Globulinanteils erlaubt die Bestimmung des *Eiweiß-Quotienten* (EQ = Globulingehalt/Albumingehalt). Manche Erkrankungen zeigen eine Erhöhung des EQ. Die primitive Globulinbestimmung wird zunehmend von der *Liquorelektrophorese* (Tab. 23) verdrängt.

Eine quantitative Bestimmung der Immunglobuline ist in manchen Fällen erwünscht und mit Hilfe der *Immunelektrophorese* möglich. Sie wird bis jetzt noch nicht überall ausgeführt.

Artefizielle Blutbeimengung bis 25 000/3 Erythrozyten bleibt ohne wesentliche Wirkung auf Gesamteiweiß und EQ. Für höhere Blutbeimengungen finden sich folgende Werte (nach SAMSON), bei deren Berücksichtigung auch der bluthaltige Liquor noch diagnostisch benutzt werden kann: Tab. 24.

Tab. 24 Bluthaltiger Liquor

Erythrozyten	Gesamteiweiß in KE	EQ
50 000/3	1,4	0,4
100 000/3	1,8	0,5
200 000/3	2,6	0,6
400 000/3	4,5	0,7

Kolloidreaktionen (Mastix, Goldsol, Salzsäure-Kollargol): Kolloidale Lösungen werden durch Elektrolyte getrübt, verfärbt oder ausgefällt, was durch Zusatz bestimmter Eiweißarten (vor allem Albumin) in bestimmten Konzentrationen verhindert, durch Zusatz anderer Eiweiße (vor allem Globuline) gesteigert werden kann. Normaler Liquor verhindert Verfärbung oder Ausfällung, qualitativ und quantitativ verändertes Liquoreiweiß beeinflußt diese Schutzwirkung. Wird eine Verdünnungsreihe angelegt (z. B. in 12 Stufen bis zu 1/2000), kann man drei Typen pathologischer Kurven unterscheiden (Abb. 91).

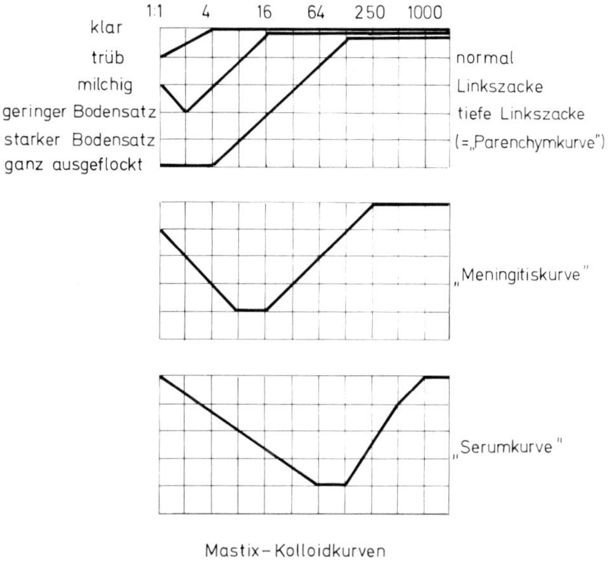

Abb. 91. Liquor-Kolloidkurven schematisch. Die drei Kurventypen unterscheiden sich durch die Lage des Ausfällungsmaximums in der Verdünnungsreihe. Sie sind aber nicht für bestimmte Krankheitsbilder pathognomonisch.

Die Gesamteiweißbestimmung nach Kafka sieht sich zunehmender Kritik ausgesetzt. Das Ergebnis ist vom Mengenverhältnis der Albumine und Globuline abhängig; diese Abhängigkeit ist je nach dem Gesamteiweiß eine verschiedene. Die Bestimmung dauert relativ lang. Die Ablesung schwankt interindividuell beträchtlich.

Daher wird immer häufiger eine *Biuret-Reaktion* oder eine *Trübungs-(= nephelometrische)bestimmung* benutzt. Man benötigt nur 0,5 bzw. 0,1 ml Liquor. Beide Methoden sind streng linear, unterscheiden nicht wesentlich zwischen Albuminen und Globulinen und liefern untereinander identische Werte.

Die Umrechnung von KE in mg/100 ml ist mit Hilfe eines einfachen Faktors nicht möglich. Die Regressionsgerade geht nicht durch Null und zeigt eine erhebliche Streuung. Nach der Kafka-Methode bestimmte Eiweißkonzentrationen sollen daher immer in KE ausgedrückt und nicht in mg/100 ml umgerechnet werden. Einige Anhaltspunkte über das Verhältnis der beiden Werte gibt Tab. 25 (nach Keller u. Mitarb., 1969). Mit wachsendem EQ tendieren die KE zum Ansteigen, mit zunehmend pathologischen Kolloidkurven zu leichtem Absinken.

Normales Gesamteiweiß bei (meist leicht) pathologischen Kolloidkurven wird als *eiweißkolloidale Dissoziation* bezeichnet. Sie entspricht dem Auftreten pathologischer Werte in der Elektrophorese bei normalem Gesamt-

Tabelle 25. Gesamteiweiß im Liquor cerebrospinalis

mg/100 ml Gesamteiweiß	entsprechen etwa	Kafka-Einheiten
32		1,0
55		1,5
78		2,0
100		2,5
123		3,0
146		3,5
168		4,0
191		4,5
214		5,0

eiweiß. Der Terminus *zytoalbuminäre* oder *albuminozytologische Dissoziation* bezeichnet eine (erhebliche) Eiweißvermehrung im Liquor bei normaler Zellzahl, wie sie bei Polyradikulitis oder im Rahmen eines Liquorstoppsyndroms (s. Queckenstedt-Versuch S. 225 f) vorkommt.

b) *Liquorzucker.* Bestimmung innerhalb von wenigen Stunden nach der Punktion. Gleichzeitige Blutzuckerbestimmung erforderlich, da Liquorzucker normalerweise etwa 45–65 % (im Mittel die Hälfte) des Blutzuckers beträgt. Verminderung bei bakterieller Meningitis, vor allem Meningitis tuberculosa, Vermehrung kann bei Virusenzephalitis und -myelitis vorkommen.

c) *Schnelluntersuchungen* (halbquantitativ) auf Eiweiß und Zucker mit Hilfe von Teststreifen oder -tabletten (wie sie für Urin- und Blutuntersuchung im Handel sind). Glukose: Normaler Liquor ergibt Farbumschlag „schwach positiv". Ergebnis „negativ" spricht für Liquorzucker unter 40–50 mg/100 ml, „stark positiv" für erhöhten Liquorzucker. Eiweiß: Bei Albustix erlaubt die Farbskala Unterscheidungen zwischen normal („Spur"); normal bis 2 KE („plus"); 2,5 bis 5 KE („zweifach plus"); 6 KE und mehr („dreifach plus").

Verdacht auf Liquorrhoe: Positiver Ausfall bei Glukoseteststreifen spricht für Liquor. Um falsch positive Ergebnisse auszuschließen (Zucker kommt ausnahmsweise auch in Nasensekret oder Tränenflüssigkeit vor), führt man anschließend Untersuchung auf Eiweiß durch: Eiweißgehalt von nicht mehr als 2–3 KE spricht für Liquor.

4. **Serologische Reaktionen auf Lues.** Bei allen handelt es sich um Antigen-Antikörperreaktionen, die auf verschiedene Art nachweisen, ob ein Antikörper im Liquor (oder Blutserum) vorhanden ist. Die wichtigsten sind:

a) *Meinicke-Klärungsreaktion II (MKR II),* eine Antikörperreaktion auf Serumeiweißfraktionen, die sehr empfindlich, aber nicht spezifisch ist. Sie wird daher zur ersten Orientierung angewandt (Suchtest). Für quantitative Verlaufskontrollen ist sie nicht geeignet.

b) *Cardiolipintest* als *Komplementbindungsreaktion (Kolmer)* und als *Mikroflockungstest (VDRL)*. Er ist ebenfalls unspezifisch, aber charakteristisch für Lues. Quantitative Aussagen in Titerwerten erlauben die Kontrolle von Verlauf und Therapieerfolg.

a) und b) können falsch positiv ausfallen. Bei Unstimmigkeiten daher:

c) Der *Treponema-pallidum-Immobilisierungstest (TPI oder Nelsontest)* ist hochspezifisch und erlaubt quantitative Aussagen in Form von Titerwerten. Er kann in ganz seltenen Ausnahmen falsch negativ sein.

d) Der *Treponema-pallidum-Antikörperfluoreszenz-Test (FTA-Test)* hat die größte Empfindlichkeit und Spezifität und soll in allen Fällen von (auch ausgeheilter) Lues positiv sein.

g) Elektrische Untersuchung. Elektromyographie (EMG). Messung der motorischen und sensiblen Nervenleitungsgeschwindigkeit (NLG). Reflex-EMG

Nervenfasern, Muskelfasern und andere erregbare Strukturen können durch den elektrischen Strom in Tätigkeit versetzt werden. Die Funktion ist bei der Nervenfaser die Übermittlung von Nachrichten, bei der Muskelfaser die Kontraktion. Darauf beruht die Methode der elektrischen Untersuchung. Die Depolarisation der Fasern als Beginn der fortgeleiteten Erregung kommt unter der Kathode zustande. Der Reizerfolg wird an der Muskelkontraktion beobachtet. An tätigen Nervenfasern und Muskelfasern entstehen Aktionspotentiale (infolge Ionenbewegungen an der jeweils erregten Stelle). Darauf beruht die Elektromyographie und die Bestimmung der Nervenleitungsgeschwindigkeit.

Elektrische Untersuchung

Terminologie. Die üblichen Geräte (Pantostat) geben wahlweise Gleichstrom oder faradischen Strom (Wechselstrom oder zerhackten Gleichstrom von 50 bis einigen 100 Hz) ab. Reizung mit Gleichstrom = galvanische Reizung, mit Wechselstrom = faradische Reizung. Pluspol = Anode, Minuspol = Kathode. Die Reizelektroden sind Metallbleche oder -knöpfe, die mit einem Filzstoff o. ä. überzogen sind, der für die Untersuchung naß gemacht werden muß. Die differente Elektrode ist etwa 2–4 cm^2 groß. Sie wird auf den Muskel oder Nerven aufgesetzt. Bei der Untersuchung mit galvanischem Strom wird sie zur Kathode gemacht. Die indifferente Elektrode ist etwa 50 cm^2 groß; sie wird irgendwo in der Nachbarschaft aufgesetzt. Indirekte Reizung: Differente Elektrode auf einem Nerven. Direkte Reizung: Differente Elektrode auf einem Muskel. Die Reizstärke wird in Milliampère (mA) gemessen. Kathodenschließungszuckung = KSZ, Anodenöffnungszuckung = AÖZ.

Indirekte Reizung. Sie erfolgt mit faradischem Strom. Den Reizort für verschiedene Nerven zeigt Abb. 92. Man schaltet immer wieder für Bruchteile von Sekunden bis Sekunden den Strom ein, steigert allmählich die Stromstärke und beobachtet, ob sich die zugehörigen Muskeln kontrahieren. Normalerweise kommt es zu einer tetanischen Kontraktion, die so lange wie die Reizung andauert. Liegt ein Leitungsblock mit oder ohne Kontinuitätsunterbrechung der Nervenfasern zwischen Reizelektrode und Muskeln vor oder sind die meisten motorischen Fasern unter der Reizelektrode unerregbar, so tritt keine Kontraktion auf, weil der Nerv die Nachricht nicht mehr an den Muskel übermittelt. Wenn eine größere Zahl von Fasern unerregbar oder degeneriert ist, wird die Kontraktion schwächer. Ist die Erregbarkeit des Nerven herabgesetzt (seine Reizschwelle erhöht), muß die Stromstärke wesentlich größer sein, damit eine Kontraktion entsteht. Die obere Grenze wird von der Schmerzhaftigkeit der Reizung bestimmt. Bei Verdacht auf Reizschwellenerhöhung kann man mit dem gleichen Nerven der Gegenseite an derselben Stelle vergleichen; nur deutliche Unterschiede sind verwertbar.

Direkte Reizung. Sie wird galvanisch und faradisch durchgeführt. Man setzt die differente Elektrode auf den motorischen Punkt des Muskels. Das ist der Ort mit der niedrigsten Reizschwelle. Er entspricht etwa der Endplattenregion. Normalerweise werden hier die terminalen Nervenfasern gereizt, da die elektrische Reizschwelle gesunder Muskel-

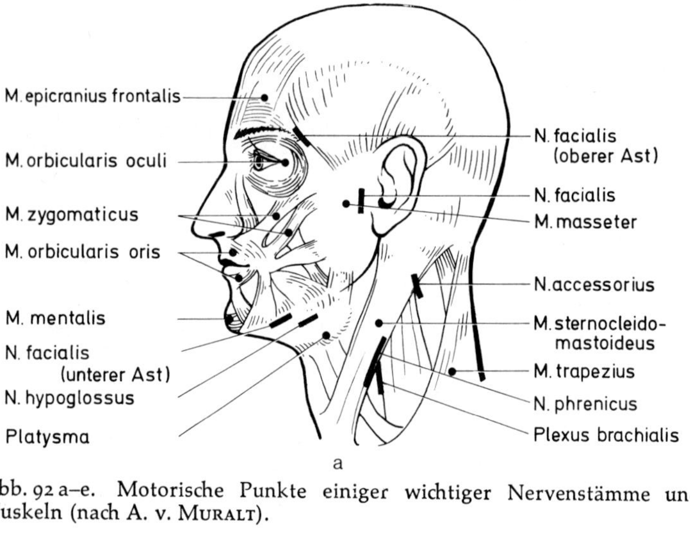

a

Abb. 92 a–e. Motorische Punkte einiger wichtiger Nervenstämme und Muskeln (nach A. v. Muralt).

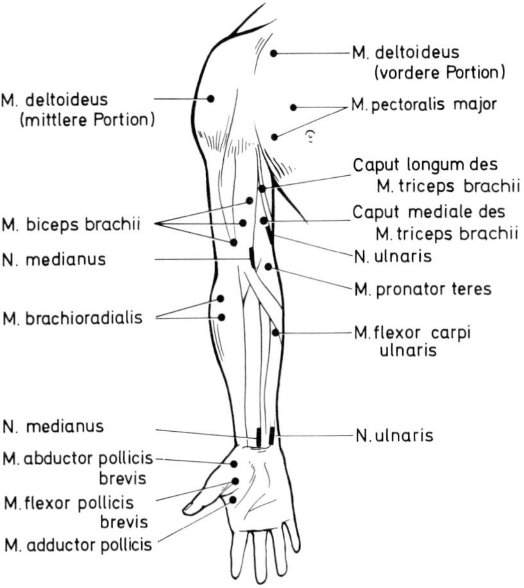
M. deltoideus
(vordere Portion)
M. deltoideus
(mittlere Portion)
M. pectoralis major
Caput longum des
M. triceps brachii
Caput mediale des
M. triceps brachii
M. biceps brachii
N. ulnaris
N. medianus
M. pronator teres
M. brachioradialis
M. flexor carpi
ulnaris
N. medianus
N. ulnaris
M. abductor pollicis
brevis
M. flexor pollicis
brevis
M. adductor pollicis

b

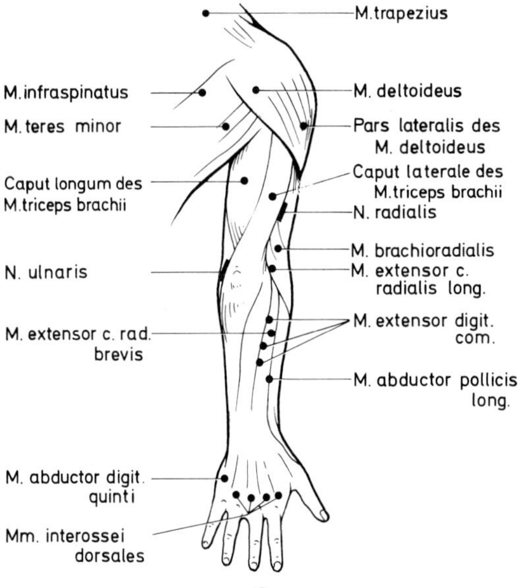
M. trapezius
M. infraspinatus
M. deltoideus
M. teres minor
Pars lateralis des
M. deltoideus
Caput longum des
M. triceps brachii
Caput laterale des
M. triceps brachii
N. radialis
M. brachioradialis
N. ulnaris
M. extensor c.
radialis long.
M. extensor digit.
com.
M. extensor c. rad.
brevis
M. abductor pollicis
long.
M. abductor digit.
quinti
Mm. interossei
dorsales

c

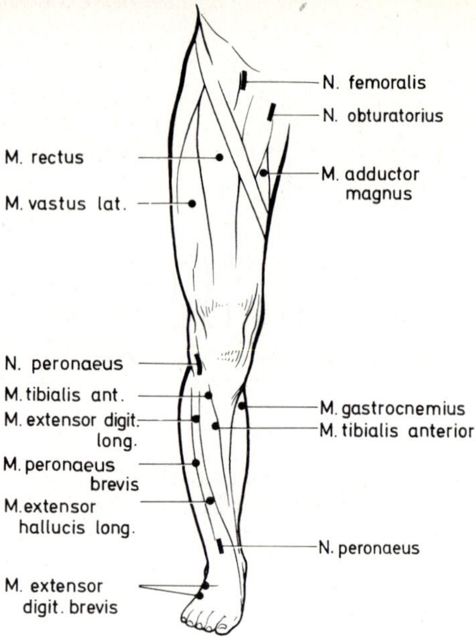
N. femoralis
N. obturatorius
M. rectus
M. adductor magnus
M. vastus lat.
N. peronaeus
M. tibialis ant.
M. gastrocnemius
M. extensor digit. long.
M. tibialis anterior
M. peronaeus brevis
M. extensor hallucis long.
N. peronaeus
M. extensor digit. brevis

d

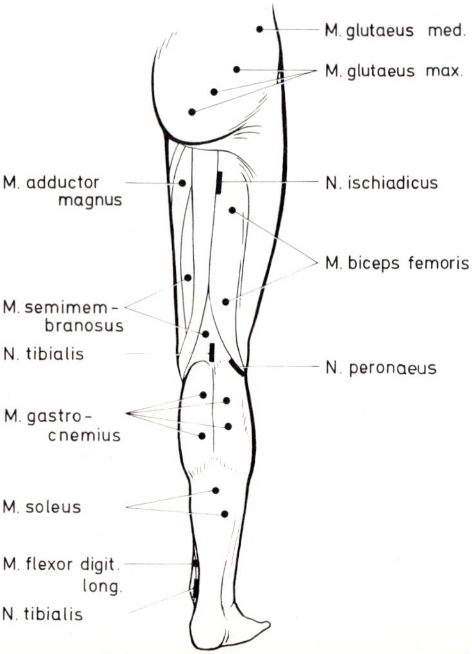
M. glutaeus med.
M. glutaeus max.
M. adductor magnus
N. ischiadicus
M. biceps femoris
M. semimembranosus
N. tibialis
N. peronaeus
M. gastrocnemius
M. soleus
M. flexor digit. long.
N. tibialis

e

fasern höher ist, als die der Nervenfasern. Abb. 92 zeigt motorische Punkte verschiedener Muskeln. Unter wiederholtem kurzfristigem Einschalten des Stromes wird diejenige galvanische Reizstärke auf dem mA-Meter bestimmt, bei der der Muskel eben sichtbar zuckt. Das ist die Schwellenreizstärke (= Rheobase). Sowohl die Schließung als auch die Öffnung des Gleichstroms führt zu einer einmaligen Erregung, die sich in einer Zuckung des Muskels ausdrückt. Dabei gilt die Zuckungsformel KSZ $<$ ASZ $<$ AÖZ $<$ KÖZ. Das heißt, um bei Stromschluß eine Zuckung zu bekommen, braucht man am wenigsten Strom, wenn die differente Elektrode Kathode ist. Macht man die differente Elektrode dagegen positiv, braucht man eine höhere Stromstärke um eine eben sichtbare Zuckung zu erzielen.

Wichtiger als die quantitative Schwellenbestimmung ist die Beurteilung der Kontraktion. Normalerweise besteht sie in einer blitzartigen Zuckung, vorausgesetzt daß der Muskel warm ist. Denervierte Muskeln dagegen zeigen eine träge wurmförmige Zuckung, die im ausgeprägten Fall ganz unverkennbar ist und im Zweifelsfall durch Vergleich mit der gesunden Gegenseite oder einem anderen gesunden Muskel kontrolliert werden kann. Kalte Muskeln haben aber ebenfalls eine träge Zuckung, besonders die kleinen Hand- und Fußmuskeln, wenn man bei kalten Händen oder Füßen untersucht. Das läßt sich durch ein warmes Hand- oder Fußbad von 5 bis 10 Minuten vermeiden. Die träge Zuckung beruht auf direkter Reizung der denervierten Muskelfasern. Sie geht nicht selten mit einer Umkehrung der Zuckungsformel (ASZ $<$ KSZ) einher. Beim Verdacht auf träge Zuckung polt man daher die Elektroden mehrfach um und bestimmt vergleichend die Reizschwelle. Ferner kann sich der optimale Reizpunkt verschieben. Ein denervierter Muskel wird am wirksamsten gereizt, wenn ihn der Strom der Länge nach durchfließt; dazu setzt man beide Elektroden in Längsrichtung des Muskels auf.

Entartungsreaktion (EaR). Die träge Zuckung ist das wichtigste Symptom der EaR. Ein weiteres Symptom ist die Aufhebung der direkten faradischen Erregbarkeit des Muskels. Man setzt die differente Elektrode auf den motorischen Punkt und reizt mit faradischem Strom. Ein total denervierter Muskel reagiert auf diese Reizung nicht, weil sein Akkomodationsverhalten verändert ist und die Dauer des Stromflusses innerhalb einer Phase des Wechselstroms nicht mehr ausreicht, um ihn zu erregen (seine Chronaxie ist verlängert; s. unten). Wenn ein Muskel nur partiell denerviert ist, kann er indirekt oder direkt noch faradisch erregbar sein, obwohl sich eine träge Zuckung nachweisen läßt. Eine *komplette EaR* liegt vor, wenn ein Muskel bei direkter galvanischer Reizung eine träge Zuckung hat und außerdem bei direkter und indirekter Reizung faradisch unerregbar geworden ist. Eine *partielle EaR* liegt vor, wenn zwar eine träge Zuckung vorhanden ist, die direkte oder indirekte faradische Erregbarkeit aber nicht vollständig erloschen ist.

Das Erb-Zeichen (als Beweis für eine Tetanie) wird durch indirekte galvanische Reizung des N. ulnaris am Ellenbogen untersucht. Eine KÖZ bei weniger als 5 mA ist positiv. Manchmal ist auch ein Kathodenschließungstetanus bei 3–5 mA vorhanden.

Myasthenische Reaktion. Während anhaltender faradischer Reizung ändert sich die Muskelkontraktion normalerweise nicht. Bei Myasthenie kann es vorkommen, daß sie im Laufe von 1 bis 2 Minuten erheblich nachläßt. Man führt die Reizung am besten an einem Armnerven im Bereich des Handgelenks oder an einem Ast des N. facialis (z. B. unter dem Kieferwinkel) aus. Die Untersuchung kann mit dem Tensilon-Versuch (S. 45 f) kombiniert werden.

Bei der myotonischen Reaktion findet sich umgekehrt eine über 5–20 Sekunden anhaltende Nachkontraktion im Anschluß an eine kurze indirekte faradische Reizung einer Muskelgruppe. Sie entspricht der Postaktivationsmyotonie (S. 46).

Chronaxie. Für die fortlaufende Kontrolle einer Nervenverletzung oder bei Verdacht auf einen degenerativen Prozeß motorischer Nervenfasern, sind quantitative Feststellungen erwünscht. Chronaxie nennt man die Zeit, die ein Gleichstrom von doppelter Schwellenreizstärke fließen muß, um gerade eine minimale Zuckung zu bewirken (Abb. 93). Für die Chronaxiebestimmung wird direkt gereizt. Man braucht dazu ein etwas komplizierteres Gerät, als es für die gewöhnliche elektrische Untersuchung erforderlich ist. Es muß rechteckige Stromstöße abgeben, deren Dauer zwischen 0,5 sec und 0,05 msec reproduzierbar variiert werden kann. Man bestimmt zunächst mit gewöhnlichem Gleichstrom oder 0,5-sec-Impulsen die Schwellenreizstärke, verdoppelt diese, und sucht dann von der kürzesten Reizdauer herkommend diejenige auf, bei der es eben wieder zu einer Schwellenzuckung kommt. Chronaxien über 1 msec sind pathologisch.

Reizstärke / Reizzeit (= i/t)-Kurve. Ein genaueres, aber zeitraubenderes Verfahren ist die Aufstellung einer i/t-Kurve. Dazu muß man für etwa 10–15 Impulse verschiedener Dauer zwischen 0,05 msec und 0,5 sec (in logarithmischer Progression) die zugehörige Schwellenreizstärke ermitteln. Abb. 93 zeigt eine solche Kurve. Bei Denervierung gibt es typische Veränderungen des Verlaufs (Abb. 93). Besserungen oder Verschlechterungen lassen sich im Längsschnitt ablesen.

Indikationen zur elektrischen Untersuchung. Alle Muskelatrophien. Alle Paresen, die möglicherweise peripher sind, auch wenn (noch) keine Muskelatrophie vorliegt. Bei Muskelatrophien, die nicht auf einer Denervierung beruhen (Myopathie, Inaktivitätsatrophie, arthrogene Muskelatrophie u. a.) tritt keine EaR auf, ebensowenig bei Paresen infolge supranukleärer Läsion oder bei psychogenen Lähmungen.

Elektromyographie (EMG)

EMG und Messung der NLG sind für Nerven- und Muskelkrankheiten dasselbe, was das EEG für Gehirnkrankheiten ist.

Bei der EMG werden Aktionspotentiale quergestreifter Muskeln, die als Ausdruck der Erregung von Muskelfasern entstehen, abgeleitet, beobachtet und registriert. Jedes spinale Motoneuron versorgt eine bestimmte Zahl von Muskelfasern, indem sich sein Neurit in die motorischen Terminalfasern verzweigt, welche die motorischen Endplatten innervieren; alle Elemente zusammen heißen motorische Einheit (ME). Jede Einzelerregung eines Motoneurons (ein außerordentlich kurzer, impulsartiger Vorgang) geht auf die ganze ME über. Dabei werden alle Muskelfasern einer ME fast gleichzeitig tätig. Ihre Zahl schwankt zwischen etwa fünf und mehreren tausend; die Augenmuskeln haben die kleinsten, große Extremitätenmuskeln die größten ME. Die Erregungsfrequenz einer ME schwankt zwischen 5—7 und 50—80/sec (bei kleinen ME noch höhere Werte).

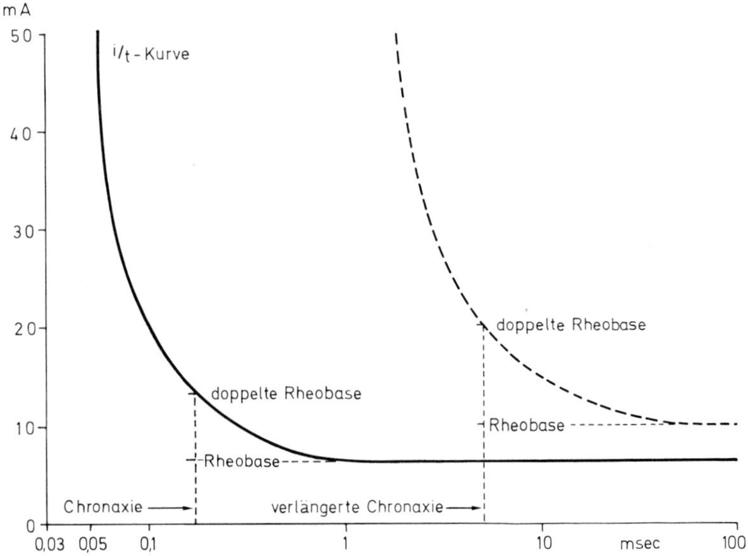

Abb. 93. Stromstärke(i)-Reizzeit(t)-Kurve in semilogarithmischer Darstellung. Normale Kurve ausgezogen. Kurve eines denervierten Muskels gestrichelt.

Methode. Ähnlich wie beim EEG braucht man Ableitungselektroden, Verstärker und Meßinstrumente. Die Elektroden sind sog. konzentrische unipolare Nadelelektroden (Abb. 94), die in den Muskel eingestochen werden. Die Ableitung erfolgt auf kleinstem Raum. Dadurch läßt sich die Tätigkeit einzelner ME darstellen. (Es handelt sich um eine *extrazelluläre* Ableitung; in manchen Labors wird auch das Membranpotential von Muskelfasern durch *intrazelluläre Mikroelektroden* bestimmt.) Das zu übertragende Frequenzband ist wesentlich breiter als beim EEG (zwischen 2 Hz und 5000 Hz). Als

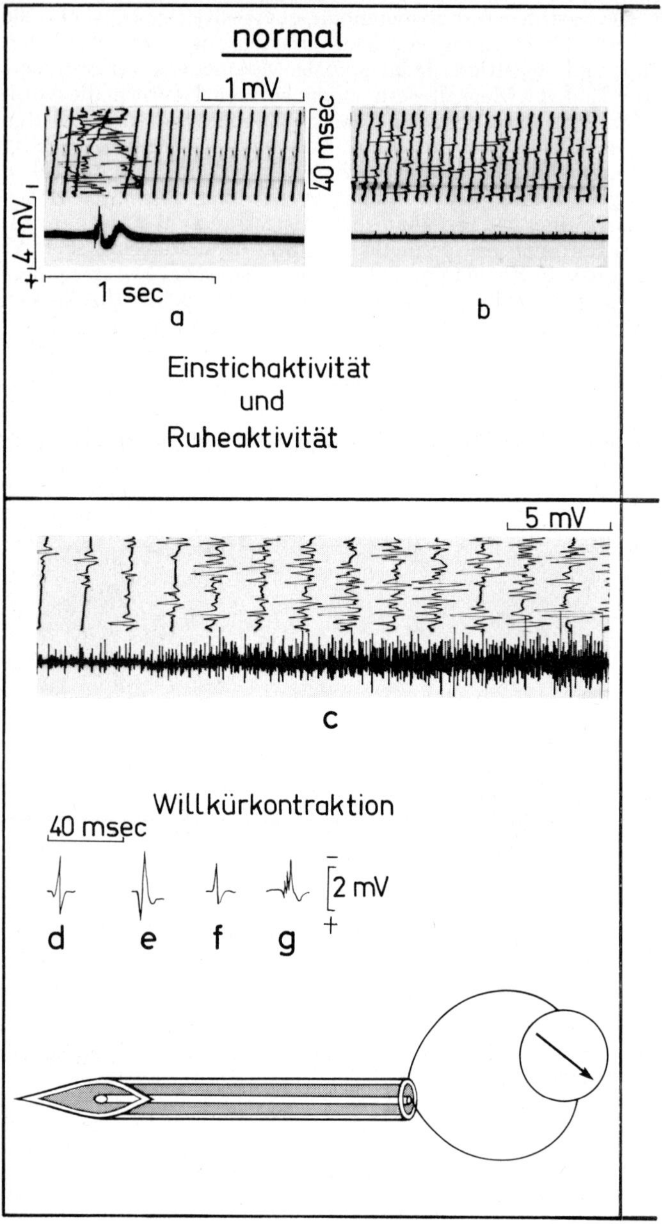

Abb. 94 (s. Legende auf S. 242!)

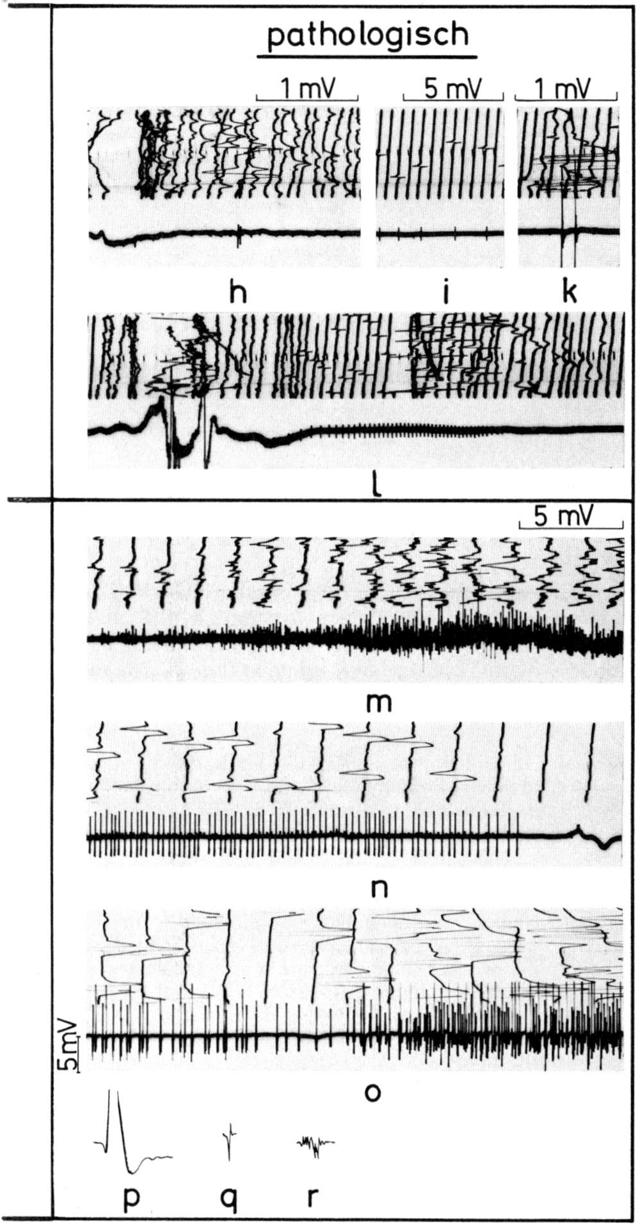
pathologisch
1 mV
5 mV
1 mV
h
i
k
l
5 mV
m
n
5mV
o
p
q
r

Meßinstrument dient ein Kathodenstrahloszillograph, von dessen Schirm die Potentiale photographiert werden können. Mechanische Schreibsysteme sind für sie zu träge. Gleichzeitig werden sie mit einem Lautsprecher abgehört. Die Knackgeräusche erlauben eine relativ feine Analyse der Potentiale nach Dauer und Steilheit (Tonhöhe), Form und Frequenz.
Für die Untersuchung gibt es kein Routinevorgehen nach einem festen Programm, da Zahl und Auswahl der Muskeln von Patient zu Patient und je nach Fragestellung ganz verschieden sind und sich oft erst im Laufe der Untersuchung entscheiden. Der Zeitaufwand schwankt daher zwischen wenigen Minuten und einer Stunde.

Befunde. Man achtet auf Einstichaktivität, Spontanaktivität des ruhenden Muskels, auf die Rekrutierung der ME während Willkürkontraktion verschiedener Stärke, und auf Form, Größe und Dauer von Einzelpotentialen.
Abb. 94 zeigt einige normale und pathologische Potentiale und Aktivitätsmuster.

Motorische und sensible Nervenleitungsgeschwindigkeit (NLG)

Ihre Messung hat sich zu einem sehr nützlichen Werkzeug entwikkelt.

Maximale motorische NLG. Bestimmung zwischen zwei Reizpunkten am Nerven mit Hilfe der Summenpotentiale (SP), die mit Hautelektroden vom ganzen Muskel (Bauch gegen Sehne) abgeleitet werden: Abb. 95. Normalwerte: Nn. medianus und ulnaris mehr als 50 m/sec, N. peronaeus mehr als 42 m/sec, N. tibialis mehr als 38 m/sec. Außer-

←
Abb. 94. Elektromyogramme (EMG). Linke Spalte normal, rechte Spalte pathologisch, obere Zeile Einstich- und Spontantätigkeit, untere Zeile Willküraktivität. Links unten konzentrische Nadelelektrode: Die Ableitung erfolgt zwischen Kanüle und der blanken Spitze eines eingelassenen Drähtchens.
a) Einstichaktivität infolge mechanischer Reizung von Muskelfasern. b) Sogenanntes „Endplattenrauschen" oder „Nervenpotentiale" bei Einstich Nähe Endplattenregion. c) Zunehmende Willkürinnervation; links Übergangsmuster, rechts Interferenzaktivität. d)–g) Verschiedene Einzelpotentiale normaler motorischer Einheiten. g) Ein polyphasisches Potential (mehr als vier Phasen). h) Verlängerte Einstichaktivität mit positiven steilen Wellen und zwei Faszikulationspotentialen. i) Fibrillationspotentiale. k) Faszikulationspotentiale. l) Myotonischer Schauer nach Hammerschlag auf den Muskel. m) Aktivitätsbild bei myogener Läsion: Übermäßige Interferenztätigkeit, stark verkürzte Potentiale. n) und o) Aktivitätsbild bei neurogener Läsion: Einzelpotentiale erhöhter Frequenz. In o) vergrößerte und verlängerte Potentiale. p) Vergrößertes und verlängertes Potential (vor allem bei chronischen nukleären Prozessen). q) Verkürztes und verkleinertes Potential (bei Myopathie). r) Hochpolyphasisches kleines Potential, häufig bei Reinnervation denervierter Muskelfasern.

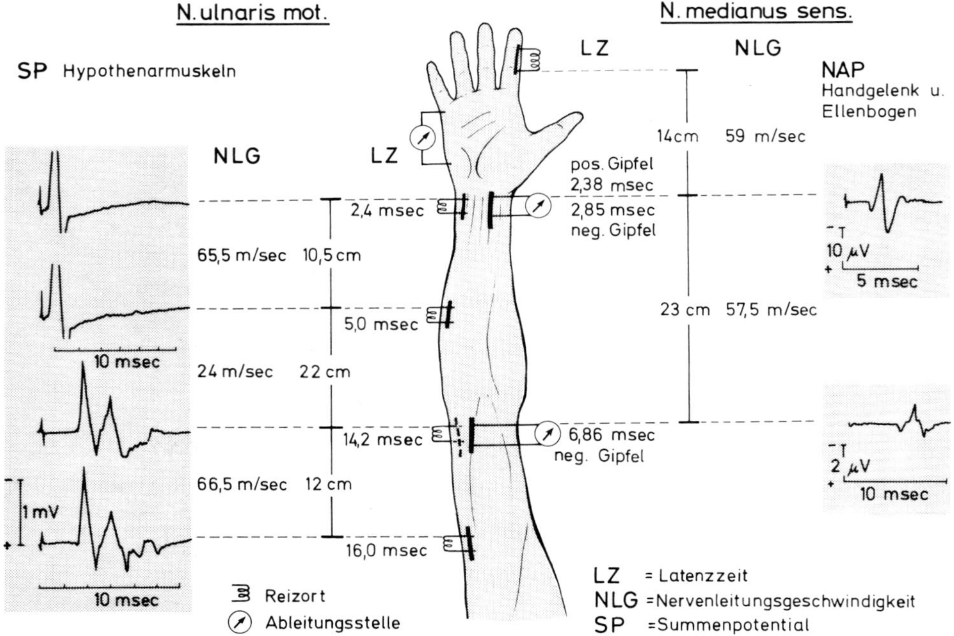

LZ = Latenzzeit
NLG = Nervenleitungsgeschwindigkeit
SP = Summenpotential
NAP = Nervenaktionspotential

Abb. 95. Nervenleitungsgeschwindigkeit (NLG). Links Beispiel für Bestimmung der motorischen NLG eines N. ulnaris mit chronischer Schädigung am Ellenbogen. Infolgedessen ist die LG im Bereich des Ellenbogens stark herabgesetzt, bei Reizung proximal der Schädigungsstelle sind die SP polyphasisch. Rechts Beispiel für Bestimmung der sensiblen NLG eines N. medianus (normal).

dem kann LG folgender Nerven bestimmt werden: Fazialis, Akzessorius, Plexus brachialis (zu Muskeln des Schultergürtels und des proximalen Oberarms), Radialis, Femoralis.

Amplitude, Dauer und Form der SP. Ihre Bestimmung erlaubt die Feststellung umschriebener oder diffuser Leitungsblocks.

Neuromuskuläre Überleitung. Untersuchung mit langsam faradischer (3/sec) und schnell faradischer (40/sec) Reizung, und mit Doppelreizkurven (recovery curves), vor und während 20 Minuten nach einer maximalen Willkürkontraktion (Desmedt-Test).

Die sensible NLG wird mit Hilfe von Nervenaktionspotentialen bestimmt. Die elektrischen Reize werden an sensiblen Nerven oder sensiblen Endästen gemischter Nerven appliziert. Normalwerte gibt es für die Nn. ulnaris, medianus, radialis, tibialis, suralis.

Die Befunde ergeben zusammen ein *Funktionsprofil peripherer Nerven* und führen zur Entdeckung lokaler oder ausgebreiteter Erregbarkeits-, Leitungs- und Überleitungsstörungen.

Reflex-EMG

Eine Reihe von normalen und pathologischen Reflexen lassen sich mit der Reiz- und Ableitungsmethode über Hautelektroden darstellen. Dazu gehören: H-Reflexe (P. Hoffmann) der kleinen Hand- und Fußmuskeln und der Plantar- und Dorsalflexoren des Fußes; Reizstärke/Reflexgröße-Kurven erlauben ihre quantitative Schätzung. Untersuchung klinisch unsicher auslösbarer Sehnenreflexe (z. B. bei Säuglingen). Nachweis klinisch zweifelhafter Babinski-Reflexe. Eine Reihe von somatischen Hirnstammreflexen (vor allem Masseterreflexe, Orbicularis oculi-Reflexe), mit denen indirekt auch die Leitungsfunktion der Nn. trigeminus und facialis untersucht werden kann.

Fragestellungen an EMG und NLG

1. Unterscheidung myogener von neurogener Muskelatrophie. Artdiagnose ist möglich bei Myotonie. Beitrag zur Unterscheidung zwischen progressiver Muskeldystrophie und Myositis. Pathologische Befunde bei Kollagenosen.

2. Beweise dafür, daß eine Parese oder Muskelatrophie durch Läsion im spinalen Motoneuron bedingt ist (zur Abgrenzung von schmerzreaktiver Ruhigstellung, Fehlinnervation, Inaktivitätsatrophie, supranukleärer Parese). Zeichen für Denervierung in einem bestimmten Muskel (auch wenn er nicht oder noch nicht atrophisch ist; auch wenn er gleichzeitig supranukleär paretisch oder schmerzreaktiv ruhiggestellt ist). Verteilung von Muskeln mit Denervierungszeichen; dadurch Unterstützung bei der Lokaldiagnose, z. B. durch Abgrenzung betroffener

Myotome bei Wurzelläsion (Bandscheibenprolaps) o. a. Nachweis ausgedehnter und bilateraler Denervation (bei Systemkrankheit oder Polyneuritis).

3. Sind nach einer traumatischen Nervenläsion noch minimale Innervationsreste vorhanden (Frage der Totaldurchtrennung)? Früheste Zeichen einer beginnenden Reinnervation? Für beide Fragen ist EMG empfindlicher als klinische und elektrische Untersuchung oder i/t-Kurve.

4. Feststellung und richtige Einordnung motorischer Reizerscheinungen (benignes oder malignes Faszikulieren, Myokymie, Krampi, Neuromyotonie, Stiffman-Syndrom, hemifazialer Spasmus, latente Tetanie u. a.).

5. Nachweis neuromuskulärer Überleitungsstörungen (Myasthenia gravis; Lambert-Eaton-Syndrom bei Bronchialkarzinom; Botulismus; Muskelschwäche nach Tetanus).

6. Feststellung einer Herabsetzung der Nervenleitungsgeschwindigkeit: a) Lokal bei Kompressionssyndromen (z. B. des N. ulnaris am Ellenbogen, des N. medianus am Handgelenk, u. a.). b) Ausgebreitet bei Polyneuritiden: Unsystematisch verteilt bei GUILLAIN-BARRÉ; sehr stark ausgeprägt bei metachromatischer Leukodystrophie und bei den gewöhnlichen Arten neuraler Muskelatrophie (CHARCOT-MARIE-TOOTH); mittelstark bei urämischer Polyneuropathie und Amyloidpolyneuropathie; wenig ausgeprägt bei diabetischer Polyneuropathie und fortgeschrittener Alkohol-Polyneuropathie. Die niedrigsten Leitungsgeschwindigkeiten finden sich bei regenerierenden Nervenfasern.

7. Beitrag zur Prognose der peripheren Fazialisparese. Beitrag zur Lokalisation von Nervenläsionen (z. B. Unterscheidung zwischen traumatischer Armplexusläsion und Wurzelausriß). Nachweis bestimmter Symptomkombinationen (wie z. B. Friedreich-Ataxie).

8. Beitrag zur Feststellung supranukleärer Bewegungsstörungen: a) Durch Nachweis pathologischer H-Reflexe; Babinski-Reflex in zweifelhaften Fällen; Untersuchung bulbärer Reflexe (z. B. beim Tetanus). b) Durch Nachweis bestimmter Aktivitätsmuster, z. B. bei Spastik, Rigor, Tortikollis u. a.

Indikationen zu EMG und NLG. Alle Muskelatrophien, peripheren Paresen und unklaren motorischen Reiz- oder Ausfallserscheinungen.

h) Muskelbiopsie

Entnahme eines Muskelstückchens zur histologischen und, falls möglich, histochemischen und elektronenoptischen Untersuchung.

Methode. Mindestgröße der Probe $2 \times 1 \times 1$ cm. Entnahme aus einem sicher befallenen, aber nur leicht atrophischen Muskel. Lokalanästhesie der Haut, bei Kindern evtl. Allgemeinnarkose. Entnahme unter minimaler Manipulation und ohne jedes Quetschen der Probe. In Kochsalzlösung oder feuchter Kammer zum Labor. Fixierung etwa 10 Minuten nach Entnahme. Vorherige Absprache zwischen Chirurg und Labor, damit Weiterverarbeitung prompt erfolgt. Einbettung in Paraffin oder Methacrylat. Exakte Quer- und Längsschnitte von 8 bis 10 μ Dicke. Primäre Muskelbündel sollen erkennbar sein (damit das interstitielle Bindegewebe beurteilt werden kann). Zellfärbungen und Bindegewebsfärbungen. Spezialmethoden der Entnahme und Weiterverarbeitung für elektronenoptische Untersuchungen.

Indikationen und Grenzen. Verdacht auf chronische primäre oder sekundäre Muskelerkrankung, auch wenn klinisch eine Muskelatrophie noch nicht manifest ist. Im einzelnen:

a) Unterscheidung zwischen neurogener und myogener Muskelatrophie. Einzelfaserdurchmesser normalerweise vorwiegend zwischen 40 und 80 μ je nach Muskel. *Neurogenes Gewebssyndrom* (Abb. 96 d): Stark und untereinander gleichmäßig geschrumpfte Muskelfasern (bis herab zu 10–15 μ Durchmesser) normaler Struktur liegen in Gruppen von etwa 10–50 Fasern zusammen (gruppen- oder felderförmige Atrophie) und können lange erhalten bleiben. Die Gruppen entsprechen den Untereinheiten (subunits) der anatomisch und physiologisch definierten motorischen Einheiten. Zunahme der Variationsbreite der Muskelfaserdurchmesser mit Änderung der statistischen Verteilung (Doppelgipfligkeit). Auftreten von target fibres. Neurale Muskelatrophie und spinale progressive Muskelatrophie vom Typ KUGELBERG-WELANDER gehen häufig mit zusätzlichen „myopathischen" Veränderungen einher. *Myopathisches Gewebssyndrom* (Abb. 96 a): Vielfältigeres Bild. Die veränderten Muskelfasern liegen regellos verstreut über den ganzen Querschnitt, zeigen eine Abrundung und gelegentlich Faserspaltungen. Starke Variationsbreite der Einzelfaserdurchmesser mit hochgradiger Hypertrophie einzelner Fasern (bis zu 250 μ), aber keine Doppelgipfligkeit der Verteilung. Strukturveränderungen: Verschwinden der Querstreifung (Hyalinisierung), Vermehrung und Mittelständigkeit der Kerne, Zerfall mit Phagozytose, Vermehrung des Bindegewebes, Umwandlung in Fettgewebe, zelluläre Infiltrate. Die verschiedenen Untergruppen der progressiven Muskeldystrophie lassen sich nicht unterscheiden. Nur die Dystrophia myotonica kann charakteristischere Veränderungen zeigen: Starkes Überwiegen mittelständiger Kerne, sarkoplasmatische Massen (Fibrillenschwund), Ringfasern. Bei Myotonia congenita, beim Stiffman-Syndrom und bei der Myasthenia gravis ist die Muskelbiopsie im allgemeinen normal.

b) Wichtig ist die Muskelbiopsie zur Diagnose einer Polymyositis (Dermatomyositis), die klinisch gelegentlich als progressive Muskeldystrophie, selten als Myasthenia gravis und extrem selten als Myotonie imponieren kann. *Polymyositisches Gewebssyndrom* (Abb. 96 b): Diffus verteilte Degeneration von Muskelfasern, meist im Zusammenhang mit reichlichen, häufig gefäßgebundenen zelligen Infiltraten; daneben regenerierende basophile Fasern; Bindegewebswucherungen.

a
b
c
d

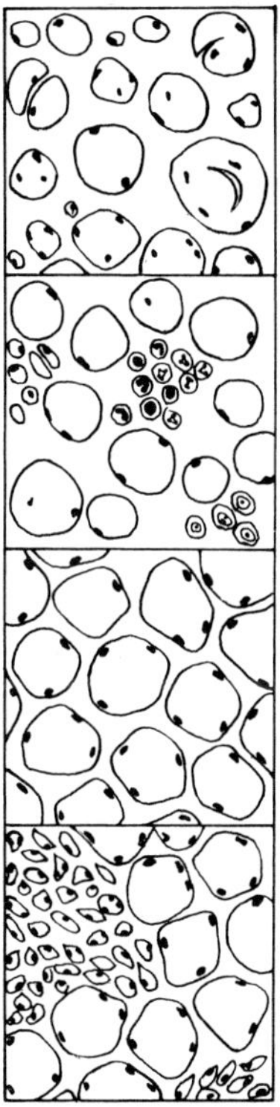

Abb. 96. Histologische Muskelquerschnitte, schematisch. Vergrößerung etwa 100fach. a) Muskeldystrophie. b) Polymyositis. c) Normaler Muskel. d) Neurogene Muskelatrophie. (Aus: JERUSALEM F.: Dtsch. Z. Nervenheilk. 191 [1967] 125.)

c) Bioptische Befunde einer *lokalen interstitiellen Myositis* können sich bei Periarteriitis nodosa, Lupus erythematodes, Sjögren-Syndrom, paraneoplastischer Myopathie darstellen. Gelegentlich kann eine Sarkoidose (BOECK) aus der Muskelbiopsie diagnostiziert werden. Man findet dabei, wie in den anderen befallenen Organen, Granulome mit Epitheloidzellen und Langhans-Riesenzellen *(granulomatöse Myopathie)*.

d) Manche *endokrin bedingten Myopathien* (thyreotoxische, hypothyreotische, Cushing-Krankheit, Addison-Krankheit) können ein myopathisches Gewebsbild zeigen.

e) Einige sehr seltene *angeborene Myopathien* geben typische histochemische Befunde: Central core disease, nemaline (rod body) myopathy, myotubular (= centronuclear) myopathy, McArdle-Krankheit und andere Glykogenspeicherkrankheiten.

f) Möglicherweise gibt es Muskelkrankheiten, die *nur elektronenmikroskopisch* diagnostiziert werden können. Bisher bekannt ist die pleoconial und megaconial myopathy mit ausgeprägten Veränderungen der Mitochondrien.

g) Normale Muskelbiopsie schließt eine neuromuskuläre Erkrankung nicht aus.

Rektumbiopsie

Ein kleines Stück Schleimhaut wird bei Rektoskopie entnommen. Leichter Eingriff. Es kommt darauf an, kleine periphere Nerven zu finden, an denen Strukturveränderungen histologisch, elektronenoptisch und histochemisch Hinweise auf eine Polyneuropathie und eventuell auch ihre Ätiologie geben (wie z. B. Nachweis einer Amyloidose).

Für die Diagnose bestimmter Speicherkrankheiten ist jedoch eine *tiefe Rektumbiopsie* erforderlich, die auch den Plexus myentericus mit einbezieht, damit Nervenzellkörper untersucht werden können. Schwererer Eingriff, dessen Indikation strenger gestellt werden muß.

Literatur (und Hilfsmittel für die Untersuchung)

Aids to the investigation of peripheral nerve injuries. British Medical Research Council. Her Majesty's Stationery Office, London 1962, 49 S.

Ajuriaguerra, J. *de;* H. *Hécaen:* Le cortex cérébral. Étude neuro-psycho-pathologique, 2. Aufl. Masson, Paris 1960, 454 S.

Alpers, B. J.; E. L. *Mancall:* Essentials of the neurological examination. Davis, Philadelphia 1975, 175 S.
(klinische Untersuchungsmethoden nur auf den ersten 32 Seiten. Das übrige befaßt sich mit Interpretation neurologischer Symptome (50 Seiten), einer topischen Diagnostik des Nervensystems (40 Seiten) und Laboratoriumsmethoden)

Amiel-Tison, C.: Neurological Evaluation of the Maturity of Newborn Infants. Arch. Dis. Childh. 43 (1968) 89–93

Bauer, H: Physiologie und Pathologie des Liquors. In: *Bock,* H. E.; F. *Hartmann* (Hrsg.): Klinik der Gegenwart. Handbuch der praktischen Medizin. Bd. 4., S. E 367–E 388 d. Urban & Schwarzenberg, München 1967

Bender, M. B.: The Approach to Diagnosis in Modern Neurology. Grune & Stratton, New York 1967, 186 S. (Enthält eine Reihe besonderer Untersuchungsmethoden, die man sonst nirgends findet.)

Benton, A. L.: Der Benton-Test, 4. Aufl. Huber, Bern 1972, 122 S.

Bethlem, J.: Muscle pathology. Introduction and atlas. North-Holland, Amsterdam 1970. 132 S.

Birkhäuser, R.: Leseproben für die Nähe, 5. Aufl. Birkhäuser, Basel 1974

Bronisch, F. W.: Psychiatrie und Neurologie. Klinische, forensische und soziale Daten, Fakten und Methoden. Springer, Berlin 1971, 157 S.

Bronisch, F. W.: Die Reflexe und ihre Untersuchung in Klinik und Praxis. 4. Aufl. Thieme, Stuttgart 1973, 100 S.

Buchthal, F.: Einführung in die Elektromyographie. Urban & Schwarzenberg, München 1958, 39 S.

Christian, W.: Klinische Elektroenzephalographie. Lehrbuch und Atlas. Thieme, Stuttgart 1968, 336 S.

Chusid, J. G.: Correlative Neuroanatomy and Functional Neurology. Blackwell, Oxford-Edinburgh; Lange, Los Altos (Cal.) 1970, 453 S.
(Enthält viele nützliche Hilfsmittel zur Untersuchung, vor allem in Form von Bildern und Tabellen. Schließt auch Krankheitslehre mit ein.)

Cooper, R.; J. W. *Osselton;* J. C. *Shaw:* EEG Technology, 2. Aufl. Butterworths, London 1974, ca. 190 S.
(Sämtliche technischen und methodischen Daten zur Ableitung des EEG, einschließlich Apparate, Elektroden, Ableitungsarten, Befestigungsmethoden etc.)

Daniels, L.; M. *Williams;* C. *Worthingham:* Muskelfunktionsprüfung, 3. Aufl. Fischer, Stuttgart 1974, 176 S.
(Für die Ausbildung von Krankengymnasten genaue Beschreibung mit Abbildung der Untersuchung jedes einzelnen Muskels in verschiedenen Stärkegraden.)

Decker, K.: Klinische Neuroradiologie. Thieme, Stuttgart 1960, 507 S.

DeJong, R. N.: The Neurologic Examination, incorporating the Fundamentals of Neuroanatomy and Neurophysiology, 3. Aufl. Hoeber, Harper and Row, New York 1969, 1151 S.
(Reicht über Untersuchungsmethoden hinaus weit in die klinische Neurologie hinein.)

Deland, F. H., H. N. *Wagner* jr.: Atlas of nuclear medicine, Vol. I: Brain. Saunders, Philadelphia 1969, 217 S.

Delank, H. W.: Klinische Liquordiagnostik. Nervenarzt 43 (1972) 57–68

Demme, H.: Die Liquordiagnostik in Klinik und Praxis, 2. Aufl. Urban & Schwarzenberg, München 1950

DeMyer, W.: Technique of the neurologic examination. A programmed text, 2. Aufl. McGraw-Hill, New York 1974, 444 S.
(programmierte Anleitung zum Erlernen der neurologischen Untersuchung im Selbstversuch und mit gesunden Partnern. Anatomische und physiologische Hinweise)

Denver-Entwicklungsskalen: Testanweisung 1973. Deutsche Standardisierung von I. *Flehmig,* M. *Schloon,* J. *Uhde,* H. von *Bernuth.* Harburger Spastikerverein, 21 Hamburg 90, Lüneburger Straße 1–3

Dodt, E.; K. E. *Schrader* (Hrsg.): Die normale und die gestörte Pupillenbewegung. Symposium der Deutschen Ophthalmologischen Gesellschaft vom 10.–12. März 1972 in Bad Nauheim. Bergmann, München 1973, 296 S.
(Unter anderem ausführliche Angaben über Pupillographie = fortlaufende Registrierung der Pupillenweite, und neue Methoden der pharmakologischen Pupillenprüfung.)

Dubowitz, V.; M. H. *Brooke:* Muscle Biopsy: A modern Approach. Saunders, Philadelphia 1973, 475 S.

Faust, Cl.: Die zerebralen Herdstörungen bei Hinterhauptverletzungen und ihre Beurteilung. Thieme, Stuttgart 1955, 111 S.
(Verbreitetes Buch mit zahlreichen methodischen und semiologischen Hinweisen bei optisch-agnostischen Störungen.)

Feudell, P.; H.-G. *Kunze:* Arbeitsmethoden der Neurologie. In: *Emmrich*, R. (Hrsg.): Arbeitsmethoden der Inneren Medizin, Bd. IV. Fischer, Jena 1965, 208 S.
(Vier Fünftel des Buches befassen sich mit Laboratoriums- bzw. apparativen Methoden.)

Finke, J.: Die neurologische Untersuchung. Lehmann, München 1968, 252 S.
(Enthält Hinweise auf das klinische Vorkommen der einzelnen Zeichen und Symptome. U. a. ausführlichere Darstellung der Läsionen peripherer Nerven und ihrer Untersuchung.)

Fischgold, H., C. *Dreyfus-Brisac:* Das Elektroenzephalogramm. Thieme, Stuttgart 1968, 175 S.
(Amüsantes kleinformatiges Bändchen, hauptsächlich aufgebaut auf konkreten klinischen Beispielen.)

Hassler, R.: Extrapyramidal-motorische Syndrome und Erkrankungen. In: *Bergmann*, G. von, W. *Frey*, H. *Schwiegk* (Hrsg.): Handbuch der Inneren Medizin. Bd. V Neurologie, 3. Teil. Springer, Berlin 1953 (S. 676–904)
(Sehr viele semiologische und methodische Hinweise bei extrapyramidalmotorischen Bewegungsstörungen.)

HAWIE (Hamburg-Wechsler-Intelligenztest für Erwachsene): *Bondy*, C. (Hrsg.): Textband: *Wechsler*, D.: Die Messung der Intelligenz Erwachsener, 3. Aufl. Huber, Bern 1964

HAWIK (Hamburg-Wechsler-Intelligenztest für Kinder): *Bondy*, C. (Hrsg.). Textband: *Hardesty*, F. P., H. J. *Priester*, 3. Aufl. Huber, Bern 1966

Haymaker, W.: Bing's Local Diagnosis in Neurological Diseases, 15. Aufl. Mosby, St. Louis 1969, 600 S.
(Das weltberühmte Buch von *Bing* über topische Gehirn- und Rückenmarkdiagnostik, zeitgemäß stark erweitert. Untersuchungstechnische Angaben sind reichlich eingestreut.)

Haymaker, W., B. *Woodhall:* Peripheral Nerve Injuries. 2. Aufl. Saunders, Philadelphia 1967 (S. 333)
(Untersuchungsmethoden der peripheren Nerven, vor allem in den Kapiteln 5, 6, 8 und 9 sowie im übrigen Text eingestreut.)

Heidrich, R., H.-J. *Sörgel*, J. *Ott:* Neurologischer Untersuchungskurs. VEB Thieme, Leipzig 1973, 119 S.

Hellbrügge, Th., J. *Pechstein:* Entwicklungsphysiologische Tabellen für das Säuglingsalter. Fortschr. Med. *86* (1968) 481–484; 608–609. FdM-Tabellen für die Praxis Nr. 11 und 14/1968. 3. Aufl. 1970

Hellbrügge, Th., D. *Menara*, R. *Reiner*, S. *Stünkel:* Funktionelle Entwicklungsdiagnostik im 2. Lebensjahr. Prinzip, Durchführung, Auswertung, Abrechnung. Fortschr. Med. *89* (1971) 558–562. FdM-Tabellen für die Praxis Nr. 13/1971

Hopf, H. C., A. *Struppler* (Hrsg.): Elektromyographie. Lehrbuch und Atlas. Thieme, Stuttgart 1974, 229 S.

Illingworth, R. S.: The development of the infant and young child, normal and abnormal. 5. Aufl. Churchill Livingstone, Edinburgh 1974, 377 S.

Jouvet, M.: Coma and other disorders of consciousness. In: *Vinken*, P. J., G. W. Bruyn (Eds.): Handbook of Clinical Neurology. Vol. 3. North-Holland Publishing Co., Amsterdam; Wiley, New York 1969 (S. 62–79)

Jung, R.: Neurophysiologische Untersuchungsmethoden. In: *Bergmann*, G. von, W. *Frey*, H. *Schwiegk* (Hrsg): Handbuch der Inneren Medizin, Bd. V Neurologie, 1. Teil. Springer, Berlin 1953 (S. 1206–1420)
(Grundlegender Text über alle neurophysiologischen Methoden in der Klinik, einschließlich eines ausführlichen Abschnittes über Nystagmographie.)

Jung, R., H. H. *Kornhuber:* Results of Electronystagmography in Man: The Value of Optokinetic, Vestibular and Spontaneous Nystagmus for Neurologic Diagnosis and Research. In: *Bender*, M. B. (Hrsg.): The Oculomotor System. Harper and Row, New York 1964 (S. 428 bis 482)

Kaeser, H. E.: Nerve conduction velocity measurements. In: *Vinken*, P. J., G. W. *Bruyn* (Hrsg.): Handbook of Clinical Neurology, Bd. 7, North-Holland Publishing Co., Amsterdam; Wiley, New York 1970 (S. 116–196)

Keller, H., W. *Müller-Beissenhirtz*, E. *Neumann*: Bestimmung der Eiweiß-Konzentration im Liquor cerebrospinalis – Kritik der Methoden. Med. Welt (Stuttgart) 20 (1969) 1319–1325

Kind, H.: Leitfaden für die psychiatrische Untersuchung. Eine Anleitung für Studierende und Ärzte in Praxis und Klinik. Springer, Berlin 1973, 154 S.

Kleist, K.: Gehirnpathologie. In: Handbuch der ärztlichen Erfahrungen im Weltkriege. Bd. IV: Geistes- und Nervenkrankheiten. Barth, Leipzig 1934
(Klassisches Werk mit einer Überfülle an Beobachtungen und methodischen Hinweisen auf dem Gebiet der Neuropsychologie.)

Klingler, M.: Das Schädelhirntrauma. Leitfaden der Diagnostik und Therapie, 2. Aufl. Thieme, Stuttgart 1968, 172 S.

Kloos, G.: Anleitung zur Intelligenzprüfung in der psychiatrischen Diagnostik, 5. Aufl. Fischer, Stuttgart 1965, 86 S.

Kornhuber, H.: Physiologie und Klinik des zentralvestibulären Systems (Blick- und Stützmotorik). In: Hals-Nasen-Ohren-Heilkunde, Bd. III/3, hrsg. von J. *Berendes*, R. *Link*, F. *Zöllner*. Thieme Stuttgart 1966, S. 2150–2351

Kugler, J.: Elektroencephalographie in Klinik und Praxis. Eine Einführung. 2. Aufl. Thieme, Stuttgart 1966, 203 S.

Lipmann, O.: Handbuch psychologischer Hilfsmittel der psychiatrischen Diagnostik. Aus der Sammlung des Instituts für angewandte Psychologie und aus der Literatur. Barth, Leipzig 1922, 296 S.
(Beschreibung zahlreicher Methoden zur Untersuchung von Patienten mit hirnpathologischen und psychopathologischen Störungen, einschließlich einfacher Quantifizierung der Ergebnisse. Erfinderisch und umfassend, wenn auch nach Themenwahl, Bildmaterial usw. veraltet. Vorläufer der heutigen psychometrischen Tests.)

Martin, J. P.: The basal ganglia and posture. Pitman, London 1967, 152 S.
(Enthält eine Reihe weniger bekannter Untersuchungsmethoden bei extrapyramidalmotorischen Syndromen.)

Mayo Clinic and Mayo Foundation: Clinical Examinations in Neurology, 3. Aufl. Saunders, Philadelphia 1971, 350 S.
(Das weit verbreitete, bei großem Inhaltsreichtum sehr kompakte Buch von 22 Ärzten der Mayo-Klinik in Rochester.)

Monrad-Krohn, G. H., S. *Refsum*: The Clinical Examination of the Nervous System, 12. Aufl. Harper and Row, New York 1964
(Ausführliche Darstellung. Klassisches Buch zum Thema, das viele Auflagen erlebt hat.)

Müller, D.: Neurologische Untersuchung und Diagnostik im Kindesalter. Springer, Wien 1968, 298 S.

Mumenthaler, M.: Neurologischer Untersuchungskurs. Dtsch. Ärztebl. (1974) 3392 bis 3397; 3463–3476; 3551–3558. (1975) 79–88; 145–147; 270–273.
(Kurz gefaßtes Repetitorium für den Praktiker, ohne apparative Hilfsuntersuchungen, mit Hinweisen für die Untersuchung psychogener Pseudoparesen.)

Mumenthaler, M., H. *Schliack* (Hrsg.): Läsionen peripherer Nerven. Diagnostik und Therapie, 2. Aufl. Thieme, Stuttgart 1973, 387 S.
(Ausführliche untersuchungsmethodische Angaben zur Neurologie der Wurzeln und peripheren Nerven, sowohl in einem eigenen Kapitel ab S. 40 als auch später im klinischen Teil eingestreut.)

Orgass, B., K. *Poeck*: Ein neuer Aphasie-Test zur Diagnose von Sprachverständnisstörungen. Nervenarzt 37 (1966) 124 bis 126

Paine, R. S., Th. E. *Oppé*: Die neurologische Untersuchung von Kindern. Thieme, Stuttgart 1970, 317 S.

Peele, T. L.: The neuroanatomical basis for clinical neurology. McGraw-Hill, New York 1954, 564 S.

Pilleri, G., K. Poeck: Arterhaltende und soziale Instinktbewegungen als neurologische Symptome beim Menschen. Psychiat. et Neurol. (Basel) 147 (1964) 193 bis 238

Prechtl, H. F. R., D. J. *Beintema*: Die neurologische Untersuchung des reifen Neugeborenen. Thieme, Stuttgart 1968, 81 S.

Renfrew, St.: An Introduction to Diagnostic Neurology. A Course of Instruction for Students, Bd. I u. II. Livingstone, Edinburgh 1967, 404 S.

Sano, K.: Survey of the organization of services for the treatment of acute head injury in Japan. 3rd International Congress of Neurological Surgery. Excerpta Med., International Congress Series, 93 (1965) 33–37

Schaltenbrand, G.: Allgemeine Neurologie. Pathophysiologie, klinische Untersuchungsmethoden, Syndrome. Thieme, Stuttgart 1969, 440 S.
(Reich bebilderte Darstellung der klinischen Untersuchungsmethoden in einem besonderen Teil, der etwa ein Viertel des Buches umfaßt. Spezielle Methoden im übrigen Text eingestreut, der vor allem die Hirnrindensyndrome auf dem Boden von Neuroanatomie, -physiologie und -pathologie ausführlich darstellt.)

Schiefer, W., E. *Kazner*: Klinische Echo-Encephalographie. Springer Berlin 1967. 202 S.

Schmidt, R. M.: Der Liquor cerebrospinalis. VEB Volk u. Gesundheit, Berlin 1968, 880 S.

Taveras, J. M., E. H. *Wood*: Diagnostic Neuroradiology. Williams & Wilkins, Baltimore 1964, 960 S.

Touwen, B. C. L., H. F. R. *Prechtl*: The neurological examination of the child with minor nervous dysfunction. Clinics in Developmental Medicine, Bd. 38. Heinemann, London 1970, 105 S.

Van Allen, M. W.: Pictorial Manual of Neurologic Tests. Year Book Medical Publishers, Chicago 1969, 200 S.
(Elementare Einführung für Studenten, die sich vor allem durch reichliche, sehr klare Abbildungen auszeichnet. Einschließlich kleiner Syndromlehre und Darstellung der Liquorgewinnung und -untersuchung.)

Walsh, F. B., W. F. *Hoyt*: Clinical Neuro-ophthalmology, 3 Bd. 3rd Ed. Williams and Wilkins, Baltimore 1969. 2836 S.
(Das umfassendste Buch zum Thema. Untersuchungsmethoden kommen vor allem in den ersten fünf Kapiteln des ersten Bandes vor.)

Wartenberg, R.: Die Untersuchung der Reflexe. Thieme, Stuttgart 1952, 196 S.

Wartenberg, R.: Neurologische Untersuchungsmethoden in der Sprechstunde, 3. Aufl. Thieme, Stuttgart 1958, 214 S.
(Eine Fülle einfacher, scharf beobachteter, klar beschriebener, rein klinischer Zeichen und Tests, viele vom Verfasser selbst eingeführt.)

Wittrock, J., C. *Höger*, A. *Macke*: Entwicklungsneurologische Untersuchungen im Vorschulalter. Münch. med. Wschr. 117 (1975) 57–62

Zeigen Sie die Zunge!

Schauen Sie an die Decke!

Wo ist Ihre Brille?

Wie oft wird der Bundespräsident gewählt?

Was macht man morgens nach dem Aufstehen?

Wie wird ein Haus gebaut?

Bilden Sie einen Satz aus:

arbeiten	Handwerker	Bau
Wiese	Kinder	Ball
Mond	Hund	bellen

Uhr

Kind

Löffel

Viereck

schreiben

Güterwagen

Bleistift

Mutter fährt mit Thomas in die Stadt.
Sie kaufen Hemden für den Vater.
Thomas darf reiten. Im Gasthaus essen sie zu
Mittag. Müde kommen sie heim.

Wer fährt mit Thomas?

Vater Tante Mutter Bruder

Was kaufen sie ein?

Geschirr Kleid Lebensmittel Hemden

Wo essen sie zu Mittag?

Bei Verwandten Gasthaus Kiosk am Bahnhof

Wo kommt der Regen her?

Sonne? Bach? Wolke? Fabrik?

Was trägt man auf dem Kopf?

Strumpf? Handschuhe? Hemd? Hut?

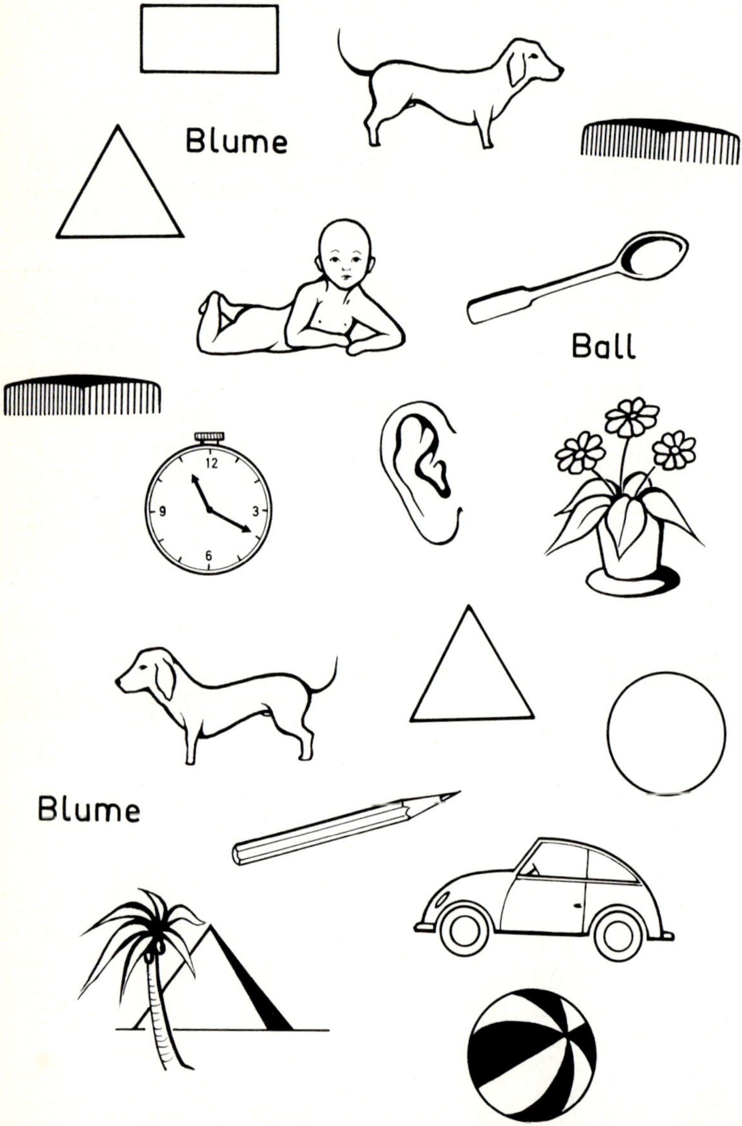
Blume
Ball
Blume

Sachverzeichnis

F

G

H

N

O

P

Q

R

T

U

V